熊月之　主编

【第2辑】

上海史国际论丛

生活·讀書·新知　三联书店

图书在版编目(CIP)数据

上海史国际论丛.第2辑/熊月之主编.—北京:生活·读书·新知三联书店,2016.6
ISBN 978-7-108-05561-3

Ⅰ.①上… Ⅱ.①熊… Ⅲ.①上海市—地方史—丛刊 Ⅳ.①K285.1-55

中国版本图书馆CIP数据核字(2015)第241396号

责任编辑 罗 康 成 华
封面设计 储 平
责任印制 黄雪明
出版发行 生活·讀書·新知 三联书店
(北京市东城区美术馆东街22号)
邮 编 100010
印 刷 常熟文化印刷有限公司
版 次 2017年11月第1版
2017年11月第1次印刷
开 本 720毫米×1020毫米 1/16 印张 23
字 数 250千字
定 价 78.00元

目　录

专题研究

史料辑译

专题研究

中日西杂糅的上海文明戏

刘思远　著　向　阳　译

本文为刘思远（Siyuan Liu）专著《殖民地——摩登中国时期的表演杂糅》（*Performing Hybridity in Colonial-Modern China*，2013）一书第二章和第三章的中文翻译，其中多处涉及其他章节。为方便阅读，特简述其他章节内容：前言（现代性、跨文化主义、杂糅［Modernity，Interculturalism，Hybridity］）质疑现存话剧史对文明戏的定位，探讨后殖民主义和跨文化主义在文明戏研究上的意义和局限，提出并解释本书杂糅周期（hybridity cycle）的理论框架及其六个研究焦点（杂糅本身、杂糅的"双亲"［包括多亲］、杂糅与"双亲"［多亲］的关系、杂糅与环境、杂糅的过程、杂糅的周期）。第一章（民族戏剧话语的出现［Emergency of the National Theatrical Discourse］）追溯民族主义戏剧话语成为文明戏杂糅环境的演变过程。始自1870年代中、日官员钦佩法国利用戏剧特别是刚刚启用的巴黎歌剧院振奋民族精神的神话，继而探讨日本受此影响所进行的歌舞伎改革和新派剧兴起（包括受法国殖民主义戏剧启发的新派剧《日清战争》），最终追溯其对清末戏剧改革呼声的影响。第二章（杂糅来源：西方的、日本的和中国的［Hybrid Sources：Western，Japanese，Chinese］）分析文明戏与其"多亲"的关系和受影响的过程。第三章（杂糅上海［Hybridization in Shanghai］）追溯文明戏在上海的杂糅过程。第四章（文学杂糅：剧本与幕表［Literary Hybridity：Scripts and Scenarios］）共分三个部分：文明戏使用全剧本与用幕表即兴表演两派的争论；通过分析文明戏《空谷兰》从小说到初期幕表到反复演出后的固定演出本，研究文明戏舞台本的形成过程；细读文明戏广受推崇的少数完整剧本之一《家庭恩怨录》。第五章（翻译杂糅：本土化或异域化［Translative Hybridity：Acculturation or Foreignization］）首先分析明治日本和清末中国文学翻译总体上的本土化倾向对剧本翻译的影响,以及面向阅读与面向舞台翻译的区别,继而探讨新派剧和文明戏本土化上演的几部欧洲戏剧,最终讨论春柳社主将陆镜若异域化翻译、上演的几部日本新派剧以及观众的反应。第六章(表演杂糅:寻找范式[Performance Hybridity: The Search for Conventions])探讨文明戏表情、动作、音乐等方面话剧与戏曲的杂糅,以及男扮女装的性别表演和新出现的女演员的争论。

杂糅来源:西方的、日本的和中国的*

上海西式剧场和学生新剧兴起

很久之前,文明戏还没有在上海粉墨登场,上海居民就已观看过由外国侨民、旅行剧团、驻军、教会学校学生以及中国学校学生所表演的西式戏剧。上海于1842年①开放国际租界,缘于第一次鸦片战争(1840~1842)中国败于英国后签署的《南京条约》。最终,国际区域被划分为两个行政体——法租界和公共租界,西方人、日本人和中国人可以一起居住。据一项人口调查,1910年有超过60万的中国人与超过1.5万的外国人居住在这两个区域。最大的国际侨民群体为英国人和日本人,前者约有5000人,后者超过3000人,并且将在随后的五年内翻一番。② 上海租界在全中国20多个租界中是最大的,比其他租界加起来都要大,在顶峰时期有15万外国居民。③ 除这两个区域之外,上海的自主区域中,亦拥有着相同比例的从中国其他地方迁来的外来移民。每一行政主体"都在经营着自己的上海,都自认为是主人,但也不否认另外两个上海"。④ 文化霸权的缺席和大量中国、外国移民的存在,使得上海成为一个理想的产生混杂剧场的地点。

早在1850年公共租界成立⑤后不久,外国侨民业余演出就开始在上海出现。

---

* 以下译自刘著第二章。

① 1843年11月上海开埠通商,此处的时间有误。——译者

② F. L. Hawks Pott, *A Short History of Shanghai, Being an Account of the Growth and Development of the International Settlement*, Shanghai: Kelly & Walsh, Limited, 1928, p. 211.

③ 熊月之:《上海租界与文化融合》,《学术月刊》2002年第5期,第56页。

④ 同上,第57页。

⑤ 此处史实有误。1854年,依据《上海土地章程》,上海公共租界的前身——上海英租界设立。——译者

1866年,两个戏剧团体——浪子剧社(Rangers)和好汉剧社(Footpads)合并组成上海西人业余剧社(Amateur Dramatic Corps),开始正规的演出季公演直至20世纪30年代中期。其他本地剧团譬如业余滑稽有限公司和法国戏剧协会也为居民提供娱乐。此外,停靠在上海的西方海军军舰偶尔也会有戏剧演出。① 总体而言,这些演出有"闹剧、轻喜剧、大腿戏、通俗剧、喜歌剧、歌舞喜剧或者随意发明名字来命名种类"②。

早期,这些演出都设在临时改建的木结构仓库,当地人称之为"仓库"戏院。1867年侨民修建了一个木质结构的戏院,称之为"兰心"(Lyceum),1872年毁于火灾。1874年侨民重建"兰心",采用砖混结构。此后半个多世纪,"兰心"一直是西方侨民的文化中心,承办本地的或来访的戏剧演出、音乐会或者其他形式的娱乐活动。ADC剧团在这里演了不下187次戏。③ 1929年,戏院卖给了一位中国人,两年以后在法租界代之以一座更为宏大的"新兰心"。兰心历史上绝大部分时间主要为西方侨民光顾,偶尔吸引华人社区的注意。不过这些偶然的记录十分有用,从中可以洞察场内的演出和中国观众的反应。譬如,1876年,正值兰心开张两年,一位中国观众写了一篇文章,记载去"英国戏园"看了一出歌剧,很可能是吉尔伯特和苏利文(Gilbert and Sullivan)的《陪审团的审判》(*Trial by Jury*):

> 西人曰此系赖婚控官故事也。先原告男子出台说白,次则陪审十余人出说白,完即登坐两旁陪审之座。许久方有四妇人与被告同出,或唱或说,又延许久。问官将案卷扯碎,投之遍地,与陪审亦时说时唱。四妇人由公坐前梁上牵四黄绳,亦不知其为何。……余既不谙其语,但觉西人观者拍手顿足互相笑乐,当必有可取者矣。④

以上引文发表在上海最有影响的报纸《申报》(1876年2月24日)上。《陪审团

① J. H. Haan, "Thalia and Terpsichore on the Yangtze, A Survey of Foreign Theatre and Music in Shanghai 1850 ~ 1865", *Journal of the Hong Kong Branch of the Royal Asiatic Society*, 1989, pp. 164 ~ 165; Guy Brossollet, *Les Français de Shanghai, 1849 ~ 1949*, Paris: Belin, 1999, p. 215.

② Haan, "Thalia and Terpsichore", p. 186.

③ 上海通社编:《旧上海史料汇编》(上),北京:国家图书馆出版社,1998年,第489页。

④《申报》1876年2月24日,转引自陶亚兵:《明清间的中西音乐交流》,北京:东方出版社,2001年,第164页。感谢里默尔(Tom Rimer)指出文章和戏剧之间的联系。

的审判》自1875年3月在伦敦首演以来,有三百场轰动的表演,当时尚未结束。剧中,新娘起诉她的未婚夫违反婚约、寻找新欢。尽管法官和陪审团同情原告,被告却获得了旁听席上女性的支持。在旁听席上,身着礼服的伴娘载歌载舞。最后,法官"扔掉他的律条和案卷",提出迎娶新娘,解决了难题。剧终时人人边唱边跳"做得漂亮!"①不懂英语或者歌剧惯例的中国观众显然在理解剧情上遭遇了麻烦,而与他同席的西方人却与吉尔伯特、苏利文共享了美好时光。

另一位观众在一次观看可能是墨面秀(minstrel)的演出中,记录了兰心剧院的宏伟壮丽:

> 圆式顶圆如球,上列煤气灯如菊花式,火光四射,朗澈如昼。台三面环以看楼,演时先有十数人排坐台上,面深黑,眼眶及唇抹以丹砂,或说白或清唱数次,然后扮演各种故事。以跳踯合拍为长技,与中国迥别。②

所引文献标题为《外国戏园》,出自一位早期旅行家所写的上海游记指南《沪游杂记》一书。此外,此书还描述了国际社区的一些娱乐场所,包括"外国马戏""外国戏术""外国影戏""东洋戏法"。作为一本面向普通中国读者的书,它充分表明这些娱乐在外国租界是随时可享用的。早在20世纪初期,有少部分中国观众在兰心观戏,其中就有未来的文明戏演员和剧作家徐半梅(1880~1961),他曾在日本学习过体育和舞蹈。徐指出兰心"前后台都很宽大,客座是三层楼。尤其是声浪,真令人满意。如果一个演员在台上微哨一声,这极细微的声音,竟可以送达到三层楼上"③。

对于外国侨民来说,另一种娱乐来源就是从西方和日本来的旅行剧团。他们的节目是多种多样的,有时包括经典剧目选场。譬如从澳大利亚来的刘易斯剧团曾在1864年、1865年两次访问上海,每次停留几个月,剧目混杂,有闹剧、大腿戏、谢里丹和莎士比亚的剧目。④ 一些中国观众注意到了它的表演技巧、有绘画背景的舞台技术和戏剧性效果。其中一位就是晚清著名学者和翻译家王韬,其评论舞蹈

① William S. Gilbert and Arthur Sullivan, *Trial by Jury*, The Gutenburg Project, http://www.gutenberg.org/files/808/808-h/808-h.htm#2H_4_0032,2012年6月27日查阅。
② 葛元煦:《沪游杂记》第2卷,台北:广文书局,1968年,第28页。
③ 徐半梅:《话剧创始期回忆录》,北京:中国戏剧出版社,1957年,第4页。
④ Haan, "Thalia and Terpsichore", pp. 168~169.

演员“雪肤花貌，掩映于明灯之下，与烛光相激射”，奏乐者“抑扬嘹亮，皆西国之乐器也”，“演剧时山河官阙，悉以画图，遥望之几于逼真，凡此戏术，皆从海外来，偶至一演，非时有也，特价甚昂”①。有些时候，这些表演大概为了吸引中国观众，会在茶园——中国戏剧剧场——表演。有一佐证是1867年的两船相撞新闻，其中一条“船上载有外国戏班，即前往上海茶园‘满庭芳’演戏之班也”②。

20世纪初期，一些日本旅行剧团在“东京席”——一个只有两百个座位的剧场——演新派剧。③ 显然它的目标客户是逐渐增多的日本人，但是这些演出也为一些从未去过日本的未来的文明戏演员提供了灵感。最值得一提的就是著名的京剧批评家、电影创业者、于1913年以家庭戏促成甲寅中兴的郑正秋(1888～1935)。1910年时，郑还在写京剧批评，徐半梅说服他去东洋席看新派剧演出，最终将“一个固执着主张中国只有皮簧能存在的郑药风，弄得思想动摇了”④，确信了话剧吸引中国观众的可能。

另一种西式戏剧演出的来源是上海的教会学校、大学的学生毕业典礼或圣诞庆祝活动，这些学校由天主教、新教运行管理，所收学生主要是中国人。这些演出也成为其他学校学生演出的灵感来源，产生了第一代本地新剧活跃分子和实践者。譬如圣约翰大学(1879年由圣公会建立)毕业典礼日上，“一般有圣约翰少年团游行，英语戏剧表演，学生演说，来访要员演讲”。⑤ 对于这些场合而言，从莎士比亚剧中节选场景是最佳选择，尤其是“《威尼斯商人》的法庭一场(见图1)，《裘力斯·恺撒》的谋杀一场，或是《哈姆雷特》的葬礼一场”。⑥ 一些学生成立了莎士比亚研究会，“每星期六聚会一次，宣读莎氏剧本一种”⑦。

早期学生新剧活动家之一和著名的新剧家朱双云(1889～1942)在他的《新剧

---

① 原文来自王韬的《瀛壖杂志》第6卷。转引自朱恒夫:《“春柳社”之前的上海新剧》，《戏剧艺术》2005年第2期，第79～80页。从三篇序言的日期来看，王韬的书写作时间跨越二十来年，从咸丰三年(1853)到同治十三年(1874)。

②《上海新报》1867年3月19日，转引自上注，第79页。

③ 徐半梅:《话剧创始期回忆录》，第22～23页。

④ 同上，第40页。

⑤ St. John's University, *St. John's University, 1879～1929*, Shanghai: Kelly and Walsh, Limited, 1929, E51. 此书由英文版和中文版组成，分别编辑页码，本文在页码前加上E(英文版)或者C(中文版)以示区别。

⑥ 同上。

⑦ 同上，C15。

图1　圣约翰大学学生1896年在上海演出的《威尼斯商人》(摘自 *St. John's University, 1879~1929*, E51 对面)

史》(1914)中,认为圣约翰大学是上海业余演出的先驱,其编年史第一条目就是"己亥年冬十一月。上海基督教约翰书院创始演剧。徐汇公学踵而效之"。[①] 朱认为这些演出打破了演剧不值得受教育者参与的偏见。在谈到徐汇公学恳亲日学生的表演时,徐半梅应和了朱双云的观点,即这些演出为其他学校想去演新剧的学生提供了道德上的许可:"那台下观剧的人虽并不能完全明白剧情,或听得懂剧中人的对白,但学校中这样公然提倡学生演剧,在当时很顽固的社会里,真是惊人的创举。因此,可以使人们得到一种刺激,叫他们知道:演剧不是一种荒唐下流的事。"[②]

大多数中国观众也是第一次见到舞台上的西方话剧,认为和中国戏剧在唱、舞、特技等方面的身体要求相比,西方话剧尤其适合业余者。另一位未来的文明戏明星汪优游(1888~1937)看了1899年圣约翰大学圣诞纪念演出的时装讽刺戏《官场丑史》后,发现"这种穿时装的新剧,既无唱功,又无做工"[③],这大大激发了他的舞台志向。虽然对新剧入门要求极低的误解在日后成为文明戏的阿喀琉斯之踵,

① 朱双云:《新剧史·春秋》,上海:新剧小说社,第1页。
② 徐半梅:《话剧创始期回忆录》,第7页。
③ 汪优游:《我的俳优生活》,《社会月报》1934年第1期,第93页。

不过,在 20 世纪初期,这一问题远非学生戏剧家的关注点。摆脱了对演剧职业的偏见并自信有能力上演这些看似简单的舞台剧之后,诸如朱双云、汪优游之类的上海学生热情拥抱登上舞台的机会。到 1904 年夏天,学校演出和戏剧社团已成为上海的普遍现象。①

但是,对西方剧场知之甚少,又没有类似于新派剧的中间物参照,学生的表演依然业余,正如徐半梅所说的:

> 那些学生们仅仅得到了可以公然在学校中演剧的权利;至于戏剧的本身,都是就近抄袭那京班戏院中所谓时装新戏。他们剧情的选择、剧本的编制,实在都很马虎,既无人导演,又没有相当的练习,不过学生中几个爱好戏剧的人,过过戏瘾罢了。这可以说与京班戏院中所演的新戏没有什么两样,所差的,没有锣鼓,不用歌唱罢了。但也说不定内中有几个会唱几句皮黄的学生,在剧中加唱几句摇板,弄得非驴非马,也是常有的。②

然而,学生演剧培养了许多未来的文明戏演员。一些学生继续赴日学习,如春柳社的创始人之一李叔同(1880 ~ 1942),就曾短暂求学于学生演剧发源地之一的南洋公学。③ 甚至在 1905 年动身去日本之后,李叔同在 1906 年的寒假回到上海,演出了他自己写的戏。④ 大多数的学生是在上海继续探索戏剧事业,随后与从日本归来的学生合作。随着时间的推移,本地实践者与从日本回来的春柳社成员在表演风格和新剧场观上产生了分歧,这种分歧成为文明戏杂糅性形成过程中的公开文化表演的焦点之一。

春柳社在日本和新派剧的影响

在 19 世纪下半叶,日本的现代化成就超过了中国。19 世纪末期,日本的成功

---

① 朱双云:《新剧史·春秋》,第 2 ~ 4 页。

② 徐半梅:《话剧创始期回忆录》,第 8 ~ 9 页。

③ 1901 年,李叔同以特别生的身份入南洋公学。朱双云在《新剧史》中提到,南洋公学自 1900 年起,有一些学生剧团活动。朱双云亦就读于南洋公学,并且积极地参与这些活动。

④ 这个戏叫作《文野婚姻》。大多数学者认为这出戏是李叔同去日本之前写的,写于 1905 年的春天,1906 年的表演是为了庆祝沪学会演剧部的成立。沪学会是青年教育团体,成立于 1904 年,李叔同是创始人之一。参见朱双云:《新剧史·春秋》,第 3 页;黄爱华:《李叔同早期戏剧活动考论》,《戏剧艺术》2001 年第 3 期,第 57 页。

导致甲午战争中中国舰队的覆灭。当中国人震惊于这种新的地缘政治现实时,许多人也认为日本是西方化的典范。1896年,清政府准许第一批中国学生赴日留学,拉开闸门之后,成千上万的学生跟随赴日。1907年,上演《黑奴吁天录》之年,至少有7000名中国学生在日本。① 尽管从这年起,有不少学生回国,但在1911年辛亥革命推翻清廷时,仍有超过3000名学生在日本,比中国学生在其他国家加起来的总和还要多。② 因此,日本对中国殖民现代性产生了重大影响,几乎涉及所有领域,当然也包括戏剧。尽管没有一个学生是纯粹以学习演剧为目的留学日本的,但身处异国,许多学生为了学日语去观看新派剧,这就激发了一些学生的表演欲望。1906年末,三个学艺术的学生在东京成立了春柳社,用中文表演自己编的话剧。

1900年代中期正好也是新派剧的黄金时期。那时,川上音二郎除了1893年单独去巴黎之外,还有两次前往西方的巡演经历,即他和妻子川上贞奴(1871~1946)的剧团在1899~1900年间去美国和欧洲巡演,1901~1902年间去欧洲巡演。除了以其所谓的日本戏剧令欧美目眩外,川上夫妇回到日本后,还通过上演欧洲经典戏剧引入现代演剧范式,改变了新派剧的进程,包括1903年的三个本土化了的莎剧。新派剧除产生川上及川上风格的政治色彩浓厚的“壮士芝居”外,还有另一个不太意识形态化的来源,是发自对歌舞伎在传达舞台现实主义和描绘时事方面的缺陷而感到的失望。新派剧这个派别的特征是极少政治的内容以及混合的表演风格,它被认为比川上派更具艺术性。它通过大量借鉴歌舞伎的固有套路形成了它自己程式化的动作、说白、唱歌、舞蹈和女装扮演。它甚至对歌舞伎的编剧法亦有依赖,不仅在舞台上演出改编自歌舞伎的作品,还采用了歌舞伎的情节剧模式创作新的作品。新作品的取材来源主要是伤感小说。另外,改编的欧洲戏剧也主要是情节剧,上演最频繁的莫过于维克托利安·萨都(Victorien Sardou)(这也是川上喜爱的剧作家)的剧作。到1900年代初期,这种风格成为除川上剧团之外的新派剧的主流。

20世纪的第一个10年亦见证了另一种风格的话剧——新剧——兴起,新剧假以时日成为日本现代戏剧的唯一代表。新剧由几位在大学里学习了欧洲戏剧的日本知

① [日]实藤惠秀著:《中国人留学日本史》,谭汝谦、林启彦译,香港:中文大学出版社,1982年,第327~338页。

② 周晓明:《多源与多元:从中国留学族到新月派》,武汉:华中师范大学出版社,2001年,第55页。

识分子所创造。他们排斥新派剧杂糅欧洲戏剧的方式，而通过忠实的翻译、现实主义表演和导演中心制（作为演员中心制的反面）来追求一种正规的西方戏剧之路。早期的一位实践者小山内薰，即1909年《博克曼》（*John Gabriel Borkman*）的导演，曾在东京大学学习西方戏剧，在致力于新剧这条通往话剧的唯一道路之前，也曾在新派剧剧团工作过。在小山致力于新剧的同时，早稻田大学的教授坪内逍遥（1859～1935）翻译了莎士比亚全集，成立了文艺协会研究戏剧，上演了莎士比亚、易卜生的作品和其他欧洲剧作。

新派剧和新剧都对东京的中国留学生产生了影响。但是因为新派剧在1906年碰巧形式更加成熟，那年三个学艺术的学生正好成立了春柳社，所以，这种杂糅形式对在东京的学生产生了更多的影响，由此而影响文明戏的编剧法和舞台程式。李叔同、曾孝谷（1873～1936）和黄二喃（1883～1971）这几个学生在东京美术学校学习油画。油画系由黑田清辉（1866～1924）在1896年建立，黑田在巴黎学了10年的绘画，是日本首屈一指的艺术家和先锋艺术教育家。经过这种艺术训练的中国学生比其他中国留学生更具优势，不仅因为他们的技巧能直接适用于服装和布景设置，而且因为油画在他们通往戏剧的路上提供了一种现实主义的维度。因此，他们的技术能力使得他们在舞台上的实践比同行的其他学生容易得多。

多年以后，李叔同告诉一个朋友，当时他们演话剧的欲望就是"看了川上音二郎夫妇所演的浪人戏"①之后而点燃的，"后来他们拜访了戏剧家藤泽浅二郎，得到他的帮助和指导。于是大家就组织了一个春柳社"。② 藤泽是最知名的新派戏剧明星之一，参与了川上1901年第二次欧洲之旅，1903年在川上剧团的《哈姆雷特》中扮演主角。藤泽还成立了一个演员学校，陆镜若选修了该校课程。除了川上和藤泽，坪内逍遥的文艺协会亦启发了春柳社的形成。文艺协会基于坪内创建的学生社团，1906年2月扩大，随后举行了两场震惊东京戏剧界的演出——1906年11月《威尼斯商人》的法庭一场和一年后的《哈姆雷特》完整版。李叔同于1906年末参加了文艺协会。③ 尽管他没有参加文艺协会的任何演出，但他对文艺协会的认识显然启发了他建立春柳社，两社之间存在着大量的相似之处。

其中一个相似之处是：二者一方面从广义上宣称革新本国的文学、艺术的意

---

① 林子青：《弘一大师年谱》，香港：上海总会，1991年，第41页。
② 同上，第42页。
③ 李叔同的名字出现在1907年1月发布的《文艺协会会员名簿》上，编号519，《早稻田文学》明治四十年一月号，转引自黄爱华：《中国早期话剧与日本》，长沙：岳麓书社，2001年，第30页。

图,另一方面,狭义上,实际关注的只是戏剧表演。"Bungei Kyōkai"在英文里通常翻译为文学协会(Literary Society),但"Bungei"的中文发音为"文艺",至少中文意为文学和艺术。因为这个原因,春柳社的全名是春柳社文艺研究会。在他们最初的宣言中,两者都雄心勃勃地要以促使本国文学、艺术和戏剧实现现代化为目标。① 但两者都仅仅运行了戏剧部分。事实上,春柳社的章程亦跟随文艺协会,仅仅出了《春柳社演艺部专章》。② 仔细对比两个章程,春柳社,尤其是创始人李叔同,毫无疑问地模仿了文艺协会的组织章程。③ 然而文艺协会在春柳社公演方面的影响实际很小,这是因为 1906 年文艺协会是新剧运动的唯一代表,而在1906 ~ 1907 年间这两个团体都在努力地确定自己的身份。文艺协会在 1906 年的最早的两次公演,节目混杂,有《威尼斯商人》中的法庭一幕,有一出歌舞伎"采用西式舞台绘画和奈良时代的对话"④,有坪内的新历史歌舞伎《桐一叶》中的一幕和新曲《常闇》。这些公演得到了歌舞伎、新派剧演员的帮助,例如市川新十郎和藤泽浅二郎。⑤ 直到 1907 年 11 月的第三次公演,在春柳社上演《黑奴吁天录》半年以后,文艺协会才上演了一个完整的作品,这就是划时代的《哈姆雷特》,用了坪内的直译本、相对现实主义的表演和男女合演。⑥ 然而,《哈姆雷特》的演出发生在春柳社《黑奴吁天录》之后,尚未形成直到 1909 年《博克曼》演出后才出现的新剧持续演出的趋势。更值得关注的是,春柳社接下来的演出并没有效仿《哈姆雷特》,而是认真效仿新派剧。

---

① 文艺协会:《文艺协会成立的趣意》,《早稻田文学》1906 年 1 月号;春柳社:《春柳社文艺研究会简章》,《大公报》1907 年 5 月 10 日。

② 文艺协会:《文艺协会会则》,《早稻田文学》1906 年 1 月号;春柳社:《春柳社演艺部专章》,阿英编:《晚清文学丛钞 · 小说戏曲研究卷》,北京:中华书局,1960 年。

③ 李叔同显然是中文章程的作者。《春柳社演艺部专章》将李的住址作为该社的官方地址,并引用了李的两行诗歌,在诗中,其表露了欲将戏剧作为社会启蒙工具的意图。至于二者的相似之处,春柳社以文艺协会为例,说明在欧洲、美国和日本这样的"文明"世界,演员是受过教育且得到尊重的。在具体计划方面,春柳社还模仿文艺协会计划发行一种杂志、每年举行两次公演,将会员分为正会员、协助员和名誉成员(文艺协会还有会头和发起人),并收取会费。

④ Yasuji Toita, "The Kabuki, the Shimpa, the Shingeki", trans. by Edward G. Seidensticker and Donald Keene, in Komiya Toyotaka ed., *Japanese Music and Drama in the Meiji Era*, Tokyo:Ōbunsha, 1956, p. 290.

⑤ 文艺协会:《文艺协会演艺部第一次大会记事》,《早稻田文学》1906 年 12 月号;文艺协会:《文艺协会记事》,《早稻田文学》1906 年 3 月号。

⑥ 尽管坪内为奥菲利亚选了一个女演员,但因为受到剧团的人才限制,不得不安排一个男演员演格特鲁德。

尽管如此,可以想见1906年文艺协会的学生演剧激发了李叔同及其朋友登台演出的激情,使李回想起上海学生演剧情形。此外,文艺协会早期兼收并蓄的演剧风格,可以帮助我们解释为何春柳社最初的两个演出没有像后来那样追随新派剧。确实,日本新剧的路径不是十分清晰,并且新派剧的杂糅性和新剧严格模仿现代欧洲戏剧的分界线也才刚刚开始形成,东京的中国留学生未曾留意到这两者之间的区别,热情欢呼两者,将它们都视为新的戏剧,用中文"新派"来指称两种形式,虽然如今"新派"一词已专门指称新派剧。[①]

因此,受到新派剧和文艺协会的启迪,李叔同和其他中国留学生于1906年年末在东京成立了春柳社,着手开始他们的第一个演出,所演为小仲马《茶花女》(*La Dame aux Camélias*)中的一幕。

《茶花女》

春柳社《茶花女》的谱系和它的新派剧前辈、文明戏间的谱系关系正好可用巴赫金(Bakhtin)的有意杂糅这个概念解释。1884年《茶花女》的小说版被译介至日本,即广受日本读者欢迎的《椿姬》(*Tsubaki-hime*),经过了多次翻译和改编。其舞台生命的种子是由川上在1893年种下的,那年川上在巴黎看了莎拉·贝恩哈特(Sarah Bernhardt)所扮演的玛格丽特(Marguerite Gautier),"他被深深地打动了,买了剧本,带回来后将它翻译为日文"[②]。译者为长田秋涛(1871～1915),曾在剑桥和巴黎学习过,译文发表在1896年的日文杂志上。1901年川上音二郎和川上贞奴在巴黎演出,时值他们的第二次欧洲巡演。[③] 1903年,剧团中的女性演员中村仲吉在

---

① Shingeki在中文中称为新剧。1906年李叔同没有在春柳社章程中加以区分,写道:"日本新派优伶,泰半学者,早稻田大学文艺协会有演艺部,教师生徒,皆献艺焉。"(春柳社:《春柳社演艺部专章》,第635页)直至1957年,欧阳予倩仍然写道:"新派是对日本歌舞伎说的,认为歌舞伎是旧派,这正和我们当时叫话剧为新戏,叫中国原有的戏为旧戏是一样的意思。"(欧阳予倩:《回忆春柳》,田汉编:《中国话剧运动五十年史料集》1,北京:中国戏剧出版社,1985年,第34页)显然他使用"新派"一词指称新的西式戏剧,甚至同页中提到文艺协会时,他未使用"新剧"一词。

② 川上后来将此事告诉法国记者福尼尔(Louis Fournier),他在1900年出版了川上的传记。此注引自Lesley Downer, *Madame Sadayakko: The Geisha Who Bewitched the West*, New York: Gotham Books, 2003, p.64。

③ 王虹:《中国と日本におけるマルグリット像——劇『椿姫』の翻訳と上演をめぐって》,《多元文化》,2004,151; Jonah Salz, "Intercultural Pioneers: Otojirō Kawakami and Sada Yakko", *The Journal of Intercultural Studies*, 1993, p.63。

东京的真砂座上演此剧。[①] 八年以后,1911 年,此剧同时在大阪和东京公演,大阪场由川上贞奴扮演玛格丽特,东京场则由著名的新派剧搭档伊井蓉峰(1871～1932)和河合武雄(1878～1942)演出。[②]

同时,在 1898 年间,《茶花女》的小说版已由林纾(1852～1924)和他的合作者王寿昌(1864～1936)翻译为文言文。王是最早一批赴欧留学的学生之一,他在巴黎大学学习了六年的法文和法律。林纾以善作古文而闻名,但不懂任何外文。王最初告诉林茶花女的故事,是为了抚慰林的丧妻之痛。历经大半年时间,林将王的口语翻译转化为优美的文言文。这部小说以《巴黎茶花女遗事》之书名在 1899 年出版,很快成为最畅销的图书。这不但促使林纾在他的有生之年成为最多产和最有影响力的翻译家(通过合作者),而且极大地提高了小说的地位,使之成为正统文学类型。这部小说还对同时代的人产生了巨大的影响,翻译家严复(1854～1921)有两句诗如此描述道:"可怜一卷《茶花女》,断尽支那荡子肠。"[③]欧阳予倩写到,在观看春柳社演出之前,就已在北京读过林纾的译本。[④]

虽然春柳社的演出本已遗失,但是根据林纾译本的畅销程度和藤泽浅二郎(曾和川上、中村仲吉一起去过法国)担任指导的事实来看,我们可以合理地推论出:演出本是基于林纾的中译小说和长田的日文改编剧本。[⑤] 作为为中国饥荒灾民赈灾义演的一部分,1907 年 2 月 11 日,春柳社上演了《茶花女》第三幕中的一场——阿尔芒·杜尔瓦(Armand Duval)的父亲劝交际花玛格丽特离开他的儿子。[⑥] 在藤泽的帮助下,李叔同饰演玛格丽特,另一个学艺术的学生曾孝谷扮演杜尔瓦的父亲。当台上宣布李

① 松本伸子:《明治演劇論史》,第 383 页。

② 白川宣力:《川上音二郎・貞奴:新聞にみる人物像にみる人物像》,东京:雄松堂书店,1985,第 490 页;松本伸子:《明治演劇論史》,第 383 页;王虹,《中国と日本におけるマルグリット像——劇『椿姫』の翻訳と上演をめぐって》,第 150 页。

③ 引自阿英:《关于〈巴黎茶花女遗事〉》,薛绥之、张俊才编:《林纾研究资料》,福州:福建人民出版社,1983 年,第 274 页。

④ 欧阳予倩:《自我演戏以来》,台北:龙文出版社,1990 年,第 7 页。

⑤ 日本学者吉田登志子进一步认为春柳社的演出本是由曾孝谷合成的,曾也是后来《黑奴吁天录》的作者。参见吉田登志子:《论春柳社公演的〈茶花女〉》,《中国话剧研究》,1992 年,第 121 页。

⑥ 义演的地点是位于东京神田区铃木町的中国基督教青年会,一座新的三层建筑,专为中国留学生所建,根据不同报道,中国留学生的数量在 6000 名至 12000 名之间。该建筑在三楼有一个礼堂,于 1906 年 1 月刚刚开放,正好是演出前的一个月。参见中村忠行著,陈凌虹译:《春柳社逸史稿(一)——献给欧阳予倩先生》,《戏剧》2004 年第 3 期,第 36 页。这是中村 1956～1957 年文章的中文译文,这篇文章首次发表了《黑奴吁天录》的海报,并报道了春柳社在东京的其他活动。

为了角色牺牲了胡子时，李获得了特别的掌声。[①] 从当时的报道和现存的演出照片来看，场面使用了现实主义风格的服装和装置以及新派剧风格的女性装扮。[②]

尽管相比几个月后《黑奴吁天录》的媒体关注度逊色，《茶花女》还是因与当时中国戏剧的鲜明对比，得到了一些日本、中国媒体的注意。演出一个月后，上海《申报》的一篇报道注意到了日本新闻界对此次演出的评论："当日客座中新闻记者约六七人，其中亦有一二人曾于上海观过中国演剧者，觉与此大异者。"[③]许多学生观众亦受到这种新式样表演的刺激，欧阳予倩回忆道："这一回的表演可说是中国人演话剧最初的一次。我当时所受的刺激最深。……当时我很惊奇，戏剧原来有这样一个办法！……我又想他们都是大学和专门学校的学生，他们演戏受人家的欢迎，我又何尝不能演？"[④]从这个意义上而言，这种兴奋感吸引了许多新成员加入春柳社，包括美术学校李、曾的日本、印度同学，这可从同年6月《黑奴吁天录》的演员名单见出。

《黑奴吁天录》

五幕剧《黑奴吁天录》，是以林纾和合作者魏易（1880～1930）翻译的斯托夫人（Harriet Beecher Stowe）的小说《汤姆叔叔的小屋》（1901）为蓝本，于1907年6月1日至2日，在东京本乡座演出。本乡座主要演出新派剧。此剧演出本亦不复存在，但早稻田大学的演剧博物馆保存了一张有详细细节的演出海报（见图2）。这张海报建构了我们理解此剧演出的基础，值得我们细读：海报从上到下分成三个部分。最上面一行的中心是剧名，右边为演出公告"春柳社丁未演艺大会"，左边为要员"脚本著作主任存吴、布景意匠主任息霜"。海报的焦点在中间部分的中心，由三个场景图拼成：解而培和海留饮酒、卖了他的奴隶（第一幕，左下方），意里赛和哲而治的分别（第三幕，右上方），乔治在山崖和追捕者争斗（第五幕，中心）。右边有一短文解释演出动机；左边有一段文字，摘录于林纾为其译本写的《序》，平行比较了黑奴和在美国的中国劳工。最下面一行列出了每一幕的情节梗概和演员表。

---

① 欧阳予倩：《自我演戏以来》，第7页。

② 见本书第六章关于新派剧对文明戏性别表演的影响的论述。

③《记东京留学界演剧助赈事》，《时报》1907年3月20日。在2月9日～11日间，日本有三篇短新闻报道，3月间有一篇杂志文章报道，皆引自吉田登志子：《论春柳社公演的〈茶花女〉》，第121～122页。中国的《时报》在1907年3月20日有一篇报道，引自黄爱华：《中国早期话剧与日本》，第39～40页。

④ 欧阳予倩：《自我演戏以来》，第7页。

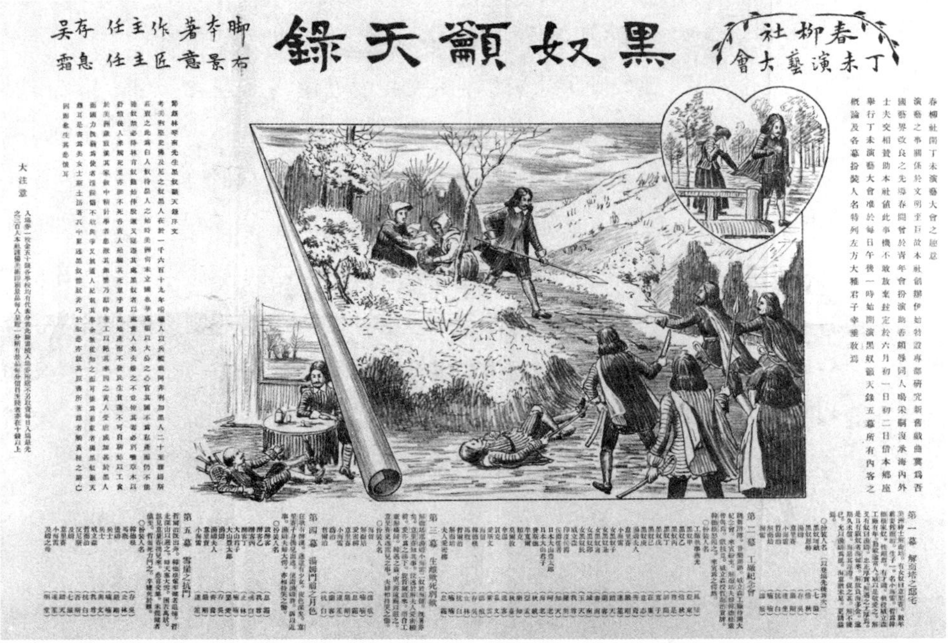

图2　1907年春柳社在东京本乡座上演《黑奴吁天录》的海报(由早稻田大学坪内逍遥演剧博物馆提供)

曾孝谷在林纾译本的基础上编写了演出剧本。林译本绝不是文学上的翻译,然而在结构上还是忠实于原著的,包括原著的全部前44章,只删除最后一章“跋”。与大多数美国演出的“汤姆剧”不同,曾的剧本关注的重心从善良的、受尽折磨的汤姆叔叔转移到反抗的乔治·哈里斯和他的胜利,海报中的五幕剧情概要就是证明:

第一幕　解而培之邸宅

美洲绅士解而培,有女奴意里赛,数年前妻哲而治生子一,名小海雷。哲为韩德根家奴,性刚烈,有才识,执役威立森工厂有年,勤敏逾常人,威以是敬爱之。解又有奴曰汤姆,忠正厚实,解遇之尤厚焉。是日有贩奴者海留来,解故负海多金,逾期久未偿,海恶其迟滞,促之甚,解不获已,允以汤姆为抵,海意犹未尽,更请益焉。

第二幕　工厂纪念会

跳舞蹲蹲,音乐铿铿,威立森工厂特开大纪念会。来宾纷至,解而培夫妇韩德根辈皆与焉，献技竞，威立森授解而培赏牌，韩德根怒阻之，来宾为之愕然。

第三幕　生离欤死别欤

解而培鬻汤姆小海雷二奴于海留，即署券矣，意里赛知其事，泣述于夫人爱密柳前，爱亦为之涕下。旋哲而治来，谓自工厂辞职归，韩遇之益虐，将远扬以避之。意里赛更述鬻儿之事，夫妇相持哭之恸。

第四幕　汤姆门前之月色

狂歌有醉汉，迷途有少女，夜色深矣。意里赛孑身携儿逃，便诣汤姆许，诉以近事，汤姆夫妇大愕，亦相持哭之恸（见图3）。

图3　1907年6月春柳社在东京本乡座上演《黑奴吁天录》第四幕剧照（摘自《演艺画报》，1907）

第五幕　雪涯之抗斗

哲而治既出奔，韩德根辈率健者追捕。哲走深山以避之，时天寒大雪，困苦万状，忽见意里赛携儿来，悲喜交集。未几健者侦至，哲奋死力斗之，卒获免于难（见图4）。

可见，前四幕大体根据小说的前五章，包括解而培把汤姆、小海雷卖给海留，哲而治不堪主人韩德根虐待出逃，意里赛在汤姆叔叔、克莱奥婶婶的屋前与他们告

图4 春柳社在东京本乡座上演《黑奴吁天录》第五幕剧照(摘自《演艺画报》,1907)

别。该剧此后略过了意里赛渡俄亥俄河(这是"汤姆剧"演出中引人注目的亮点之一),她和哲而治在俄亥俄的贵格会农场重逢,汤姆被卖给圣克莱尔,直接跳至第17章("自由人保卫战")哲而治与以汤姆·洛克尔(Tom Loker)和马科斯为首的追捕者在悬崖上争斗。根据海报,哲而治和书中一样得到了菲尼亚斯·弗莱切的帮助。弗莱切为贵格会教徒,曾帮助意里赛、哲而治渡过俄亥俄河。哲而治在这幕中和意里赛、小海雷重聚,成功获得了自由。①

① 大约因演出距今已久,最后一幕为日、中学者试图将人物与演出对比带来了一些困难。中村忠行认为"汤姆叔叔"这个角色在第五幕中的演员和第一幕、第四幕不同,将第五幕中出现的汤姆·洛克尔误认为是汤姆叔叔。[中村忠行:《春柳社逸史稿:欧陽予倩先生に捧ぐ》1,天理大学学報,1956,第29页;中村忠行:《春柳社逸史稿》(1),第42页]曾经在剧中扮演小海留的欧阳予倩,接受了中村的说法,在他广为流传的文章(1957)中,再次确认了最后一幕演员名单中的"汤姆"就是汤姆叔叔,误以为剧本让汤姆叔叔逃向自由是为了讨好观众。(欧阳予倩,《回忆春柳》,第20页)自此以后,其他的戏剧史也接受了这种说法,包括黄爱华的《中国早期话剧与日本》一书。显然,这个"汤姆"是汤姆·洛克尔,是哲而治的追捕者,在原小说和林译本的第17章都出现过。事实上,若仔细阅读林译本和春柳社的海报,我们就会发现他的名字不是汤姆叔叔的"湯姆",而是"盪姆",书写上两者有细微不同,读音为"dàng",不是"tāng"。显然,林纾和曾孝谷格外地区分了这两个名字,但是在过去的半个多世纪中,他们的慎重仍然不能避免这种混乱。

如上所见，该剧改编和小说已大大不同，其主要接受了书中哲而治反抗非正义和种族主义的超验主义信息，弱化了体现在标题人物汤姆叔叔身上的基督教忍受精神这一核心信息。曾孝谷重新调整关注焦点，在某种程度上说是受到了林纾的启发，林纾在《序》中认为原书名“不典”，他将书名改为“黑奴吁天录”，强调他们受到的不公正遭遇。此外，在保留原书结构的同时，林纾大幅削减了对汤姆基督教精神的描述，原因可归为他和合作者魏易都缺乏基督教背景。[①] 但是，剧本转移重心最重要的动力在于林纾在他的序言中重构了小说主题，其将美国奴隶直接与美国华工的命运联系起来，上升至“黄祸”歧视的高度：“迩又寖迁其处黑奴者，以处黄人矣。夫蝮之不竟伸其毒，必啮草木以舒愤，后人来触死茎，亦靡不死。吾黄人殆触其死茎乎？”[②]他进而痛惜中国政府未能保护在美国的中国公民，知识分子亦忽视了他们的命运，这使得他将小说与屈服于殖民主义的忧国情怀联系起来：“非巧于悲叙，亦就其原书所著录者，触黄种之将亡，因而愈生其悲怀耳。”[③]“将亡”的感觉准确地捕捉到了中国知识分子在20世纪初的痛苦，使得林译本《黑奴吁天录》又成为畅销书，也成为李叔同和曾孝谷改编的蓝本。他们还几乎把林纾的整个序言重印在演出海报上。[④]

进一步而言，演出重心从汤姆的忍让转到哲而治的反抗，同样可能是受到了林纾的启发，林纾在后记中将中国移民受到美国政府的监禁隔离与小说中的奴隶住所相比，赞赏日本移民者面对同样的隔离检疫时提出诉讼，抗议妻子们在健康检查时所受的侮辱。林纾情不自禁地赞美道“勇哉日人也”！尽管日本人“亦同一黄种耳”。[⑤] 他高度赞扬了哲而治回非洲的决定，引用了哲而治在第43章中的书信：“意谓无国之人，虽文明者亦施我以野蛮之礼。”[⑥]林纾反抗种族主义的主张明显地影响了曾孝谷将哲而治而非汤姆作为该戏的焦点。而反抗种族主义又被海报设计者进

---

① ［美］斯土活著，林纾、魏易译：《黑奴吁天录》，阿英编：《晚清文学丛钞·域外文学译文卷》2，北京：中华书局，1961年，第262页。

② 林纾：《黑奴吁天录·序》，阿英编：《晚清文学丛钞·小说戏曲研究卷》，北京：中华书局，1960年，第197页。

③ 同上。

④ 除了林纾阐述为何更改书名和文末的最后两小段外，序言其余内容都被摘录。

⑤ 林纾：《黑奴吁天录·跋》，阿英编：《晚清文学丛钞·小说戏曲研究卷》，北京：中华书局，1960年，第198页。

⑥ 同上。

一步渲染,中间的三幅插画特地描绘了哲而治的痛苦和胜利:卖小海留和汤姆引起意里赛的逃跑;心形插画中哭泣的意里赛和低头的哲而治痛苦的告别;最为醒目的是哲而治在山崖边为自由与追捕者搏斗,身后是其蜷缩相拥的妻与子。这些没有汤姆叔叔的插图,是进一步将汤姆边缘化,刻意突出哲而治勇敢斗争精神的证据。曾、李显然是希望哲而治成为在座的中国观众的典范。

该剧演出中强烈的民族主义主题显然是它被官方话剧史神化为中国现代戏剧演出的开幕之作的重要原因。虽然我反对这种说法,因为此种说法从结果上说抹去了先前的上海学生演剧创作,但该剧的成就毋庸置疑,原因在于其民族主义的内容以及依托于对话和五幕结构的完整的脚本,集体表演制,以及(半)现实主义的服装、装置和化妆。然而,虽然这些元素使得它比其他文明戏演出更接近于西方戏剧范式,同样重要地,我们应认识到在许多方面,它充当了文明戏意识形态和表演杂糅的先驱,其混杂了民族主义和娱乐价值,毫不遮掩地借鉴了中国、日本和西方的表演程式。首先,演出加了唱和舞,构成了第二幕的主要部分,部分变成了春柳社成员的才艺秀,其中也包括外国的戏迷——演员名单中的日本人名、印度人名就是证明。加唱和舞成为文明戏杂糅身份认同的主要部分,这也是话剧纯粹主义者眼中的主要负面因素。如演出所示,这种方法的最大优势之一在于它的娱乐价值,尤其是对于习惯了戏曲演出的中国观众而言。

曾孝谷所写的五幕剧被称赞为采用西方戏剧的结构,有一个中心的、适时的主题,使得它明显区别于中国戏剧的聚焦娱乐和十幕以上的连续情节结构。同时,曾的剧作法又显示了其与新派剧、文明戏的亲密关系,将尽可能优先考虑目标观众的接受程度置之于忠实来源文本、文化之上。这里,第二幕又成为曾的本地化取向的绝佳例子。原小说中没有威立森工厂的盛大聚会这一情节,林纾在中译本第二章简要提到了工厂情节,包括韩德根在威立森面前羞辱哲而治。这个事件重现于曾的第二幕末尾,缀在斯托夫人的原始小说和林译本中都不存在的聚会庆祝之后。其很有可能是来源于林纾误解了第四章“汤姆叔叔小屋之夜”中汤姆家的礼拜和唱歌,书中详细描绘了做礼拜、唱诗班和读《圣经》,林纾压缩为这样的几句话:“一日傍晚,汤姆为邻人延饮,宾主歌呼,方极酣嬉。”①林纾借口他和魏易缺乏宗教背景来

① [美]斯土活著,林纾、魏易译:《黑奴吁天录》,阿英编:《晚清文学丛钞·域外文学译文卷》2,第271页。

为缺失这部分译文开脱，张佩瑶指出他们对待宗教如同知识管理，将斯托夫人的人性关怀和宗教虔诚转化为政治的、种族的痛苦。[①] 曾孝谷更是基于这一转化，将之发挥成为舞台上对哲而治的聪明才智的喜气洋洋的庆典。

从舞台照片来看，李叔同所设计的舞台装置类似于典型新派剧的装置，有绘画背景和三维布景。第四幕和第五幕的照片显示了粗线条的高亮和阴影，这些都是西方剧场中典型的舞台绘画技巧，与第五幕中构建的岩石相呼应。因为李和曾都学习油画，“布景由他们设计，服装也是由他们选定的……把布景、服装、道具开出详细的清单，并向（日本）承办者加以说明，就由本乡座的后台包办”，在藤泽的帮助下，租金花了500日元。[②] 布景由本乡座后台技师建造、绘画这一事实，解释了演出的专业舞美水准及其与新派剧场面的亲和性。

从演出评价而言，东京几乎所有的主要报纸都给了它压倒性的好评。[③]《早稻田文学》花了超过10页的篇幅加以评论。作者是伊原青青园（1870～1941）和土肥春曙（1869～1915），前者是一位重量级的戏剧批评家和学者，后者是文艺协会的重要会员，是协会当年晚些时候上演的《哈姆雷特》的主角。伊原认为此次演出的表演技巧和舞台设计比日本业余演出好。[④] 土肥进一步赞扬演出水平超过了一些新派剧明星。[⑤] 其他一些批评则以溢美之词称赞了几乎所有的演员——曾孝谷（意里赛）、李叔同（爱米柳夫人）和黄二喃（解而培）。从这些报道，我们可以得知演出得到了观众的绝对支持，他们挤满了本乡座的1500个座位，反响热烈。

《鸣不平》

中国民族主义戏剧与法国、日本的模式不同的一点在于，后者由统治阶层积极支持，拥护政府的帝国主义扩张，而晚清民族主义运动却将其反对西方的斗争情绪与积极的反清革命论调混杂在一起，戏剧很快成为其不可缺少的搭档。春柳社的下一场整本演出——1909年改编自萨都的《热泪》——就是个明证。该剧也标志着春柳社首次模仿新派剧现存剧目。在《热泪》之前，东京已成为反清革命的温床，

---

① 张佩瑶：《从话语的角度重读魏易与林纾合译的〈黑奴吁天录〉》，《中国翻译》2003年第2期，第18页。
② 欧阳予倩：《回忆春柳》，第20～21页。
③ 中村忠行：《春柳社逸史稿（一）》；黄爱华：《中国早期话剧与日本》，第58～69页。
④ 青青園：《清國人の學生劇》，《早稻田文学》7（1907），p.113。青青园与春曙的文章在同一标题下。
⑤ 春曙：《清國人の學生劇》，《早稻田文学》7（1907），p.115。

1905年孙中山在这里成立了同盟会,这个革命联盟最终导致了1911年的反清大革命。因而,《黑奴吁天录》中的痛苦和反抗双重情绪,外指潜在的殖民者,内指无能的清政府。

事实上,戏剧演出中的政治寓意的确惊动了东京的中国大使馆,随即其以中止奖学金相威胁,劝阻学生的演剧活动。结果,许多会员从春柳社消失了,在东京期间的其余演出规模大为缩减。① 下一场演出是1908年4月的《生相怜》,剧本已无迹可寻,像是一个浪漫的欧洲情节剧。李叔同因为有人评论他的女性扮相不好而退出了舞台和春柳社。曾孝谷和春柳社的联系也大大减少了,不再出现于后来的演出中,尽管他可能对剧本改编有所贡献。在这种情况下,春柳社在1908~1909年间,暂时以申酉会为名演出《鸣不平》(1909年1月)②,核心转变为陆镜若和欧阳予倩,他们对春柳社在东京和上海模仿新派剧(以及少许新剧)的创作和表演发挥了至关重要的作用。

这二人中,欧阳在《茶花女》演出之后加入了春柳社,在《黑奴吁天录》中扮演了小海留,在后来的演出中擅长扮演女性角色。陆镜若在1908年末加入该社,在东京帝国大学主修美学和心理学,也是唯一一个在藤泽浅二郎的俳优学校学习的中国留学生,指导老师有小山内薰等,并且在一个新派剧演出中扮演了一个小配角,和一些新派剧最耀眼的大明星同台。③ 此外,他还在文艺协会学习新剧,并在1911年的《玩偶之家》《威尼斯商人》和《哈姆雷特》中饰演了小角色。在正式回国之前(辛亥革命后),他甚至用日语参加了新派剧经典剧《不如归》和《金色夜叉》的表演。④他日语流利,但是由于他的南方口音,早先未能加入春柳社,因为春柳社演出要求用官话。然而,从入社到1915年逝世,在这短暂的几年间,陆无与伦比的才能和经验使

① 另一个主要成员李涛痕,在《黑奴吁天录》中扮演海留,也离开了剧团,一个月后和一些中国学医的留学生在千叶演了另外一个戏《新蝶梦》。其根据意大利故事改编,讲的是一个伯爵从坟墓中奇迹般苏醒后的经历。中国学生也演了其他一些戏剧。这些都和春柳社的演出相似,但是无论在剧本选择,还是在演出技巧上,水平都稍逊一筹。具体参见中村忠行的《春柳社逸史稿(二)》,也可参见黄爱华的《中国早期话剧与日本》,第81~89页,第107~120页。

② 该剧团后来将名字改回春柳社,尤其是回到上海以后。因此,他们始终被称为春柳社,尽管有短暂的名称变动。

③ 中村忠行著,陈凌虹译:《春柳社逸史稿(二)——献给欧阳予倩先生》,《戏剧》2004年第4期,第18页。

④ 欧阳予倩:《自我演戏以来》,第22页。

他成为东京、上海时期春柳社的实际领袖，被人尊称为“中国新剧家中第一”①。我将在后面的章节进一步分析他对中国现代戏剧三个方面的重要贡献：对跨文化戏剧必须从输入成功的外国表演开始的认识；对剧本的强调；在西方和现代日本戏剧的启发下，对创造新的中国编剧法的尝试。在每个方面，他的成就都被公认为令人钦佩、具有远见卓识，但也遭到了上海的大部分文明戏实践者和观众明显的阻挠，这促使陆和春柳社在杂糅过程中调整策略。

然而，回到1908年的东京，在向上海的艺术家、观众和他们的心目中的新剧妥协之前，陆和春柳社，作为不以营利为目的的学生演剧，在更为包容的东京，面对大多同为中国学生的观众，得以自由地吸收最新的日本新式戏剧和表演他们心目中的西方戏剧。正是在这样的背景下，他们上演了下一个戏剧《鸣不平》，源于比利时词曲作家朱尔斯（Jules Jouy）（1855～1897）所作多场景的独幕幻想剧（fantaisie）《社会阶梯》（*The Social Ladder*）或者《89年的原则》（*Principles of 89*）。② 该剧1909年1月在东京神田区的会议场所锦辉馆演出，这也是颇受中国学生欢迎的集会场所。此剧在中文里又名《社会阶级》或《黄金塔》，讽刺社会阶层。③ 是剧在银行开场，银行家正在谋划女儿的婚姻大事，一个伯爵前来商议他的儿子和银行家的女儿的婚姻大事。银行家希望能通过大笔的嫁妆获得晋升上层社会的阶梯，但伯爵告诉他婚礼之后他不能去拜访女儿。银行家有些恼怒，在伯爵走后，愤愤不平，抱怨消除

① 义华：《六年来海上新剧大事记》（上）；周剑云编：《鞠部丛刊》，上海交通书局1922年原版，台北：传记文学出版社影印，第1卷，1974年，第216页。

② 日本、中国和西方的戏剧史研究者长期以来对这个一幕剧的来源问题含糊不清。该疑问最近被中国学者韩一宇解决，他提供了令人信服的证据，认为此剧来自朱尔斯的《社会阶梯》，参见韩一宇：《清末民初汉译法国文学研究（1897～1916）》，北京：中国社会科学出版社，2008年，第371～384页。疑问产生的部分原因是原翻译者李石曾在巴黎见过该演出，并认为这是个法国剧。这导致学者试图将它与莫里哀的《愤世者》联系起来（中村忠行：《春柳社逸史稿（二）》，第17页）；或者是科特莱恩（Georges Courteline）的 *Article 330*（William Dolby, *A History of Chinese Drama*, New York: Barnes & Noble, 1976, 279, note 13），韩根据导演焦菊隐（1905～1975）1938年在巴黎大学发表的博士论文（1986年中译版出版），将它和这个比利时戏剧联系起来。

③《黄金塔》于1915年发表在可能是由曾孝谷编辑的杂志上。此剧的作者署名为佚名，翻译者的笔名为“独”。翻译之后，编辑加注道：“以上新派演戏适用之脚本《黄金塔》一幕，近数年来，法国最为流行。五年前吾国文士留滞日京者，尝于新年宴会之余，试验于锦辉馆，观者称赏不置。”（佚名：《黄金塔》，《中国近代文学大系》28集，上海：上海书店出版社，1991年，第834页）毫无疑问，这次演出就是春柳社的《鸣不平》，可能用的是同样的剧本，因为曾孝谷为演出曾参与修订翻译本。（中村忠行：《春柳社逸史稿（二）》，第19页）关于曾作为该杂志的编辑，参见麻国钧：《〈黑奴吁天录〉在东京演出时的幕前致词》，《戏剧》1990年第1期，第118页。

阶级差距的革命目标被忽略了。这时他的办事员进来,受到这番突如其来的启蒙言论鼓舞,请求他同意自己娶他的女儿。银行家的拒绝引发了办事员以同样方式展开的另一轮抱怨,他随即嘲笑了银行家女儿的女仆想与他结婚的荒唐梦。女仆在表演了一轮矫情抱怨之后,虚伪地拒绝了马车夫的要求,这个受轻视的黑人奴仆鞭打了一个乞丐,而乞丐找不到比他更低阶层的人,只好拿狗出气。①

春柳社使用的脚本是李石曾(1881~1973)在1908年的直译本,译自法文,没有提示原剧的音乐部分。李石曾是最早的留法学生之一,也是中国无政府主义运动的发起人之一。1906年,李和一些中国激进分子在巴黎发行了一本宣扬无政府主义的杂志《新世纪》(世界语[无政府主义通用语]名称为 *La Novaj Tempoj*),成为促使中国无政府主义思潮兴起的最有影响力的声音之一,使之成为20世纪前20年在中国占主导地位的激进思潮。受西方戏剧影响社会改革之承诺的激发,李除了撰写了不计其数的无政府主义作品,还翻译了两个剧本,另一个是《夜未央》(*On the Eve*),为波兰作家廖抗夫(Leopold Kampf)(1881~?)所著,讲述的是1905年俄国革命期间刺杀俄国总督之事,这将在下一章节中具体讨论。这两部剧都是直接从欧洲翻译过来的最早的西方戏剧,《鸣不平》是春柳社在东京和上海上演的唯一一个直接从欧洲翻译的欧洲戏剧,而不是转自新派剧。当春柳社在东京演出时,它并没有十分受欢迎,虽然最终在20世纪初上海文明戏顶峰时期成为一个流行剧。

《热泪》

起初,春柳社采用的欧洲戏剧要么是一幕或者节选,要么像《黑奴吁天录》一样改编自小说。尽管一些演员受教于藤泽,并且模仿了他们最喜爱的新派剧演员,但是这些演出并没有完整地仿照任何一个新派剧演出。对陆镜若而言,这是远远不够的,其在日本戏剧界的浸染,极可能使其认识到戏剧作为一个整体,包含剧本、演剧风格和技术元素,只能通过对于现有的演出的整体模仿才能移植过来。正是这种洞察,引导他首次努力将现代戏剧带给中国观众,先是在东京上演《热泪》,而后于1910~1911年间,在他正式回国前,在上海上演了三个新派剧。

他的第一次尝试就是去改编新派剧版本的《热泪》(*La Tosca*),该剧是萨都1887年为莎拉·伯恩哈特(Sarah Bernhardt)写作的,为典型的情节剧,是发生在热

---

① 佚名:《黄金塔》,第820~834页。

恋中的女主角杜司克(Tosca)、她的画家情人马里奥·卡瓦拉多西(Mario Cavaradossi)、逃亡的革命党人恺撒·安杰洛(Cesare Angelotti)和追捕安杰洛、拷问卡瓦拉多西并欲占有杜司克的大魔头警长斯卡皮亚(Scarpia)之间的故事。此剧一出便大获成功,催生了大量的仿作和变形之作,譬如普契尼(Puccini)1900 年的三幕歌剧。新派剧版本剧名为《热血》,改编者为田口菊町(1875~1943),剧本刊于 1907 年 2 月的《万朝报》上,7 月由两位最著名的新派剧明星在新富座上演,女形演员河合武雄扮演杜司克,伊井蓉峰扮演卡瓦拉多西(见图 5)。① 田口是受河合和伊井委托翻译,但无法找到萨都的原作或者朱塞培·贾柯萨、鲁伊吉·伊利卡为普契尼写的歌剧剧本,他只好根据小说版改编,且从歌舞伎的改编本《扇之恨》获得了灵感。结果,田口的改编本尽管相对接近于原作,但增加了一些人物和情节,最明显的就是卡瓦拉多西妹妹的出现。② 另一个值得注意的变化是标题,强调"热血"的革命主

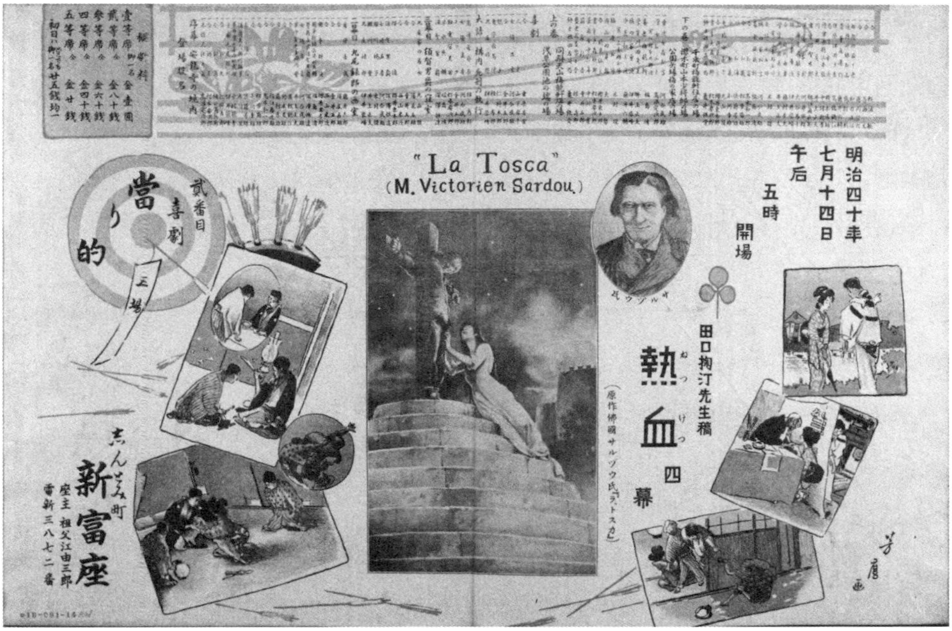

图 5　1907 年 7 月《热血》在东京新富座上演的海报(由日本早稻田大学坪内逍遥演剧博物馆提供)

---

① 中村忠行:《春柳社逸史稿(二)》,第 19 页。

② 飯塚容:《「ラ・トスカ」「熱血」「熱涙」——日中両国における「トスカ」受容》,《中央大学文学部紀要》,152(1994):131~134.

题,成功地将此剧从一个女演员的魅力展现转变为一对浪漫情侣通过英勇的反抗暴政而结合的双料佳剧。

扮演杜司克的欧阳予倩,在1939年的回忆录中,解释了他们选择此剧的原因和改编过程:"一、我们看日本新派(剧)名演员河合武雄、伊井蓉峰演过这个戏,我们很喜欢;二、主要角色只有四个,镜若、我尊、抗白和我担任起来刚好合适;三、青年留学生当中革命空气相当浓厚,这个戏适合于客观情势。"①除了欧阳的杜司克和陆的卡瓦拉多西,吴我尊扮演警察头子斯卡皮亚,曾饰演汤姆叔叔的谢抗白演革命党人安杰洛。陆和其他三人一起将这个新派剧脚本改编为中文,剧名改为《热泪》,不过在上海重演时又恢复了原来的剧名《热血》。

春柳社脚本与新派剧版本相比有了一些明显的变化。首先,欧阳提到"剧中人的名字除掉杜司克之外,其他都是我们当时为着易记随便改的"。② 结果,卡瓦拉多西变成露兰,斯卡皮亚变成保罗,安杰洛变成亨利,全部成了普通的英语名字。与田口的五幕剧不同,中国版由四幕组成,场景依次是众主角在小教堂的初次邂逅;在卡瓦拉多西的房间内,斯卡皮亚为了得到安杰洛的藏身之处而审问卡瓦拉多西;在斯卡皮亚的房间内,杜司克最终杀死了斯卡皮亚;城堡上浪漫情侣的悲惨结局。另一个改变则是推迟了安杰洛在第二幕的死期,他原本是为了避免被捕而在卡瓦拉多西庄园的井中自杀,春柳社则挪至最后一幕,展示他和卡瓦拉多西的英雄主义,正如欧阳所回忆的:

> 我们演的时候改成露兰和亨利同时绑上,露兰慨叹地向亨利道歉,亨利安慰他并作壮语,说专制必定会倒,自由平等的世界一定会到来……露兰兴奋地同意他的看法,最后亨利说:"我们生前是朋友,死后还是朋友。"露兰说:"我们生前是同志,死后还是同志。"这些话当然博得满场的彩声,我们都觉得这样改才好。③

《热泪》得到了东京华人界的热烈响应,学生演员一举成名,"那几天加入同盟会的有40余人"④。春柳社的《热泪》完美地反映了反清革命前夕华人界的激情。这种反应和先前1907年的新派剧收到的反应有着鲜明的反差,后者遭到了新剧重

① 欧阳予倩:《回忆春柳》,第24页。
② 同上。
③ 欧阳予倩:《回忆春柳》,第31页。
④ 欧阳予倩:《自我演戏以来》,第19页。

量级刊物《早稻田文学》(由坪内的文艺协会发行)的讽刺,批评了脚本的质量和新派剧明星的矫揉造作。[①] 其原因除新派剧偏爱直译和现实主义的表演风格之外,还应值得关注的是,剧中的革命信息无法引起沉溺于帝国近来军事胜利的日本观众的兴趣,而对中国观众来说,这恰恰是一剂英雄主义的良药。

除了革命主题,1909 年的《热泪》是春柳社继《黑奴吁天录》之后的唯一一场大型演出,欧阳认为在建构话剧美学方面向前跨进了一大步:

> 《热泪》的演出比《黑奴吁天录》的演出在某些方面是有进步的。这个戏的演出形式,作为一个话剧,比《黑奴吁天录》更整齐更纯粹一些——完全依照剧本,每一幕的衔接很紧;故事的排列、情节的发展、人物的安排比较集中;动作是贯串(穿)的,没有多余的不合理的穿插,没有临时强加的人物,没有故意迎合观众的噱头,在表演方面也没有过分的夸张。……镜若比较懂得编戏和排戏,所以在舞台形象的统一方面特别注意。[②]

结　　语

陆镜若在和春柳社回上海后几年中会发现,他们在东京和上海演出的几部剧中传输新派剧艺术(有时结合反清内容)的做法将遭遇上海本地新剧家的挑战,而后者更适应上海观众的口味。因为观众最支持的是中西戏剧元素的混杂,而不是以新派剧为基础的杂糅戏剧,而春柳社的招牌却恰恰是基于新派剧的杂糅戏剧。换言之,虽然本章中所讨论的文明戏"双亲"——上海的外国剧团演出、学生新剧和新派剧——为我们提供了一个清晰的视角,去考察不同新剧流派的灵感来源,但决定杂糅的最终形态——文明戏——自身的却是以下几章中要细细道来的杂糅过程。

然而,本章已指出,文明戏"双亲"的质量是不平衡的。在陆镜若和欧阳予倩所领导下的春柳社,在学习新派剧艺术方面已远远高于上海学生新剧家,而上海学生新剧家对西方话剧剧作法和表演的理解相当肤浅。而文明戏先行者在 20 世纪初的

---

① 赤とんぼ:《新富座の「熱血」》,《早稻田文学》9(1907), pp. 62 ~ 70.
② 欧阳予倩:《回忆春柳》,第 31 页。

商业演出时代加入了本土的中国娱乐元素,又进一步复杂化了外国双亲之间的这种不对等关系。最后,值得注意的是,文明戏的“血统”缺乏与欧美戏剧的直接联系,尽管李石曾有两部直接从法国翻译的戏剧。此外,如我将在下文讨论到少数演员在英国殖民地香港受过训练,为杂糅过程增加了一个有趣的维度,在上海20世纪第二个10年发挥出来,这是下一章的话题。

除了表演杂糅,另一个问题是本章已经铺垫并将在1911年以后在上海继续展开的,即弥漫的民族主义氛围召唤新剧发挥鼓动革命的作用。在这一点上,《黑奴吁天录》和《热泪》成功地利用了中国的种族焦虑,激发了民族主义反抗和革命。下一章将详细讨论在辛亥革命时期,文明戏继续扮演鼓吹角色,其方式几乎差不多相当于川上的“壮士芝居”时期,有着明显的戏剧继承。相比之下,文明戏中期的商业演出成功常被指责为放弃了思想性,这一指控将被对演出记录的仔细研究证伪。因而,我在下一章将证明文明戏甚至在中期商业演出时代也继续着意识形态的杂糅。我将表明,如同剧作法和表演的杂糅,理解文明戏意识形态更好的视角是它的民族主义鼓动和商业娱乐的杂糅。

杂糅上海*

1907年10月,兰心戏院演出了另一个版本的《黑奴吁天录》,此后10年中,文明戏在上海经历了形式上的和意识形态上的杂糅过程。从形式而言,这段时间是西方话剧(和些许歌剧)、新派剧和中国戏剧的公开磋商过程。从意识形态上而言,在1911年辛亥革命时期和以后几年的国难中,文明戏鼓吹革命的力量混合了新剧谋求商业成功的探索。在分期上,这10年可以分为两个子时期:从1907年到1913年,文明戏与辛亥革命密切相关,但在上海没有取得商业成功;自1913年中期之后的几年,文明戏通过家庭剧驶入壮观的商业繁荣时代。

本章研究的对象是这些派系登陆上海的路径、对其他文明戏群体的影响以及观众的接受情况,因为观众的购票力量对杂糅形成过程意义重大。我将从1907年10月的本土版的《黑奴吁天录》开始,它虽然受到当年早些时候春柳社版本的启发,但二者没有太大的联系。在某种意义上,这个本地版可以看成上海学生演剧的延

---

* 以下译自刘著第三章。

续,因为其演员来自本地。然而,春柳社在本乡座的成功明显地提升了新剧的声誉,促使上海版本得以在本地西方剧场即兰心剧院上演,这个姿态不仅将文明戏的外国血统和早先的学生演剧象征性地捆绑起来,而且实实在在地向中国戏剧界介绍了西方戏剧技术和建筑,产生了深远的影响。

王钟声的《黑奴吁天录》

自春柳社1907年6月演出《黑奴吁天录》之后,它的核心会员留在东京,直到1911年大革命后才回到上海。在这几年中,王钟声和任天知成为本土新剧实践者的领袖。据说王曾经在德国学习了几年的医药或者法律,可能在1906~1907年去过日本,这些经历可能使他看过一些新派剧演出。[①] 1907年夏,王在上海成立了一个戏剧学校——通鉴学校,其主要训练方法就是排戏。受到春柳社成功的启发,他在10月组建了春阳社,演出他自己版本的《黑奴吁天录》。[②] 该剧的五幕剧脚本由著名的编剧家和小说家许啸天(1886~1946)撰写,同样基于林译本。演出风格鱼龙混杂,有京剧伴奏和演唱,演员穿着新式西服和裙子,脸没有涂黑。[③] 虽然从这五幕结构和对此剧的选择上,我们可以明显看出春柳社演出在剧作法和意识形态方面对上海新剧团体的影响,但此次演出最深远的影响是其地点选择了大部分中国人不知道的兰心剧院,以及演出所采用的现实主义风格的布景和照明。[④] 许多中国观众是第一次见到"现实主义"风格的舞台设置,"兰心的灯光配置得极好,当然能使台下人惊叹不止。这一天,伶界中也很有几个人去参观"[⑤]。朱双云在《新剧史》中记录了王钟声向文明戏输入了先进舞台技术的功绩:"新剧之优于旧剧,已昭昭在人耳目。至布景一端,则固发源钟声与春阳社……大演新剧并刻意布景,以新阅者耳目,实开今日各舞台布景之渐。"[⑥]

---

① 黄爱华:《王钟声春阳社与日本新派剧》,《杭州师范学院学报》1994年第1期,第8页。

② 关于王创立通鉴学校的时间,存在着不同的说法。这里依据徐半梅的说法,徐在此学校教舞蹈(因为他在日本所受的训练),他清楚地指出春阳社是在该学校创立两个月后成立的。徐半梅:《话剧创始期回忆录》,第16~18页。朱双云的《新剧史》认为通鉴学校是由王和任天知在1908年农历二月共同创立的。朱双云:《新剧史·春秋》,第8页。

③ 徐半梅:《话剧创始期回忆录》,第18~19页。

④ 欧阳予倩:《自我演戏以来》,第9页。

⑤ 徐半梅:《话剧创始期回忆录》,第19页。

⑥ 朱双云:《新剧史·春秋》,第6~7页。

此次演出产生的另一个至少是同样重要的结果,就是向中国观众和剧院老板介绍镜框式舞台和西方戏剧建筑,他们中的大部分当时仅仅知道茶园和几乎没有灯光和布景支持的小凸形舞台。① 结果,兰心在上海戏剧界的曝光,引发建造西式剧院之高潮,西式剧院最终超过了茶园,成为文明戏、京剧和其他戏剧样式的标准演出地点。演出后仅一年,新舞台作为此类建筑中的第一个,于1908年10月26日开业,用作京剧舞台。新舞台再一次印证了日本在这个时代的中西文化和技术交流中所扮演的中介角色,因为它虽然受到兰心的启发,但是从日本戏剧界得到技术支持的。新舞台老板夏月润(1878~1932)访问日本时,在歌舞伎演员和新剧爱好者二世市川左团次(1880~1940)的帮助下,邀请了日本设计者和木匠来上海建造新舞台②,还建造了一个歌舞伎风格的旋转舞台。③ 新舞台的巨大成功促使其他茶园迅速跟风,纷纷转换为西式剧院。新舞台的主要竞争对手之一新新舞台,从日本进口了一个特效机器,专门雇一个日本技师运行。④ 很快,上海有了十几个镜框式剧院,在接下来的10年内,茶园式剧院在上海几乎全都消失了。⑤ 京剧明星梅兰芳(1894~1961)于1913年在上海丹桂第一台首演前,只在北京的茶园式剧院演出,他"初次踏上这陌生的戏馆的台毯"。40年后他回忆道:"这种半圆形舞台,跟那种照例有两根柱子挡住观众视线的旧式四方形的戏台一比,新的是光明舒服,好的条件太多了,旧的又哪里能跟它相提并论呢?这使我在精神上得到了无限的愉快和兴奋。"⑥

1908年春天,王钟声和任天知上演了另一个新剧《迦因小传》(*Joan Haste*),这是任第一次以戏剧专家的身份在上海露面。据现有资料,任在甲午战争之后,在日本待了很长一段时间,被一个日本家庭收养,有日本名字和日本国籍。在1911年大

---

① 更多的茶园资料,可参见 Joshua Goldstein, *Drama Kings: Players and Publics in the Re-Creation of Peking Opera, 1870~1937* (Berkeley: University of California Press, 2007)第2章。

② 徐半梅:《话剧创始期回忆录》,第20页;梅兰芳:《戏剧界参加辛亥革命的几件事》,中国人民政治协商会议全国委员会文史资料研究委员会编:《辛亥革命回忆录》,北京:中华书局,1961年,第348页。

③ 旋转舞台原先用于18世纪早期至中期的歌舞伎剧场中,用来适应更加复杂的舞台技巧。第一个正式的模型是在1793年建造的,参见 Benito Ortolani, *The Japanese Theatre: From Shamanistic Ritual to Contemporary Pluralism*, rev. ed., Princeton, NJ: Princeton University Press, 1995,196。

④ 王仲钧、胡仲龄:《上海戏园琐话》,《上海地方史资料》(五),上海:上海社会科学院出版社,1986年,第201页。

⑤ 北京市艺术研究所、上海艺术研究所组织编著:《中国京剧史》(上),北京:中国戏剧出版社,第350页;张炼红:《"海派京剧"与近代中国城市文化娱乐空间的建构》,《中国戏曲学院学报》2005年第3期,第19页。

⑥ 梅兰芳:《舞台生活四十年》(1),上海:平明出版社,1952年,第132页。

革命之前，当上演反清戏剧遭到清政府刁难时，他就以这种身份周旋。他的一些同时代人评论他的表演风格明显受到了新派剧的影响。① 他曾是春柳社的成员，在说服李叔同和曾孝谷去上海演出《黑奴吁天录》失败后，他独自返回上海，帮助王上演《迦因小传》。此剧改编自林纾所译的维多利亚冒险小说家亨利·哈格特(Henry Rider Haggard)的25种小说之一。② 任的新派剧风格的表演和导演赢得了徐半梅的赞扬，徐认为这是在上海上演的第一个成熟的话剧，这一评价也从一位京剧老伶工的评论中得到了印证："这不能当它戏看，要当它真的事情看，才有趣。"③徐当然知晓他的言外之意，以京剧之标准来看，新剧缺少艺术性，不过徐仍然将此话视为演出成功的证实，他坚持认为话剧的原则是"直接痛快地描写社会，样样要假戏真做"④。文明戏杂糅的这10年间的尝试和焦虑，以及话剧为寻找观众基础而长达百年的探索都证明，在中国观众对整体剧场娱乐的期待和新剧以对话为主导的鸿沟之间搭起一个桥梁，将是文明戏杂糅过程的关键。

《迦因小传》作为这一动态关系的早期探索，被徐半梅这样的新剧家看作一个杰出的开端，却得到了观众冷淡的反应，这迫使王钟声解散了春阳社。任天知也消失了几年，直到1911年大革命前夕，他的"壮士芝居"风格的新派政治戏剧引发了文明戏的第一波轰动。除任之外，王钟声联合陆镜若在1910年夏天演了一些戏，那时陆还在东京求学，初次尝试将正宗的新派剧引入上海，上演了两个新派剧，并于第二年夏天又上演了一个新派剧。革命之后不久，他和春柳社的其他成员正式返回上海，成立了自己的团体。然而到那时，任天知的进化团已经成功地锻造出早期新派剧大胆的即时性和上海学生演剧的即兴表演的杂糅形态。

陆镜若1910～1911年间在上海的新派剧改编

陆镜若第一次尝试将新派剧引入上海是在1910年夏天，他和王钟声、徐半梅合作上演了两部新派剧。第一个是《奴隶》，中国化了川上音二郎改编自霍尔·凯恩

① 徐半梅:《话剧创始期回忆录》，第24页。
② 任改编的《迦因小传》演出剧本，并非来自于林的译本，而是出自包天笑和杨紫麟1901年的版本。郭富民:《插图中国话剧史》，济南:济南出版社，2003年，第32页；包天笑:《钏影楼回忆录》，台北:文海出版社，1974年，第172页。
③ 徐半梅:《话剧创始期回忆录》，第24页。
④ 同上，第25页。

(Hall Caine)的场面壮观的情节剧。第二部戏为《猛回头》,改编自佐藤红绿(1874~1949)著名的新派剧《潮》。第二年夏天,他上演了佐藤的《云之响》,取名为《社会钟》。本文将在以后的章节讨论这两部新派剧,这里将主要讨论《奴隶》,因为它是1910年三天演出的主角。

《奴隶》进入上海演出的路径遵循着与《热泪》(和一些随后的演出)相同的模式,不可避免地涉及一个或者多个日本人看了一个欧洲演出,遂导致产生一个新派剧,又经陆镜若在中国舞台上进行的(语言上的和/或地理上的)转换。《奴隶》是英国作家霍尔·凯恩(1853~1931)写于1890年的小说,故事发生在冰岛和马恩岛,围绕两个同父异母兄弟的爱和恨展开,重头戏是硫矿的爆发促使两兄弟联合起来。凯恩随后将小说改编为五幕剧,将发生地点改为西西里岛,部分原因是为了在舞台上展示埃特纳火山的爆发,1906年9月20日,该剧在伦敦的德鲁里巷剧场首演。① 日本作家和翻译家松居松叶(1870~1933)此时恰好和著名的歌舞伎演员二世市川左团次在伦敦旅行,看了演出,学到了在舞台上展示火山爆发的技术细节,于是将

图6 川上的《奴隶》中两兄弟在火山爆发地的剧照(由日本早稻田大学坪内逍遥演剧博物馆提供)

① Vivien Allen, *Hall Caine: Portrait of a Victorian Romancer*, Sheffield, England: Sheffield Academic Press, 1997, 314.

剧本翻译为日文。[1] 1909年,川上音二郎、藤泽浅二郎和伊井蓉峰在本乡座演出该剧,川上将地点改为日本和菲律宾,使之成为舞台上的另一个火山爆发地(见图6)。

陆镜若受到川上的启发,在上海演出中,亦强调此剧的布景奇观,有报道说"硫磺山一场中,油画背景的山顶上喷射出火红的烟花,让支那人看得眼花缭乱"[2]。此报道由日本记者撰写,发表在东京的杂志上,尤其强调了演出体现的西方的、日本的和中国的意蕴:

> 在洋装和支那服装的戏剧里,第一次运用了全日本式的分幕、敲梆子和闭幕。[3] 垂幕上的文字是支那人写的,而画则是请在当地石川洋行做事的日本陶器的画工画的。乐器是西方的,照例在舞台前部演奏,背景则是当地三头洋行承办的油画,只有这画是胜过日本的。树、垂枝、遮光幕、霞幕等大道具都是日本式的,假发也是日本制的。也就是说,此次演出中骨头的一部分是西洋的,肉和关节是日本的,而皮则是支那的。

演出的成功还受益于三位主演,这就是熟悉新派剧演剧技巧的陆镜若、他的弟弟陆露莎和王钟声。陆露莎的专业为医学,他和他的哥哥一起在日本留学,曾出现在春柳社《鸣不平》演出中。露莎后来在上海一边继续参加春柳社的演出,一边行医。在此次演出中,陆家两兄弟扮演剧中同父异母的兄弟,王钟声则扮演三角恋爱中的女人。

除了日本媒体的评论,此剧和《猛回头》也得到了本土戏剧圈的高度评价,朱双云在《新剧史》中称赞它们"至为优美",且引用了著名翻译家严复送给陆的对联"大雅何寥落,波澜独老成"。这都是钦佩和赞扬陆(和后来的春柳社)的典型评论,他们也被认为是代表了新派剧的精华和文明戏的最高成就。同时,朱又进一步强调:"惜以陈义过高,有违流俗。"[4]其预见了陆完整移植新派剧演出的做法将在观众接

① 白川宣力:《川上音二郎・貞奴:新聞にみる人物像にみる人物像》,东京:雄松堂书店,1985,第34页。

② 此报道的原始版本发表在1910年9月的《歌舞伎》杂志上,被中村引用于《春柳社逸史稿:欧陽予倩先生に捧ぐ》2,天理大学学報,no.23(1957),第42页;中村忠行著,陈凌虹译:《春柳社逸史稿(二)——献给欧阳予倩先生》,《戏剧》2004年第4期,第27~28页。

③ 将两个木块相互敲击,是日本剧场作为演出开始的一个传统。

④ 朱双云:《新剧史・春秋》,第13页。

受上遇到的挑战,这一点将在1912年初他们返回上海之后继续困扰着春柳社,使之处于商业竞争中的不利地位,虽然他们的演出继续得到同行和文人的称赞。正如朱和严在评论中所说的,这种动态关系在1910年已显现,王钟声租借张园的契约是三个星期,而《奴隶》仅维持上演了三天,但他们的所有经费都花在这个戏上。仓促间,王只好上演了几个他自己的戏,直到陆排出《猛回头》,这也是徐半梅初次登台之作。这个戏依然只能上演三天,王只好再次拿出他自己的戏演满这三个星期。尽管对陆而言,这样的演出相对欠佳,但徐的评价却相当乐观:“这一回的演出,就全体讲,成绩比上次的《迦因小传》,更多精彩,实在演来很有劲,观众的批评也不错,而且打破纪录,实足演满三星期,营业上亦不亏本。”①

这里,朱和徐看似对陆在上海的初次探索的效果有了不同的结论(虽然他们一致同意它的艺术价值很高)。在某种程度上而言,两者都是对的。在徐看来,《奴隶》和《猛回头》各自上演了三天,就已足够,而且符合文明戏喜欢逐新的规律。然而,朱对于陆的高尚的艺术水准超出观众的欣赏水平的担忧,在其撰写《新剧史》的1914年同样是准确的观察。当时春柳社整体上受到票房惨淡的挫折,不得不在新派剧和东京剧目的基础上效仿其他剧团,增加改编自小说和通俗娱乐的剧目。尽管有这些挑战,但毫无疑问的是,陆在介绍新派剧演出方面开了一个好头,更有意义的是,他的演剧模式在上海同行中树立了名声。其他一些文明戏演员继续认可,并常常学习春柳社精湛的新派剧剧作法和表演。与此同时,他们也通过杂糅学校演剧技术和从任天知处接触到的新派剧(尤其是川上的民族主义和政治戏剧及其不太精致的表演风格),同陆的剧团竞争。

任天知和进化团

任天知在辛亥革命前夕,于1910年返回上海,成立了进化团——中国第一个职业新剧团。接下来的几年,该剧团在中国南方声名大噪,这很大程度上应归结为它的时事题材和杰出的演员群体,演员包括本土新剧活跃分子如汪优游,和返回上海的春柳社演员,如三个创始者之一的黄二喃。首演时,任念及王钟声的商业失败的教训,亦不确信他的演员是否足以抗衡当地京剧剧团,故而离开上海,将首演放在南京的昇平戏院,时间为1911年2月8日,时值农历初十。首演剧目《血蓑衣》明显

① 徐半梅:《话剧创始期回忆录》,第34页。

地显示了新派剧的政治剧和民族主义戏剧对任和进化团的重要影响。该剧改编自日本作家村井弦斋(1863～1927)的小说《两美人》,新派剧演员和留日学生都曾将其改编搬上舞台,任的版本最有可能是来自新派剧。① 这个关于一个年轻的女子为她被刺杀身亡的哥哥复仇的时事政治剧,完美地捕捉到了当年10月爆发的大革命前夕的英雄主义情绪。紧接着,他安排了两部民族主义戏剧:《东亚风云》,又名《安重根刺伊藤》,演绎日本兼并朝鲜之时,爱国志士安重根刺杀时任日本首相的伊藤博文的故事;《新茶花》,中国化了的《茶花女》式的故事,时间改为日俄战争期间(1904～1905)。可见,这三部成为文明戏经典的戏剧,都有强烈的民族主义主题,这恰好是革命前夕的主导倾向。结果,"宁人以见所未见,故趋之若骛。天知以其道得行,遒于门前高张旗帜、大书特书,曰天知派新剧。自是天知派三字,遂宣传于大江南北矣"②。

受到成功的鼓舞,任在和南京剧院三个月的合同到期后,沿着长江行走了约100英里,将剧团移到离上海更远的芜湖。这一策略成功地树立了他和文明戏的招牌,尤其是与革命相契合,最终他的剧团赢得了返回上海演剧的邀请。这方面,任和川上的可类比之处是多方面的,首先是他们和政府的对抗性关系,这种对抗对壮士芝居和进化团而言都是经常发生的。任在日本的时间几乎比任何一个和文明戏有关的中国学生都要长,其显然意识到新剧在表现时代最迫切的问题时是具有破坏力的。事实上,任原本想给剧团取一个更加挑衅的名字——进行团,但当时整个国家好比坐在一桶炸药上,一触即发,成员恐怕会被当局怀疑,遂改名为进化团。③尽管如此,在芜湖和下一站武汉,他们还是因演出极受观众青睐的煽动性戏剧而遭遇了麻烦。尽管任天知以日籍公民身份,得到了日本领事的帮助,后者以言辞激烈的电报迫使芜湖警察厅长丁幼兰下令撤回禁演命令,但当年8月进化团遭到湖广总督瑞澂(1863～1915)的逮捕威胁,并被逐回上海,尽管没有记录表明他们曾在武汉演出过。在10月革命爆发以后,任迅速上演了一些适时的戏剧,以支持革命,包括《黄鹤楼》《共和万岁》《黄金赤血》。前两部戏直接描绘了革命的起始武昌起义,以

---

① 飯塚容,《「血蓑衣」をめぐって——村井弦斎「両美人」の変容》,《中央大学文学部紀要》,180(2000):113～129。根据饭塚容的说法,该小说被一部新派剧采用,并于1908年5月由静间小次郎在京都的明治座上演。剧场地理上的位置使得中国学生不太可能去观演,事实上,另一部静间一派的剧《凶恶的中佐》也被任采用,将之改编为一部流行的文明戏《尚武鉴》,这貌似表明中国和日本版的《血蓑衣》之间存在着一些联系。

② 朱双云:《新剧史・春秋》,第14～15页。

③ 同上,第13页。

及随后的战争,直到民国的成立,一些场景特别讽刺了总督瑞澂。《黄金赤血》写的是一个家庭在革命期间的分分合合,最后以向共和军捐献军饷的演说结尾。进化团凭借这些戏,终于获得了回上海演戏的机会,被邀请参加在上海张园举行的东南光复纪念大会,演剧三天,“卖座甚盛,盖以天知之名,耳之已久,一旦得觇其究竟,鲜有不争先为快者”①。

如此盛大的回归,无疑标志着文明戏的突出胜利,突出了民族主义毋庸置疑的存在理由,这可一路追溯到从巴黎歌剧院和川上的《日清战争》中受到的启发。② 实际上,除了直接改编新派剧外,任天知还大量挪用新派战争戏剧的剧作法和舞台技巧。譬如,《共和万岁》的第五幕“光复南京”是一个发生在南京城门的战争场景,血腥杀戮、放枪炮击、军队对阵,最后共和军占领了城市。③ 该剧如此真实地描绘战争场景,和中国本土戏剧的实践形成了鲜明的对比,中国本土戏剧中的战争场景是高度程式化了的一将一马,强调的是演员的身体技能。相反,文明戏的这个场景要求有城墙以展现大炮,作为获取南京城的决定性因素。枪声、城墙内的大火之类的音响,以及灯光效果进一步加强了战争的气氛。通过舞台技术引进现实主义戏剧是晚清戏剧改革的重要方面。譬如,梁启超在日本的同道、社会人类学家蒋智由(1866～1929)说道:“吾见日本报中屡诋诮中国之演剧界,以为极幼稚蠢俗,不足齿于大雅之数。……如云‘中国剧界演战争也,尚用旧日古法,以一人与一人,刀枪对战,其战争犹若儿戏,不能养成人民近世战争之观念’。”他甚至将义和团不敌现代化西方军队归罪于中国人“纯学戏场之格式,致酿庚子伏尸百万,一败涂地之祸。演战争之不变新法,其贻祸之昭昭已若此”④。

任使用舞台机械展现革命的另一个卓越体现可见于《黄鹤楼》第九幕,总督瑞澂和家人在黑夜坐上小船,风浪中靠近停留在扬子江中的中国海军楚同兵舰。从舞台提示中,我们可以看到现实主义风格的装置和舞台机械的证据,小船和军舰在波涛汹涌的水面上,类似于《米歇尔·斯特洛戈夫》(*Michel Strogoff*)和《日清战争》

① 朱双云:《新剧史·春秋》,第18页。

② 巴黎歌剧院1875年建成后,成为法国在普法战争失败后以艺术鼓舞民族斗志、促使国家复苏的标志的例子,为当时中国驻法外交官及后来蒋智由等戏剧改革倡导者多次引用。川上的《日清战争》(1894)是日本戏剧首次以现实主义手法表现现代战争。前文对这两个实例有详细讨论。

③ 任天知:《共和万岁》,王为民编:《中国早期话剧选》,北京:中国戏剧出版社,1989年,第48页。

④ 蒋观云:《中国之演剧界》,阿英编:《晚清文学丛钞·小说戏曲研究卷》,第50页。

中的场面。[1] 然而，楚同兵舰的大副是西洋人，中国船长差不多成了他的翻译，大副拒绝让避难者登船，直到看到瑞澂的官印凭据，而这凭据竟然是瑞澂的姨太太从她的裤裆里掏出来的。

> 大副看印笑介，吩咐放吊梯。
>
> 瑞澂、姨太太等人由小船上吊梯登舰。小船荡泊不定，风涌波浪等情。[2]

任熟练应用舞台机械，不仅取笑了清政府在革命军进攻下落荒而逃的情形，还指出中国海军可悲地缺乏主权，战舰的实权掌握在西方人的手里。

除了引进先进的技术机器，任还采用了新派剧的欢庆场景，庆祝民族主义的成就，这显然又是从《米歇尔·斯特洛戈夫》和《日清战争》来的。《共和万岁》的最后一幕中，孙中山的“铜像中立，四周短花，上悬各国旗帜，下水池中安龙头，喷水为雨”。[3] 不同民族的代表、党派和社会团体以及“英、德、美、俄、法五国领事”都瞻仰铜像，军队十人奏军乐，小学生提花灯，小热昏二唱滩簧，舞狮子，伴随着风琴，“女学生四西装跳舞，放黄色电光”[4]。总之，这是一个庆祝国家统一、被文明世界认可的盛大庆典，这一壮举日本早在10年前就已完成。尽管后来的历史证明民国的胜利没有奇迹般地将中国从失败中挽回，至少在中国新剧的舞台上，创作者巧妙地展现了其崛起之时的庆典。

1912年初期，任的巨大成功最终使他的剧团获得了回上海商业运作的机会，那时新新舞台的经理想要利用文明戏新发现的民族主义内容和技术，对抗只有京剧的新舞台。但是这个经理并不完全信任或者理解文明戏，不给文明戏整晚或者至少足够演一部完整戏剧的时间。相反，他只允许进化团在京剧夜戏的最后一小时上演，这对京剧剧目来说是很自然的，因为一个晚上的节目通常包含一系列的折子戏，为一个或两个角色行当的技能秀。在这个演出体系中，一个小时对展示这些是

---

① 《米歇尔·斯特洛戈夫》(1880)是改编自儒勒·凡尔纳同名小说的法国战争剧，场面宏大，久演不衰。川上1893年在巴黎看过它和另一部战争剧《攻陷北京》，在《日清战争》中大量借用两剧的情节和舞台技术，特别是水陆战争场面。详见前文。

② 进化团：《黄鹤楼》，王为民编：《中国早期话剧选》，第95页。

③ 任天知：《共和万岁》，第65页。

④ 同上，第66页。

恰到好处的,晚上的最后一出戏——大轴(通常是著名演员演出的最重要环节)——之后会安排一些轻松活泼的群戏,譬如武戏。① 尽管表面上文明戏的众多演员齐齐上台很适合扮演这个角色,但是严格控制在一个小时内演完,对于进化团的多幕剧来说显然又不合适。任只好删减剧本,以期在午夜宵禁前按时结束。然而,任没有想到的是,同台的京剧演员将文明戏视为强势的竞争对手,他们在对手新舞台经理的进一步挑唆之下,在首演之夜故意拖延节奏,增加额外情节,只给文明戏留下了半小时的时间。任的戏才演了半个小时,大幕就突然拉上了,观众纷纷将香蕉皮、橘子皮扔上舞台。在第二夜又发生了类似的事情。之后他们达成了共识,许诺让京剧演员参加文明戏部分的演出,以确保文明戏一个小时的演出时间。然而,这种以技艺为亮点的京剧和以情节驱动的文明戏的杂糅演出,对文明戏来说是一场灾难,因为任不得不把他的戏分成不连续的部分,分几夜上演,初次接触文明戏的观众当然难以理解这些戏。② 低落地演出一个月后,进化团不得不再次离开上海,重新沿着长江展开征程。③

两年后,进化团解散,此后它的演员成为上海其他剧团的核心成员,使任的演、导风格成为文明戏艺术的主流。除了它的保留剧目以外,进化团在几个方面的影响显而易见。首先,它的大多数戏剧采用幕表(剧情提要)而不是完整的剧本,这导致文明戏主要依赖于幕表和即兴表演。任后来否认推行这一做法,说他倾向于使用剧本,但是他的演员都是业余戏剧家,毫无准备,不愿意接受背剧本和排练这些严格的程序。④ 从这里我们可以发现:杂糅过程的第一步,发生在任以新派剧为基础的对剧本的理解和他的本地的业余演剧出身的演员之间。他现存的一些剧本看上去有相当完整的情节纲要,但对话是单薄的,经常留空白给即兴演说。第二,进化团仿照京剧模型创造出角色派别,部分原因也是为了服务于即兴表演。任自己创造了“言论老生”这一类别,擅长做即兴精彩演说,这一做法追随了早期新派剧的

---

① “轴”一词在中文中指的是中国国画的卷轴。一个晚上的节目单由不同的部分组成,这些部分不是连续的。在这个模式中,“大轴”指的是最后一个部分。

② 平心而论,连台本戏是当时京剧中常用的方式,文明戏在1913年以后采用了此种方式。当然,不同之处是前者是专门按本写成的,每本都能演上一个晚上,并留下悬念,而任的连台本戏仅仅是将一部单独的戏剧切成一小时一段。

③ 朱双云:《新剧史・春秋》;林道源:《上海职业话剧的起源》,《上海地方史资料》(五),上海:上海社会科学院出版社,1986年,第151~153页。

④ 马二先生:《啸虹轩剧话》,《游戏杂志》第18期,1915年。

传统，也顺应了他的戏剧中的革命煽动主题，在很大程度上促进了剧团昙花一现的成功，也成为文明戏最重要的角色派别之一。最后，任发明了幕外戏，在换布景时，在二幕前演出，隐藏后面的布景切换。这是为了让观众适应传统剧场中连续不断的场面的折中之举，因为古典剧场中音乐是不间断的，幕一旦拉开，直到全部结束才会闭上。值得注意的是，京剧和其他传统戏剧后来都采用二幕隐藏换布景这一做法。

至此，在新戏与旧戏（当时的称谓）之间第一轮面对面的竞争之后，文明戏被打败了，元气大伤，直到1913年郑正秋发明了神奇的家庭剧模式。在这之前，几个文明戏剧团仅能在南方较小的巡回演出市场中生存，包括陆镜若1912年和春柳社同志组成的新剧同志会。新剧同志会在1914年甲寅中兴时重返上海，名称改回春柳剧场。我们将在下一个部分讨论甲寅中兴。值得注意的是，无论是任天知的川上风格的民族主义、政治剧，或是陆镜若的更为精致的新派剧，或是其他一些本土文明戏剧团，都无法在上海维持商业运营。最终是郑正秋在1913年发现了这种剧的商业可行性的神奇模式。如上所述，郑曾是京剧评论家，那时也是新兴电影界的企业家。他以家庭情节剧《恶家庭》使得文明戏商业演出成为可能。

郑正秋和甲寅中兴

20世纪初，家庭剧其实是新派剧黄金时代的核心，不过任天知和陆镜若在他们以思想性或者以表演为中心的实践中都忽略了这个现象。最终在郑正秋的努力下有了家庭剧，他在上海见过新派剧，但同时也是京剧评论家，熟知本土剧场的内在的情节剧情绪和技术，也熟悉观众。在王钟声、任天知和陆镜若勇敢而徒劳地为上海主流戏剧界带来了话剧之后，突然之间，郑正秋使文明戏得到了大众的认可，顶峰时期吸引了几千名演员、几十个剧团，足以支撑春柳社和其他现存的剧团在上海靠商演生存。甲寅中兴（即1914年文明戏全盛时期）有几个标志：新剧公会成立、六大剧团为庆祝公会成立举办联合公演、朱双云《新剧史》出版、六个代表戏剧剧本集成《新剧考》一书出版、有三本戏剧杂志、几个月中在上海最流行的《申报》上文明戏的广告比京剧多。① 文明戏的全盛时期，从新民社《恶家庭》了不起的成功开始，

① 联合公演在1914年5月5日举行，参与剧团有新民社、民鸣社、春柳社、开明社、启民社和文明新剧团。朱双云撰写了《新剧史》。收集新剧脚本的有范石渠的《新剧考》一书。三大戏剧杂志有《新剧杂志》《游戏杂志》《俳优杂志》。最后，文明戏在《申报》1914年4～7月的广告超过了京剧。参见瀬戸宏：《中国話劇成立史研究》，东京：东方书店，2005，第71页。

在上海文明戏舞台上支撑了一个相当公开的意识形态的、文学的、翻译的以及以表演为导向的杂糅过程。

与20世纪初上海这个国际化大都市的地位相吻合,新民社源于中国最早的一家电影厂的失败,其由美国企业家本杰明·泼拉斯基(Benjamin Polaski)创立。泼拉斯基系俄裔犹太移民,在纽约做马戏团生意发家,1909年在上海成立了一个电影厂,名为亚细亚电影公司。除了进口一些美国电影,他也在北京、上海和香港拍摄了四个短片。[①] 1912年,他把公司和设备卖给了两个在上海的美国保险商人倚什尔和莱尔曼,两人随后委托张石川(1890~1953)和郑正秋经营,张后来成为中国最多产的导演之一。实际拍摄中,张、郑和其他几个人成立了新民公司,通过公开试镜,他们从湖南省选了16名文明戏演员,将这个演出团体取名为新民社[②]。仅仅一个月的时间里,他们计划拍一部短片,但由于从欧洲进口的胶片短缺,导致拍摄中断。郑正秋在养了赋闲的演员三个月后,写了《恶家庭》,以新民社名义在舞台上上演,此时的新民社已发展壮大,既包括原来的电影演员,也有进化团的老成员。郑十分了解上海观众和他们的口味,造就了《恶家庭》红极一时的成功,而他的新民公司的前搭档成立了民鸣社与之竞争,并从郑的剧团挖走了主角。激烈的竞争之后,两剧社在1914年末以民鸣社之名合并,成为上海最强大的文明戏剧团。

尽管《恶家庭》的剧本现已不存,不过我们可以从郑正秋收集的《新剧考证百出》一书中找到它的详细情节概要,如下:

> 卜静丞家世寒微,会岁歉……乃出门营干,斥卖衣服以行。未几,静丞夤缘得官,且致富,遂娶妓女新梅为室,置家人于不理。卜母闻之大愤,乃率媳闵氏(静丞妻)、孙宜男(静丞子)及婢阿蓬(静丞邻翁黄姥姥女。黄负静丞金,无可偿,乃以阿蓬为婢以偿。)竟赴静丞所。静丞不纳,且操杖逐闵氏及宜男。卜母愈怒,欲以忤逆状,控于上官。静丞惧,乃纳家人。然对于母、妻及子,佣奴蓄之,了无善状。阿蓬不平,退有后言,为新梅所闻,以告静丞,共殴阿蓬。气垂绝,弃尸荒郊。宜男不忍,往哭其尸,而阿蓬忽苏。适有乡老来,遂托阿蓬于

---

① 这些电影是《西太后》《不幸儿》《瓦盆伸冤》《偷烧鸭》。

② 郦苏元、胡菊彬:《中国无声电影史》,北京:中国电影出版社,1996年,第21~25页;Jay Leyda, *Dianying: An Account of Films and the Film Audience in China*, Cambridge, MA: MIT Press, 1972, pp. 10~16.

乡老而返。静丞以阿蓬既死，乃雇一佣妇名小妹者。小妹少艾，微有姿首，静丞调之，小妹不可。静丞乃以口惠饵小妹之翁姑及夫。小妹被逼，不得已，失身于静丞。静丞得欲，吝资不与，而使新梅责詈小妹，谓其引诱家主。小妹羞愧欲死，乃走，哭于其母之墓，将碎首于墓门，遇一老讼师劝令毋死，并允为之设法复仇。嗣讼师廉知阿蓬在乡老家，乃招黄姥姥来，使向静丞索女，可使小妹之夫，向静丞索妇。静丞始犹横蛮，继见黄姥等不可威吓，乃出金求和。阿蓬与小妹之事，遂告一结束。

静丞之门客曾怀仁者，潜与新梅通，乘隙辄作幽会，忽为卜母所见。新梅恐，预谮于静丞，谓卜母有意督过。卜母为静丞言之，静丞果不听。而新梅则谓卜母败坏其名节，昼夜号啼吵闹。卜母不胜其扰，仍携媳与孙旋里。新梅怨毒之正未得逞，以为不足，乃与心腹钱妈商，使钱妈之女蓉花，伪为遭仆责者，遁之卜母所，求其收容。卜母不察，竟留之。而钱妈遂以拐卖诉卜母，词连黄姥姥及老讼师及乡老，捉取官里去。卜母固女流，交保释出。黄姥姥等三人，均入狱。于是阿蓬及小妹往探黄姥姥及老讼师于监。遇乡老之女二宝，亦来探其父。讵黄姥姥衰，病侵寻，又因气恼，竟死于狱，遗嘱阿蓬寻仇。二宝亦欲为其父鸣冤，老讼师则为之划上控之策。三女子同时出监，行经河畔，见一女死，急援之起，则蓉花也。救之苏而询之。则蓉花以卜母待之良厚，天良忽然发现，决不肯证明黄姥姥等之拐卖，及卜母之收藏，且历历为人言新梅之阴谋。新梅及钱妈大惧，设计欲灭其口。然杀之则钱妈之心不忍，乃议鬻之远方为娼。蓉花知之，乃赴水求死。三女既得此证人，会有钦差路过，遂偕之上控。钦差讯之底里，援妇罪坐夫之律，革静丞职，下之狱中。新梅与怀仁遂卷逃而去。讵天道祸淫，途中遇盗。新梅与怀仁，备受惨虐而死。钱妈得奇疾，嚼舌而亡。惟卜母念静丞不已，百计营谋，为静丞脱罪。既出狱，大悔从前之所为，思欲孝养老母，则己身撄痨疾，不可救药也。适宜男以悲伤忧急故致病，目几盲。赖阿蓬小心服侍，乃得复明。卜母遂为之主婚，使为夫妇。定约之日，静丞疾大渐，痛哭自责，长呼"吾负阿母"数声而殁。①

《恶家庭》是甲寅中兴时期最流行的剧目之一，新民社演过32次，合并后的民

① 郑正秋编：《新剧考证百出》，上海：中华图书集成公司，1919年，第1～3页。

鸣社演过17次①,在剧团短暂的存在期间和每天更换剧目的情况下,这两个数字是不凡的。其成功的原因可归结为以下几个方面:首先,我们不应该忽视学生演员以及王钟声、陆镜若和任天知为文明戏所做的长达10多年的准备。我们亦不能忽视郑作为一个有影响力的、缜密的戏剧评论家的名声和号召力。但是更突出的因素无疑是此剧的形式是上海观众所熟悉的家庭情节剧。该剧曲折的叙述结构与传统戏剧及流行小说相似,以连台的形式连续上演5夜,中间留下悬念,保证了观众的回归。家庭剧接近于基于流行小说并采用了歌舞伎技巧的最成功的新派剧。《恶家庭》成功的关键毫无疑问是它的主题以及和流行小说及京剧十分相似的、为人熟知的人物原型,包括不孝顺的儿子抛弃了他的母亲和妻子、妾因淫乱而暴死、老讼师控告贪官、坚强的女儿报仇或营救父母、忠诚的仆人或女仆最终被奖赏,以及扭转乾坤的钦差大臣。这些都是经典流行剧目的主题,诸如《琵琶记》《法门寺》《四进士》。此剧的结尾也让人想起了中国古典戏剧中的理想正义典型,即好人经过无数的磨难最终得到好报,坏人得到惩罚。这和《热泪》中两个情人的死亡结局和陆镜若曾介绍到上海的新派剧《潮》和《社会钟》中主角自杀的结局,形成了鲜明的对比。尽管这些悲剧结局符合新派剧观众的口味,因为他们熟悉歌舞伎和文乐(人形净琉璃)中的双重自杀结局,但是大部分的中国流行戏剧总是以大团圆结局,和《恶家庭》的套路一样。

此剧连续上演的结构亦借鉴了当时上海京剧新编剧中流行的连台本戏形式。连续上演好几晚,每一本都以悬念结局,以确保观众下一夜能继续回来。《恶家庭》在《新剧考证百出》中标为"连台十本",首演时连续上演了5夜(1913年9月14日~9月18日),后变成12本,上演了3夜。② 鉴于《恶家庭》的成功,连台本戏成为文明戏的主要吸引力,新民社和民鸣社更是频繁地上演③。值得注意的是,这种以中国戏剧为基础的程式偏离了20世纪初的新派剧,后者分幕,更接近于西方戏剧,如大作《不如归》《金色夜叉》《乳姊妹》,都是七幕结构。其中,《不如归》成为春柳社上

① 濑戸宏:《新民社上演演目一覧》,《摂大人文科学》,9(2001):118;濑戸宏编:《民鳴社上演演目一覧》,名古屋:翠書房,2003,第3页。此外,醒舞台上演三次,馥记大观园上演三次,爱华女子新剧社上演六次,民兴社上演三次,笑舞台女子新剧上演三次,明德社上演两次,民鸣社爱华社上演三次,民鸣社在杭州城战第一舞台上演两次,培德女子新剧社上演三次,笑舞台上演四次,鸣凤社上演一次。

② 濑戸宏:《新民社上演演目一覧》。

③ 濑戸宏:《民鳴社上演演目一覧》。

演最多的戏，其次是陆镜若的全本《家庭恩怨录》，后者也由七幕组成。[①] 中国的和来自日本的剧在剧作法上明显的二元分歧，贯穿了文明戏的整个时代，连台本戏获得了大众的青睐，甚至渐渐地进入春柳社的剧目中。然而，《不如归》和《家庭恩怨录》都被认为是典范剧目，后者还是新民社和民鸣社演出最多的10个剧目之一。[②] 这是文明戏剧作法杂糅过程的一个明显的数据点，我将在下一章进一步分析。

连台本戏的副产品包括幕表和即兴表演，这个时期的大部分文明戏都有这类做法，除了春柳社有少量剧目使用剧本。其原因可部分地归结为满足有限观众群体日日更换剧目的要求："因为当时的观众差不多都是天天来的长期客人，所以每一出新戏的上演，即使客满，也只能演一天，如果第二天要续演，营业就可以一落千丈。"[③]此外，事实上流行的京剧连台本戏也采用幕表，也为文明戏借用此种做法提供了合法性。在此意义上，《恶家庭》作为文明戏商演时代的第一个连台本戏，也为后来的实践树立了标杆。

郑采用幕表的另一原因是他曾短暂地进军无声电影界，无声电影不需要写对话。他曾为新民社第一个短片《难夫难妻》写了剧情梗概，在影片短缺导致新民社停止运作前已拍摄完成。合作者张石川曾说郑在拍摄期间的工作是"指导演员的面部表情和身体动作"，而张"指导摄像机的位置和运动"。[④] 无声电影强调面部表情和身体运动，为郑提供了一个独特的视角，即故事和身体动作优先于文学内容。郑后来进一步实践了这一理念，排了一个哑剧《隐痛》，描写殖民地人们所受的苦痛，表演通过手势、面部表情和动作，并配以音乐，将《柳摇金》节奏拉慢，拉出凄凉的味道，有效地演示出"种种强暴狠毒、卑污苟贱及亡国惨状"[⑤]。郑是运用音乐最具有创新性的倡导者之一，笔者将在第六章详细讨论文明戏如何使用音乐，包括郑在文明戏杂糅形成过程中的这个领域里起到的至关重要的作用。

因《恶家庭》展示了商业的可行性，一度在扬子江流域旅行演剧的陆镜若和新剧同志会的演员，终于能够在上海靠演新派剧风格的文明戏谋生。1913年秋天，他

① 濑户宏：《〈不如归〉和〈家庭恩怨记〉比较》，《中国话剧研究》第10辑，2004年，第48～49页。

② 同上，第52页。

③ 徐半梅：《话剧创始期回忆录》，第61页。

④ Leyda：*Dianying*, p. 16. 在文明戏之后，郑回归到辉煌的电影产业生涯。

⑤ 郑正秋：《新剧考证百出》，第59页；欧阳予倩：《谈文明戏》，田汉编：《中国话剧运动五十年史料集》第1集，北京：中国戏剧出版社，1985年，第74页。

们回到上海,占有了一个叫作谋得利的小剧场,远离剧院密集区,但先前新民社在搬到剧院区的一个大剧场前,已将此剧院运行得很好。从那时起直到1915年年初,他们再次被迫旅行演剧,以春柳剧场的旗号上演戏剧,被公认为最有艺术成就的文明戏剧团。

像当时其他的文明戏剧团一样,春柳剧场上演的二百余个戏中,大多只是幕表。① 然而,它的演出剧目中也包含一些所有剧团中最好的剧本。在欧阳予倩1957年的《回忆春柳》一文中,他将春柳社的八十一个戏分成以下几种类型:三四个外国短剧,如《鸣不平》;一个完整的原创剧本《家庭恩怨记》;三个纯粹翻译西式演出的戏剧,即《热血》《鸣不平》《茶花女》;八九个根据外国剧本改编成的中国戏,其中《猛回头》《社会钟》《不如归》这三个有完整剧本;十多个准备充分的剧情提要,附有重要对话、详细幕表;八九个从外国小说改编的剧情提要,多数是取自林译小说如《黑奴吁天录》;二三十个从中国古代或现代小说以及笔记小说中改编的剧情提要。② 其中,不到十部有完整的剧本,这些剧本都是多年累积的,有东京时代的《茶花女》《热血》《鸣不平》,陆早期在上海演出的作品《奴隶》《潮》《社会钟》,还有新剧同志会和春柳剧场的《不如归》《乳姊妹》《倭赛罗》。

有趣的是,三个纯粹的西式演出的戏剧最初都是在东京上演的。随后在中国的演出,从《奴隶》和《潮》开始,都是中国化了的。事实上,陆的中国化了的《奴隶》原本就是被川上本土化了的大场面制作,这表明陆不但要震撼观众,还要满足他们的期待。这一策略显然是成功的,《奴隶》成为春柳社的常演剧目。此后,春柳剧目中的所有新派剧都是中国化了的,成功程度不一,以《不如归》最受欢迎。新派剧的精华家庭剧《不如归》,改编于德富芦花(1868~1927)1898年的小说,描述的是一个年轻妇女的困境,在她的丈夫远在异国参战期间,她因肺结核,被婆婆赶回娘家直至死亡。春柳社的老将马绛士,从东京回来翻译了此剧,并扮演女主角,被誉为文明戏第一悲旦。除了通俗剧风格的吸引力,此剧也让观众想起了一个类似的中国故事《孔雀东南飞》,也有一个相似的悲剧妇女和同样险恶的婆婆。此剧成功的另一原因是有中国版本的小说,林纾1908年从一个英语版的小说《浪子》(*Nami-ko*)

---

① 黄爱华:《中国早期话剧与日本》,长沙:岳麓书社,2001年,第121~122页。

② 欧阳予倩:《回忆春柳》,田汉编:《中国话剧运动五十年史料集》第1集,北京:中国戏剧出版社,1985年,第39~40页。

翻译过来，作者为盐谷荣（Sakae Shioya）和艾吉特（E. F. Edgett）。林在序言中指出“余译书近六十种，其最悲者，则《吁天录》，又次则《茶花女》，又次则是书矣”。[①] 这三部作品在春柳剧目单中十分显眼，无疑是对林的判断力和影响力的证明。与此同时，这一现象也显示了在跨文化剧场中观众准备的重要性，准备指的是对主题的熟悉和对特定的戏的先验知识。当这两个条件都满足时，就会像《不如归》一样，一般可以保证观众能够顺利接受。

除了新民社、民鸣社和春柳社这三大剧团外，其他几个文明戏剧团也值得我们注意，因为他们独一无二的特性在文明戏杂糅过程中增添了维度。其中一个就是民兴社——第一个男女混合演出的文明戏剧团，我将在第六章文明戏性别表演中对此进行具体的讨论。另一个则是开明社，它有三个特点：最好的上演西方戏剧的剧团，因为它的主要演员受训于香港；在演出中大量地采用音乐和舞蹈；唯一一个在日本巡演的文明戏剧团，这为我们提供了一个观察翻转的跨文化沙漏（upturned intercultural hourglass）的机会，就是日本对以新派剧为基础的文明戏的反应。

开明社在日本的巡演

据《新剧史》，开明社由李君磬和朱旭东在1912年5月间成立。李会说英语，毕业于南京格致书院。[②] 朱曾在比利时留学，是军乐团中专业的小号和单簧管乐手，负责开明社的乐队。在后文明戏时代，朱继续尝试在中国戏剧中混入西方乐器，如在京剧明星尚小云1929年的时装新戏《摩登伽女》中添了钢琴和小提琴，尚身着西式的裙子跳舞。[③]

徐半梅认为开明社有三个与众不同的地方：“第一，他的剧团附有乐队；第二，他们善演洋装戏，正场旦角史海啸，是个高头大马型的体格，扮洋装的女角（见图7），妙到极点；第三，这剧团到过南洋群岛，到过日本。”[④]史是李君磬的养子，在香港跟随西方老师学过表演、音乐和舞蹈[⑤]，耳濡目染于殖民地环境下的西方戏剧，这反

---

① 德富健次郎著，林纾、魏易译：《不如归》，北京：商务印书馆，1981年，第1页。德富健次郎是他的笔名。

② 徐半梅：《话剧创始期回忆录》，第46页。

③ 该剧的情节是根据一个佛教故事改编的，但结尾是“伦敦女孩，跳谷仓舞”，在小提琴和钢琴的伴奏下，由朱旭东编曲。此剧的详细情况可参见 Goldstein, *Drama Kings*, pp. 165～166。

④ 徐半梅：《话剧创始期回忆录》，第46～47页。

⑤ 这出现在《大阪日日新闻》（1914年11月7日）中，是关于开明社抵达日本的报道中的一部分。引自吉田登志子：《「中華木鐸新劇」の来日公演について——近代における日中演劇交流の一断面》，《日本演劇学会紀要》，29（1991），第18页。

倒使他在文明戏界甚至日本新剧的男女演员界堪称无敌,因为他在扮演西方女性这方面自有一套,有着相对天然的言语、唱歌和舞台风格。① 巡演之后,开明社显然意识到了它的欧洲"血统",回上海演出时将其作为号召观众的名片,广而告之,譬如1914年2月的广告"音乐,舞蹈和西剧"②。开明社凭借这个优势赢得了同行的高度评价,他们认为其在艺术性方面可与春柳剧场媲美。事实上,它的主要演员通常被春柳社邀请,作为嘉宾参加演出。然而,上海一般观众认为开明社太"西式"了,因为在文明戏最盛时期,它也仅能生存三个月。在去南洋演出了三年之后,它的核心演员继续在北京表演,直至1923年。③ 但是,开明社根本有别于其他剧团的是1914年去日本的演出,所表演的节目不拘一格地糅杂了中国、日本和西方的戏剧,其中有葛塔诺·多尼采蒂(Gaetano Donizetti)的歌剧《拉美莫尔的露琪亚》(*Lucia di Lammermoor*)中的一幕。

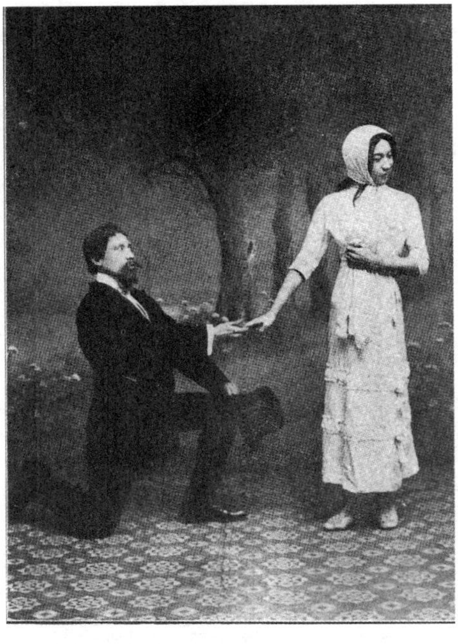

图7 史海啸[右]和苏寄生的《梅花落》,开明社演出(摘自《剧本丛刊》,1918)

日本之行的策动者为刘艺舟(1873~1937),亦名刘木铎,是最早赴日的中国留学生之一,毕业于早稻田大学物理和化学系。刘着迷于京剧和汉调(他家乡湖北的本地戏剧),受春柳社的《黑奴吁天录》和《热泪》启发。他在辛亥革命之前回到北京,之后与王钟声一起上演新派剧风格的戏剧。在革命期间,刘带领革命军攻占了山东登州,一度短暂担任山东都督。1913年,他在上海的一个京剧剧团演出时,因激进的即兴演讲,成为袁世凯政府的政治迫害对象,不得不逃往日本。在日期间,他不仅因反袁获得了很高的声望,还和日本娱乐界最有影响力的松竹公司签了合约,资助他以中华

① 秋星:《新剧杂话》,周剑云编:《鞠部丛刊》,上海交通书局1922年原版,台北:传记文学出版社影印,第2卷,1974年,第754页。

② 《申报》广告,1914年2月27日。

③ 王凤霞:《"甲寅中兴"之上海新剧团体考》,《文化遗产》2011年第3期,第42页。

木铎新剧的名义在大阪和东京巡回演出。大阪演出的一张节目单上印有松竹和刘木铎对巡回演出目的的说明、剧名、演员表、票价和剧目提要。松竹在说明中推崇刘为中国革命的大英雄,是中国艺术界的泰斗,并解释演出是为了帮助刘和他的追随者的政治避难。刘在说明中称剧社为“光黄新剧同志社”,已从中国邀请杰出的演员同登舞台,回报松竹的慷慨之情。①

他所邀请的演员来自开明社,1914 年 11 ~ 12 月上演于大阪的中座和东京的本乡座,好评如潮。刘懂日本和中国戏剧,其剧目混合了中国古典戏剧、文明戏、新剧风格的现实主义戏剧和西方歌剧。大阪所演四部戏剧如下:《豹子头》,取材于古典小说《水浒传》的四幕京剧;托尔斯泰《复活》中的牢狱一场,《复活》(*Resurrection*)在日本名为 *Fukkuka*,是新剧的有名剧目,出名的原因可部分归结为女主角喀秋莎唱的歌;《西太后》,热门的文明戏剧目,常常连台演出,这里用的是刘的两幕脚本;一幕西方歌剧《卢宾芳》,最有可能是葛塔诺 · 多尼采蒂的歌剧《拉美莫尔的露琪亚》。东京演出时摒弃了最后两个,加入了一出《复活》中的喀秋莎流放到西伯利亚的戏,并增加了“支那歌剧”片段和《茶花女》中的一幕。

其中,《豹子头》改编自著名京剧,叙述的是宋朝将领林冲受迫害、逃亡和最终反叛一事。此故事来源于中国四大小说之一《水浒传》,此书在日本家喻户晓。刘自己曾在上海剧团演过京剧,再加上开明社的音乐才能和一些额外的帮助②,因而能用京剧风格来表演,配以音乐伴奏和演唱。在最后一场中,被放逐的将军踏入雪中,携带一只酒葫芦,悲叹他被降为看守、与妻子分离,刘充分利用了歌舞伎花道的优点(从观众席左侧进入舞台的重要的出入口),一段独白“模仿一位日本歌舞伎名演员的神气,念得字字有力”。③

如果将刘对京剧和文明戏的边界的不费吹灰之力的跨越说成是本土戏剧与话剧杂糅的代表,那么《复活》的选择却代表了这种表演杂糅的另一面——舞台对话和流行歌曲的混合,尤其是受到了日本新剧先行探索的启发。实际上,这一选择是对日本极为受欢迎的艺术座的演出的跟风,导演为岛村抱月(1886 ~ 1919),由新剧

① 转自吉田登志子:《「中華木鐸新劇」の来日公演について——近代における日中演劇交流の一断面》,第 17 页。

② 梅兰芳 1919 年在日本访问期间,曾学习刘的表演,演出中的鼓手是一个中国教授,当时在一个韩国大学教书。参见梅兰芳:《戏剧界参加辛亥革命的几件事》,第 631 ~632 页。

③ 同上,第 365 页。

实力最强的女演员松井须磨子(1886～1919)主演,1914年3月首演于东京帝国剧场。这一演出成为一个流行文化现象,是由于松井须磨子唱了一首喀秋莎之歌,"确保了演出在商业上的成功,无论是在东京,还是后来整个日本巡演及出国去演出……凡是看过这场演出的人都在谈论这首歌,用口哨吹或唱它"①。刘在1914年4月在大阪的浪花座看过演出,开明社的演员或许也看过,那年秋天他们正在神户排练。② 刘从岛村的剧本翻译了两场,演出或多或少也仿照了艺术座的风格。由于喀秋莎热和史海啸的唱歌、表演天赋,《复活》成为开明社最受欢迎的剧目,促使刘在东京的第二站增添了西伯利亚一场。演出得到了大阪、东京的戏剧批评家的热情赞扬,包括几年前曾热烈支持过春柳社的《黑奴吁天录》的著名评论家和戏剧学者伊原青青园。

艺术座是在坪内逍遥的文艺协会解散之后,于1913年创立的。其解散的缘由是大胆的女主演松井须磨子和在欧洲受过教育的导演、坪内的得意门生岛村之间的爱情绯闻。虽然它也上演经典现代欧洲剧作家譬如易卜生、契诃夫和梅特林克的作品,但正是《复活》的普及性和商业性——这首歌的录音是日本的第一首流行金曲,喀秋莎的梳子和发饰畅销全国——才带给了剧团经济上的稳定,也促使新剧首次从业余精神中分离出来,将业余精神替换为一个双轨策略,使用商业上的成功去支持岛村的"严肃的剧目"③。这一双轨政策令人联想到春柳剧社在甲寅中兴时期为确保生存采用了相似的策略。同样,开明社突出了音乐才能,这也导致其回到上海后能继续上演《复活》,当然这也是基于史海啸在日本得到的极高的评价。

许多评论不可避免地将扮演喀秋莎的日本演员松井须磨子和中国演员史海啸进行比较。这些批评明显地透露出新剧批评的尚未定型的特性,仍然把女性扮演实践看作理所应当的。许多批评家喜欢高个的、在香港受训的史,而不是矮点的有着"饱满身材"④的松井。有一个批评家赞扬了史扮演的喀秋莎,"不仅有一个好的

① Powell, *Japan's Modern Theatre: A Century of Change and Continuity*, London: Japan Library, 2002, pp. 31～32.

② 黄爱华:《中国早期话剧与日本》,第279页。

③ Powell, *Japan's Modern Theatre*, p. 32.

④ Ayako Kano, *Acting Like a Woman in Modern Japan: Theater, Gender, and Nationalism*, New York: Palgrave, 2001, p. 222.

身材，完全类似于西方女性的嗓音，还擅长演唱”。[①] 伊原青青园认为中国版本的《复活》“在态度和表达上比艺术座的更接近于西方”。[②] 有一个评论家感觉史比松井唱得更好，表现出“非凡的音乐成就”，另一个认为史的喀秋莎更温和、更伤感、“更能得到观众的同情”。[③] 除了判定谁更会唱、更“西式”外，这些评价取决于女性气质的标准，这是新派剧和文明戏中性别表演的核心问题，而当时杂糅表演的惯例使得男性演员仍然主宰女性角色成为可能。松井作为新剧女演员的先驱，为了颠覆这种主宰付出了顽强的努力。正如加野彩子（Ayako Kano）所写的，在现代日本性别表演中，1914 年是一道分水岭，松井和贞奴竞相表演的《莎乐美》中的“七重面纱之舞”，将性别表演的身体问题推到了前台。[④] 然而，以上这些批评表明：当时日本的戏剧批评仍然在很大程度上不关心演员的性别在刻画人物方面的效果。

开明社的第三个剧目是《西太后》，为上海最受欢迎的文明戏连台本戏，有时竟长达三十二本，连演八个晚上。[⑤] 对比之下，刘的脚本仅有两幕四场，是根据清宫女官的回忆录改编的，后者曾连载于《大阪日日新闻》，其时刘正好抵达大阪。刘将之缩短为一个晚上的剧目单的一部分。

《卢宾芳》被称为著名苏格兰歌剧。我们对于它的认识来自剧目单和大阪报纸对它的评论，称其描绘了一个欢乐的婚礼现场：“大幕一拉开，有钢琴、管弦乐团和合唱团的表演，然后是舞蹈，确实很西方。”[⑥]在这个剧目中，最主要的角色为新娘（史海啸扮演）、新郎（朱小隐扮演）和子爵（苏寄生扮演）。[⑦] 从这些描述中，我们可以判断他们所演的是婚礼场景是来自葛塔诺的歌剧《拉美莫尔的露琪亚》。[⑧] 此歌

---

① 中内蝶二，《本郷座支那劇》，《万朝報》，1914 年 12 月 7 日。引自吉田登志子：《「中華木鐸新劇」の来日公演について——近代における日中演劇交流の一断面》，第 22 页。

② 伊园青青园：《本郷座の支那劇》，《都新聞》，1914 年 12 月 8 日。引自吉田登志子：《「中華木鐸新劇」の来日公演について——近代における日中演劇交流の一断面》，第 22 页。

③ 第一个引用自《大阪日日新聞》，1914 年 12 月 7 日。引自吉田登志子，《「中華木鐸新劇」の来日公演について——近代における日中演劇交流の一断面》，第 19 页。第二个引用自《新小说》，1915 年 1 月号，引自吉田登志子，《「中華木鐸新劇」の来日公演について——近代における日中演劇交流の一断面》，第 22 页。

④ Kano, *Acting Like a Woman*, pp. 219 ~ 224.

⑤ 瀬戸宏编：《民鳴社上演演目一覧》，第 21 页。

⑥ 吉田登志子：《「中華木鐸新劇」の来日公演について——近代における日中演劇交流の一断面》，第 18 页。

⑦ 同上，第 17 页。

⑧ 在这里，我感谢里默尔（Tom Rimer）对二者可能的联系提出的建议。

剧取材于沃尔特·司各特(Walter Scott)的历史小说《拉美莫尔的新娘》(*The Bride of Lammermoor*),讲的是苏格兰两大家族阿什顿和雷文斯伍德间的世仇。女主角露西娅·阿什顿爱上了她家族的敌人雷文斯伍德家的埃德加多。因政治上的原因,她的哥哥恩里克迫使露西娅嫁给强大的勋爵阿图洛·布克劳。在婚宴之后,露西娅突然发狂,杀死新郎后死去。当埃德加多听到她的死讯时,也举刀自尽。婚礼场景出现在歌剧的第二幕第二景,开幕就是合唱团的舞蹈,且唱:"因为你,充满着欢喜;我们聚集在一起;因为你,我们见黎明重启;有希望的一日。"①随着仪式的进行,露西娅是在被欺骗的情况下允诺了婚姻合约,埃德加多撞进了现场,谴责露西娅背弃了他们的誓言。在这段以埃德加多的唱词"这一刻什么在制止着我"开始的著名六重唱中,主角对始料不及的事件做出了反应,剧情转折。1908年,维克多唱片发行了一个四分钟的单面唱片,录下了这个六重奏,以当时一些最著名的歌手如恩里科·卡鲁索为卖点。这张唱片就是著名的《七美元的六重唱》,因为它惊人的价格(七美元),不可避免地重新燃起了人们对这部歌剧尤其是婚礼一场的兴趣。鉴于开明社在上海和香港与西方音乐的联系,该剧得以在日本演出,极有可能是这一高涨的兴趣使然。

在东京演出后,开明社和刘返回中国,开明社继续上演《复活》,反响热烈。② 然而,该社的"音乐、舞蹈和西剧"的剧目和表演,定位过于靠近文明戏表演杂糅性的西方化边界,使得它仅能在上海生存三个月,随后展开了三年南洋巡演③,证明它在英国殖民地的中国观众中更具号召力。

最后,我想在泛论文明戏杂糅过程的最末一节,反驳文明戏的商演成功是建立在放弃民族主义情怀的基础上这一观点。鉴于刚刚建立的民国面临着持续不断的领土和制宪危机,而这一时期又恰逢文明戏中兴期,这一论点显然是无法成立的。

拯救沦陷的祖国,革腐败统治者的命

由于郑正秋及其同僚在文明戏商演成功中所扮演的角色,他们在主题和形式的杂糅上更接近其本土化的同道们,这使他们承受了导致文明戏最终失败的主要

① Gaetano Donizetti and Salvatore Cammarano, *Lucia di Lammermoor*, NewYork: Westminster, 2002.
② 黄爱华:《中国早期话剧与日本》,第292页。
③ 朱双云:《初期职业话剧史料》,重庆:独立出版社,1942年,第24页。

责难，尤其是指责其抛弃了新剧的社会启蒙和剧场改革的民族主义使命。[①] 尽管文明戏最终成为它自己昙花一现的繁荣的受害者，这是事实，但是它所建构的商业成功和社会责任的二元对立进一步证实了珀斯特威特（Postlewait）所说的“在身份认同的过程中的同质性”[②]，这就排除了对意识形态的杂糅性进行细致入微的诠释的任何可能：这种杂糅既追求商业可行性，又对国家危机进行应对，甚至偶尔同时完成这两个目标。主流话剧陈述排除了文明戏在民国时代中国现代戏剧民族主义思潮中所扮演的角色，导致其忽略了这一基本事实，即文明戏这10年对应着民国极端动荡的开始，充满着政治、宪法和领土的危机，诸如复辟、内战、不平等条约、大规模的抗议活动和政府的压迫。基于文明戏的民族主义根源和公众对时事压倒性的兴趣，对于文明戏而言，忽略这些话题是不可思议的，既是因为实践者的社会良心，也是因为他们个人的商业利益。事实上，当时两个最关键的危机——日本“二十一条”导致的领土危难和袁世凯总统的复辟——恰好发生在文明戏黄金年代，而主要的剧团为应对这些震撼性的事件，确实致力于创作民族主义政治剧。

考察1913～1917年间文明戏三大剧团（新民社、民鸣社和春柳剧场）在上海最大报纸《申报》上的广告，我们可以清晰地看到一个向社会评论的转换，这是为应对爆发并蔓延全国的“二十一条”危机，尤其是在1915年初的上海。[③] 这也揭示了春柳和民鸣（民鸣此时已和新民社合并）在面对社会危机时的差别，即以郑正秋为代表的后者上演了更多的民族主义戏剧。这和流行的文明戏话语中的论断相矛盾，这一论断起源于欧阳予倩1958年关于文明戏的文章，其中写到非春柳社团体排戏以商业为导向，放弃了新剧的社会良知。广告中显示出的当时的状况表明：在1913～1914年间，的确所有的剧团都急于利用观众对文明戏的新兴趣，凭借他们自己的经过检验的模式去挣钱，诸如春柳社的改编新派剧和欧洲戏剧、新民社和民鸣社的家庭剧。然而，正是在1915年初，在这两个惊天动地的大事件之后，民族主义和社会评论再次占据了观众和更为精明的实践者的心灵和头脑。

---

① 欧阳予倩：《谈文明戏》，第68～69页；陈白尘、董健编：《中国现代戏剧史稿》，北京：中国戏剧出版社，1989年，第71～72页；郭富民：《插图中国话剧史》，第40～43页。

② Thomas Fostlewait, *The Cambridge Introduction to Theatre Historiography*, New York: Cambridge University Press, 2000, 169.

③ 这些演出记录是由日本学者濑户宏从《申报》中整理出来的，其中，新民社的演出记录到1915年1月和民鸣社合并为止，春柳社的记录到1915年7月为止，那时他们离开上海去外地巡演，随后此社因陆突然去世而解散。

在第一次世界大战期间,日本加入了协约国,占领了德国掌控的中国沿海省份山东。1915年1月,日本政府提出所谓的“二十一条”,要求日本在山东、中国东北和福建控制铁路和采矿权,同时要求在中国政府的扼要职位安插日本顾问。日本提议的揭露激发了公众的恐惧,恐惧于条约将会使中国沦陷为像朝鲜一样的日本保护国,引起了大规模的示威,抵制日本商家和商品。条约于5月9日签订,许多人认为这是国耻日,袁世凯总统拒绝了一些条款,但接受了大多数日本的领土要求。上海成为反日示威活动的焦点之一,以致租界内日本、中国和西方当局合力压制大规模示威活动、媒体报道和文明戏演出。8月14日,亡国的恐惧尚未消退,袁世凯在辛亥革命之后巩固权力直至独裁,成立了“筹安会”,为复辟帝制做准备。袁经过精心策划,于12月12日称帝,12月25日云南省军都督蔡锷(1862~1916)随即出师讨袁。军事讨袁行动迅速蔓延和国际支持减弱,迫使袁在1916年3月22日放弃了帝制,很快因尿毒症于6月5日去世。

这两个事件提醒着人们:国家随时面临脆弱的稳定局面和已经降临在许多非西方国家的持续的亡国威胁。它们的历史在中文语境总是被称为亡国史,促使了中国民族主义的形成,并不可避免地影响了20世纪10年代中期的文明戏。与文明戏早期的政治戏剧注重庆祝共和革命不同,从1915年开始的民族主义戏剧倾向于反映重至的对迫在眉睫的国家灭亡的恐惧,以及重新燃起的对反政府英雄的兴趣。当时上演的许多亡国戏剧紧扣腐败内政、残暴外辱、爱国英雄主义和外国殖民下普通民众的苦难。他们的主题范围从日本吞并朝鲜到16世纪西班牙侵占佛兰德。第二类主要集中在中国和其他国家反对国内暴政的反政府起义,从孙中山在伦敦被清朝使馆拘留,到被袁软禁的蔡锷秘密从北京逃跑,再到俄国虚无主义者刺杀地方总督。第三类戏剧在某种程度上针对袁的复辟帝制企图,但同时也表现出民国对前代诸王朝的兴趣。当时的人们关注帝国篡位者的邪恶诡计、皇权斗争,以及从慈禧太后到拿破仑的宫廷秘史,从袁以前的窃国大盗到莎翁笔下的恶徒麦克白。

在日本提出“二十一条”要求两个月之后的1915年3月18日,约四万人游行到张园,要求抵制日货,该运动迅速在上海蔓延,激发了一场持续三个月之久的、全城性的抗议和抵制活动。游行开始的两天前,联合了新民社以及许多进化团老演员的民鸣社上演了任天知的《东亚风云》,五天之后演了《黑奴吁天录》,并重演了《东亚风云》。该剧又名《安重根刺伊藤》,是任天知和他的进化团在1911年前后创作的。安重根(1879~1910)是一位反抗斗士,他切下手指,在一面国旗上血书“朝鲜独立”，并在中国东北哈尔滨的火车月台上刺杀了伊藤博文，因此在1910年3月被处死。这是若干个关注日本吞并朝鲜的历史的文明戏之一，其“亡国”的部分原因是因为作为朝鲜保护国的清廷的无能。就此而论，朝鲜剧成为预示日本殖民者野心的极为真实的预言。因此，这些剧通常将当时的朝鲜首脑李完用（1858～1926）作为内政腐败、无能、叛国的象征，将日本首相、吞并行动的缔造者伊藤作为殖民侵略者的代表，将安重根和于1895年因反对日本侵略被刺杀的韩国闵皇后（1851～1895）作为民族主义反抗的化身。

这一国家面临灭亡的极度痛苦恰当地浓缩于《卖国奴》一剧的评论标题：《救亡声中之卖国贼》。除了扮演李、伊藤和安的演员外，令评论者印象最深刻的是郑正秋所扮演的韩国卖豆小贩的即兴演讲，郑以韩国人的亡国焦虑敲响了中国同胞的警钟：

> 我从前只当我是个小百姓，只顾我生意赚钱，够我糊口，国家大事与我什么相干。看见一般仁人志士演说亡国之惨，还说他瞎管闲事，以为国果真亡，我们小百姓饭总是有的吃的，国是他们做官的，国亡与不亡，我们总是一样，哪知道到了如今身受亡国之苦，才知仁人志士以前说的话，句句是金玉良言，真是错怪他了，懊悔自己放弃责任。国不亡的时候，官是享福的，亡国之后，百姓是受罪的。现在处处都是日本兵，见了我们简直当作牛马，买东西不给钱，非打即骂，一举一动均受他束缚。哪里还能自由唉。韩国已亡，补救无及。我热血喷涌，性命不要，也要同那亡我祖国的人拚他一拼，以赎从前见危不救的罪孽。①

正如前文所讨论的，任天知是这种即兴演讲的发起者，以川上的有着政治煽动色彩的壮士芝居为范式。任现存的《黄金赤血》一剧的结尾为一场戏，戏中有两段主角调梅的演说，内容留空，其中一段是介绍革命期间他的家庭的悲欢离合的表演，之后，另一个看上去像号召支持革命军：

> 班主：今日我的意思是要先请调梅先生，先演说一回，然后跟着演戏，列位赞成吗？

① 周剑云：《救亡声中之〈卖国奴〉》，周剑云编：《鞠部丛刊》，上海交通书局1922年原版，台北：传记文学出版社影印，第2卷，第440页，1974年。

看客拍手赞成。

梅妻、小梅听说注目台上。

调梅上场演说。

戏开场,爱儿出场演一段苦戏,看客哭泣掷钱。

梅妻、小梅看到苦处,抛花篮、报张上台,抱头痛哭。

调梅上场演说。

歇戏。[①]

1915年初,这种即兴的有政治导向的演说在文明戏舞台上本已罕见[②],后却因民族主义的回归而复兴。另一个例子是启明社领袖周剑云在1915年5月演出的《征鸿泪》中的三千字演讲。[③] 其仿照了任用主角即兴演讲的做法,此剧有一幕的标题为“救亡”,周做了一次非常让人动容的演讲,充满了煽动反日、反袁的感情,最后号召公民牺牲自己、全面参战。这些反日、反袁的煽动性言辞遭到审查,以至于被禁止在报纸上发表。[④]

审查机构也对春柳社版的描绘被日本殖民的朝鲜的《朝鲜闵妃》施压,此剧在广告上写的是4月2日上演,当时正值反日集会高潮,全城满腔怒火地反对日货和日商,以至于日本大使馆不得不寻求中国和租界当局出面压制集会。该剧最终被允许推迟三天上演,改名为《新镜花缘》,采用晚清奇遇小说《镜花缘》之名,共28幕,分两晚演完,正如广告所说:

是剧自壬午韩国兵变逼走闵妃始,至安重根暗杀止。其中情节关涉中俄韩日四国历史。而今大总统袁项城当日争国权张国威,诸事略见外交手段之一。全剧事实均经访问韩国遗老确见可凭。至描绘亡国惨象,令人神惊涕陨。[⑤]

---

① 任天知:《黄金赤血》,王为民编:《中国早期话剧选》,第31页。

② 欧阳予倩:《谈文明戏》,第83页。

③ 周亚父:《征鸿泪救亡一幕演说词》,周剑云编:《鞠部丛刊》,第2卷,第780~784页,1974年;欧阳予倩:《谈文明戏》,第83页。

④ 周亚文:《征鸿泪救亡一幕演说词》,第784页。

⑤ 瀬戸宏:《申報所載春柳社上演広告》下(1),《長崎総合科学大学紀要》3卷2期,1989年,第339页。

据该剧的作者，即陆镜若雇用的春柳社编剧张冥飞所说，该剧是为了回应“二十一条”危机，根据常住上海的韩国流亡抵抗运动领袖朴殷植（1859～1926）的作品《韩国痛史》改编。张用了半个月写作剧本，比起文明戏常用的提要式的剧情构建所花费的时间要长很多。[①] 尽管是在租界上演，广告中还包括了赞美袁的内容（因为袁在中日甲午战争时代表清朝驻军汉城），显然该主题还是太过于敏感，不被允许按照原本上演。

当然，文明戏的民族主义演出不限于朝鲜主题。相反，其选择是相当多样的，甚至东京时代的经典旧剧如《黑奴吁天录》和《热泪》，也被春柳社和民鸣社重新上演。在反“二十一条”的激昂情绪中，文明戏再一次发现了萨都的情节剧的力量。他的《热泪》和《祖国》（*Patrie*）两剧于1915年夏上演。可能是受到大众情绪的启发，《托斯卡》的中文剧名从在东京演出时的《热泪》改成了日文版的剧名《热血》。1915年7月，民鸣社也上演了萨都的另一部亡国剧《祖国》，一部关于16世纪受压迫的佛兰德人起义反抗西班牙占领者的大型半历史情节剧。《祖国》于1868年在巴黎首演，并于1901年在法兰西剧院上演，与川上和贞奴去巴黎旅行，并拜见萨都和其他法国作家协会作者是同一年。萨都对贞奴的表演印象深刻，称赞川上为“亲爱的同志”和“缔结法国和日本文学纽带的第一人”，并委托川上将《祖国》带到日本。[②] 经由《热血》的改编者田口菊町的翻译，川上以超大的演员阵容于1906年10月上演了《祖国》，并亲自扮演佛兰德叛军领袖雷瑟伯爵（Count de Rysoor）。著名的女形演员河合武雄扮演雷瑟不忠的妻子多洛莉丝（Dolorès），她因与其丈夫最好的朋友卡鲁（Karloo）的绯闻，而将佛兰德叛军的消息透露给残暴的西班牙压迫者阿尔瓦公爵（Duke of Alva）。贞奴扮演阿尔瓦的病得奄奄一息的女儿拉斐拉（Rafaela），她同情、悲悯本地居民。为强调此剧的法国根源，该剧的海报上特地在汉字“祖国”（日文发音为Sokoku）上标注原法文读音Patorī（见图8）。

尽管一些中国学生可能看过演出，但其庞大的演员阵容显然会使后《黑奴》时代的春柳社望而却步，因为后者的会员在减少，部分是由于清朝驻日使馆禁止学生演剧。这也是1909年陆和欧阳优先考虑《热泪》的原因之一，因只需四个主角。然

① 郑正秋编：《新剧考证百出》，第9页。

② Loie Fuller, *Fifteen Years of a Dancer's Life: With Some Account of Her Distinguished Friends*, New York: Dance Horizons, 1913, pp. 217～220.

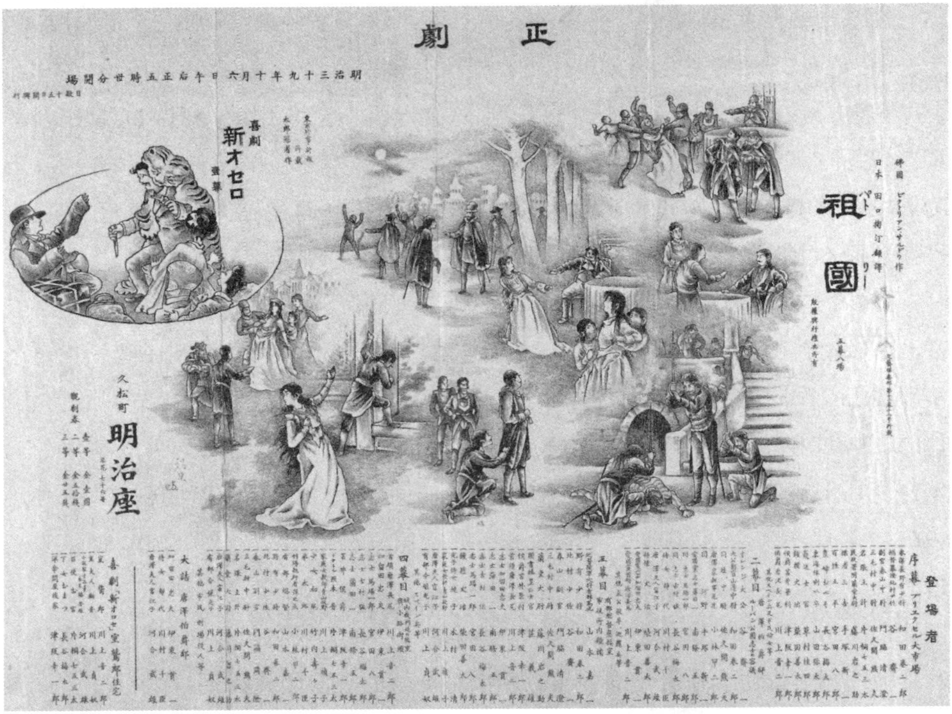

图8　1906年川上剧团在明治座演出的新派剧《祖国》海报
(由日本早稻田大学坪内逍遥演剧博物馆提供)

而,《祖国》中表露无遗的民族主义主题,对于正在寻找反殖民主义作品的中国知识分子来说,显然是极为诱人的。1910年,陈景韩(1877～1965)——一位多产的作家和翻译家,曾在日本留学,精通日语和英语——将此剧译成中文,名为《祖国》,很可能是从日文版翻译过来的。① 陈作为一个以创作关于俄国虚无主义者,和以此为原型虚构的中国虚无主义者的作品而闻名的激进作家,显然抱着对亡国历史和本土反抗侵略暴政的兴趣读过此剧,称赞它为"西欧文坛一大佳构","描写暴虐无道之敌将,沉勇慷慨之志士,以及为恋爱之故卖国卖夫之大奸妇、为国家之故如花如玉之美少女。于豪壮之里写恋爱,于悲惨之中发光明"。② 尽管此剧被称为"世界四大

① 日本学者饭塚容认为陈参照的日本版本不是田口菊町的版本,而是长田秋涛的版本,此人是《茶花女》的翻译者。参见飯塚容:《中国近代劇の萌芽—"文明戲"脚本の諸相》,《演劇の「近代」—近代劇の成立と展開》,东京:中央大学人文科学研究所,1996,第430页。

② 冷(陈景韩):《〈祖国〉序言》,《中国近代文学大系》第28卷,上海:上海书店出版社,1991年,第693页。

悲剧之一”，但此剧众多的人物、对角色的情感上的要求以及贵族举止的表演要求对文明戏而言挑战极大。进化团在它的全盛时期曾演出此剧，汪优游饰演甘姑（多洛莉丝 Dolorès），但是“非得意之作也”，甚至在 1914 年六大剧团第一次联合演剧时，也没有足够的人来上演此剧。① 然而，在 1915 年 7 月 10 日，在“二十一条”激起了反殖民英雄主义之后，民鸣社已增加了进化团旧员，认为演出此剧是一个完美的选择。尽管此次尝试似乎又失败了，但是在抗日战争期间（1937 ~ 1945），在中国化的版本《古城的怒吼》中，此剧的民族主义主题却被证明是持久的，最终得到了广泛的接受。

另一类型民族主义戏剧叙述的是反对晚清政府或反对袁世凯君主复辟的革命行为。一些文明戏致力于描写反清英雄，如《孙中山伦敦被难记》，讲的是孙中山 1895 年在伦敦被清政府逮捕，随后因英国保护被释放一事。此剧根据孙的回忆录改编，在 1916 年 9 ~ 11 月期间上演过六次，②演出次数对文明戏来说已经很多了，足以证明它受欢迎的程度。另一个流行的主题是 1907 年 7 月安徽总督恩铭（1845 ~ 1907）为革命志士徐锡麟（1873 ~ 1907）刺杀，随后徐被施以绞刑。还有他的同志女诗人秋瑾（1875 ~ 1907），她在行刑前留下的七字“秋风秋雨愁煞人”鼓舞了一代革命者。这一对于极度衰弱的祖国的爱国忧国情怀在国内外的革命党人中引发了深远的回响。他们的殉难和英雄主义将海内外华人界紧密联系在一起，使得他们成为舞台上完美的英雄形象。王钟声在 1911 年辛亥革命前首次将他们的故事搬上舞台，后来，在 1915 ~ 1916 年间，文明戏又多次上演，或单独上演，或合并上演。他们还燃起了对于发生在专制国家的刺杀行为的强烈兴趣，譬如俄国，这又直接导致一个关于 1905 年俄国革命者炸死地方长官的戏剧被引入中国。

此剧由波兰剧作家廖抗夫（Leopold Kampf）所作，剧名为《前夜》（*On the Eve*，德文为 *Am Vorabend*），1908 年，中国最早的无政府主义者李石曾受此剧在巴黎轰动一时的演出启发，将其翻译为中文，取名为《夜未央》。《前夜》为三幕剧，讲的是 1905 年在俄国的一个大城市——可能是莫斯科——的反政府行为。第一幕发生在安东和索菲亚的家里，他们和一个叫玛莎的女孩秘密印刷反政府报纸《光》（*The Light*），还收留了一个刚刚从圣彼得堡的监狱中逃脱的老革命者康塔尔。一个叫瓦西里的年轻人进来，带来一张假护照和一些印刷急需的铅字，他看见了该剧的女主

① 朱双云：《新剧史 · 评论》，第 3 ~ 4 页。
② 瀬戸宏：《民鳴社上演演目一覧》，第 26 ~ 28 页。

人公安娜——一个送信的年轻女孩。康塔尔兴奋地摇着手枪大谈在监狱中的英勇和磨难,精疲力竭后,去另一个房间休息了。他激昂的豪言壮语感染了瓦西里和安娜,她呼吁敲起血钟响遍俄国。最后瓦西里无法压抑他对于安娜明显却又无法言传的爱意,跑出了房间,安娜也紧随其后。不久,警察扫荡了印刷所,逮捕了安东、索菲亚和玛莎,并迫使康塔尔用他的手枪自杀。恐惧主宰了随后的一幕,开场就是一群革命者包括瓦西里谈论被捕的同志所遭受的残忍折磨,激起瓦西里自告奋勇刺杀总督。他的提议得到批准之后,安娜入场,这对情侣互诉衷肠时,被外面枪击罢工游行者的声音打断。这一幕以两人痛苦和力竭的拥抱结束。最后一幕发生在安娜姑母的房子,房子位于歌剧院附近。安娜在这里避难,而她的姑父是一位重要的政府官员,也是坚定的反革命分子。之后他和另一位妇女离开,去看总督情妇表演的歌剧。安娜、她的姑母和几个同情者大声地朗读革命者分发给她们的宣传单。客人走后,瓦西里露面告诉安娜,当总督的马车经过歌剧院时,他将是扔炸弹者之一。他要求安娜:如果总督走他这一边,就带上一盏灯去窗边,作为点燃炸弹的信号。一番痛苦之后,他终于挣脱安娜跑了。在歌剧结尾时,我们看见姑母站在窗前谈论总督已在路上。安娜开始犹豫了,但最终点亮了一根蜡烛,走到窗前(见图9)。我们听

图9　1907年廖抗夫的《夜未央》(演出剧名 *Le Grand Soir*)在巴黎艺术剧院演出的第三幕最后一场(图中女主角安娜把烛台移至窗前,作为她爱人发动自杀式刺杀任务的信号,而她的姑母正看着窗外。照片来自 *L' Illustration Théatrale*, 81号)

到一声巨大的爆炸声,安娜倒在了地板上。最后一个画面,当安娜颤抖着站起来,喊着"血钟",催促"前进—前进"时,大幕落下。①

此剧原是用德文写作,写于1906年,名为*Am Vorabend*,尽管观众和批评家反响热烈,但德国当局厌其过于煽风点火,禁止此剧在柏林和汉堡上演。② 因此剧在德国再演已经无望,廖抗夫把剧本带到纽约,反响不温不火,尽管如此,它还是被巴黎艺术剧场的艺术总监相中了,于1907年12月23日开演,法文名为*Le Grand Soir*,立即得到了热烈的好评,在之后的两年里演出超过100场。批评家称之为富有灵感的悲剧,完美地糅合了经典的叙述和牺牲的精神,激起了一群在巴黎的中国无政府主义者的强烈反应,他们恰好在深深地哀悼徐锡麟和秋瑾,其中就有李石曾——一位清朝高官的儿子。李作为无政府群体的杂志《新世纪》的主要作者,在12月21日写了一篇关于此剧即将公演的文章,认为此剧说的是俄国革命党人索菲亚·佩罗芙斯卡娅(1853~1881)和她在刺杀亚历山大二世的行动中所扮演的角色,并称赞其为"革命剧中之第一杰作"③。差不多一月后,《新世纪》分三期刊登了一位读者看了演出后详尽而热情的感言:"余始终未离座一步,彼击掌之声,撼吾耳鼓几裂,惨怛之状,流吾干泪几尽……盖自足履欧土,曾观之剧亦已数十,终无有妙至入神,令我赞叹俱穷,有如此剧者。"④作者声明该剧与佩罗芙斯卡娅无关,然而却和徐锡麟与秋瑾联系在一起。这种联系显然促使李翻译了该剧并邀请廖抗夫为译本写序,序言中廖抗夫恳请中国读者向那些俄国革命者们学习,为了自由而抛洒热血:

> 吾甚喜吾之《夜未央》新剧,已译为支那文,俾支那同胞,亦足以窥见吾之微旨。夫现今时世之黑暗,沉沉更漏,夜正未央,岂独俄罗斯为然?吾辈所肩之义,正皆在未易对付之时代。然总而言之,地球上必无无代价之自由。欲得之者,唯纳重价而已。自由之代价,言之可惨,不过为无量之腥血也。此之腥血,又为最贤者之腥血。我支那同胞,亦曾流连慷慨,雪涕念之否乎?吾属此草,虽仅为极短时代一历史,然俄罗斯同胞数十年之勇斗,精神皆在文字外矣。

---

① Leopold Kampf, *On the Eve*, New York: International Library Publishing Co., 1907, p. 100.

② 同上,pp. 102~105。

③ 李石曾:《苏菲亚》,《新世纪》第27期,1907年,第3页。

④ 无名:《美术院观剧记》,《新世纪》第30期,1908年,第3页。

支那同志,其哀之乎?抑更有狐兔之悲耶?①

借助舞台演出和李的译本小册子在无政府主义者的组织里广泛传播,廖抗夫对他的中国读者和观剧者的加入俄国革命者反抗压迫的斗争的号召最终在中国引起了广泛的共鸣。然而,作为一个自然主义客厅剧,《夜未央》直到20世纪20年代才由话剧团体广泛演出。在文明戏时代,此剧缺乏演出的记录,但有迹象表明此剧确实演出过,可能是由郑正秋上演。在1915年8月,刚刚签署完"二十一条",民鸣社演了一个标题为《虚无党》的戏,至少可能是改编于此剧②,更明确的证据是,此剧被收录在郑正秋1919年的《新剧考证百出》之中。奇怪的是,它没有收录在"西洋新剧",这部分主要为春柳剧场的西方和新派剧目,或根据林纾翻译的查尔斯·兰姆和玛丽·兰姆的《莎士比亚故事集》改编的戏剧。它出现在主体部分,在署名"药风社剧本　郑正秋编"一类中。具体地讲,它正好放在《中山被难》之后、《卖国奴》之前(中间隔了一个家庭剧),这一线索表明《夜未央》的演出可能发生在重新激发民族主义情感的高潮时期。"药风"是郑的笔名,他在1918年以"药风社"的名义演剧,尽管这部分的大多数戏剧在之前的新民社和民鸣社就已被演出过。因为郑只为剧场写作,而不是为轻松阅读而写作,《夜未央》的收录似乎可以证明它确实在文明戏舞台上演出过。

还需注意的是,虽然李石曾翻译《夜未央》和《鸣不平》两剧,作为向中国介绍无政府主义的计划中的一部分,但春柳社只选择上演了《鸣不平》,而忽略了《夜未央》。正像在《热泪》和《祖国》中做出选择一样,剧组人员的数量当然是主要的考虑因素,因为《鸣不平》仅仅是一幕喜剧,只要很少的演员,而《夜未央》有三幕,需要二十个演员,约半数是女演员。然而,这两剧在文明戏时代的不同命运,也完美地体现了这个时代的形式上的和意识形态上的杂糅性。从形式上而言,《鸣不平》是一个取悦观众的喜剧、讽刺剧,而《夜未央》是一个标准的自然主义客厅剧,整篇由严肃的对白组成,所有激动人心的场面都在幕后发生,包括高潮部分的爆炸,这个场景强调的是安娜对于是否帮助她的爱人实施自杀式攻击的犹豫不决和爆炸之后她的悲痛和决心。在这个意义上来说,此剧的自然主义描写与浪漫剧、情节剧的浓烈

① 廖抗夫:《〈夜未央〉叙言》,阿英编:《晚清文学丛钞·小说戏曲研究卷》,第306页。
② 瀬戸宏:《民鳴社上演演目一覧》,第20页。

的情绪和行为是非常不和谐的，而后者正是通过新派、本土戏剧和上海移民戏剧流淌在文明戏的基因中。不过从意识形态上而言，《夜未央》却完美地契合了 1911 年大革命前后无政府主义抵抗暴政压迫的国民情绪。此外，此剧由文明戏商业成功的引路者郑正秋上演这一事实，再次证明了文明戏的意识形态杂糅性。

结　　语

到 20 世纪 10 年代晚期，文明戏的过度扩张深受低质量的演出和演员之困扰，最终影响到它的生存。在陆镜若 1915 年于巡演途中去世之后，春柳剧场解散了。它的演员或退隐舞台，或加入其他剧团，譬如欧阳予倩，加入了民鸣社。民鸣社在 1916 年关闭之后，一些优秀的演员在一个叫作笑舞台的小剧场演出。徐半梅和欧阳予倩都充满感情地回忆了他们在这个群体中的经历，尤其是一些相对高质量的现实主义场景的演出，这可体现在新派剧经典《乳姊妹》中（见图 10）。①

图 10　1916 年笑舞台上演的《乳姊妹》中的日本风格场景（左二为欧阳予倩，右一为徐半梅，照片由日本早稻田大学坪内逍遥演剧博物馆提供）

① 徐半梅：《话剧创始期回忆录》，第 87 ~ 93 页；欧阳予倩：《自我演戏以来》，第 78 页。徐和欧阳都提到剧团有演出过《哈姆雷特》。此剧最有可能改编于林纾翻译的兰姆的《莎士比亚故事集》，因为中国第一个《哈姆雷特》的全译本是由田汉翻译的，直到 1922 年才出版。

尽管在1910年末期,很多文明戏参与者离开了舞台,但是还有部分新剧家在话剧或其他形式的戏剧中继续他们的演剧生涯。欧阳转型为京剧旦角,取得了10年的成功,后又加入了20世纪20年代后期话剧之崛起。汪优游在1920年上演了一个全部由男演员演出的失败之作《华伦夫人之职业》。顶尖的悲旦演员陈大悲领导了爱美剧运动,尝试挣脱所谓文明戏问题的根源——商业化和缺乏高质量剧本。然而,与流行观点相反,文明戏作为一种剧场形式,成为上海大众娱乐场景的一部分,而继续生存下去,后来被指称为通俗话剧,这是一个并不含蓄的指称,将其区别于主流现代戏剧界认定的现实的、严肃的形式——话剧。文明戏的许多喜剧程式促使滑稽戏这一新的戏剧形式兴起,其继承了文明戏的部分剧目。还有一些人投入了萌芽阶段的电影产业,后者充分地吸收了文明戏演员和剧目。郑正秋重新回到了他早年所在的电影厂,和张石川制作了很多基于文明戏剧本的电影。

在考察了文明戏在上海的形式的和意识形态的杂糅过程之后,我将在下面的三章中,聚焦于公开的、往往是剧烈的文明戏形式杂糅形成过程的三个方面:全剧本和用幕表即兴表演的文学杂糅,对于外国戏剧本土化和异域化的翻译杂糅,以及体现在两方面的表演杂糅(在话剧中加唱以及男扮女装的性别表演和新出现的女演员)。

[作者:刘思远(Siyuan Liu),加拿大英属哥伦比亚大学戏剧电影学系助理教授;译者:向阳,南京大学外国语学院博士后]

南京路上的英印统治：条约口岸上海的锡克巡捕*

[英]杰　逸　著　王　迪　译　施恬逸　校

内容摘要：锡克巡捕构成了20世纪最初几十年上海城市景观中无法抹去的一部分，至今仍在上海的记忆里留下了印记，然而他们的历史却从未被人诉说过，研究这一时段历史的学者充其量只在他们的研究中简单地附带提一下。本文试图说明上海公共租界巡捕房中锡克巡捕的状况，进一步探究其在公共租界的管理和维持治安中所扮演的角色，来填补这一研究的空白。这个研究将丰富我们对英国在华存在的性质和印度的替代性帝国主义(sub-imperialism)延伸到中国条约口岸城市的方式的理解。毕竟，在上海的街道上，而且不仅仅是在上海的街道上，英国人的势力是透过印度人的面孔来呈现的。

关键词：上海　南京路　条约口岸　锡克巡捕

* 如果没有众多个人和机构的支持和帮助，这篇论文是不可能完成的。在这里我要特别感谢布里斯托大学的罗伯特·毕可思教授。这篇论文是在我硕士学位论文的基础上完成的，而毕可思教授正是我的硕士学位论文(由英国艺术与人文研究委员会资助)及博士学位论文(由英国经济和社会研究理事会通过英国校际中国研究中心资助)的指导老师。在论文写作过程中，毕可思教授给予我许多宝贵的指导，并鼓励我发表这篇论文。我曾在布里斯托大学和2009年英中联合研究会的会议上宣读过这项研究的成果。我也要感谢那些曾经聆听过这篇论文的人对这项研究提出的问题和批评，特别是*Modern Asian Studies*的两位匿名评审人对本文的批评。本文曾以"The Raj on Nanjing Road: Sikh Policemen in Treaty Port Shanghai"为题在*Modern Asian Studies*上发表。在进行这项研究期间，我获得了一些机构的档案管理人员及研究者的帮助，他们来自大英图书馆、英国国家档案馆、上海市档案馆和上海社会科学院。

导　言

锡克巡捕构成了20世纪最初几十年上海城市景观中无法抹去的一部分,在这个城市的记忆中具有象征性的地位。然而从未有人诉说过他们的历史,研究这一时期历史的学者充其量也仅仅是在研究中简单地附带提一下。① 通过说明上海公共租界巡捕房中锡克巡捕的状况,探究其在公共租界管理和维持治安中所扮演的角色,本文试图证明上海公共租界巡捕房中的印捕股在这座城市历史中的重要性。本文通过引用近期关于锡克人大迁移和殖民地管制的替代性方面(sub-field)发展的研究成果,涉及目前正在进行的锡克移民的研究,②并且这也将帮助我们更好地理解印度"替代性帝国主义"影响英国在华形象的方式:③在上海的大街上,且并不只限于上海,英国人的势力是透过印度人的面孔来呈现的。

安德森(Anderson)和基林格雷(Killingray)在他们里程碑式的著作《管制帝国》(*Policing the Empire*)中揭示出:"在与人们的日常接触和强制执行殖民当局利益的法规的过程中,殖民地警察是最显而易见的体现殖民统治的公共符号。"④在总体上,安德森和基林格雷试图让人理解令人感到惊奇的殖民警力的重要性,这是他们

---

① 英文研究中对这一问题最全面的研究来自 Claude Markovits (2000). "Indian Communities in China, c. 1842 ~ 1949", in Bickers, R. and Henriot, C. *New Frontiers: Imperialism's New Communities in East Asia, 1842 ~ 1953*, Manchester University Press, Manchester, pp. 62 ~ 64. (中译本为《中国的印度人社团(1842 ~ 1953)》,彭晓亮译,收入熊月之等编:《上海的外国人(1842 ~ 1949)》,上海:上海古籍出版社,2003年——译者)。马尔科维奇的研究更关注印度商人。中国学者中,熊月之对印度巡捕的研究最认真,尽管他对此的论述也只有几页。见熊月之:《异质文化交织下的上海生活》,上海:上海辞书出版社,2008年,第64 ~ 67页。

② Tony Ballantyne (2006). *Between Colonialism and Diaspora: Sikh Cultural Formations in an Imperial World*, Duke University Press, Durham, North Carolina; Brian Keith Axel (2001). *The Nation's Tortured Body: Violence, Representation, and the Formation of a Sikh "Diaspora"*, Duke University Press, Durham, North Carolina.

③ Tony Ballantyne (2002). *Orientalism and Race: Aryanism in the British Empire*, Palgrave, Basingstoke, p. 15 and passim; Robert J. Blyth (2003). *The Empire of the Raj: India, Eastern Africa and the Middle East, 1858 ~ 1947*, Palgrave, Basingstoke, p. 2 and passim.

④ David M. Anderson and David Killingray (1991). "Consent, Coercion and Colonial Control: Policing the Empire, 1830 ~ 1940", in David M. Anderson and David Killingray. *Policing the Empire: Government, Authority and Control, 1830 ~ 1940*, Manchester University Press, Manchester, pp. 1 ~ 2.

正在研究的。[①] 然而，由于不管是对他们警戒的社区还是那些记得他们的人而言，锡克巡捕象征性的地位使其比上海公共租界巡捕房中的其他部门更具有象征性的意义，因此，这个研究可以进一步推进。本文的观点是：正是在上海公共租界正式和非正式殖民统治交叉重叠的独特背景下，锡克巡捕成为并逐渐固化为一种殖民统治的符号。

在上海作为条约口岸城市的时代，锡克巡捕在数不清的上海通俗绘画中占有重要位置。流行文化中最著名的上海锡克巡捕出现在1931年出版的《丁丁历险记之蓝莲花》(*The Adventures of Tintin*：*The Blue Lotus*)中。埃尔热(Hergé)描绘了指挥交通的锡克巡捕——这是他们作为巡捕的首要角色，但是他同时描绘了三个残忍的锡克巡捕奉命给在工部局监狱里的丁丁“吃生活”。[②] 在小说《上海孤儿》(*When We Were Orphans*)中，石黑一雄笔下1937年锡克巡捕堆积沙包对抗日本人侵略的场景，是作为侦探在英国领事馆大楼仔细思考案件之前的现场描写。[③] 在1972年的电影《精武门》(*Fist of Fury*)中，李小龙扮演的角色因为不被准许进入上海外滩公园而痛打锡克巡捕。过去的“上海居民”(Shanghailanders)[④]撰写的回忆录和通俗历史读物同样反映了众所周知的锡克巡捕的形象，比如曾经当过租界巡捕的丹尼尔·科米(Daniel Cormie)就声称：“这些锡克巡捕的心智就像一个10岁

---

① 安德森和基林格雷出版了两册相关的重要著作，对已有的关于殖民地警务的学术研究加以总结。参见Anderson and Killingray (eds), *Policing the Empire*, 以及 *Policing and Decolonization*: *Politics*, *Nationalism and the Police*, *1917 ~ 1965*, Manchester University Press, Manchester。这之后对殖民警务次领域的研究有了进展，其中最值得注意的是乔治娜·辛克莱已出版的博士论文，参见Georgina Sinclair (2006). *At the End of the Line*: *Colonial Policing and the Imperial Endgame 1945 ~ 1980*, Manchester University Press, Manchester. 这篇论文主要关注的是殖民主义晚期殖民警务以及殖民地自治。

② 最后反倒是他们自己挨了一顿揍。参见Hergé (2002). *The Adventures of Tintin*: *The Blue Lotus*, trans. L. Lonsdale-Cooper and M. Turner, Egmont, London, first published 1936 in French, Paris, pp. 11,32. 埃尔热在布鲁塞尔创作《蓝莲花》时，经人介绍认识了从上海到比利时学画的张充仁，他们之间的友谊深刻影响了埃尔热对中国文化的看法，使他更准确地呈现了上海的风貌，其作品中对殖民主义的同情比其早期作品中要少。

③ Kazuo Ishiguro (2000). *When We Were Orphans*, Faber, London, p. 280.(中译本为石黑一雄：《上海孤儿》，陈小慰译，南京：译林出版社，2002年出版，2011年再版)

④ “Shanghailander”一词是居住在上海的英国人自称。见Robert Bickers (1998). Shanghailanders: The Formation and Identity of the British Settler Community in Shanghai, 1843 ~ 1937, *Past and Present*, pp. 159,161 ~ 211.

的孩子,他们天性欢乐、责任心不强、难以管束。"[①]可以说,在东西方的流行文化作品中,从不缺少对上海锡克巡捕的种种贬抑之辞。

在中国,锡克巡捕的负面形象容易引起人们政治上的共鸣。1925年,在"五卅运动"中,上海的锡克巡捕向中国的抗议者开了枪,因此臭名昭著。有一些画作,如马宏道创作的《血祭》,试图这样描绘这一事件:在这场被视作反帝国主义运动发展的转折点且标志着大范围的民族主义运动开端的示威游行中,在华人巡捕被免职后,只有锡克巡捕在上海公共租界巡捕房督察埃佛逊(Everson)的命令下开枪,镇压这次游行示威。[②] 锡克巡捕被塑造成为帮帝国主义压迫者干脏活的敌人形象。

在大量关于上海历史的通俗著作中,有关锡克巡捕及其残忍性的内容总是会占据一些篇幅。[③] 这些著作通常都会引用一个人所共知的对锡克人的蔑称——"红头阿三",不同的译法还有"红头猴子""红头坏蛋""缠头阿三"。[④] 所有这一切都反映出:在中国人的眼中,锡克巡捕不过是英国主子手下恶毒的奴才。"红头"的说法指的是作为锡克巡捕制服一部分的红色缠头巾。而"阿三"的叫法,一说源自锡克人在上海社会等级中位于第三等级,一说源自英语里的打招呼"I say"或者是"ah, sir",上海话发音类似"阿三",于是上海人就这样称呼锡克巡捕。[⑤] 这些常见的对锡克人的种族主义观念逐渐变成了一种说法,那就是将外国人区分为"黑鬼"和"白鬼"。"黑鬼"指的是19世纪英国的印度军团,"白鬼"指的则是这些"黑鬼"的白人主子。[⑥] 在1913年的骚乱中,上海公共租界工部局总董通过报告得知,一些年轻的中国人"声称他们可以接受中国人和外国人来保卫本区域,但坚决抵制那些'黑人

① Daniel G. Cormie, *Memoirs of a Shanghai Policeman*, arranged by Nora Cormie, unpublished memoir, Chapter 3.

② 潘君祥编:《上海历史油画新作》,上海:东方出版中心,1998年,第22页(应为内部出版——译者)。

③ 此类研究可参见诸如王金海:《旧上海百丑图》,上海:上海科学技术文献出版社,2002年,第84~85页。

④ Robert Bickers (2003). *Empire Made Me: An Englishman Adrift in Shanghai*, Penguin, London, p. 86 (中译本由金建译,浙江:浙江大学出版社,2012年);Betty Pei T'i Wei (1987). *Shanghai: Crucible for Modern China*, Oxford University Press, Hong Kong, p. 101; Frederick Wakeman (1995). *Policing Shanghai, 1927~1937*, University of California Press, Berkeley, p. 343(中译本由章红等译,上海:上海古籍出版社,2004年)。

⑤ 熊月之:《异质文化交织下的上海都市生活》,第65~66页。

⑥ Frank Dikötter (1992). *The Discourse of Race in Modern China*, Hurst, London, p. 38.(中译本由杨立华译,南京:江苏人民出版社,1999年)

奴隶'"。[1] 冯客已经指出：种族主义在中国曾经并依然像在欧洲和北美一样流行。晚清和民国时期盛行的等级观念使人们将包括锡克人和其他印度人在内的"黑人"视为比白色人种的帝国主义者都要劣等的人种。[2] 正是锡克巡捕的种族主义特质使中国人对其的普遍怨恨一直持续到了今天。

上海历史博物馆的参观者可以获得一个锡克巡捕的蜡像作为礼物，网上的一个博客也贴出了一篇杂志上有关锡克巡捕的文章，文章下面的评论显示出这些历史形象的标志性及人们对其的持续兴趣。[3] 因而，锡克巡捕在所有有关条约口岸城市上海的媒介中普遍具有突出地位。他们何以会成为当代关于公共租界的描绘中一个无所不在的形象，为何他们作为一种象征的影响力一直持续到了今天？他们到底是为什么被带到租界来当巡捕的？罗伯特·毕可思简洁地将对这一系列问题的回答归纳为"三重因素"：经济、防卫和展示。[4] 该文分析了印捕股这三种共存的功能，并关注他们在租界事务中扮演的其他角色，从而揭示了英属印度在实践中对上海的影响。接着又以上海与印度之间"替代帝国主义"联系的角度观察这种联系对上海的锡克人群体所产生的影响，并探究了这些散居在外的锡克人的流动性以及对这种流动性的相关限制。最后，毕可思还探讨了印度民族主义不断增长的影响，并认为战时上海锡克巡捕的立场最终使上海公共租界巡捕房的印捕股不复存在。

锡克巡捕作为英国在华存在的显著标志，通过厘清其角色，这篇论文证明了正式和非正式的帝国统治是怎样相互作用、相互影响的，以及在维持英国在上海的地位的过程中，作为帝国标志的锡克人的重要性。托马斯·梅特卡夫（Thomas Metcalf）和罗伯特·布莱思（Robert Blyth）已经令人信服地分析了在大英帝国对整个亚洲和亚洲之外的利益的控制中，印度发挥的"替代帝国主义"作用。[5] 正如下文

---

① Shanghai Municipal Archives (hereafter SMA), U1 -2 -427/1840: Stafford M. Cox to E. C. Pearce, 29 July 1913.

② Dikötter, *Discourse of Race*, pp. 77 ~ 79 and passim.

③《旧上海锡克巡捕"红头阿三"罢工风潮》，大渡河的博客，2009 年 8 月 28 日，http://blog.163.com/cdy513124@126/blog/static/25048008200971882759576/。原文为吴志伟：《旧上海租界的印捕风潮》，《档案春秋》2009 年第 4 期，第 52 ~ 54 页。

④ Bickers, *Empire Made Me*, p. 86.

⑤ Thomas R. Metcalf (2007). *Imperial Connections: India in the Indian Ocean Arena, 1860 ~ 1920*, University of California Press, Berkeley, pp. 1 ~ 14; Blyth, *Empire of the Raj*, pp. 2 ~ 8 and passim. 布莱思强调的是印度的"西部范围"，包括从波斯湾到东非，都在所谓"英印帝国"的控制之下。他同时强调了印度次帝国主义的影响也延伸到中亚、东南亚以及东亚地区。

将要指出的,延伸到印度的殖民网络使锡克人管制着从上海到锡兰的帝国的前哨,而相关的雇用条例却是由英印政府制定的。也许更为重要的是,英国人以及其他国家的人对英帝国的想象当中的印度的符号权力(symbolic power),使得锡克人在上海历史中获得了地位。

印捕股的建立:一个出于经济方面考虑的决定

1843年,上海作为一个条约口岸城市开放之后,一个道路码头委员会负责指导新兴的、规模尚小的英租界的建设。1854年,这个委员会改组成为工部局,警务部门的成立也在这一年。从1864年开始,中国人开始受雇进入警务机构,1883年,为了扩大上海公共租界巡捕房的规模,同时也是作为工部局重组的重要部分,雇用锡克人的意见首次在工部局内正式提出并讨论。[①] 一个欧籍巡捕配搭两名中国巡捕被视为一个理想的比例,但是雇用这么多欧籍巡捕的开销被证明过高。作为一个替代方案,有人建议雇用薪水较欧洲巡捕低很多的锡克人,得到了新任督察长(Captain Superintendent)麦克尤恩(J. P. McEuen)的支持。麦克尤恩在到上海就职之前,在香港担任副督察长(Deputy Superintendent),当时锡克巡捕的出色工作给他留下了不错的印象。最早被上海公共租界巡捕房雇用的锡克巡捕是从上海本地招募的。在这之前,锡克人在上海已经被雇用为私人看守。在租界时期,这些看守的人数也在不断增长,他们同上海公共租界巡捕房的锡克巡捕一起组成了一个具有相当规模的锡克人团体。1884年9月1日,公共租界巡捕房租赁了卡德路(今石门路)上的一间小屋供锡克雇员居住。因为不知道雇用锡克人的尝试能否成功,最开始的租期只有三个月。而在接下来的60年中,锡克人一直供职于上海的警务机构。

直接从旁遮普雇用锡克人开始于1885年,当一个锡克巡官回印度休假时,他被命令安排额外的20个锡克人来补8个西籍巡捕的缺额。这反映出了锡克巡捕相对西籍巡捕的比较优势。[②] 最开始锡克巡捕的主要任务是维持静安寺路的治安和一些交通管理工作。这个区域当时正好位于公共租界之外,因此维持治安主要依靠

① 上海公共租界巡捕房(下文简称SMP)创建于1854年,在同一年,上海公共租界工部局取代了1843年根据《南京条约》条款设立的道路码头委员会,成为租界管理机构。从1864年开始,中国人开始进入上海公共租界巡捕房工作。

② *Minutes of the SMC*, Vol. viii, 15 June, 1885, p. 267.

当地居民(并不总是热心)的捐款。而上海公共租界巡捕房其他治安的维持靠的却是缴纳给工部局的房捐。随着1893年和1895年租界扩张,将所谓“越界筑路”区域并入,以及1895年建立卡德路捕房,印捕股自此成为上海公共租界巡捕房的持久特色。

支付给所有工部局雇员的薪水有严格的等级区分,这保证了这一时期锡克巡捕的收入在一定比例上低于西籍巡捕,却高于华捕。这些都维护了巡捕房内部的种族等级制,并确保了锡克人在经济方面作为西籍巡捕替代者的定位。表1详细展示了从1900年到1940年印捕股规模与巡捕房其他部门规模的对比,从中可以看出这一时期印捕股一直都是规模仅次于华捕股的第二大部门。

表1　上海公共租界巡捕房各部门人员构成

		1900	1910	1920	1930	1940
西捕	总人数	73	223	203	511	470
	所占比例(%)	9.25	13.62	9.15	10.47	9.59
印捕	总人数	159	392	513	691	524
	所占比例(%)	20.15	23.95	23.13	14.16	10.69
华捕	总人数	557	1 022	1 463	3 477	3 629
	所占比例(%)	70.6	62.43	65.96	71.26	74.05
日捕	总人数			39	200	278
	所占比例(%)			1.76	4.1	5.67
总计		789	1 637	2 218	4 879	4 901

资料来源:上海工部局警务处,1900~1940年年度报告(*Annual Reports*)。

作为一支防御性力量的印捕股

由于1884年至1885年的中法战争,上海周围的一些区域发生了骚乱,难民为了安全纷纷逃往租界,因而上海公共租界巡捕房一开始雇用锡克人的目的是为外国人社区提供更多的保护,以应对激增的难民。把印度人作为一种防御性力量使用,这在中国是有先例的。从1840年第一次鸦片战争开始,印度士兵就在上海为英国效力。第二次鸦片战争(1856~1860年)期间,特别是在1900年的义和团运动中,英国广泛地使用锡克人和其他印度人部队。① 雇用锡克巡捕的模式源于香港,并使上海公共租界巡捕房的组织和结构发生了许多改变。英属版图内最早在警务机构内雇用锡克人是在1867年,新总督因殖民地警务效率低下进行重组时,C. V. 克雷(C. V. Creagh)于1866年自信德(Sind)警察局调至香港警察局任代理督察长,他推荐"他信任的锡克巡捕"来提高警局的工作效率。② 当局对他们的尽责印象深刻,而在某些香港居民看来,锡克人是这样一群人——"来到中国的外国人当中从未有这样好的"。③ 雇用锡克巡捕的做法向北传入上海,这并不令人意外,在这里,英国人社群有着帝国的傲慢,受到帝国种种行动方式的深刻影响。这一时期,在非洲和亚洲的许多地方,锡克人开始被雇用为警察和兵士,正像梅特卡夫所证明的,较之英国本土,英帝国更"集中于"印度。④

印捕股的雇员多是从贫困农村家庭出身的退伍印度兵中征募而来。土地的分散和地价上涨威胁着这些家庭的生存,因此,移民被视为一种体面的解决经济困难的方式。⑤ 有竞争力的薪酬(超过在印度军队服役收入的五倍)、⑥优厚的待遇、包括每工作五年都可以有一次为期九个月的回印度半薪休假的机会,使得对那些正在寻找此类工作的锡克人来说,上海公共租界巡捕房的工作成为一个充满诱惑力的职业选择。首选的招募方式是直接从旁遮普选人,抑或是从由印度军队招募的士兵中选拔(自1905年开始)。这既是英印政府控制印度人海外迁移活动的一种努力,亦是印度人继续努力东进寻找工作的体现。同马来亚和其他地区一样,上海公共租界巡捕房也在本地人中招募巡捕。⑦ 尽管也存在着一个令租界当局忧虑的"人数浮动"的贫困的印度人群体(其中不少是锡克人),但多数未能被上海公共租

① 关于印度人参与这次战争的更多情况,请参见 Anand A. Yang (2007). "(A) Subaltern('s) Boxers: An Indian Soldier's Account of China and the World in 1900 ~ 1901", in Robert Bickers and R. G. Tiedemann, *The Boxers, China, and the World*, Rowman and Littlefield, Plymouth, pp. 43 ~ 64.

② Darshan Singh Tatla (1999). *The Sikh Diaspora: The Search for Statehood*, UCL Press, London, p. 48.

③ Norman Miners (1990). The Localization of the Hong Kong Police Force, 1842 ~ 1947, *Journal of Imperial and Commonwealth History*, 18:3, 302.

④ Metcalf, *Imperial Connections*, pp. 250 ~ 281.

⑤ Markovits, "Indian Communities in China", p. 63.

⑥ Metcalf, *Imperial Connections*, p. 125.

⑦ Shanghai Municipal Council, "Report for the Year 1892 and Budget for the Year 1893", *Annual Report 1892*, p. 48.

界巡捕房选中的锡克人通常都会被雇为私人公司的警卫。[①]

上海公共租界巡捕房的雇员被安排住在军营里,接受实枪的准军事训练,身穿卡其布制服,服从军营生活的规条和戒律。据乔治娜·辛克莱和大卫·基林格雷的研究,[②]这反映了一种广泛存在的帝国观点,即殖民地的警察力量应该建立起应对内部安全威胁的第一道防线。在时人中也存在着这样一种观念,即将上海公共租界巡捕房(连同上海的万国商团)视为维持秩序以应对殖民地内部潜在安全威胁的重要力量。如果没有这种观念,锡克人就不可能被雇用。虽不像有人所称的那样,这全然是受以皇家爱尔兰警队(Royal Irish Constabulary)为代表的“爱尔兰模式”的影响,[③]但后者的确为这种与英国警队截然不同的类军事化治安提供了一个先例。[④] 这种治安模式在印度得以发展,并成为殖民地治安的一种常规模式,应用于存在潜在叛乱威胁的区域。皇家爱尔兰警队最初影响了香港警局,接下来又成为上海公共租界巡捕房的样板。[⑤] 当管理印捕股出现困难时,上海工部局就会临时调用一名富有管理锡克士兵经验的印度官员,以提供改进建议。这些官员中最有名的是 E. I. M. 巴雷特(E. I. M. Barrett)上尉,他曾是一名汉普郡板球手。在被任命为上海公共租界巡捕房印捕股巡官之前,他在印度军队中指挥一个锡克人军团,并在后来成了上海工部局警务处处长。[⑥] 至少在招募锡克人方面,印度军队的做法为上海提供了最为重要的样板,证明了布莱思所说的“帝国的统

---

① 1916 年,两名这样的锡克人被驱逐出境,他们被描述为“无可救药的醉鬼……不能改过自新”“浪费监狱经费的家伙”“是对其他锡克人及公众秩序的威胁”。British Library, London (hereafter BL), IOR/L/PS/11/72, file P514/1914: Skinner Turner, Shanghai Supreme Court, to Sir Edward Grey, India Office, 8 September 1916.

② Sinclair, *At the End of the Line*, p. 4; David Killingray (1999). “Guardians of Empire”, in David Killingray and David Omissi (1999), *Guardians of Empire: The Armed Forces of the Colonial Powers c. 1700 ~ 1964*, Manchester University Press, Manchester, p. 11.

③ 参见 Richard Hawkins (1991). “The ‘Irish Model’ and the Empire: A Case for Reassessment”, in Anderson and Killingray, *Policing the Empire*, pp. 18 ~ 32.

④ Anthony Clayton and David Killingray (1989). *Khaki and Blue: Military and Police in British Colonial Africa*, Ohio University Center for International Studies, Athens, Ohio, p. 5.

⑤ Bickers, *Empire Made Me*, p. 65.

⑥ 类似的是,1925 年,W. C. 克拉克(W. C. Clarke)带着 80 个锡克人和旁遮普穆斯林来到上海,供职上海公共租界警务处,弗里德里克·W. 杰勒德(Frederick W. Gerrard)少校 1929 年从印度来到上海,参见 SMC, *Annual Reports 1925 and 1929*。1927 年,克拉克升至情报组组长,他接替 E. R. 肯尼(E. R. Kennedy)上尉出任(印捕方面)帮办(Assistant Commissioner),二人都是从印度的古毛恩步枪队(Indian Army's Kumaon Rifles)调到上海的。SMC, *Annual Report 1927*, p. 33.

治"以这种方式延伸到中国。

帝国正式与非正式管辖的不同区域之间关于管制的理念、实践及人员的交流，为我们描述了殖民地统治的重要的一面。根据大卫·兰伯特(David Lambert)和艾伦·莱斯特(Alan Lester)的研究，来自大英帝国的殖民地雇员促进了某些做法和价值观在全球范围的传播。① 众多殖民地租界的选址并不仅仅取决于来自伦敦的帝国核心决策层，它们本身就在约翰·达尔文(John Darwin)所称的"英国的世界体系"(British world-system)内彼此紧密相连。② 正像他与卡尔·布里奇(Carl Bridge)和肯特·费德罗维奇(Kent Fedorowich)所论述的，这个"英国的世界"既包括正式的帝国统治，也包括在南美洲和中国的非正式的殖民影响范围。③ 这是一个共享关于社会应如何运行的理想的网络，这些共享的理想包括管辖以及社会和种族的等级理念，并在各国英国租界内大量地雇用锡克人这点上得到充分印证。通过强调"某些被认为是边缘的地区、个人或机构实际也有可能成为其自身复杂网络的中心"，托尼·巴兰坦提出了一个富有启发性的帝国概念，即帝国是"一个由相互重叠的网络组成的复杂的混合体"(a complex conglomeration of overlapping webs)，通过这一概念发展出了不同区域横向联系的主题。④ 因此，印度就曾处于一个帝国网络的中心，与此类似，香港及其警务机构则位于一个延伸到像上海这样的中国通商口岸的网络的中心。

帝国的实践，尤其是在印度的实践，影响了上海等地的英国社区以及殖民地警力共享的军事化模式，印捕股的结构即说明了这一影响的重要性。印捕股最资深的成员是由印度军队借调而来的警官(Jemadar)。这些警官是印度总督麾下印度军官中级别最低的，一个印度人可指挥一个排。他们被视为维持秩序，特别是维护叛乱之后混乱秩序的重要力量，比如1906年，萨达喀·辛格(Sardaga Singh)警官就由

---

① David Lambert and Alan Lester, eds (2006). *Colonial Lives Across the British Empire: Imperial Careering in the Long Nineteenth Century*, Cambridge University Press, Cambridge.

② John Darwin (2009). *The Empire Project: The Rise and Fall of the British World-System, 1830 ~ 1970*, Cambridge University Press, Cambridge.

③ Carl Bridge and Kent Fedorowich, eds (2003). *The British World: Diaspora, Culture and Identity*, F. Cass, London, pp. 7 ~ 8.

④ Ballantyne, *Orientalism and Race*, p. 15.

第47锡克团派遣到上海公共租界巡捕房来整顿印捕股的秩序和风纪。① 警官之下的是哈维尔答(Havildar)和莱克斯(Naiks),他们相当于中士和下士,再下一级就是巡捕。这种对印度军队内部阶层的使用,既反映出在印度的帝国实践对上海公共租界巡捕房的影响,也揭示出在保卫正式与非正式的帝国时,警力与武装力量之间的密切联系。②

同廓尔喀人(Gurkhas)和苏格兰高地人一样,锡克人享有"英勇的种族"的名声。这与他们的自我期望有关,他们自视为战士,在第十位上师(Guru)戈宾德·辛格(Gobind Singh)的感召下,时时携带短剑(kirpan),为捍卫信仰而战。③ 因为山区环境恶劣,从包括旁遮普在内的印度西北部地区来的人被认为天性好斗,这与来自南部平原地区的马德拉斯(今金奈)人截然不同,因为后者的性格没有被寒冷的冬天与崎岖的地形磨砺得很强悍。④ 在19世纪40年代的锡克战争期间,锡克人勇敢的品质和对统治者的沉重打击给英国军官留下了深刻的印象。英国人谈论他们的对手时使用的语言令人想起英国公立学校的操场上的对话:值得为对手加油,对手也配得上与他们进行比赛。⑤ 有人担心如果给他们武器,这些优秀的士兵会再起来抗击英国人。然而在1857年,大多数锡克人通过镇压叛乱证明了他们的忠诚。对锡克士兵的征募逐渐增加,1875年,锡克士兵占到孟加拉军队的44%,⑥19世纪80年代英印军队重组,锡克士兵的增长速度因此进一步加快。到1900年,锡克人只占印度总人口的1%,而锡克士兵却占到军队总人数的20%。⑦ 锡克人在英印军队的征募手册里被描述为完美的士兵:"充满了好战、热爱运动和真正的大地之

---

① SMA, U1-1-82: Minutes of the Watch Committee, 7 December 1906; SMC, *Annual Report* 1906, p. 42.

② 1907年,英印政府过高估计了这种关系,他们要求应该以军事纪律来要求印捕。但是,在领事馆的坚持下,上海公共租界工部局(SMC)不得不将上海公共租界巡捕房(SMP)定义为一个市政警察部门。BL, IOR/L/PJ/6/749, File 586/06: Telegram from the Viceroy to the India Office, London, 14 May 1907.

③ Sita Ram Kohli (1922). The Army of Ranjit Singh, I, *Journal of Indian History* (n. s.), p. 196.

④ Ballantyne, *Between Colonialism and Diaspora*, pp. 62~64.

⑤ Heather Streets (2004). *Martial Races: The Military, Race and Masculinity in British Imperial Culture, 1857~1914*, Manchester University Press, Manchester, p. 66.

⑥ Ballantyne, *Between Colonialism and Diaspora*, p. 64.

⑦ Bernard S. Cohn (1996). *Colonialism and its Forms of Knowledge: The British in India*, Princeton University Press, Princeton, p. 110.

子一般的男子汉气概,他们像水牛,反应不快,却勇敢、强壮、可靠。"[①]正因如此,英国喜欢使用锡克人在印度和印度之外的地方担任防御角色。

这种视锡克人为"英勇的种族"的观念促使上海公共租界巡捕房仿照香港,直接到旁遮普去寻找较英国警官薪水更低的替代者。在天津、厦门、汉口以及更远的新加坡、马来亚、缅甸、肯尼亚等地区,锡克人同样被英国人雇用。[②] 雇用陌生人充任警力的历史可以回溯到1829年。这一年,《首都警察改进法案》(*Metropolis Police Improvement Bill*)推动了所谓的第一个现代警察机构的产生。[③] 作为第一任伦敦警察局的局长,查尔斯·罗温(Charles Rowan)和理查德·梅恩(Richard Mayne)倾向于使用从事农业劳动的人来维持城市里的工人阶级的治安,因为他们兼备以下几种品质:身体强壮、"坚忍顺从"。[④] 锡克人也具有这样的品质。罗温和梅恩希望从被管辖社区之外雇用警员,这"可以避免与本地居民的'不适当的联系'",因为这些联系可能会使警察面临交叉压力,导致他们缺少决断力,难以履行职责。[⑤] "本地居民不能同正履行职责的本地警察打交道"是非常重要的,这一观念已输出到英帝国各处。在马来亚,本地人认为华人巡捕会在争议中对他们不公,这令他们恼怒,而锡克巡捕却可以保持客观的态度。[⑥] 因为类似的原因,英属非洲的警察是从殖民地临近地区或附近其他殖民地以及欧洲雇用来的。[⑦]

在上海,上海工部局采用同样的政策。华人巡捕主要从北方招募而来,本地巡捕被视为第二选择,因为有一种观点认为欧洲人一踏入远东就会堕落,所以英国雇

① R. W. Falcon (1896). *A Handbook on Sikhs for the Use of Regimental Officers*, Pioneer Press, Allahabad, Preface.

② Mike Brogden (1987). An Act to Colonize the Internal Lands of the Island: Empire and the Origins of the Professional Police, *International Journal of the Sociology of Law*, 15, pp. 196 ~ 197; Karam Singh (2009). *The Sikh Police Contingent: Custodians of the Empire*, Karam Singh, Singapore.

③ 然而,许多历史学者却质疑这种对伦敦警察局成立过程的简化描述。David Taylor (1997). *The New Police in Nineteenth Century England: Crime, Conflict and Control*, Manchester University Press, Manchester, p. 2.

④ Taylor, *New Police*, p. 47.

⑤ Wilbur R. Miller (1977). *Cops and Bobbies: Police Authority in New York and London, 1830 ~ 1870*, University of Chicago Press, Chicago, p. 26.

⑥ Thomas Metcalf (2005). *Forging the Raj: Essays on British India in the Heyday of Empire*, Oxford University Press, Oxford, p. 292.

⑦ Mike Brogden (1987). The Emergence of the Police—the Colonial Dimension, *British Journal of Criminology*, 27:1,11.

员原则上直接从国内挑选。诺曼·迈纳斯指出，警务机构偏好使用外国人是出于偏见，这是没有根据的，香港的官员选择忽略自己地盘上的华人区更夫的工作成绩，在上海、新加坡和澳门也是如此，而华人警官的可靠（或不可靠）程度与欧洲人、锡克人没什么差别。[①] 尽管如此，用外乡人维持治安的观念依旧很强。戴着头巾、留着大胡子、外貌与本地人明显不同的锡克人是维持上海治安的彻头彻尾的异乡人。

锡克人的头巾、胡子和黝黑的肤色当然给上海人留下了强烈的印象，在关于这些讨厌的人的各式各样的描述中很突出。1917 年，一份杂志发表了一首带有讽刺意味的民谣，开头便是："印捕巾，年年红。印捕头，年年黑。"并感叹这些人在中国的城市中是那么"两愁绝"。[②] 图 1 所示图片，发表于 1936 年，描绘了锡克人在大街上殴打中国人的场景。1940 年，中国文艺协会一份杂志上的一幅漫画（见图 2），将一个锡克人、一个苏格兰高地人和一个英国巡检合称为"上海名物"，并有一段对锡克人的说明文字，说他们"毛发覆面"。这些都是在当时中国的大众媒体上找到的典型图画。在锡克人巡捕受雇于上海工部局期间，这种刻板印象一直存在。

中国人把外国租界和香港的警察称作"巡捕"，而不是"警察"。对这一称呼的由来，并没有准确的说法，但这个称呼与对一种防御力量的观感有关，也许是从守卫北京九门的清朝守卫的称号中得来的。[③] 因为这一称呼，租界巡捕从未被中国人认为是一支正规的警察力量，锡克人被当作令人憎恶的外国巡捕的典型。

印捕股对保护外国人在沪利益的重要性在随后的 1905 年"叛乱"中凸显，工部局于是提议将锡克人巡捕的人数从 250 人增加到 1000 人，[④]这一提议在纳税人年度会

---

① Miners, *Localization of the Hong Kong Police Force*, pp. 312 ~ 313.

② 佚名：《诗词录：印捕谣》，《太平洋》1917 年第 1 卷第 5 期，第 1 ~ 2 页。（原文全文为：印捕巾，年年红。印捕头，年年黑。春风秋月裁几时，印度重洋暗无色。顾我宁为印捕，嗟五千年来姊妹花，一夜东风两愁绝，南枝零落北枝斜。——译者）

③ 佚名：《上海掌故：从租界捕房说到印捕，越捕，日捕》，《上海生活》第 1 卷第 6 期，第 12 ~ 13 页。

④ The National Archives, London (hereafter TNA), FO 228/2518, file 19: SMC Chairman to the Foreign Secretary of the Government of India, 19 January 1906. 一场危机被港口里的军人用武力化解了，但人们担心，在某些情况下租界当局不得不独自应对类似的危机，而现有的力量却不足以应对。BL, IOR/L/PJ/6/749, File 586/10300: SMC Chairman to the Under Secretary of State, India Office, 31 March 1906. 关于 1905 年的叛乱，请参阅 Bryna Goodman (1995). *Native Place, City and Nation: Regional Networks and Identity in Shanghai, 1853 ~ 1937*, University of California Press, Berkeley, pp. 187 ~ 193.（中译本由宋钻友、周育民译，上海：上海古籍出版社，2004 年）

图1　锡克巡捕殴打黄包车夫漫画(萧剑青,《漫画上海》[*Cartoons of Shanghai*],上海,经纬书局,第24页)

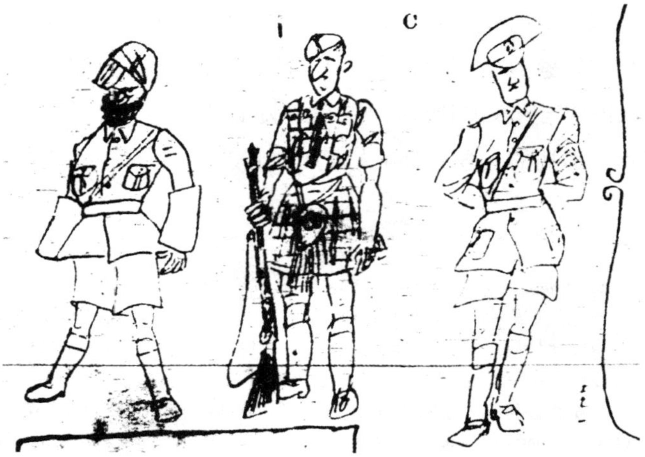

图2　锡克巡捕、苏格兰人和英国巡检(佚名,《国艺》1940年第1卷第5—6期合刊,第80页)

议上通过。会上,“锡克人”被描述为“不是很好的警探”,却是“制止狱中骚乱的最佳人选”。[①] 这一提议被提出的主要驱动因素是锡克人的防御性功能，而不是维持治安方面的功能。然而，领事馆反对这一提议，理由是增加锡克巡捕人数将造成英国武装力量对租界事实上的占领，这很可能会遭到其他外国列强的反对。[②] 在各方最后达成共识的基础上，锡克人只能作为常规的警务力量，而不是“作为英国人从事政治方面工作的常备军”。最终只有 250 名锡克人从印度被派遣到上海。[③] 锡克人于是便成为租界内英国人和其他国家的人产生冲突的潜在因素。在 1906 年发生的印捕罢工终结了短期内继续增加锡克巡捕人数的可能性，[④]尽管如此，纳税人接受最初的提议，表明他们主要将锡克人视为一支防御性力量。

锡克巡捕因为在镇压骚乱中维持治安方面的出色表现而受到高度重视。他们在 1925 年五卅运动后设立的后备队中担当重要的角色。这支部队主要的任务是当街头骚乱发生时快速采取行动。由 W. E. 费尔贝恩（W. E. Fairbairn，后备队的正巡官，之后升任成为巡捕房督察长）设计，训练队员以一种队形接近示威者：两排各 12 名手持警棍的华捕，西捕在侧面，后面跟着挥舞着 4 英尺长的“拉蒂”（lathi，包有一段铜皮的竹子做的警棍，也在印度警局的后备队里使用）的锡克巡捕。[⑤] 这些训练有素的力量在接到劳资纠纷和骚乱讯息时出动，也参加救火，在发生诸如武装抢劫这类事件时以及在类似 1929 年针对赌博的整治行动中支援常规警力。[⑥] 锡克巡捕以多种方式来完成他们的防御任务，他们的存在既可以让住在上海的外国人再次确认自己的社区是被保护着的，又可以帮助整个帝国范围内的殖民地警察机构正常运转，还可以学习帝国在印度的实践。

作为公开展示的象征性符号的锡克人

街头巷尾的锡克巡捕提醒着英国在这里的统治，这一点令租界里的英国精英很

---

① 此语为威尔金森先生（Mr. Wilkinson）所说，写入会议记录并发表于 1906 年 3 月 14 日的《字林西报》上。

② TNA, FO 228/2518, file 82: Sir Pelham Warren to J. P. McEuen, 3 May 1906.

③ *Minutes of the SMC*, Vol. xvi, 1 October 1906.

④ SMA, U1 - 1 - 82: Minutes of the Watch Committee, 16 August 1906.

⑤ Sinclair, *At the End of the Line*, p. 28; Peter Robins (2005). *The Legend of W. E. Fairbairn: Gentleman and Warrior, The Shanghai Years*, CQB Publications, Harlow, pp. 130 ~ 131, 138.

⑥ Bickers, *Empire Made Me*, pp. 192 ~ 193; E. W. Peters (1937). *Shanghai Policeman*, ed. Hugh Barnes, Rich and Cowan, London, p. 70.（中译本名为《英国巡捕眼中的上海滩》，李开龙译，北京：中国社会科学出版社，2015 年）

满意。锡克巡捕步行或骑马提供护卫,参加庆祝游行,彰显英国人的荣誉。上海公共租界巡捕房的第一匹马购于 1884 年。① 同一年,第一批锡克人也加入了巡捕房。这些新雇员有善骑的名声,②这个部门的规模很快就扩大了,骑马的锡克巡捕成为租界里的固定一景。为了使英国人满意,他们也参与一些特殊场合的检阅,③为这些庆典仪式增添了威严的帝国气氛。租界当局长期以来都热衷于比尔那・顾德曼(Bryna Goodman)所说的"英式庆典风尚",④尽管这种偏好并不只限于英国人社区。图 3 展示了在爱德华七世的加冕典礼中锡克巡捕所占据的显要位置。这些场合都带有浓厚

图 3　1901 年庆祝爱德华七世加冕的游行队伍⑤

① *Minutes of the SMC*, Vol. viii, 17 November 1884, p. 208.

② 这样的名声可以追溯到 17 世纪的上师阿尔然・辛格的骑兵队。参见 Ram Kohli, "Army of Ranjit Singh", pp. 193,208。

③ BL, IOR/L/PJ/6/749, File 586/06: Major-General A. R. Martin, Adjutant General in India, to Lieutenant-Generals and General Officers Commanding, Divisions and Independent Brigades, 22 August 1906.

④ Bryna Goodman (2000). Improvisations on a Semi-Colonial Theme; or, How to Read a Celebration of Transnational Urban Community, *Journal of Asian Studies*, 59:4,892.

⑤ 潘翎主编,薛理勇、钱宗瀚撰文:《上海沧桑一百年 1843—1949》,海风(音)出版公司 1993 年版,第 31 页(应为旺文社 1994 年出版——译者),获潘翎允许使用。说明写道:"虽然上海从未成为英国的殖民地,但它十分像……后来一个美国人说公共租界'就像伦敦塔与威斯敏斯特大教堂一样国际化'。"

的政治意味：20世纪30年代中期，上海的各国势力此消彼长，美国特别是日本的势力成为上海的支配性统治力量，在这样的背景下，1935年的乔治五世即位25周年庆典为英国人提供了一个利用锡克巡捕展示英帝国在上海的影响力的绝佳机会。

印度军队中的锡克人参与了许多帝国武装行动，这使他们成为维护上海中外社群利益的大英帝国力量的完美象征性符号。英国人试图利用类似帝国日、加冕礼和王室成员生日这样的庆典场合来强化对帝国的认同，锡克人一直在这些节日中占有一席之地。租界里的外国人都想在这些场合里给对方留下深刻印象。用罗伯特·毕可思的话说，"炫耀是一种礼节上的需要"。① 作为国际影响的象征，没有什么能与无处不在的锡克人相比，他们在距自己的祖国——英属印度千里之外的每个街角指挥交通。如此看来，印捕股既是警务机构一个重要的组成部分，也是英印帝国的一个象征。

维持上海街道治安

马克·芬南（Mark Finnane）所强调的一点是正确的：根据各个殖民地的不同情况，其治安管理也会采取许多不同的形式，②即使是在上海公共租界这样小的空间之内，巡捕也负有多项职责。印捕股的建立也许源自对更坚实防卫的渴望，也是为了更经济地预防犯罪，同样因其象征意义而闻名于世，但锡克巡捕日常工作中的大多数时间却花在了指挥交通这样普通的职责之上。与中国第一个现代化都市的称号一样，③上海交通的繁忙和混乱也是名声在外。上海的交通以难以管控闻名，现代的有轨电车、汽车与中国独轮车这样的古代交通工具混行于不超过40英尺宽的街道上。到1916年，租界内每平方英里就有3000辆人力车，④这些人力车的车夫经

---

① Robert Bickers (1999). *Britain in China: Community, Culture and Colonialism, 1900 ~ 1949*, Manchester University Press, Manchester, p. 106.

② Mark Finnane (1991). "The Varieties of Policing: Colonial Queensland, 1860 - 1900", in Anderson and Killingray, *Policing the Empire*, pp. 33 ~ 51.

③ 现在已经有一些研究上海现代性的著作，但这些研究大多关注文学和精神文化层面。参见 Leo Ou-fan Lee (1999). *Shanghai Modern: The Flowering of a New Urban Culture in China, 1930 ~ 1945*, Harvard University Press, Cambridge, Massachusetts（中译本由毛尖译，北京：北京大学出版社，2001年）；Meng Yue (2006). *Shanghai and the Edges of Empires*, University of Minnesota Press, Minneapolis; Shu-mei Shih (2001). *The Lure of the Modern: Writing Modernism in Semicolonial China, 1917 ~ 1937*, University of California Press, Berkeley.（中译本由何恬译，南京：江苏人民出版社，2007年）

④ SMC, *Annual Report 1916*, p. 31a.

常无视交通规则。锡克巡捕的角色是通过指挥交通来给这片区域带来秩序,被认为以及事实上本性尚武的他们,似乎与此工作不大相合。正像梅特卡夫所阐明的,不管锡克人在殖民地环境下被交付什么样的任务,他们的主要意图实际上是“或多或少地利用他们的大块头来威慑和恐吓当地人”。[①] 在这里,上海又一次遵循着殖民地模式。

指挥交通的工作是很艰苦的:巡捕需要在上海各种极端天气下指挥交通,几乎要一动不动地站立12个小时——而更糟糕的是,人们经常不理会他们的指挥。1938年,3026个“无视巡捕信号和指令”的案例被记录下来:这是最常见的交通违法。[②] 锡克巡捕无法赢得外国人和华人的尊重,因此,他们偶尔使用黑白相间的指挥棍殴打反抗的中国路人也就不奇怪了。锡克人和华人之间公开的敌对状态因为语言障碍而更加严重,这就导致了低层次的暴力冲突。锡克人抵达上海时不通汉语,虽然通晓中文和英文的人会受到奖励,但通过英语考试的额外奖励(最多每月五美元)要高于对具有中文能力者的奖励(每月最多两美元),显示了对每种语言不同的重视程度。[③]

在上海,锡克巡捕被鼓励对中国人施以肉体上的惩罚,这支持了梅特卡夫关于雇用锡克人是为了威慑当地人的论点:

> 多年的经验已经证明,这些人(中国的人力车夫及推手推车的)遵守巡捕的指挥信号,并不是出于对法律的尊重,而是对违反法律后遭受惩罚的恐惧。交通警棍可以作为法律背后身体惩罚的一个外在象征。[④]

当然有许多锡克人因为虐待华人被惩罚的例子,但对西捕同样如此,此外,北京的人力车夫和警察之间的关系同样残酷,[⑤]长期以来残酷的锡克巡捕的刻板形象无疑是夸张的。外来的巡捕通常会被他们管制的对象所蔑视:在南罗得西亚

---

① Metcalf, *Forging the Raj*, p. 293.

② SMC, *Annual Report 1938*, p. 103.

③ SMA, U1-1-82: Minutes of the Watch Committee, 8 December 1903.

④ SMC, *Annual Report 1917*, p. 30a.

⑤ David Strand (1989). *Rickshaw Beijing: City People and Politics in the 1920s*, University of California Press, Berkeley, p. 82.

(Southern Rhodesia,今津巴布韦),说当地语言的人把殖民警察称作"imba dza vasungale",这是尼语(Ngoni),意即"白人的狗"。[①] 锡克人成为中国人怨恨欧美帝国主义的一个替代目标,前文提到的种族主义观点同样对中国人持有的锡克人很残暴的观念的形成起了推波助澜的作用。这种观念并不会轻易地消除,1903 年,在锡克巡捕粗鲁地搜查赴考士子时,中国人这种发自内心的愤怒迸发了出来;1919 年,一个锡克巡捕被指控猥亵华人,这又引起了仇恨的广泛扩散。[②] 在上海,对锡克人的厌憎一直持续到今天。

锡克巡捕的职责远不限于指挥交通。关于锡克人抓捕罪犯的报告以及锡克巡捕被授予"特殊勇敢"勋章的记录显示他们的职责囊括了工部局巡捕房辖区范围内的其他国籍的人所经历的危险的所有方面。来自工部局的奖励至少显示了对部分锡克巡捕的高度认可:在 1926 年至 1941 年之间,警察系统内一共有 6 名锡克人被授予大英帝国杰出表现勋章,1631 人获得部门奖励。一些锡克人在执行任务过程中被杀或受伤,这说明在上海维持治安并不能规避他们早期在印度军旅生涯中所面临的生命和伤残风险。1921 年,一名锡克巡捕在试图拦截一名持枪中国人时被枪击身亡。[③] 1939 年,巡捕马拉·辛格(Mala Singh)因其"当一群武装刺客在一个繁忙的十字路口发动袭击时表现出的巨大勇气和英勇献身精神"而获得大英帝国杰出表现勋章。[④] 指挥交通明显要比人们想象的更加繁忙。事实上,巴雷特上尉在说明武装站岗巡捕的重要性时指出,因为固定的交通岗为居民所熟悉,所以这些站岗的巡捕成为得到犯罪消息的第一人。[⑤] 这也说明了他们在公共租界道路上的地位是多么显要,增强了他们作为"英印帝国"的象征力量。

(有限的)流动性

托尼·巴兰坦已经探讨过,1849 年英国吞并旁遮普的行动使那里的人口融入

---

① Lawrence Vambe (1972). *An Ill-fated People: Zimbabwe Before and After Rhodes*, Heinemann Educational, London, p. 125, quoted in David Killingray (1986). The Maintenance of Law and Order in British Colonial Africa, *African Affairs*, 85:340,423.

② 未署名文章《印度巡捕与考生》,《江苏》第 6 期,1903 年,第 154 ~ 155 页;《印人猥亵不遂之暴行》,《申报》,1919 年 3 月 30 日(应为 1919 年 4 月 26 日——译者)。

③ SMC, *Annual Report 1921*, p. 43a.

④ SMC, *Annual Report 1939*, p. 93.

⑤ SMA, U1 - 3 - 2790/4062, Part 1: Captain Barrett's Report, 30 October 1928.

到了地区间和全球性的结构中,为人口流动提供了新的机会。[1] 正像前文所指出的,锡克巡捕既有直接从旁遮普招募到上海来的,也有向东经过如香港这样的停靠港再抵达上海的。如果他们没能在中国找到一份稳定的工作,就会选择到其他地方寻找工作机会。[2] 上海公共租界巡捕房的锡克巡捕已经成功地在海外找到了工作,但他们也越来越意识到他们向“帝国网络”(webs of empire)中更远的地方流动的潜力。远离家乡使得他们与上海本地的联系没有那么牢固,所以如果获悉其他地方有更好的工作机会,他们自然想抓住它。

1906年9月,工部局拒绝了锡克巡捕加薪的请愿,印捕股发生了第一次严重罢工。[3] 事件发生的起因是上海的锡克人听说在西伯利亚和加拿大的锡克巡捕每月可挣60~80美元,是他们在中国的薪水的好几倍。互相告知海外工作机会的跨国锡克网络是巴兰坦提出的分层联系网络的又一个例子。那些可以辞职的巡捕之所以这么做,是因为离开上海可以在其他地方获得承诺的高额薪水,而他们那些为合同束缚住的同事不得不寄希望于因工作不当被解雇。还有一些人假造家中来信,以回家处理紧急事务为由来结束合同雇用关系,但当他们没有返回印度而是向北走时,他们的辞职申请就被撤销了。[4] 那些无法离开上海的锡克人请一名欧洲律师写了一封请愿书,要求薪水提高50%。这位律师因为支持锡克人的诉求而在《北华捷报》上受到严厉的责难。但他回应说他“将请愿书递交给工部局总董只是遵循了先例而已,之前曾有警务机构的外国警员为了更高的薪水而请愿,并获得了工部局的批准”。[5] 这显示了工部局处理问题时的双重标准:锡克人提出诉求是不能被接受的,但当请愿者是欧洲人时,威胁就小了许多。

这次罢工以逮捕了8名所谓的罢工领袖而结束。但直到豪尔少校(Major Hall)(应上海工部局之请由英属印度政府派来)完成对事件的调查,这次罢工风潮才最

---

① Ballantyne, *Between Colonialism and Diaspora*, pp. 69 ~ 70.

② Metcalf, *Imperial Connections*, p. 112.

③ 在1891年和1897年,巡捕已经开始零星地自发停工,但是还没有达到1906年和1910年罢工的程度。*Minutes of the SMC*, Vol. x, 11 August 1891, p. 350; Vol. xiii, 20 August 1897, pp. 46 ~ 48; and 22 March 1897, p. 50.

④ SMC, *Annual Report 1906*, pp. 39 ~ 40.

⑤《致编者信》,《北华捷报》1906年10月5日,第26页。这位编辑称“整个事件中最令人厌恶的地方在于:环顾整个租界,在沪外国人中竟有人如此缺乏公德,协助并怂恿这些巡捕违反规则,这无疑令人十分惋惜”。参见《北华捷报》1906年10月5日,第9页。

终得以平息。10 名所谓的煽动罢工者被驱逐，在英国和印度军队中施行的“国王章程”（King's Regulations）被写入法令全书，以便在未来处理突发事件时，督察长可以运用行政力量对触犯纪律者施以严厉的惩罚。① 罢工凸显出一个问题，那就是在上海公共租界巡捕房的内部没有一个外国人可以用锡克人的母语同他们交流，这意味着与锡克人的沟通必须借助于翻译。于是，一个掌握乌尔都语（Urdu）的人被任命为帮办督察，他就是巴雷特上尉。

人们原本预期巴雷特连同新的印度警官的任命，以及谒师所（Gurdwara）的建立可以避免未来发生类似的动荡。然而，在 1910 年，其他地区警察工资很高的消息传到了上海，于是要求提高工资的罢工再一次爆发。在一个欧洲人的帮助下，请愿书又一次被递交上去，相关的调查也再一次展开。按照“国王章程”，10 名锡克人被定罪并解雇。② 在这之后，印捕股再没有罢过工。对锡克人的抗议，上海工部局的回应是邀请一名印度军队的少校来主导调查、推行和采用“国王章程”并雇用一名具备语言能力的印度军队上尉。这显示了工部局与英印政府之间密切的联系以及替代帝国主义对上海公共租界巡捕房的影响。此外，为了防止锡克人不遵守协议离开现职去更远的地方寻求工作机会，工部局所采取的果断行动揭示了当局对锡克人及“帝国网络”内部其他殖民地人口所热衷的流动的限制。

印度军队对保存锡克人宗教传统的影响

英国当局对包括中国和印度宗教在内的许多非基督教信仰都持怀疑态度，将它们视作迷信，但锡克教却被英国官方所认可。③ 大卫・奥米西（David Omissi）赞成当代的观点，即印度军队的存在至少是锡克教得以保存和强化的部分原因。只有经受过 pahul 仪式洗礼的锡克人才可以被征召入伍，④军队也为迅速皈依锡克教的年轻人提供了可靠和体面的工作机会，到 1900 年，年轻人多转信锡克教以提高他们应征入伍的可能性。⑤ 这些人一旦入伍，就会随时随地接触到部队提供的锡克教圣典

① *Minutes of the SMC*, Vol. xvi, 10 October 1906, p. 342.

② SMA, U4618 - 46/8/L: Memorandum by Captain Superintendent, 1 August 1910.

③ Nicholas Thomas (1994). *Colonialism's Culture: Anthropology, Travel and Government*, Polity Press, Cambridge, 1994, p. 14.

④ G. F. MacMunn (1911). *The Armies of India*, *Adam and Charles Black*, London, pp. 134 ~ 135; David Omissi (1994). *The Sepoy and the Raj: The Indian Army, 1860 ~ 1940*, Macmillan, Basingstoke, p. 95.

⑤ Falcon, *Handbook on Sikhs*, p. 119; Streets, *Martial Races*, p. 214.

《格兰特》(*Granth*)的复印本,并且有义务接受锡克教团(Khalsa)的正统观念。英国政府相信宗教可以增强部队的团队精神(esprit de corps),并提高锡克人的忠诚度。

尽管上海公共租界巡捕房很少关注早期锡克雇员的宗教需求,但随着人数的增长,这些人的请愿取得了成功,他们被允许建立一座礼拜场所:谒师所。1905年,锡克人从香港弄来了建筑设计图,并从上海的锡克人群体(包括上海公共租界巡捕房的锡克雇员和被私人雇作看守的锡克人)中募捐到8000美元作为建筑经费,这体现了锡克人对建造一座宗教礼拜场所的强烈愿望。1908年,谒师所开始对外开放,并成为锡克人聚会的重要场所,在这里,他们可以举行在旁遮普习惯进行的宗教仪式,若能找到一个《格兰特》诵读人(Granthi),①还可以从他那里得到指导。工部局对谒师所的期待较少在精神层面。它的建立预示了上海公共租界巡捕房与印度军队在锡克人的管理方面更紧密的联系。罢工和印度民族主义显示了管理印捕股的困难之处,这使当局得出这样一个看法:管理锡克人的唯一方式就是沿袭在印度的做法。阿兰·博勒根上尉(Captain Alan Boisragon)曾写道:

> "谒师所"无疑将会使当地的印度人获益,因为这可以提供一个具备一定条件的礼拜场所,可以监督他们的日常品行,并且保证种姓制度得到严格遵守。一个公认的事实是,一个印度人迁移得越远,他精神和身体上的堕落就越迅速、越容易。可以预期的是,这样一个场所的建立,可以使锡克人的日常行为得到有效的监督。②

这样的愿望在以后的岁月里并没有得到实现,随着锡克巡捕与他们的老乡——大多数都是私人看守——之间的关系愈发紧张,麻烦也就接踵而来。据说这些看守经常辱骂巡捕,在自己的委员会中也无法与他们通力合作来使谒师所运行。这些辱骂通常是一些民族主义的攻击,指责锡克巡捕为正统治印度的帝国主义统治者英国人服务。

紧张状态也存在于印捕股中。1912年12月,德瓦·辛格警官(Dewa Singh)被

---

① Ballantyne, *Between Colonialism and Diaspora*, p.27.

② SMC, *Annual Report 1905*, p.23.

一个锡克巡捕杀害,被称为“最骇人听闻的辱没上海锡克人名声的污点之一”。[1] 经过调查,纳拉因·辛格(Narain Singh)被判有罪并被处以死刑。事件起于印捕股内两派锡克人的敌对:德瓦——一个马瓦尔人(Malwa)——试图修复部门内马尔瓦人与曼杰哈人(Majhas)之间的裂痕。[2] 1916 年,人们感到有必要为巡捕房的锡克巡捕建立一座单独的谒师所。谒师所建成后的仪式相当隆重:上海工部局总董庇亚士(E. C. Pearce)代表官方正式为其揭幕,同他一起出席的还有英国驻沪领事、工部局董事以及其他租界社会名流。[3] 这种“非比寻常的光临”显示了当局对锡克雇员宗教生活的重视,这与英国在印度其他地区的做法一致。督察长麦高云(Kenneth John McEuen,曾经监督引进锡克巡捕的 J. P. 麦克尤恩之子)满意地向上级报告:

> 过去十年中宗教事务在锡克人中是个麻烦事,(而现在)似乎处于一种健康的状况中。这项工作要比局外人想象的重要得多,因为宗教是锡克人日常生活中的一个重要因素。[4]

在随后的几年里,这两座谒师所都被形容为“欣欣向荣”,[5]但是随着印度的问题通过印度和上海之间的联系通道传入上海后,使得谒师所又成为政治矛盾的焦点,引起租界当局的高度关注。

印度人的民族主义

第一次世界大战爆发时,英国政府对锡克人的忠诚毫不怀疑。上战场的锡克士兵要比印度其他任何族群都多。1916 年,一封由旁遮普警局督察员寄给在法国的第六装甲师(the 6th Cavalry)服役的一名印度警官的信中指出了这一现象的原

---

① SMC, *Annual Report 1912*, pp. 27 ~ 28.

② SMC, *Annual Report 1913*, p. 35a. 马尔瓦地区位于旁遮普萨特累季河的南岸,而曼杰哈地区位于河的北岸。参见 Tony Ballantyne, *Between Colonialism and Diaspora*,第 ix 页,地图由大卫·胡德(David Hood)绘制。

③ SMC, *Annual Report 1916*, p. 26a.

④ SMC, *Annual Report 1916*, p. 24a.

⑤ SMC, *Annual Report 1917*, p. 25a; *Annual Report 1918*, p. 23a.

因:“你是一个幸运儿,因为你有机会保卫自己的祖国并为英国政府效力。”①但是随着政治性的反抗在印度发展,英国政府开始担心在世界范围内印度人的忠诚会受到侵蚀。

上海首次受到印度民族主义的影响是在1914年。这一年,“驹形丸号”轮船停靠上海,这艘驶向温哥华的轮船上的锡克人为争取移民加拿大发动了一次失败的尝试。② 这是与Ghadr运动相关联的第一次重大事件。③ 这一运动发端于旧金山,却在包括上海在内的全世界锡克人活动的地区传播了民族自决的信息。Ghadr找到了一些热心聆听者:1916年,拉合尔市法院判处106名锡克人犯有煽动罪,其中的6名曾是上海公共租界巡捕房的巡捕,他们在“驹形丸号”停靠上海时被解雇。④ 很快,对印度人战时牺牲和战后财政开支的不满逐渐在锡克人中滋生蔓延。⑤ 这些不满,连带着1919年阿姆利则惨案(1919 Amritsar massacre)对锡克人的刺激,激起了他们的民族主义革命情绪。阿卡利(Akali)运动(1920~1925)成为锡克人第一次反政府的运动。虽然阿卡利运动参与者对潜在的锡克应征者施压,影响了上海公共租界巡捕房的招募工作,⑥但是不满情绪传到上海的锡克人当中的过程却是缓慢的。麦高云报告说:

> 在1922年,旁遮普的政治形势已经相当严峻。但直到这一年的年底,上海的锡克人才意识到国内形势的变化。毫不夸张地说,在所有的印度邦国中,锡

---

① Eshar Singh (Punjab) to Jemadar Jai Singh (6th Cavalry, France), 19 January 1916, in David Omissi (1999). *Indian Voices of the Great War: Soldiers' Letters, 1914 ~ 1918*, Macmillan, Basingstoke, p. 140.

② Krushwant Singh (2004). *A History of the Sikhs, Vol. II: 1839 ~ 1974*, 2nd ed. Oxford University Press, Oxford, p. 178.

③ “Ghadr”一词译作“叛乱”。关于该运动的更多研究,请参阅Richard G. Fox (1985)。*Lions of the Punjab: Culture in the Making*, University of California Press, Berkeley, pp. 117 ~ 118; Richard J. Popplewell (1995). *Intelligence and Imperial Defence: British Intelligence and the Defence of the Indian Empire 1904 ~ 1924*, Frank Cass, London, pp. 245 ~ 259.

④ TNA, FO 228/2702, file 42: Consul-General to Sir John Jordan, 4 May 1916.

⑤ 印度纳税人负担了英印政府为战争征用的150万人的军费。见P. J. Cain and A. G. Hopkins (1993). *British Imperialism: Crisis and Deconstruction 1914 ~ 1990*, Longman, London, p. 181。

⑥ SMA, U102-5-29: W. Beatty to K. J. McEuen, 27 August 1924. 关于阿卡利运动的更多研究,请参阅Tai Yong Tan (1995). Assuaging the Sikhs: Government Responses to the Akali Movement, 1920 ~ 1925, *Modern Asian Studies*, 29:3,655。

克人正在从对英国最忠诚的一个变成最反叛的一个。①

从1914年开始,鼓动叛乱的报纸流传开来,对锡克巡捕来说,持有煽动性的材料是有罪的,会受到被上海公共租界巡捕房解雇的惩罚。② 1923年,描写印度民族主义者被囚禁的文件在锡克巡捕的营房内出现,于是在接下来的一年里,锡克巡捕被要求签署一个不参与所有“政治争议”③的保证书。然而,这并不能保证这些锡克人不受当地和区域性的日益壮大的民族主义的影响。

对反英运动的担忧必然导致对锡克人活动更严密的监视。1927年,侦缉股印度科成立。④ 同样的,在马来亚,由于较之其他种族,锡克人更能得到英国人的信任,因此锡克人在监视下被使用。⑤英国人在整个帝国的网络内共享关于印度民族主义的情报。锡克巡捕个人凭借着对印度人群体及本国语言的了解,为上海的情报工作提供了极为重要的帮助,但是对于这些锡克人来说,监控印度同胞不可能是容易的。三名从特务股临时调来执行监管任务的巡捕要求在归还制服之后至少一个月内继续持有武器,因为他们担心执行了这样的监视任务后自身的安全会受到威胁,从这里可以看出锡克人在执行任务时所面临的风险。⑥

到1929年,侦缉股印度科掌握了2000张在上海的印度人的照片和1000名印度人的履历,这大约囊括了三分之二的在上海的印度人,其中有125人被怀疑是“骚乱分子”。借助详细的记录和对锡克语言的了解,侦缉股的工作人员可以全面了解巡捕房外的印度人群体,这些人全被视为怀疑对象。他们认为印度民族主义者的反英运动是受到了中国民族主义运动,特别是五四运动的鼓舞。然而麦高云

---

① SMC, *Annual Report 1922*, p. 57a.

② SMA, U1-3-2429: Sikh Police Orders: Political Opinions, 29 May 1923. 在一个锡克巡捕的床上发现Ghadr运动报纸之后,他就在1915年4月被解雇。TNA, FO 228/2299, file 41: SMC Captain Superintendent to Consul-General, 13 April 1915.

③ SMA, U1-3-2429: Deputy Commissioner of Police Johnson to the Acting Secretary of the SMC, 2 June 1923; SMA, U102-3-29.

④ 随着民族主义的威胁在全球蔓延,警务的级别也在迅速提升。参见 Killingray, *Guardians of Empire*, p. 11。关于特务股(即日后的C. I. D)行动,参见 Wakeman, *Policing Shanghai*, pp. 142~145,及 Bickers, *Empire Made Me*, pp. 100~102。

⑤ Ballantyne, *Between Colonialism and Diaspora*, p. 71.

⑥ 由于与已有的规定不合,这一要求被拒绝。参见 NARA, SMP, D8/8: C. I. D. Office Notes, D. S. A. Rhind to the Acting Commissioner of Police, 24 October 1929。

却相信,优厚的工作待遇以及忠诚的老资格的警官的影响可以保证整个部门的可靠性。1930年秋天,锡克巡捕控制本地的敌对行为时的努力证实了麦高云的自信,这就是"给印度科增加了大量的额外工作。锡克巡捕以最大的热情,如平常一样竭尽所能面对描述的境况"。① 自1857年锡克人证明自己的忠诚以来,对在沪的英国社群来说,英国人对锡克人的信任始终是一种安慰,但是,随着20世纪20年代中国和印度民族主义运动的发展,这种信任变得日益不可靠。

1928年4月,当谒师所成为民族主义者暴力行动的目标时,锡克巡捕再一次被命令执行监视的任务。侦缉股印度科的职能扩展到了参加谒师所的集会以及审查流通的印刷品、厦门路监狱中印度囚犯的通信、监狱图书馆的印度语图书。对离沪印度人要留下记录,应聘上海公共租界巡捕房职位的印度人也需要接受详细的个人背景问询。② 这些工作逐渐转给了也雇用锡克巡捕的特务四科。这个部门时常根据德里侦缉部提供的信息和要求行事,③这再一次证明了上海已经成为整个殖民网络中的一部分,而且在应对类似印度民族主义这样的威胁时,联结正式和非正式的帝国统治的方式也得以强化。

尽管在监视行动里发挥了重要作用,考虑到他们为上海印度人出谋划策,印捕股是否应该继续存在成为一个问题。1930年,八名印捕股的雇员因持有印度青年团(Indian Youth League)④印发的反英印刷品而被逮捕。他们被解雇了,但是依然留在了上海,继续从事反英活动。印捕股的规模过于庞大,成为一个负担,1930年,工部局决定"逐渐缩小这一部门的规模,最终废除它"⑤。但是突发事件打乱了平静地结束锡克人职能的计划。

战　争

第二次世界大战一方面使过去几十年世界各个地区之间的联系网络更加紧密,另一方面也割裂了这种联系。英国为了战争而动员了帝国内的各种力量,而与

① SMC, *Annual Report 1924*, p.37.

② US National Archives, Record Group 263, Files of the Shanghai Municipal Police Special Branch (hereafter NARA, SMP), D8/8: C.I.D. Office Notes, 18 June 1929.

③ Frederic Wakeman Jr. (1988). "Policing Modern Shanghai", *China Quarterly*, 115,412.

④ SMC, *Annual Report 1930*, p.96.

⑤ SMA, U102-5-31/2: Minutes of the Watch Committee, 26 September 1930.

此同时，帝国正式和非正式统治地区之间的联系却被切断了。在上海，日本自1937年占领了中国人管理的华界，特别是1941年12月占领外国租界，这给印捕股的反英分子提供了有效实施反抗雇主行动的机会。在战后，英国政府宣称3000名在华印度人中的大多数都在日军占领期间保持了对英国的忠诚，有一些印度人帮助英国的盟国，只有一部分人为日本人工作，其中不少是迫于无奈。[①] 然而无论在战前还是日军占领期间，有一些印度人一直积极地与英国对抗。在上海，反对英国的活动成为印度民族主义运动的一部分，并且得到了新成立的自由印度临时政府（the New Provisional Government of Free India）的支持，但是上文提到的对锡克人忠诚的长期信任使得英国人难以忍受这样的行动。美国对三个锡克战犯的审问记录显示，这三个人在1942年被日本派到西贡之前曾隶属于上海公共租界巡捕房，在西贡，他们得以加入印度国民军（Indian National Army）并与盟军作战。[②] 对英国而言，锡克人的跨国流动现在成了危险的来源。

轴心国很早就注意到削弱印度人对英国支持的可能性。印度的军队对英国武装力量来说是很重要的，动摇印度军队的军心无疑可以使英国的敌人受益。更重要的是，如果印度次大陆（sub-continent）对英国的忠诚发生了动摇，英国的注意力将会从欧洲转移到印度，这对德国是有利的。于是，通过小册子和无线电广播，轴心国的宣传攻势集中到了在华的印度人身上。英国对这一宣传攻势予以回击，在报纸上及无线电广播中发布每日新闻公报，并且公映古尔穆希语（Gurmukhi）和乌尔都语的亲英电影。[③] 人们长久以来都担心这么多"好战"的锡克人以及非英属地区印度人的存在可能会导致这样一种局面：英帝国的臣民却为英国的敌人而战，[④]当这种情形第一次真正具有了可能性时，上海的英国人竭尽全力避免它的

---

① BL, IOR/L/PJ/8/336, File 108/41a, p. 112: Press Office Bureau, Government of India, "Unofficial Notes: Relief of Indians in China", 25 January 1946.

② US National Archives OSS, RG 266, E182a, box 8, folder 59（下文简称 NARA, OSS）, "Summary Report on Indian Political Affairs in Japan-occupied China", PG266/OSS/E182, pp. 1～6: *Interrogation on Shanghai Police and Chopra's School*, Penang, New Delhi, 14 August 1945. 参阅 Bernard Wasserstein: *Secret War in Shanghai: Treachery, Subversion and Collaboration in the Second World War* (New York, 1998), pp. 182～183。（中译本由周书垚译，上海：上海社会科学院出版社，2015年）

③ NARA, SMP, D9411/14 (c): Report by DSI Young of the Meeting of the Indian Publicity Sub-Committee, 5 August 1940. 报告中声称，400名锡克人对1940年8月英国战争片的放映表现出了很大的热情。

④ Metcalf, *Imperial Connections*, p. 129.

发生。

日本人对上海工部局的控制越来越紧,1943年8月,公共租界的管理权被正式地移交给了中国傀儡政府控制的特别自治机构。英国和美国的平民被扣留,但是印度人却没有遭受这样的待遇,事实上,一些锡克巡捕成为集中营的看守,管控起了他们以前的雇主。有少数锡克人滥用权力,于是在盟军胜利后,展开了一项旨在揭露卡塔尔·辛格(Kartar Singh)和博拉·辛格(Bhola Singh)战争罪行的调查。这两个人都在1943年担任过巡捕一职。他们被指控严刑拷问正巡官W.哈顿(W. Hutton)和他们的前同事巡捕J. M.沃特森(J. M. Watson),原因是哈顿和沃特森企图与集中营之外的人取得联系。[①] 哈顿和沃特森被殴打和监禁了10天,滴水不给,偶尔才能吃点米饭。哈顿被虐待至死,沃特森要求就医。因已经过了战犯审判的截止日期,沃特森在1948年4月被释放。在上海和香港,这引发了人们的强烈抗议。作为应对,案件被重新审理,两名锡克人被告被判有罪,于1948年12月被关进香港的监狱服刑。[②] 对几十年来英国引以为傲的印捕股来说,这是一个沉重的结局。

战争的最后几个月里,剩余的锡克巡捕在巡捕房的工作也结束了,1945年8月日本投降后,他们被遣返回国。[③] 没有足够的轮船将他们立即送回印度,他们也几乎没有继续待在上海的意愿,这些强烈的需求使船票价格上涨。在印度政府的帮助下,到12月中旬,他们中的大多数已经离开了上海。[④] 这就是印捕股灰头土脸的结局。他们抓住帝国网络提供的便利机会,从印度来到上海工作,却在战争的漩涡中迷失了自己。战后,由他们协助维持治安的公共租界也不复存在,上海的街头再也没有了锡克巡捕的位置。在上海,印度人面孔背后的英国连同帝国的记忆一同被终结。

---

① TNA, WO 325/58, file 149/26.

② Bickers, *Empire Made Me*, p. 325.

③ NARA, SMP, Box 119, Police List: Police Orders (F), box F/2 - 143.

④ Press Office Bureau, Government of India, "Unofficial Notes: Relief of Indians in China", pp. 112 ~ 113. 1938年,782名印度人乘坐SS Elephanta号,以难民的身份从上海被遣返回国。BL, IOR/L/PJ/7/1347, File 4548, pp. 1 ~ 2: Director of Sea Transport at the Board of Trade, London, to the Under-Secretary of State at the Foreign Office, 18 January 1938.

结　论

在锡克的移民候选地上海,锡克巡捕是大英帝国的力量在这个帝国边缘城市的有力象征。这篇文章介绍的印捕股的历史,说明上海公共租界非正式的帝国统治与正式的英帝国统治是相互重叠的,也说明了印度“替代帝国主义”对殖民地治安的延伸影响。像巴雷特上尉这样的人会明显地受到“帝国网络”的影响,将管辖上海与英属印度的武装力量联系在一起,并在招募工作中与印度政府合作。“帝国网络”同样会影响领事团,他们会对类似1906年提议扩大印捕股这样的事件表达共同的忧虑,并且在情报上合作以压制印度民族主义。“帝国网络”也会影响锡克人自己的活动,他们会交流在不同英属地区获得的薪水的高低,并不同程度地参与日益高涨的印度民族主义运动。在上海街头,锡克巡捕无处不在,他们忙于执勤、指挥交通,试图给混乱的上海街道带来秩序,正是通过这些锡克人,英治印度——女王王冠上的“宝石”,才同中国条约口岸城市的不列颠的非正式统治走到了一起。此外,研究锡克人群体使我们认识到英国在华事业的不同面相,这些面相总是以多种族(multi-racial)的面目出现。在中国,受英国保护的臣民包括锡克人、其他种族的印度人、海峡殖民地的华人以及欧亚混血儿。

这并不是一篇详尽的研究。它仅仅关注了在上海的锡克巡捕的活动,并没有考察在其他中国条约口岸城市工作的锡克人,如果篇幅允许的话,后者可以为我们提供丰富的比较材料。由于缺乏锡克人自己留下的书面材料,而且很长一段时间在巡捕房内部也没有其他人懂得他们的语言,所以在本文中没有出现他们自己的声音。在某些时候,比如罢工时,他们有可能会针对在中国的处境表达一些呼声。但这只是对印捕股的一个初步研究,还有更多工作要做。这篇论文的重点是对雇用锡克人在上海维持治安的制度背景进行研究,也试图说明正式和非正式帝国统治的不同地区是通过什么样的方式相互交叉的,这一角度才刚开始为研究者所关注。

基于经济、防卫、展示的三重目的,锡克巡捕被英国人雇用。他们出现在街道的每个角落,以确保租界交通的顺利运行。在任何社会里,对普通人来说,警察主要代表政府。所以,在上海的锡克巡捕既是英侨社会对华人权力的象征,也是英国在公共租界取得主导地位的标志,这一主导地位也一直被固定下来。他们在上海历史中的重要性不仅仅体现于他们在1925年5月30号的枪击事件中扮演的角色(那次事件使他们遗臭万年)。锡克人的种族主义特点具有持久的影响,直到今天,在中国的公众记忆以及外国通俗文化中,他们还是最著名的口岸城市上海的外国人群体。他们取代了把他们从印度雇用来的英国人,成为帝国主义在中国最典型的象征。

[作者:杰逸(Isabella Jackson),爱尔兰都柏林圣三一学院助理教授;译者:王迪,上海社会科学院历史研究所硕士研究生;校者:施恬逸,上海社会科学院历史研究所《史林》编辑部编务]

开埠初期上海法侨人口、职业及社会网络(1842～1875)*

牟振宇

内容摘要：本文通过对上海开埠早期的历史档案与文献的系统梳理，分析了早期法侨的人口与职业状况，归纳了法侨发展的三个阶段，并从商业、宗教、政治和军事四个方面展开了详述。研究证明：早期的法商以生丝贸易为主，钟表行、巴黎化妆品和葡萄酒亦占有重要的地位。法侨中从事宗教的人员占有相当大的比重，其中以耶稣会为最强，其势力深入到宗教、文化和教育等各个层面。从政是法侨的一个重要择业方向。领事馆的职员大部分由法国外交部任命，且资质较高。公董局的职员分为三个部分：公董局董事主要是法国洋行大班；巡捕房主要由来自各种法国军队的老兵和有过军事经历的法侨组成；其他比如从事技术类工作的职员，主要直接从法国雇用。军队也是早期在沪法侨的重要组成部分，来自法国各个兵种、各个等级的士兵都在上海驻留过，或最终选择在上海扎根，从事各种行业。这些法侨通过血缘和地缘关系紧密地联系在一起，其中家族制和同乡关系是法侨社会关系中最重要的特征。

关键词：法侨　法租界　开埠早期　上海

在上海的历史舞台上，法国侨民是引人注目的一个群体，这不仅是因为法国侨民在上海创立了中国最大的法国专属租界区，而且法国侨民在上海的政治、文化和社会等方面均产生过深远影响，尤其是开埠初期来沪的法侨，对于法租界市政制度

* 本文为国家自然科学基金青年项目(41301184)和2013年浦江人才计划的阶段性成果。

的创建和城市发展,起了举足轻重的作用。

专门研究近代上海法侨的学者,首推法国的居伊·布罗索莱先生(Guy Brossollet),他的两本专著奠定了他在该领域的学术地位。《上海的法国人1849—1949》[①]一书共有5篇17章,从政治、军事、宗教和文化等方面,通过一个个具体而鲜活的历史人物,揭露了法侨在上海历史舞台上所扮演的重要角色及其创造的辉煌成就。该书的姊妹篇《上海的法国人年鉴1849—1955》[②](下文简称《年鉴》),是一本关于近代上海法侨人物的辞典,将在近代上海活动的5700余名法国人收录其中,并简述了每位法侨人物的履历和家庭情况。这两本开创性的著作,成为学界研究法侨的奠基之作。

法国外交部档案馆编写的《东方的巴黎——法国人在上海的影响(1849—1946)》[③]一书,其中有几篇关于在上海的法国人的专题研究论文,分别由白吉尔(Marie-Claire Bergère)、柯榕(Christine Cornet)、盖德(Francoise Ged)、劳克斯(Alain Roux)等法国知名汉学家撰述,其中不乏真知灼见,对于法侨研究亦有开拓之功。此外,梅朋和傅立德的《上海法租界史》虽然是一本通史性的专著,但涉及开埠早期的法国侨民及其重要活动,目前仍不失为一本重要的参考书。在国内学界,王垂芳[④]、曹胜梅[⑤]和马学强[⑥]在近代上海外侨研究中亦有贡献。这些成果对本文启发颇大。

本论文将在以上研究成果的基础上,讨论上海开埠初期1842年至1875年间的法侨状况,重点从法侨的人口、籍贯及社会网络关系入手,探讨法侨在上海开埠初期所扮演的重要角色以及对上海城市发展所发挥的作用。

一 开埠初期法侨的人口与职业状况

1842年中英《南京条约》签订,上海作为五个对外通商的港口城市之一,凭着其

---

① Guy Brossollet, *Les Francais de Shanghai 1849 ~ 1949*, Editions Berlin 1999.

② Guy Brossollet, *Annuaire des Française de Shanghai (1842 ~ 1955): Identités, Professions, Familles, Dates de Séjour, etc*, Paris: Editions Rive Droite, 2002.

③ Archives du Ministère des Affaires Étrangères, *Le Paris de l' Orient: Présence Française a Shanghai, 1849 ~ 1946*, Coordination Ééditoriale : Isabelle Nathan Assistée de Marianne Lepolard, 2001.

④ 王垂芳主编:《洋商史:上海1843—1956》,上海:上海社会科学院出版社,2007年。

⑤ 曹胜梅:《寓沪法侨的艺术生活(1865—1947)》,2004年第5期;曹胜梅:《晚清法商在沪经营活动(1847—1910)》,载上海档案信息网(http://www.archives.sh.cn/slyj/shyj/201211/t20121105_37163.html)。

⑥ 马学强、曹胜梅:《上海的法国文化地图》,上海:锦绣文章出版社,2010年。

优越的地理区位和广阔的腹地,很快取代广州,成为西方人眼中最具潜力的贸易市场地区。欧美等各国具有冒险精神的商人千里迢迢来到上海,寻找他们的发财梦。当然,法侨也不例外。但从梦想到现实,法国人走的路比英美等国更远。系统梳理开埠初期法侨的人口与职业状况,可以更好地理解早期法侨的这段复杂历史。

目前可寻的法侨人口及其结构的数据,主要来自法租界当局的人口普查资料。据学界研究,法租界进行人口普查最早是在1865年,到1879年又进行了一次,然后一直到1890年,每隔五年进行一次人口普查,1934年改为每隔两年进行一次,到1936年为止。不无遗憾的是,我们现在仅能从公董局年报中看到人口调查所得的人口数,①其他的比如出生地、年龄、性别、职业等人口信息则付之阙如,而其他文献关于早期法侨的数据则少之又少。此外,还有一些档案记录了早期法侨的信息。一类是在法国领事馆登记的土地凭证,即道契,包含了不少法侨的信息;另一类是在公董局登记的地籍资料,也含有法侨姓名等信息,但这两类档案仅登记了有地产的法侨的信息,并不包括在上海短暂驻留或无房产的法国人;还有一类是法侨的传记、笔记等私人资料,虽然其中有关法侨的资料非常零散且不完整,但仍可以找到一些线索。利用这些档案和文献,可归纳出1848～1875年间法侨人口发展的几个阶段的特征:

第一阶段自1849年法租界建立到1860年第二次鸦片战争爆发之前,法侨人口特征是人口数量颇少,且以单身男性青年为主。

1850年之前,法侨人数颇少。1847年,上海的外国侨民有100余位,其中英国侨民87人②,当时尚无一名法国侨民(传教士除外)。有史可查的第一位法国商人为阿鲁内,他于1848年来到上海。但此人从事军火贸易,且其洋行(Bac, Aroné et Cie)仅维持营业三四年时间就破产了。到1850年初,上海的法侨只有不到10人,包括领事、其妻子、母亲和两个女儿,还有一位是领事馆的翻译哥士耆,雷米③成为法租界第一位法商,此外还有他的两位职员:比代和爱棠。④

① 邹依仁:《旧上海人口变迁的研究》,上海:上海人民出版社,1980年,第2页。

② [法]梅朋、傅立德著,倪静兰译:《上海法租界史》,上海:上海译文出版社,1983年,第18页。

③ 雷米(Rémi Dominique)于1816年11月1日生于依索登。1861年娶敏体尼的一个女儿为妻(尼娜-埃莱娜-卡罗利娜[Nina de Montigy]1835年5月6日生于巴黎),后者姓名变为Rémi de Montigy。1842～1848年在广州从事钟表、化妆品和葡萄酒生意,1848～1866年在上海。见《年鉴》。

④《上海法租界史》,第209页。

当时来华冒险的法商,一般会随身带上一些法国商品,短期到中国考察,然后再购买一些中国产品,运回到法国销售,从中牟利,但不会在中国长期居住。他们每年如候鸟般长距离往返跋涉,其消耗的时间和精力可想而知。从长计议,他们觉得定居在上海更为可行。雷米成为第一个在法租界购置地产的人,也是他的这一举动促成了法租界的建立。1854年,又有两位法商向领事馆申请租地:比代(A. F. Bidet,1826年生,商人)和比索内(Eug. Buissonnet,1834年生,生丝商)。1856年,又有一位法商抵沪,即大丝绸商梅纳·亨利(Meynard Henri)。1857年的地产估价单中,法租界共有13位地产主,其中法商5位:雷米、比索内、比代、吉埃里和梅德尔神父,后两位为宗教神职人员。①

第二阶段自1860年至1869年苏伊士运河开通,为初步发展时期,法侨人口较前一阶段明显增多,人口结构仍以青年男性为主,不过女性人数开始增多,常住人口明显增多,以代理为业务的法商开始增多。

随着上海人口日渐增多,租界逐步发展起来,令更多的法商跃跃欲试。这一时期发生的两件大事对上海法侨的发展更加有利:首先,1860年巴黎贴现银行在上海设立分行,为在沪法商经营活动提供了资金上的便利。第二任法国驻沪领事爱棠指出,"这是爱国主义的结晶,从贸易观点看,这是法国在中国的第一个重要步骤",上海分行"使法国贸易摆脱向外国贷款的束缚而得到了解放",它必然会使法国的贸易"有能力单独前进,依靠自己的力量成长和发展"。② 到1862年,上过保险的法国洋行的进口商品总额达到了8000万法郎,而在1843年11月9日,法国外交部长在给剌萼尼的信中指出,法国对华的实际贸易额还不足200法郎。③ 其次,1862年,在法国政府支持下,法国邮船公司在上海成立,并开辟了巴黎—香港—上海的国际航线。1863年,上海法国邮船公司正式成立。该公司承担了运送政府人员至中国和印度支那的特殊使命,并垄断了上海与法国之间的丝、茶运输。从1863年起,大量货物经由法国邮船公司的轮船直接运送到马赛的市场。

这两件事对于法商的发展显然是极为有利的,最突出的表现为来沪的法侨急剧增加。1862年上海的法国人增至100人左右(不包括传教士),并且人口结构也

---

①《上海法租界史》,第49~50页。

②《上海法租界史》,第311页。

③《上海法租界史》,第7页。

发生了变化,之前来上海的法商主要是单身男性,现在已包括9个妇女、6个家庭。①1865年初,法租界进行了一次人口统计,其中外侨总数为460人,男性359人、女性79人、儿童22人,而法侨有259人。同时,英租界也进行了人口统计,外侨5129人,其中法侨38人。② 从1862年到1865年,在短短3年的时间里,上海法侨的总人数迅速增长为297人,在所有上海的外侨中排在英美侨民之后,位居第三。

第三阶段,从1869年苏伊士运河开通到1875年,法侨的人口亦有明显增长,人口结构逐步趋向合理,女性比例进一步提高,法侨的职业分布特征呈现多样化和正常化趋势,除了商业外,服务业从业人数的增长比较明显。

这首先归功于1869年苏伊士运河的开通。1869年,苏伊士运河的开通使欧洲和中国之间的海上航程缩短了7—8周。这对法侨的影响是巨大的。首先,旅途风险减少,苏伊士运河开通后,换乘减少了,不必再在埃及登陆、再从开罗转乘,因此风险相对减少了;其次,运载的货物增多了,在苏伊士运河开通之前,全部的货物单靠船载,只能南行绕过非洲好望角,距离遥远、时间太久,也充满了风险,但如果不走这条路线,只能通过埃及从海路到陆路、再从陆路到海路的几番换乘,货物太多,自然极为不便,也很危险。因此,苏伊士运河开通后,对法商而言,运输的货物更多了,也更安全了。法侨为此欣喜若狂,1869年4月17日,他们在法国领事馆召开了一个会议,“研究并讨论保障和发展我们在中国的商业利益的最好办法”,并产生了一个“商务咨询委员会”,即法国商会的前身。③

不无缺憾的是,这一时期的法侨人口并没有一个确切的数据。学界对于这一时期的法侨人口统计,往往是出于估计,因为统计口径不一,差别甚巨。《上海租界志》认为:1873年法侨的人数为83人,1875年底法国侨民人口数略有增加,达到77人(不包括传教士),从事公共事业(领事馆、邮局、公董局、巡捕、中国海关)者37人,其中19人在巡捕房;其他各种行业40人,包括2个面包师、3个理发店伙计、4个厨师、4个钟表匠、1个出租马匹者、2个乐师、2个糕饼师傅、1个油漆工、1个水手、1个饭店主;另外有9个妇女和10个儿童。④ 据《统计表中之上海》的统计,1876年在公共租界的法侨有22人,法租界的法侨人数付之阙如;而据《年鉴》统计,1876

---

①《上海法租界史》,第309页。

②《上海法租界史》,第375～376页。

③《上海法租界史》,第440页。

④ 上海租界志编纂委员会:《上海租界志》,上海:上海社会科学院出版社,2001年,第127页。

年法租界内的法侨约 233 人。故二者相加,1876 年法侨人口为 255 人。梅朋认为:"上海人口的官方数字比实际情况少三分之一。"[①]故笔者认为这一时期的法侨人数应该不低于 300 人。

特别值得注意的是,早期来沪的法侨,还有两部分人口是在法租界当局统计之外的:首先是法国传教士,其次是军人或士兵。他们在法侨的人口中占有相当大的比例,布罗索莱先生在《年鉴》中曾做过初步的统计,在 1849 ~ 1949 年来沪的约 15000 名法侨中,除居家妇女和 18 岁以下的未成年人外,约有 10000 名法侨从事过军队工作。在开埠初期,因战争频发,法国先后多次向中国派遣远征军,这些部队均先在上海中转,再开赴战事集中的北京和天津地区。1858 ~ 1860 年间,法国的远征军就有大约 7000 名士兵。[②] 战争结束后,这些军队一般会撤离上海,不过也有一些士兵留了下来,一般都是从前线撤回上海的伤员和病人,以及要求在中国复员就业的远征军士兵,其中 1855 年留在上海的约有 300 名法国士兵。不过,1860 ~ 1863 年上海爆发鼠疫和霍乱,欧洲人得病而死的很多,部队里死的人更多,"各个等级、各个军种、各个兵种都有"。[③] 1865 年存活下来的约有 450 名,继续从事上海城市防御工作或者其他的职业。[④] 如果将这部分人员也计算在内的话,在上海的法侨人数应该在 700 人左右。

二　开埠早期的上海法商、洋行及职员

打开大清国门,实现法国与清政府正常的商业贸易,是 19 世纪中期法国政府对华政策的重要目标。上海开埠之前,法国曾有过强有力的舆论活动,以商会为首,明确表示赞成和清政府建立通商关系。1843 年法国政府任命了以剌萼尼为首的使团来考察中国国情,使团的队伍中既有财务部和商务部代表,还有来自巴黎、里昂、兰斯、米卢兹和圣埃蒂安等地的商务代表,即来自丝绸业、棉纺织业、毛纺业和巴黎化妆品业的代表。1843 年 11 月 9 日,法国外交部长在给剌萼尼的信中指出:"我们和中国的贸易额实际每年不超过 200 法郎。我国的生活习惯、嗜好和别国略有不

① 《上海法租界史》,第 376 页。

② Guy Brossollet, *Les Francais de Shanghai 1849 ~ 1949*, Editions Berlin 1999.

③ 《上海法租界史》,第 234 页。

④ Guy Brossollet, *Annuaire des Française de Shanghai* (*1842 ~ 1955*): *Identités*, *Professions*, *Familles*, *Dates de Séjour*, *etc*, Paris: Editions Rive Droite, 2002, p. 11.

同,至少在不远的将来,不可能像别国那样消耗很多中国的茶叶和其他物品,可能一切情况都说明,我们能够在中国的许多市场上有力地卖出我们的工业品,其中首先是毛织品、棉麻织品和巴黎的各种化妆品,也许还可以兼卖些酒。"①后来的发展证明:丝绸、化妆品、钟表及酒类成为开埠早期法商的主要营业范畴。

丝绸是当时中国对外出口的两大宗产品之一,而法商在开埠早期上海的丝绸业出口贸易中占有相当重要的地位,法商实际上"是华丝最大的买主"②。对法国而言,19世纪以来新兴资产阶级随着经济实力的增强,已展现了在丝绸奢侈品上强大的购买力,但从19世纪30年代开始,法国的养蚕业却显出了式微的迹象,四五十年代又遭遇蚕虫疾病的重创,因而蚕丝消费大户意大利逐渐转向从瑞士、英国和德国等国购买蚕丝。在短期内重振法国的蚕丝业并不现实,法商开始将目光转向生产蚕丝的大户——中国。③ 雷米是上海最早经营丝绸贸易的法商,虽然他主要经营钟表和葡萄酒,但来沪后看到了生丝贸易的巨大商机,于是转向生丝贸易,在1852年,雷米摆脱了大英帝国所有远洋货运都要经过伦敦中转的监管,从上海将生丝直接运送到马赛,再运到里昂。1854年,他请来他的侄子爱德华·施米特(Edouard Schmidt)帮忙。两人合伙创建了雷米·施米特(Remi, Schmidt)洋行,并且在曼谷、厦门、伦敦和巴黎开设了分行。雷米·施米特洋行生意日渐兴隆,等施米特接管该洋行时,到1862年公司的营业额达1200万法郎,仅次于巴黎贴现银行在沪上的营业额。④

雷米的成功很快激发了其同行对于上海的兴趣。1854年4月,年仅20岁的皮少耐(Buissonnet Enugène Napoléon)来到上海,他是夏特隆-布里松(Chartron, Brisson & Cie)公司的代理,圣瓦利耶(Saint-Vallier)的生丝批发商。从1860年开始,皮少耐在上海独自经营了一家以自己名字命名的洋行,专门经营丝绸,年营业额很快就达到900万法郎。1855年12月,法国丝绸商梅纳(Meynard Henri)与其表兄玛瑞斯(Marius),以及一家瑞士公司(Fleurir, Bovet, Freres & Cie)联合成立了一家公司,专门在中国购买蚕丝,作为这家公司的代表,梅纳于1856年1月来到上海,

---

①《上海法租界史》,第7页。

②《上海通史·晚清经济》,上海:上海人民出版社1999年,第292～293页。

③ Eric Hamaide, "Les Consuls et Négociants en Soie Français à Shanghai au XIXe Siècle", Le Paris de l'Orient: *Présence Française a Shanghai, 1849～1946*, pp. 107～111.

④《上海法租界史》,第309页。

并成立了梅纳·库赞公司(Meynard Cousins & Cie),负责在中国收购生丝。到1860年,梅纳公司的丝绸交易额占法国所有在华贸易总额的55%。[①] 笔喇(Ulysse Pila)在来沪之前为一家英国公司效力,为了购买生丝,前后于1863年和1864年两度来沪,之后为购买蚕幼虫在日本停留过一段时间,最后又回到法国。他和哈发在马赛合伙成立了一家公司,专门进口生丝和废料,并于1869年在上海设立了一家办事处。他的侄子路易·笔喇(Louis Pila)于1886年在该办事处工作,他的儿子则于1899年到此处任职。笔喇成为上海法商中一块响亮的品牌。[②]

这些成功者吸引了其他效仿者,除了波尔多的依蒙-亨利(Eymond et Henry)洋行,还有同样来自波尔多的沙伯特(Chabert,1855年来沪),以及一位杜航(J. Durren)先生。[③] 此外,1848~1873年间从事丝绸贸易的法侨还有:马尼凯(Maniquet Jean,1830年生,1861~1863年管理一家航运公司并从事生丝出口贸易,年营业额150万法郎)、让·剌可瓦斯(Lacroix Jean,1871年成立剌可瓦斯公司[Lacroix, Cousins et Cie],出口生丝)、宝昌(Brunat Paul,1840年生于塞纳河口,1869~1879年在旗昌银行担任生丝检查员)、卢伟业(M. Louvier,生丝批发商,1869~1878年任剌可瓦斯洋行的代表)、斯特雷凯(Streicker,1862在上海出口生丝,年营业额25万法郎)、法雅(Fajard Eugène Émile,1825年生于罗纳河口,1860年在沪经营生丝出口,年营业额250万法郎)、让·克劳陶德(Clataud Jean,1839年生于里昂,生丝商)、笔喇(Pila Ulysse,生丝批发商,1863年来沪)、布韦(A. Bovet)、拉斐尔·莫尼埃(Raphael Monnier)、阿道夫·爱德华·纳赫特里布(Adolphe Edouard Nachtrieb)等。

除了生丝贸易之外,钟表、化妆品和酒等在法商贸易中亦占有重要一席。首先是钟表行,钟表商在早期法侨中的地位不同凡响。除了最早来沪的法国钟表商雷米,19世纪五六十年代上海还有另外六名法国的钟表商,在当时沪上的法商中所占比例非同寻常。但好景不长,有四位钟表商不久便离开人世:1858年,钟表匠爱德蒙·塔尔塔但(Edmond Tartatin)死于上海,时年39岁;1859年马蒂亚斯·勒格朗(Mathias Legrand)去世,1860年乌利文(Ullmann)去世;1865年另一位钟表匠皮埃

---

① Eric Hamaide, Les Consuls et Négociants en Soie Français à Shanghai au XIXe Siècle, Le Paris de l'Orient: *Présence Française a Shanghai, 1849 ~ 1946*, pp. 107 ~ 111.

② Guy Brossollet, *Les Français de Shanghai 1849 ~ 1949*, Editions Berlin 1999, p. 31.

③ Guy Brossollet, *Les Français de Shanghai 1849 ~ 1949*, Editions Berlin 1999, p. 31.

尔·罗歇(Pierre Rocher)去世了,享年52岁,并留下了一位孀妇。[①] 另外还有弗雷德里克·路易·朱韦(Frederic Louis Juvet)、欧内斯特·勒玛特尔(Ernest Lemattre)。[②] 但钟表行经营时间均不长,即使财大气粗的利名钟表行,也于1875年关门了,只有乌利文钟表行经营时间较久。该行总店设在巴黎,并在瑞士设制造厂,先后于上海、香港、北京、天津和汉口设分号。乌利文去世后,其儿子小乌利文(J. Ullmann)继承父业,经销瑞士及法国钟表,兼营珠宝首饰、水晶及器皿、大理石钟、刻花玻璃、银器、电镀器皿、光学制品、香料、香水及保险柜等,并代理瑞士其他几家钟表厂商的产品。该行生意日渐兴隆,成为历史上有名的法商洋行。[③]

巴黎的化妆品和法国葡萄酒举世闻名,在东方亦颇受欢迎,而且在开埠后的上海,还有很大一批来沪殖民者是这两宗产品的顾客。对于法商而言,无论从事哪种贸易,凡是来沪,均或多或少会带上这两类产品,或可作为其洋行营业的副产业,比如利名钟表行,除了销售钟表和出口生丝外,还进口巴黎的化妆品。梅纳-库赞洋行进口酒和巴黎化妆品,每年营业额为250万法郎。当然也有专营这两种商品的法商,进口巴黎化妆品的勒格朗兄弟洋行,每年营业额20万法郎。[④]

除了以上成功的法商外,其实还有很多不知名的小商人,被领事馆的书记归到“批发商”或“商人”之列。据《年鉴》统计,1842～1875年间有名字的批发商至少有20位,商人至少有17位。[⑤] 值得注意的是,还有两家法商洋行在早期法租界的影响

---

① Guy Brossollet, *Les Francais de Shanghai 1849～1949*, p.31.

② Guy Brossollet, *Annuaire des Française de Shanghai* (1842～1955): *Identités*, *Professions*, *Familles*, *Dates de Séjour*, *etc*, Paris: Editions Rive Droite, 2002.

③ 黄光域:《近世百大洋行志》,中国社会科学院近代史研究所近代史资料编辑部编:《近代史资料》总81号,中国社会科学出版社1992年,第13页。

④《上海法租界史》,第311页。

⑤ Barraud Eugène Pierre Louis(1827年生),Bérard Léon Pierre(1834年生于Le Gard),Bildstein Lgnace(1826年生于Le Haut-Rhin),Gimbert Jean Claude(1826年生于Hte-Loire),Girollet Jean(1837年生),Lemaire Victor Arsène(1832年生于L'Oise),Leroy Antoine Auguste Edmond(1840年生于Paris),Méjasson Eugène(1828年生于La Loire),Naudin Pierre Victor(1833年生于Charente), Pierre Édouard(1831年生),Deygoussiere Jean Baptiste Armand, Éveard, Sayn Paul Jules, Carteron Henry Christophe René(1818年生于Charente-Inf.),Goncourt Émilien(1823年生于Le Gard),Guibert Pierre Jules Joseph(1824年生于Le Vaucluse),Moreau Aristide(1824年生于Ille-et-V.),Brunel, Sayn Henri Louis(1840年生),Louvier M.,Nachtrieb Adolphe Édouard(1840年生),Bisset, Fabris, Buissonnet Gabriel Simon(1851年生),Francois Jules Charles(1846年生于L'Orne),Meilhan Antoine(1837年生于Le Gers),Teillol André Adolphe(1842年生于Le Tarn),Bavet, Bernard Henri Auguste, Bony De Lavergne (De) Édouard Henri(1819年生于Meurthe-et M),Dabry, Pignatel Pierre Joseph(生于Le Rhône),[转下页]

颇巨,有必要单独列出予以陈述。

巴黎贴现银行上海分行由科尔迪埃先生负责经营。科尔迪埃是亨利·科尔迪埃(又译作考狄)的父亲,后者是东方语言学校教授和法兰西研究院院士,死于1925年初。他于1860年10月带了夫人和一个儿子来到上海,一起前来的还有出纳主任达来先生、会计主任菲利普先生和负责商业来往的高级职员布斯纳先生。巴黎贴现银行上海分行在成立董事会之前,由外交部授权,暂由法国领事“控制和监督”。[①]到1862年,巴黎贴现银行上海分行每年营业额约2000万法郎。[②] 1860~1873年,巴黎贴现银行上海分行有三任行长,科尔迪埃任期最长,长达10年,其后的继任者为爱德华(Madier De Montjau Édouard,1871~1872)及亚瑟(Kauffmann Arthur,1872~1873)。在此期间,巴黎贴现银行的职员还有:奥古斯特(Daler Auguste,1820年生,1860~1863年任出纳)、约瑟(Morel Edmond Auguste Joseph,1837年生于比利时,1864~1879年在沪分行工作,1864~1867年在Morel & Agostini任总理,1865~1867年任公董局总董)、阿尔弗雷德(Philippe Alfred,1836年生,1860~1867年任该行的首席会计,1866年任领事法庭的法官)、巴提思特(Richard Jean Baptiste Charles,1840年生,1869~1875年任该行的出纳,1871~1875年任该行的主任)等。

法国皇家邮船公司是在法国政府的支持下建立的。1851年,总部位于法国的邮政运输总公司开始从事海运业务,并更名为国家海洋邮政运输公司。拿破仑三世上台后,该公司又改名为帝国海洋邮政运输公司,并于1863年在上海创设了代理处。该公司及其上海代理处又称为法国邮船公司。1861年5月25日,法国外交部长图弗内尔在给法驻沪领事爱棠的信中写到:“先生,您一定知道皇家邮船公司和财政部长(拉罗凯特)签订了一个协定,手续已经完备,只待法律上的批准,根据这个协议,皇家邮船公司取得了办理印度支那邮务的特许权,印度支那邮务是皇帝政府在不久前决定建立的。”[③]法国邮船公司对于法商的发展十分有利,见于记载的该公司职员有:沙庞耐(Champanhet,1862~1863年担任法国邮船公司的第一任领

[接上页]Piquet Francois Philibert(1823年生),Robequain Edouard,Vaucher Alfred,Aroné J.,Baron J. S.(生于Les Antilles Anglaises),Bourret Louis Honoré(1837年生)。参见《年鉴》。

① 《上海法租界史》,第310页。

② 《上海法租界史》,第310页。

③ 《上海法租界史》,第302页。

导)、查理(Pierre Abriel Charles, 1871～1873年任法国邮船公司的代理人,结婚并生有四个孩子)、安奈坤(Hennequin A., 1874～1877年任法国邮船公司的代理人,1874～1876年任公董局董事)、富航克威仪(Franqueville, 1864～1865年任法国邮船公司的检查员,1865年任公董局董事)、艾米义(Lecat Paul Émile, 1864～1870年任法国邮船公司的检查员,结婚并生有一个孩子)、布尼埃(Brunier, 1864～1865年为法国邮船公司的职员)等。①

三 开埠初期从事行政职业的法侨

开埠初期,从事行政职业的法侨主要在三个部门任职:法国领事馆、法租界公董局和中国官府。领事馆作为法国驻外机构,是法租界的最高权力机构。领事馆的成员一般包括领事、主事、翻译和办事处职员等,其中领事一般由法国政府直接任命,1848～1875年法租界先后在沪任职的领事有:敏体尼(Montigny②,1848年1月至1853年6月任法国驻沪和宁波的副领事,1857年6月至1859年6月任法国驻沪总领事)、爱棠(Edan③,1853年6月至1857年6月、1859年至1863年任代理领事)、穆布孙(1863年2月至10月任总领事,逝于上海)、喇慕(1863年至1864年任领事馆主事)、葛笃(1864年任代理总领事)、白来尼·蒙马浪④(1864年12月至1869年3月任总领事)、梅让(1869年12月至1872年6月任总领事)、沙伯纶(1875年5月至1876年2月任代理领事)。这些领事一般具有较高的学历,并具备一定的

① *Annuaire des Française de Shanghai (1842～1955).*

② 敏体尼1805年出生在汉堡一个原籍下布列塔尼的移民家庭,1825年参加了“希腊独立运动支持者”第一军团,并很快升为中尉,1830年成为法国最著名的军事首领之一法布维埃上校的副官。之后进入海军部,在巴黎办公。1843年10月,敏体尼离开海军部,进入外交部,任剌萼尼使团的三等随员,并在使团中担任主事工作,受到剌萼尼的赏识和器重,经由剌萼尼推荐,1847年1月20日被外交部任命为驻沪领事。1855年10月24日任一等领事,1855～1857年赴暹罗执行任务,1858年7月5日任总领事,1859年2月2日赴广州,1862年8月11日获荣誉勋位第三级,16日后不再担任职务,死于1868年9月14日。

③ 爱棠(Edan Benoît),1801年生于法国的瓦兹省。1849～1863年,在利名钟表行(Rémi & Cie)工作;1850～1853年任领事馆主事;1853～1857年任领事馆代理领事;1859年在中国海关任职,1859～1863年任代理领事,1863年任天津领事。参见《年鉴》。

④ 1813年生于圣马塞兰(伊泽尔省),是安托万-佛朗索瓦·白来尼将军的儿子。他于1848年被任命为政府特派员,派往圣雷莫,然后是塞维利亚;1864年被任命为驻沪总领事;1876年为驻北京二等全权公使;1879年离职,1880年获准退休,1894年2月16日去世。白来尼于1864年12月22日就任驻沪总领事。见《上海法租界史》,第390页。

外交或军事经验。主事是领事馆内仅次于领事的职务,很多领事都是从主事做起的,比如敏体尼最先就担任主事职务。从1848年到1875年,先后担任驻沪领事馆主事的有哥士耆(1847~1854年)、斯密司(1854年)、梅洛(1854年~不详)①、李梅(Lemaire Gabriel, 1854~1859年,1861~1865年)②、特朗卡利(1860年)、阿里斯泰德(Monory Aristide, 1859~1860年)、拉米奥(Chevrey-Rameau, 1861年)、雷·阿里斯泰德(Rey Aristide, 1864~1872年)、斯皮恩(Hébert Scipion, 1866~1870年)、希波莱特(Rouhaud Hippolyte, 1872~1874年)。

翻译是领事馆一个十分重要的职位。哥士耆③是法国驻沪领事馆的第一个翻译,1847年3月19日任驻沪领事馆随员,并任领事馆的翻译,一直到1854年。其继任者为博学多识的汉学家斯密司先生④,但任职不久就离开了。之后被主事兼翻译李梅取代,还有实习翻译萨莱斯。1860年的翻译为马吉士。⑤ 马吉士之前(自1848年起)就是英国公使聘请的培训英国译员的人员之一,后来他担任法国驻澳门使馆的翻译,并获得荣誉勋位团的十字勋章。⑥ 另一翻译日意格,1835年生于洛里昂,

① 梅洛上"喀西义号"是为了准备自己的远洋轮船长的考核,他因在船上几次立功而出了名。他后来因身体不好离开了"喀西义号",从1853年9月起,他被爱棠雇为领事馆办事处办事员,每月薪金10元。1854年爱棠认为可以把津贴提到20元,因为梅洛在晚上也工作。从1854年7月起,他代替斯密司担任主事,外交部在1855年1月同意给他每年3000法郎的薪金。1859年,他被任命为法国驻沪总领事馆的正式主事。见《上海法租界史》,第222页。

② 李梅,即Lemaire Gabriel, 1854~1859、1861~1865年任领事馆翻译,1878~1881年任领事,1883~1884年任总领事。参见《年鉴》。李梅曾在哥士耆指导下在澳门学过中文。经布尔布隆推荐(《1855年1月19日德鲁安函》),他于1854年10月底被任命为法国领事馆的代理翻译。见《上海法租界史》,第222页。

③ 哥士耆于1818年2月27日生于加里西亚的哥士城堡,1847年3月19日任驻沪领事馆随员;1850年入籍法国;1854年任北京公使馆随员;1862年6月1日至1863年4月11日任代办,之后回巴黎,在巴黎任中文翻译秘书。由于他精通汉语,于1871年末被任命为东方语言学校的教授,他于1886年2月23日去世。见《上海法租界史》,第49页。

④ 斯密司,文学和法律学士,曾任公共教育部好几任部长的办公室秘书或副主任,亦曾任巴黎大学的图书馆管理员,他积极从事一部中文词典的编写工作,曾编纂了一部完整的和中国官府来往应遵守之礼仪和惯例的汇编集(1853年2月15日和25日,《敏体尼致布尔布隆函》)。他约在1851年到达上海,并在1854年4月1日被任命为领事馆的正式译员。他拒绝接受这个职务,并且在7月12日停止自己的译员和主事工作,10月24日得到外交部的批准。1854年8月13日,爱棠交给他一份道台的照会,任命他为上海海关税务司。他担任这个工作直到1857年。他死于1857年9月12日。见《上海法租界史》,第74页。

⑤《上海法租界史》,第240页。

⑥《陆英于1848年1月7日致政务司函》、《1860年5月23日爱棠致政务司函》,转引自《上海法租界史》,第240页。

1852年进海军学校,1856年任准尉,1858年任少尉,1861年进入中国海关行署,担任宁波特派员,后担任法国洋枪队的重要指挥①。除此之外,1848～1875年在法国驻沪领事馆担任翻译的还有:亚瑟(Smith Arthur, 1851～1854年担任领事馆翻译,1854～1857年担任海关的监督员),布朗赤董(Blancheton, 1872年任领事馆翻译),奥古斯汀(Sales Vincent Augustin, 1829年生,1861～1864年任领事馆高等翻译),艾德芒(Chomain Charles Edmond, 1867年任领事馆翻译),奥克塔乌(Ristelhueber Paul Octave, 1849年生,1875年任领事馆翻译,1884～1887年任天津领事馆翻译),普郝思培(Gicquel Prosper, 1861～1862年任领事馆翻译)等。

除此之外,见于记载的领事馆的办事职员有维尔梅斯特(Vermaitre Anatole Louis),他于1937年生于巴黎,是作为新闻记者随远征军来中国的,1861年12月以下士职衔退伍。他在领事馆只待了很短的时间。1872年,有人说他是法国戏剧协会的秘书。② 其他办事职员还有:狄博威仪(Thibouville, 1863年任领事馆的技术总监)、托马森(Thomassin, 1867～1868年任领事馆办事职员)、查尔斯(Dillon Charles, 1842年生,1865～1869年任上海领事馆职员,1875～1880年任天津领事)、朱尔斯(Arene Jules, 1850年生,1872～1879年任上海领事馆职员)、爱德华(Vincienne Édouard, 1834年生,1865～1869年任上海领事馆职员)等。

公董局乃1862年4月由驻沪代理领事倡导,并推举施米特、比索内、梅纳、马尼凯和法雅组建成立,比索内被推选为总董,施米特为司库并临时兼总办。这五位公董局董事均是法国人,并且是当时最具实力的法商。1864年6月1日,董事会决定把公董局分成三个部门:巡捕房、总办间和公共工程处。总办一职最先由阿尔方斯·奥特曼担任。公共工程处由道路管理所工程师拉加塞负责,但董事会对他不满,很快由迪普雷继任。1862～1875年公董局的重要董事及官员如表1所示。由表1可知,公董局总董和董事主要来自财大气粗的法商大班,比如施米特、梅纳和比索内、法雅、马尼凯等,均是当时上海最大的法国生丝贸易商,也有少部分董事来自法租界重要的洋行或部门,比如法国邮船公司、巴黎贴现银行、法国邮政局等,另有一个特例:埃梅里(L'abbe Aymeri)神父,他于1867～1874年连续担任八届公董局

---

①《上海法租界史》,第260页。

②《年鉴》,第183页。

董事会董事,他是天主教味增爵会(missions lazaristes)的代理人,实际上他是当时法租界最大的地产商之一,1852~1864年间,其土地交易面积超过79亩。① 总之,公董局董事会成员一般是具有相当经济实力或具有一定社会地位的人。

表1 1862~1875年公董局重要职员一览②

姓名	出生时间	出生地	职务	时间	婚否	生育情况	备注
Ortmans Alphonse			总办	1864~1866			1865~1866,煤气公司的秘书
Voisin Arthur			总办	1873~1876	是		1870~1874,旗昌洋行;1870~1873,董事;1873~1876,总办
Morel Edmond Auguste Joseph	1837	比利时	总办	1865~1867			1865~1867,公董局总办;1870~1871,董事;1871~1873,总办;1864~1867,巴黎贴现银行;1867~1868,Morel & Agostini洋行经理;1870~1879,外汇经纪商
Eugene Buissonnet	1834		总董				法国夏特隆-布里松(Chartron-Brisson & Cie)公司的代理,1860年建比索内洋行,专门从事丝绸出口贸易,年营业额达900万法郎;19世纪60年代,其所拥有的地产价值高达20~25万法郎;1860年6月22日,被授予荣誉勋位团骑士勋位
Millot Ernest	1836		总董	1878~1879			1866~1881,商人;1866~1874,利名钟表行的经纪人;1866~1868,董事;1870~1871,总办;1871~1872,1875~1878,董事;1878~1879,总办

① 拙作《洋商地产视角下的城市空间变迁》,《中国经济史研究》,待刊。

② 本文表格中人名均保留原文。

(续表)

姓名	出生时间	出生地	职务	时间	婚否	生育情况	备注
Henri Meynard			副总董	1862～1865			1860,建梅纳·库赞公司(Meynard, Cousins & Cie),经营丝绸、酒类(葡萄酒)和巴黎高级化妆品;1862～1865,公董局副总董;1865,法租界自来火行经理
Schmidt Édouard François	1832	曼彻斯特	财务总办	1862～1865	是	1	
Bernard Julius			董事	1865～1866			
Borel A			董事	1865～1866			1865～1866, Vaucher Frères 洋行
Duforest Jules	1832	上海	董事	1869～1870			1864～1865, Collomb et Charrier 合伙人、马车和汽车的出租人
Fajard Eugène Émile	1825	马赛	董事	1862～1863	是	3	1860～1875,生丝出口商、土地商
Forbes F. (G. B.)			董事	1868～1873			
Franquev ILLE			董事	1865			1864～1865,法国邮船公司的检查员
Groom F. A. (G. B.)			董事	1867～1870			
Hennequi N A.			董事	1874～1876 1877～1878			1874～1877,法国邮船公司的经纪人
Lemaire Charles	1825		董事	1863～1865	否		1862～1865,施米特洋行的出纳

(续表)

姓名	出生时间	出生地	职务	时间	婚否	生育情况	备注
Leroy Antoine Auguste Edmond	1840	巴黎	董事	1873～1874 1875～1876	是	2	批发商;1873,煤气公司的秘书及经纪人;1873～1874, Nachtrieb的合伙人,成立Leroy & Cie洋行;1875,比索内洋行的代理人
Maignan-champro Amin Alexis Germain Henri	1828		董事	1868～1870, 1871～1877			1865～1880,税务员,之后为法国邮政局局长;1866,领事法庭陪审官
Maniquet Jean	1830		董事	1862～1863	否		1861～1863, Cabotage洋行的领导,生丝批发商
Martin Georges	1830		董事	1869～1871			1869～1872,药剂师
Massais Émile			董事	1865～1866 1867～1869			1864～1865,公董局医疗处职员;1865～1866、1867～1869,公董局董事
Monnier Raphael			董事	1866～1867	是	1	1866,Guissonnet公司合伙人;1868～1874, Chartron, Monnier & Cie公司的代理
Théric A.			董事	1866～1867			1864～1867, Théric & Cie洋行职员
Wheelock T.			董事	1871～1874			
Whithall E.			董事	1865～1866			
La Haille (DE) Charles			工程师	1868～1872			

(续表)

姓名	出生时间	出生地	职务	时间	婚否	生育情况	备注
Galle Paul Édouard	1835	阿尔卑斯	公董局职员	1862 ~ 1873	否		
Goupil.			公董局职员	1867 ~ 1869			
Dupré A.			路政官、工程师	1864 ~ 1866			

资料来源:Guy Brossollet, *Annuaire des Française de Shanghai* (*1842 ~ 1955*): *Identités*, *Professions*, *Familles*, *Dates de Séjour*, *etc*, Paris: Editions Rive Droite, 2002.

公董局在成立之初,只有一个巡捕房和道路委员会,当时巡捕房有三个总巡,十八个巡捕,一个监狱看守,还有一个书记官,巡捕房下设道路检查员一名,指挥五个中国雇员。整个巡捕房的风气很差,都是临时招募的,大部分是外国籍商船上开小差的,缺乏纪律,经常敲诈勒索,执行任务不能令人满意。① 公董局规定自1862年6月1日起,巡捕房归公董局管辖,并规定巡捕房人员应全部由法国人,或宣布服从法国领事馆并从此归法国裁判权管辖的外国人组成。针对这一规定,当时的二十三个巡捕中有十三个反对,董事会立即辞退了这些闹事的家伙,并任命隆德为总巡,克莱芒②为副总巡。③ 董事会还决定将捕头增至四人,派一人到税收科,巡捕增至二十人,并在法租界东南角比索内的一块地产上设一个分区捕房。但董事会很快就发现隆德玩忽职守,经常不上班,整个捕房的巡捕作风都受到了影响。④ 公董局决定从法国聘请一个内行的总巡和三十个巡捕,并通过外交部和在法国的一位联络人通信,挑选了一批优秀的警务人员和一位一流的总巡。这位杰出的人物名叫加洛尼·迪斯特里阿,他是一位退伍军人,也是"铁路一级特别委员"。他受托招

① 《上海法租界史》,第329 ~330页。

② 1837年生于下夏朗特,1860年7月1日进捕房工作,1861年任捕头,1862年3月1日任副总巡。1862、1864和1879年担任总巡工作,1883年11月1日被任命为总巡,1892年8月8日死于上海。见《上海法租界史》,第329页。

③ 《上海法租界史》,第331页。

④ 《上海法租界史》,第332页。

聘自己的巡捕,可是他只招自己的同乡,招聘的巡捕全是科西嘉人。① 但董事会很快发现新招聘的这批巡捕比原来的还要糟。穆布孙在1865年6月14日给领事司的一封信说:“这帮在巴黎挑选的巡捕都是些无赖,他们来中国是想用一切手段发财,因此一到上海,就立即表现出只有害处,而没有用处,沉溺于种种恶习。他们不仅不维持法租界的良好秩序,反而自己就行为不端。”②由此董事会罢免了加洛尼,暂时任命费利克斯-埃米尔·安托万,后者是一位远征军炮兵辎重队副官,得过军事奖章、意大利奖章。在他上任之后,巡捕房才逐步走上正轨。见于记载的巡捕房的职员,如表2所示。

另一些法国人在中国政府部门如海关、邮局和盐税局等任职。自1878年至1918年,儒勒·雷幕萨(Jules Remusat)在上海的中国海关担任特派员(commisssaire)达40年之久;皮埃尔·克莱梅(Pierre Kremer)和费朗索瓦·阿克曼(Francois Akermann)自1910年起又担任了10来年的特派员。③ 此外还有:奎莱(Cuillet C.),1852年任清朝省级的检察官;吉耶里(Guierry E.),1853~1857年任清朝的检察官;R.路易斯(Rocher Louis),1869~1901年在中国海关任职,结婚,并育有三个孩子;诺维翁(Novion A.),1863~1901年,先任中国海关的助手,后成为特派员;努尔(Josse Noël),1839年生于罗纳,1864年在梅纳洋行(Meynard et Cie)工作,1867~1869年任中国海关职员;P.路易斯(Pichon Louis),1838年生于奥恩,1860~1895年在中国海关工作,担任医生;西奥菲尔(Piry Théophile),1851年生于卢瓦尔省,1871~1874年在福州兵工厂工作,1874~1902年,在中国海关工作,先为助理,后升任特派员,1902~1916年担任北京中国邮局的总办,等等。

表2 1862~1875年间公董局巡捕房职员

姓名	出生时间	出生地	职务	任职时间	婚否	孩子	备注
Antoine Félix Émilie	1832		巡捕	1862~1868			

①《上海法租界史》,第357页。

②《上海法租界史》,第357页。

③ Guy Brossollet, *Les Francais de Shanghai 1849~1949*, Editions Berlin 1999, p. 94.

(续表)

姓名	出生时间	出生地	职务	任职时间	婚否	孩子	备注
Baron Émile	1833	菲尼斯泰尔	巡捕	1865～1866	否		
Benedetti Dominique Antoine	1831	科西嘉	巡捕房秘书	1863～1864	是		
Bernard Amédée	1834		巡捕房秘书	1865～1866			
Berthelot Clément	1837	夏朗德	巡捕士官	1860～1892	是	3	1860，巡捕；1861～1862，士官，1862～1883，副捕头；1883～1892，捕头
Bono Charles Victor Auguste	1836		巡捕	1865～1866			
Clivé Eugène	1841		巡捕	1865～1866	否		
Cousirat Jean	1840	吉伦特	巡捕	1863～1866	否		
Dupont Célestin	1837	罗纳河	巡捕	1864～1865	否		
Gouzerh Jean Louis	1835	莫尔比昂	巡捕	1865～1866	否		
Labarrere Jean Pierre	1834		巡捕	1864～1865			
Lucaud Ambroise	1832		巡捕	1864～1865			
Moinard Joseph Dominique	1834		巡捕	1865～1866	否		
Renucoli Jean	1837		巡捕	1865～1866	否		

(续表)

姓名	出生时间	出生地	职务	任职时间	婚否	孩子	备注
Séverans Florent	1838		警察	1863 ~ 1871			1863,巡捕房秘书;1868 ~ 1871,巡捕房,公董局会计秘书
Vaucher Fritz Henry	1826		警察	1861 ~ 1875			1861 ~ 1866,巡捕;1866 ~ 1875,Vaucher Frères 洋行职员
Videau Jean Ulysse	1844	吉伦特	警察	1865 ~ 1891	是	1	1865 ~ 1869,巡捕;1880 ~ 1891,密采里饭店职员
Voisin Jean François	1830		巡捕	1863			
Rennucci Jules Antoine	1826	科西嘉	巡捕	1864	否		
Agostini Pascal Toussaint			巡捕	1864 ~ 1869			1865 ~ 1866,从商;1866 ~ 1869,公董局董事
Kenneth V.			巡捕头	1859 ~ 1860			
Lavigne Jean			巡捕	1861 ~ 1862			
Olivier François Lucien	1825	马赛	巡捕	1865 ~ 1868	是	1	
Pichon Alfred			巡捕	1862 ~ 1863	否		
Spinetti Natal			巡捕头	1860 ~ 1863	否		

资料来源:Guy Brossollet, *Annuaire des Française de Shanghai* (*1842 ~ 1955*): *Identités*, *Professions*, *Familles*, *Dates de Séjour*, *etc*, Paris: Editions Rive Droite, 2002.

四 开埠初期从事宗教圣职的法侨

自 17 世纪始,传教士在法国对外殖民活动中起着极为重要的作用,“迄路易十六,法国对于路易十四对华贸易之政策亦步亦趋,帮助教士为其发展对华商务之唯一法门。路易十六而后,拿破仑继之,方法亦为利用教士”[①]。据法国的居伊·布罗索莱先生编写的《年鉴》[②]统计,在1842～1875年间,有正式教职并在上海任职时间有记载的法国天主教教徒有65名,分属遣使会、耶稣会、味增爵会、拯亡会和外方传教会等各教会。其中,耶稣会在所有来沪的天主教各派中人数最多,势力最强,地位也最为显赫,比如见于传记的既有天主教江南教区的主教、徐家汇修道院的院长,也有圣约瑟教区的本堂神甫,见表3。1842年6月,最早来沪的耶稣会是艾方济(François Estève)和南格禄(Claude Gotteland)两位神父;紧随其后的是李秀芳(Benjamin Bruyère)和梅德尔神父(Lemaitre),他们最先来到徐家汇,建造教堂,后又为天主教争得了上海其他三处教会地产,建造了董家渡教堂、圣约瑟教堂,开设了很多教区,使上海很快发展为天主教在华的重要中心之一。

西方各教派还在上海广置房产,并设立了教会“财务管理处”,雇用不少传教的神父,作为教会的会计,专门负责管理教会的地产。他们将房产租赁出去,所获租金占宗教总收入的40%。[③] 比如在1877年法租界的地产统计表[④]中,仅遣使会在法租界的地产就有69余亩。在1857年5月13日的地产估价单中,味增爵会的代理人吉埃里的地产估价为1400两白银,耶稣会梅德尔神父的地产估价为9600两白银。[⑤] 还有一位拉拉·博尔德里神父,是下比利牛斯省人,1865年10月是“战斗号”的海军部随军神父,早在1863年2月,他就以28420两白银购买了24余亩地,从1863年到1866年,他把这些地陆续卖出,价格近31000两白银。[⑥]

除此之外,耶稣会还积极推广科研和教育等公益事业。在科研方面,耶稣会培养了不少专家人才,比如动物学家韩伯禄神父(Pierre Marie Heude, 1836～1902),他于1866年到达徐家汇,1872年耶稣会任命他为教会收藏品的负责人,并为他专门建了上海的第一座博物馆,用于收藏他在各地搜寻到的动物标本。[⑦] 科隆贝尔·奥古斯汀

---

① 张天护:《清代法国对华贸易问题之研究》,《外交月报》,卷8,第6期,第51页。转引自姚贤镐:《中国近代对外贸易史资料(1840—1895)》,北京:中华书局,1962年,第165页。

② Guy Brossollet, *Annuaire des Française de Shanghai (1842～1955): Identités, Professions, Familles, Dates de Séjour, etc*, Paris: Editions Rive Droite, 2002, pp. 8～11.

③ Guy Brossollet, *Les Francais de Shanghai 1849～1949*, Editions Berlin 1999, pp. 168.

④ Concession Française, Shanghai, Rôle de La Propriété Foncière Au 30 Juin 1877 (Shanghai: Imprimerie "Celestial Empire", 1877).

⑤《上海法租界史》,第209页。

⑥《上海法租界史》,第365页。

⑦ Guy Brossollet, *Les Français de Shanghai 1849～1949*, Editions Berlin 1999, pp. 187～188.

(Colombel Augustin)神父,1833年生于巴黎,入耶稣会后专门钻研天文学。来沪后在1873~1874年被耶稣会任命为徐家汇天文台台长。在教育方面,1850年由耶稣会传教士南格禄创办圣依纳爵公学,即后来的徐汇中学,成为上海最早传播西学的重要学府。

除了上述活动外,法侨中的宗教人士在医疗卫生方面亦颇有贡献。法租界内最初给欧洲人看病的是设在孟斗班路的远征军医院。① 据《年鉴》记载,格里尔(Guerrier, 1861)、C. J. 皮尔河(Chavrier Jean Pierre, 1861)、索布尔(Soboul, 1862)先后服役于法国军队医院(l'hôpital militaire);古利亚诺(Guiliano)于1860年担任远征军的主治医生;S. 亨利(Sabathier Henry)在1862~1863年间担任法国海军医院的主治外科医生。1864年10月,海军部外科医生马赛博士接替任上海海军医院外科主任的迪比科博士,迪比科在海军医院关闭时,曾负责巡捕房医务处。② 显然这些医生成为为上海的欧洲人治病的主要医生。

随着远征军撤离上海,远征军医院也随之关闭,当时急需一家类似的欧洲医院。传教士德雅克神父(江南教会代理人,大家称他是"租界教区"的第一任本堂神父,就是1857~1861年的洋泾浜小教堂,后来的洋泾浜天主堂的第一任本堂神父)召集不同国籍、不同信仰的商人,凑了一笔5万两的资金,开设了一家医院,即公济医院,于1864年1月1日开办,设在科尔贝尔路和法租界外滩转角处的一座好几层的大房子里。医务人员由仁爱会的修女担任,这是江南教会向法国提出的要求,这个修会的修女在克里米亚战争期间所做出的杰出行为在英国社会各界赢得了盛名。医院院长是一位令人钦佩的妇女,她把自己的一生都贡献给了中国的慈善事业,她就是若里阿斯修女。该医院最初只有6个修女,从1867年起有10个修女承担医疗工作。从1864年到1868年,这些修女治疗了5138个欧洲人和美洲人。③ 据《年鉴》记载,以下医生先后在公济医院任过职:P. M. 伊西多尔(Pradier Marcelin Isidore, 1865年在该医院任职)、阿利格尔(Allegre,1839年生,在该医院任职时间:1863~1887年)、梅耶(Meyer A.,生于1835年,任职时间:1864~1865年)、R. 里夏尔(Richter Richard, 1841年生,1865年在该医院任医生)、S. 亨利(Sabathier Henry, 1862~1863年任医生)、W. J. 古斯塔乌(Well Joël Gustave, 1837年生,1871~1874

---

①《上海法租界史》,第378页。
②《上海法租界史》,第371页。
③《上海法租界史》,第379页。

年任该院医生)、饶黑亚(Jaurias De, 1864～1870 年任医生)等。

表 3　开埠初期部分法侨宗教人士

姓名	出生时间	教派	出生地	职务
Azais Marié	1813	圣-文森-德-保罗修女会	塔恩	1862～1881,中国教区主持、公济医院的护士
Basuiau Hippolyte	1824	耶稣会	诺德	1867～1878,教会账房;1871～1883,圣约瑟教区的神甫
Borgniet André	1811	耶稣会	美耶斯	1856～1862,天主教驻华的主教
Brouillon Nicolas	1816	耶稣会	马恩	1851～1854,修道院院长
Fournier Alexandre	1814	遣使会	约纳	1852～1872,修士
Fournier Pierre	1802	耶稣会	索姆	1854～1855,修道院院长
Garnier Valentin	1825	耶稣会	伊勒-维莱纳	1868～1898,徐家汇教区本堂神甫、江南教会主教
Bulté Henri	1830	耶稣会	加来海峡	1873～1875,大修道院院长
Colombel Augustin	1833	耶稣会	巴黎	1873～1874,徐家汇天文台台长;1874～1875,徐家汇小修道院和圣依纳爵公学的教职员
Languillat Adrien	1808	耶稣会	马恩	1857～1878,江南教会主教
Lemaitre Mathurin	1816	耶稣会	美耶斯	1849～1851,教会账房 ;1855～1863,教会会长
Pacelli Paul	1812	耶稣会		1847～1850,法国教区的意大利耶稣会会士
Poissemeux Augustin	1804	耶稣会	莫尔比昂	1848～1850,耶稣教会会长
Lardin Eugénie	1827	拯亡会		1867～1871,上海拯亡会第一任会长

(续表)

姓名	出生时间	教派	出生地	职务
Sica Éloi	1814	耶稣会		1875~1890,大修道院的教员
Le Chauff Henriette		拯亡会		1873~1916,会士
Rizzy Joseph		遣使会		1859,教会神甫
Vautrin Louis Charles		遣使会		1851~1852,教会神甫
Prévoisin (DE) Théodore		耶稣会		1871~1873,圣约瑟教区神甫
Orta Jacob		耶稣会		1871~1873,圣约瑟教区神甫
Lemonnier Eugène		外方传教会		1869~1875,教会司铎
Maistre		外方传教会		1849,教会司铎
Huc		外方传教会		1849,教会司铎
Frin Julien Célestin		耶稣会		1871~1873,修道院修士
Terrien Constantin		耶稣会		1875~1876,修道院修士
Anot		天主教		1864~1873,天主教神甫
Lanfranchi				1865~1869,天主教神甫
Moulys				1865~1873,天主教神甫
André Alexandre		耶稣会		1871,耶稣会会士
Androuard Victor		耶稣会		1875,耶稣会会士

资料来源:Guy Brossollet, *Annuaire des Française de Shanghai* (*1842 ~ 1955*): *Identités*, *Professions*, *Familles*, *Dates de Séjour*, *etc*, Paris: Editions Rive Droite, 2002.

五 开埠初期从事军事和防御的法侨

1842~1875年间,上海先后发生过小刀会起义和太平天国战争,为了有效地保卫上海及租界地区的安全,法国政府先后向上海派驻过三支法国军队,分别是:1853~

1855年小刀会"叛乱"爆发时派遣的海军陆战队步兵团(Régiment d'infanterie de marine，1854～1865)及其海军军舰;1860～1862年太平军进攻上海以及第二次鸦片战争时法国派遣的野战步兵第102团(le 102e Régiment d'infanterie de ligne，1860～1862)和非洲轻步兵第三团(le 3e Régiment d'infanterie légère d'Afrique，1862～1865)。战争期间,这些法国军队分散在县城内的豫园和许多岗哨站之间。1863年,海军上将若雷斯带了300名非洲轻步兵到西贡,给上海留下了320人。① 后来外国人又把绝大部分兵员转移到吴淞。到1864年年底,留在上海的只有一支非洲轻步兵(驻扎在徐家汇耶稣会神父的房子里)以及占据豫园的50名水兵(这50名水兵代表了"登陆部队")。1865年1月初,海军上将若雷斯出于种种考虑(主要是经济上的考虑),决定把最后一支部队也带到吴淞。② 在史上留名的法国军官并不多,如表4所示,他们大部分未婚,当军队撤离上海时亦随之离开,只有很少一部分后来留下来从政、经商或从事更低层次的工作。

为抵御太平军入侵上海,在孟斗班将军授意下,法国方面也组织了一个中国人炮兵队,由炮兵上尉穆瓦德雷指挥。穆瓦德雷生于1824年10月7日,1845年进入巴黎综合工科学校。他以助理上尉的身份进入远征部队总参谋部的炮兵军官之列。③ 因此,在表4中可以看到很多法国军官担当了中国炮兵队的教官。太平天国时期的洋枪队主要由英属印度军和法军各1000人组成,法文名为中法部队(Corps franco-chinois)。1862年法国仿效华尔组织了一支洋枪队,由法国海军"孔夫子号"舰长勒伯勒东和中尉日意格办理。勒伯勒东1833年生于克莱蒙(卡尔瓦多斯省),1855年为准军准尉,1857年任中尉,1862年5月10日又晋升上尉。日意格的经历如前述。他们把法国远征军中在上海退伍的士官和士兵召去充任军官,组成了一支400人的法国洋枪队。1863年1月17日进攻绍兴时,勒伯勒东被炸死,继任的穆瓦德雷也阵亡了,德克碑和博纳富瓦接替指挥这支队伍。终于,他们在3月18日攻下了绍兴,之后规模不断扩大,最大时有2500人。1864年随着太平军逐步溃败,法华洋枪队解散了。④ 见于《年鉴》记载的重要的法国洋枪队军官有:D. P. 稻米尼克(Dauxer Pierre Dominique,生于1825年)、A. 保尔(Aiguebelle [D'] Paul)、查理斯

① 1863年1月19日,《爱棠致麦华佗函》,转引自《上海法租界史》,第380页。

② 《上海法租界史》,第380页。

③ 《上海法租界史》,第262页。

④ 《上海法租界史》,第284页。

表4　1851～1875年法国驻沪部队将士一览

姓名	出生时间	出生地	军衔	在沪任职时间	婚否	备注
Plas(De)F.			“喀西尼号”船长、海军军官	1851～1854		
Merlo François Edmond		留尼旺	“喀西尼号”海军战士	1853～1859	否	
Didiot			海军外科医生	1860		
Duburquoy			海军医生	1860～1874		
Pallu De La Barriere Eugène	1835		二副	1860～1868		
Varannes(Des)			士兵	1860～1862	否	
Levesque Des Varannes			副官、二副	1861～1862	否	
Soboul			海军外科医生	1862	否	
Bonnefoy			海军中尉、法国洋枪队的指挥官	1862～1863	否	
Marolles(De)			海军军官	1862～1863	否	
Billion Jean Alfred	1832	伊泽尔	海军陆战队支队的长官	1863～1864	否	
Borderie Lala			海军部的神甫	1863～1866	否	
Letrecher Désiré	1825		海军部的护士	1864		
Chanoine Jean Albert			副长官、二副	1866～1867		
Merciat(De)			上海海军的舰长	1868		

(续表)

姓名	出生时间	出生地	军衔	在沪任职时间	婚否	备注
Loizillon			海军中尉	1874	否	
Bonnefoy			海军中尉	1862～1863		中法军队的指挥官
Loizillon			海军中尉	1874		
Brossard De Corbigny			海军中尉	1862～1863		
Levesque Des Varannes			海军中尉、海军元帅 Protet 的副官	1861～1862		
Chanoine Jean Albert			二副	1866～1867		
Baudeau(De)			海军军官	1853～1856		
Durun Philarète			海军中尉	1854～1855		
Jaures			船长	1854～1863		
Durel Médéric Emmanuel Armand	1826	芒什	商业海船的老军官	1863～1864		
Gabay(ou Garbet)Jean			野战团士兵	1860～1862	是	
Salaberry(De)			护航舰海员	1858～1860	否	1860～1861,军火商
Pecheur Henri Joseph	1828		非洲轻步兵第三军团上尉	1862～1863	否	

(续表)

姓名	出生时间	出生地	军衔	在沪任职时间	婚否	备注
Baconnier Antoine Charles	1831		非洲轻步兵第四军团上士	1862~1864	否	1864~1866,领事馆的主事;1866~1868,中国军队的教官;1870,志愿军的指挥官;1870~1872,批发商;1879~1880,公董局职员
Théologie		诺德		1861~1862	否	
Lucas(ou Luca?) Hormidas Stanislas		罗纳河口	副官	1860~1869		1862~1869,中国军队的指挥官
Guerrier			军队医生	1860		
Pinel			逃兵	1860	否	
Guiliano			远征军的主治医生	1860		
Lebarde			志愿军的中尉	1870		
Maliquet Louis François	1834		中国军队教官	1863~1864	是	
Penchinat Michel Narcisse Joseph	1836		中国军队教官	1863~1864	否	
Pietri Pierre		卢瓦尔	非洲轻步兵第三军团上士	1862~1863		
Vidal Jean Paul Isidore		比利牛斯	非洲轻步兵第三军团上士	1862~1871		1868,福州兵工厂;1871,上海行医

(续表)

姓名	出生时间	出生地	军衔	在沪任职时间	婚否	备注
Roquefere			非洲轻步兵第三军团上士	1862 ~ 1885		1864 ~ 1885,洋枪队(江苏)的长官
Schmitz Colonel			参谋长	1860 ~ 1861		
Favre			军舰长、将军	1860		
Guerrier			军队医生	1860		
Delhon			军人	1860		1865 ~ 1866,批发商
Jamin				1860	否	

资料来源:Guy Brossollet, *Annuaire des Française de Shanghai (1842 ~ 1955): Identités, Professions, Familles, Dates de Séjour, etc*, Paris: Editions Rive Droite, 2002.

(Combat Eugène Charles, 1831 年生于莫尔比昂省)、艾米丽(Collet Émile)、C. 让·巴提思特(Croissant Jean Baptiste,1835 年生)、吉轰德(Gironde)。见于《年鉴》记载的法国洋枪队队长有:D. 奥古斯特·贺磊(Dodin Auguste René, 1834 年生)、阿博丽奈河(Flache Appolinaire)。教官有:C. 查理斯(Clément Charles,1834 年生)、S. 皮埃(Soucasse Pierre)、D. 菲利普(Dumond Philippe)等。

在城市防御方面,为了有效地护卫上海的城市安全,1861 年 1 月 14 日,在领事爱棠的主持下,法租界成立了义勇队①。据统计,1849 ~ 1875 年在义勇队服役的法侨,见于传记的有 29 人,他们大部分未婚,平均年龄 34 岁,仅有 6 人结婚,3 人有孩子。有孩子的分别为:B. J. E. 皮埃(Barbe Julien Emmanuel Pierre,1827 年生,1870 ~ 1878 年担任卫戍部队的长官)、义勇队的副长官 J. 皮埃(Jarno Pierre, 1847 年生于莫尔比昂省)和 N. 维克托(Ninaud Victor, 1835 年生)。中士官(Sergent)有 3 人:E. 米歇尔(Eckert Michel, 1829 年生于上莱茵省)、R. 伊萨克

① 《上海法租界史》,第 318 页。

(Roos Isaac, 1831年生于下莱茵省)和C.让(Chaigneau Jean, 1831年生于纪龙德省)。下士官(Brigadier)有6人:G.托马斯(Giudicelli Thomas, 1836年生于科西嘉)、L.伯纳德(Laperne Bernard, 1832年生)、L.约瑟夫(Lay Joseph, 1834年生)、H.查理斯(Hugues Charles)、B.弗朗索瓦(Bonneau François, 1835年生于双塞夫勒省)、C.德斯黑(Caré Désiré, 1831年生)。联络官有8人:B.米歇尔(Béranger Michel, 1833年生于罗纳河口)、B.让(Binos Jean, 1836年生)、C.维克特(Choine Victor, 1835年生于北滨海省)、E.易武(Ély Yves, 1837年生于菲尼斯太尔省)、M.尼古拉(Morique Nicolas, 1836年生)、C. H. M.约瑟夫(Champion Henri Marie Joseph)、C.让(Collin Jean, 1828年生于下莱茵省)、F.路易斯(Ferry Louis)。另外有一些无军衔士兵:T.河内(Tessier René, 1828年生于伊尔-维兰省)、G. P.菲尔敏(Galayucon Pierre Firmin, 1832年生于比利牛斯省)、E.哈法埃勒(Ellis Raphaël, 1836年生)、卡哈茶(Caratza)、嘎隆尼(Galloni)、迪斯噶(D'istria)、T.让(Tomasi Jean)、W.亚当(Weber Adam)等。此外,还有一位G.安驰义(Grenot Achille),在卫戍部队仓库工作,之后成为一位批发商。

派到上海的不受欢迎的大量军队中,法国人仅占极少数,从事军火生意往往最不得人心,而见于记载的法国军火商不多,比如阿鲁内、马松(Marson, 1865～1866年在上海从事军火买卖)、萨拉贝里(Salaberry [De], 1860～1861年在沪)。相反有更多的记载是关于法国军队行善的记载,比如史式徽说:"董家渡的轻装兵就这样每天供养四五十个穷人。神父们还不厌其烦地一一叙述了士兵个人的慈善行为。"①而我们从1860年到1865年的领事馆档案里看到,法国兵被控告的事仅有两三件。实际上,远征军中的一部分法国士兵是自愿参军的,但大部分是曾在克里米亚、意大利和非洲打过仗的坚强的部队,特别是人们会称之为"和风"的非洲部队,估计他们在上海的表现并非人们想象的那样好。②

海军和陆军士兵的一部分在退伍或服役期满时决定在上海定居下来,但大部分人遇到了生活上的各种困难,很快对上海就感到厌烦,他们想尽快捞到一笔财富的希望很快也落空了,最后不得不离开上海,再也不回来了。留下来的人一般都当了洋行的职员或公董局的职员,或者从事比较低层次的职业:巡捕、经营咖啡馆或

---

① 史式徽:《江南传教史》第2卷,上海:上海译文出版社,1983年,第31页。

②《上海法租界史》,第232～233页。

饭店、糕点师、厨子、钟表匠或车辆出租人等等。① 餐饮和旅馆业的老板极有可能是随军而来,或者本来就是为部队服务的,据记载“在法租界开咖啡馆和肉店的法国人……他们都是非洲部队第101营和第3营的退伍军人”②。比如夏纽,本是个穷士兵,退伍后开设了一家皇家邮船公司旅馆。③ 1860～1875年见于记载的法租界的旅馆有:密采里饭店(l’Hôtel des Colonies),最早由米歇尔(Cassé Michel,1838年生)于1863年开办,位于孟斗班路72号,为当时法租界最奢华的旅馆之一,1869～1873年,该旅馆业主为B.让(Brossard Jean,1832年生)和P. Pujol Fortuné(1836年生);“温柔城堡”旅馆(le Chateau des Douceurs),是F.威亚基尔(Fabre Virgile,1835年生)和G.日耳曼(Gandeaubert Germain,1830年生)于1864年合伙开办的,在当时该旅馆名气很大。还有一个旅店直接以军队命名,即海军旅店(l’Hôtel de la Marine),它是L.皮埃(Londe Pierre,1813年生于夏朗德省)于1860年开设的。此外,C.斯皮侯(Candarios Spiro)于1873年开设了一家名为圣弗兰西尤餐饮兼咖啡馆。

这一时期,见于记载的法国厨师不在少数:C.拿破仑(Conte Napoléon, 1861～1862年在沪做厨师)、B. P.厄内斯特(Balade Pierre Ernest, 1838年生于利兰狄,1862～1863年在沪)、C.皮埃(Castrejean Pierre, 1837年生于康塔勒,1864～1865年在沪)、C.克劳德(Chaussard Claude, 1827年生于阿利埃,1872～1873年在沪)、S.维克特(Sibille Victor, 1836年生,1869～1881年在沪)、L. J.路易斯(Lesventes Jean Louis, 1841年生,1869～1870年在沪做厨师,1881年经商)、B.路易斯(Bernard Louis, 1842年生于荣纳,1873～1875年在沪做猪肉商、厨师)、S. A.安瑟勒幕(Seisson Alexandre Anselme, 1844年生于瓦尔,1873～1899年在沪)、C.斯皮侯(Candarios Spiro, 1873～1874年担任圣弗兰西尤餐饮兼咖啡馆的经理)。此外还有面包师B.耐(Burle Eugène, 1830年生)、M.查理斯(Maranne Charles, 1827年生)、S.易斯多(Syrand Isidore, 1837年生)、F.安德雷·恺撒(Fouque André Césaire, 1827年生)、F. J.安托尼(Fallety Jacques Antoine, 1816年生于上阿尔卑斯)等,糕点师有H.厄内斯特(Harmonie Ernest, 1838年生,1869～1870年在沪)、S.约瑟夫

① 《上海法租界史》,第233页。
② 《上海法租界史》,第359页。
③ 《上海法租界史》,第395页。

(Sibilia Joseph, 1835年生于罗纳河口,1868~1869年在沪)等。

除此之外,早期来沪的法侨中还有从事其他行业的人:B. A. 让(Berthet Antoine Jean),1835年生于法国德龙省,1863~1871年做假发师、理发匠,1873~1889年从事葡萄酒贸易,结婚并生有三个孩子;T. 路易斯(Teissier Louis),1836年生于瓦尔省,1865~1866年做理发师,单身;卡哈比(Carraby),1865~1866年做理发师;C. E. 约瑟夫(Chevreu Édouard Joseph),1833年生,为摄影师,1863~1864年在沪;F. 安托尼(Fauchery Antoine),为作家兼摄影师,1860年在沪,单身;帕航(Parent),为摄影师,1865年在沪;C. G. H. 埃尔伯(Chausse Georges Henri Albert),为摄影师,1863~1864年兼任洋行的代表,单身。另一特别值得一提的是让·雷慕沙(Rémusat Jean),他1815年生于纪龙德,他的叔叔阿贝尔(Abel)是法兰西学院的首席汉学家。让·雷慕沙并未继承其叔叔的汉学研究事业,而是专心于音乐。起初他只是个独奏吹笛手,后成为波尔多大剧院管弦乐队的指挥。他还曾担任过伦敦皇后戏院的主任。1865年,他来到上海,在上海建立了第一支法国人管弦乐队。①

六 开埠早期上海法侨地缘与社会关系

开埠早期来沪的法侨之间存在怎样的社会网络关系,是探讨上海法侨的一个重要问题。通过梳理以上法侨的来源地及其亲属关系,可以发现法侨的社会网络具有以下的特征:

第一,家族制是早期法商社会网络中最主要的特征。陈正书指出,早期进入上海的著名大洋行,大多是家族控制的资本组织形态,或是以某一家族为主,吸收部分合伙人的资本组织形态。② 在上海早期法商中最能体现家族制的是父子公司或兄弟公司十分普遍,比如里昂莫尼埃父子公司;又比如利名钟表行即由雷米的侄子施米特继承;钟表商乌利文洋行在其业主乌利文去世后,由其儿子小乌利文(J. Ullmann)继承其父业;经营生丝贸易的笔喇(Ulysse Pila)洋行1869年在上海设立办事处,由其侄子路易·笔喇(Louis Pila)负责,他的儿子则于1899年到此处任职等等。另外,在早期洋行企业中有不少是兄弟公司,而且公司的名称中也带有兄弟"Frères"或"Cousin"的字眼,比如利威洋行(Sennet Frères)、沃歇洋行(Vaucher

① Guy Brossollet, *Les Francais de Shanghai 1849~1949*, Editions Berlin 1999, pp. 110~111.

②《上海通史·晚清经济》,第42页。

Frères),大丝绸商梅纳最先也是与其堂兄玛瑞斯(Marius)以及一家瑞士公司(Fleurier, Bovet, Freres & Cie)合伙创办了兄弟洋行:梅纳洋行(Meynard, Cousin & Cie),另外还有剌可瓦斯洋行(Lacroix, Cousins et Cie),等等。

第二,同乡关系。有不少法侨是受到同乡成功创业的诱惑或感召而来到上海的。比如生丝贸易商依蒙-亨利(Eymond et Henry)、沙伯特(Chabert)和杜航(J. Durren)先生均为波尔多同乡,负责为里昂的工厂主购买中国生丝。

此外,在行政部门,同乡现象也非常普遍。例如在领事馆,驻沪代理领事爱棠(Edan Benoit)与同事驻沪领事主事兼翻译李梅(Lemaire Victor)是同乡,均来自法国的瓦兹省。在巡捕房,秘书B. D. 安托尼(Benedetti Dominique Antoine)与巡捕R. J. 安托尼(Rennucci Jules Antoine),均来自科西嘉。当总巡加洛尼·迪斯特里阿受托招聘自己的巡捕时,他招聘的都是自己的科西嘉同乡。

为了更好地理解法侨的地缘关系,笔者对《年鉴》中记载的1848~1875年的432名法侨民来源地进行统计,其中只有73人有详细的来源地记载,其地理分布如下:

巴黎大区:巴黎(9)、塞纳河(5),塞纳-瓦兹(2),共16人;

布列塔尼:菲尼斯太尔(2),下卢瓦河(Loire-Inférieure)(10),伊尔-维兰(7),莫尔比昂(5),诺德(5),共29人;

马赛大区:罗纳河口(5),瓦尔(3),共8人;

罗纳区:伊泽尔(3),罗纳(4),卢瓦尔(2),共9人;

阿尔萨斯:上莱茵(5),下莱茵(2),共7人;

诺尔和加来海峡:诺尔(3),加来海峡(1),共4人。

早期的法侨主要来自巴黎以及沿海的港口城市和东部里昂-罗纳工业区。从以上地点来看,首先,巴黎地区是法国的政治文化中心,故以外交官和传教士为多。其次,布列塔尼地区是法国对外贸易的一个重要港口,法侨的批发商大部分来自布列塔尼;罗纳区以及马赛区既是法国的工业区,也是法国最重要的对东方的贸易港口区,故以生丝批发商、各类批发商为主。第三,科西嘉地区,是法侨中警察、军人的重要来源地。

第三,社会关系错综复杂。最能体现这一特征的是法商与领事的关系,这是法租界的一个市政问题。在1848~1875年间,二者之间的关系发生了从"蜜月期"到"分裂期"的转变。从第一任领事敏体尼上任到1864年底为蜜月期,法侨的社会关系呈现“你中有我、我中有你、患难与共”的特征;从1864年白来尼就任上海领事到1865年法租界公董局组织章程的出台为分裂期,法侨的社会关系呈现“有你无我、各奔东西”的特征。

在蜜月期,领事与法商之亲密关系体现在三个方面:其一,为了维护法国的利益,领事对于初来上海的法商关爱有加。从租地到商业的开拓,领事无不尽其所能地帮助法商。在这方面敏体尼先生的功勋最为卓越。1848年到上海就任第一届领事的敏体尼先生,不仅为法国人争得了一块区位绝佳的租界地,而且为了吸引更多的法国人来上海,他还对中国几个省份的商业情况,包括丝织业、渔业、陶瓷业等进行了大量的调查并撰写报告,同时还将搜集到的蚕、动植物等标本寄给法国,他甚至说服绍兴的中国天主教徒根据法国带来的样品订购了3万多匹法国布。这些商业性极强的业务,对于一个领事而言是不可想象的,难怪后来他的这一行为被人视作越权。

其二,法商与领事患难与共,甚至结为亲家。雷米是最典型的代表。1843年,年仅27岁的他来到中国,最先在广州经营一家规模较小的出售钟表并兼售酒精、饮料的洋行。1849年,他来到上海。他的到来对法租界的成立帮助最大:一方面,正因为他的租地请求,才促成了法租界的诞生,尽管他不是法租界第一位申请土地的业主。后来法租界有一条马路即以他的名字命名,就是为了纪念他对早期法租界的卓越贡献;另一方面,他帮助驻沪法国领事馆度过了最困难的草创时期。比如将其中的一块地皮租借给领事建领事馆楼等,他之所以如此帮助领事馆,除了他高尚的人格之外,还与他跟第一任领事敏体尼的亲密关系有关。1861年,他娶了敏体尼的女儿卡罗利娜为妻,敏体尼就成了他的岳丈,从此与敏体尼又多了一层亲戚关系。雷米与领事的特殊关系为他在上海的发展铺平了道路。雷米不仅成为当时法租界最大的地产主,而且其经营的利名钟表行,营业额逐年攀升,每年营业额高达1200万法郎,也是当时仅次于法兰西银行的法商。

其三,领事重用法商行使行政职权,并以法商为主体组建公董局。爱德华·施米特是雷米的侄子。1855年,年仅20岁的施米特来到上海。后来他娶了敏体尼的小女儿,于是和雷米就变成了连襟。这种特殊的关系为施米特的发展提供了难得的机遇。1860~1862年,施米特成为法租界最大的法国地产商。1862年公董局成立,施米特被领事爱棠提名为公董局首届五位董事之一,其职位为司库并临时兼总办,成为公董局仅次于总董的二号人物。从1862~1865年,他连续三届担任公董局最炙手可热的肥缺——财务总办,并成为公董局实际的掌权人,任何事情都必须经过他的同意才可办理。另外大生丝商比索内、梅纳都成为早期公董局董事会的关键人物。1857 年第一届租地人大会召开,和雷米一样,比索内为其中参会的六位租地人之一。而且就在这届大会上,他被推举为道路委员会两位成员之一,开始担任法租界最重要的市政职务。1862 年公董局成立,比索内又被领事推荐为公董局总董,成为公董局最高的掌权人。他还担任过陪审官职务,获得了法国侨民及其他国家侨民的好感,法国领事爱棠甚至要求法国政府为比索内授予荣誉勋位十字勋章,并赞誉他是“在中国最高度地代表了我们国家进步的侨民”。[①]

此外,领事与法侨还存在一层宗教的关系,早期来沪的法侨大部分是天主教徒,或者与天主教有直接的关系。敏体尼在 1849 年 5 月 11 日致公使馆函中说道:“无奈,并非是宗教感情使我在言行上偏袒他们(作为军人和在这个时代精神中长大的人,我不幸很少有这种感情),而是正义感、自尊心以及对国家的荣誉感促使我这样做:这是国家的利益。”[②]无论如何,他们的这层宗教关系是不应小觑的。

但是好景不长,两件事促成了法商与领事的“分裂”:其一,在公董局任职的法商以权谋私,严重违背公董局成立的本意。以煤气事件为例,作为股东,梅纳和他的一伙公董局董事为了保证自己盈利,在与公董局合同的条款上明确地写道,必须保证百分之八的股息,即使公司的利润达不到这个数目。为了实现这一目的,他们将公董局的地产作抵押来确保这项条款。这一过分贪婪的做法因遭到领事的极力反对而罢休。这件事反映了公董局真的成为董事眼中的“盈利”公司了,其地产甚至可以拿来作抵押。[③]

其二,出身将门的白来尼子爵就任上海驻沪领事,成为二者分裂的主因。一身贵族傲气的白来尼子爵显然看不惯公董局董事,尤其是施米特和梅纳对于公董局及领事馆各项事务乱发号令、以权谋私的事实。当施米特向外交部索取领事馆租借他房子的 30 万法郎赔偿费时,当梅纳要求领事为其洋行所受损失向公使馆和中国政府交涉时,双方的矛盾不可避免地爆发了。[④] 双方的斗争一方面直接导致 1865 年公董局董事会被领事解散重组,另一方面导致 1866 年公董局组织章程出台,重新

① 《上海法租界史》,第 312 页。
② 《上海法租界史》,第 34 页。
③ 《上海法租界史》,第 370 ~371 页。
④ 《上海法租界史》,第 391 ~392 页。

确定了领事与法商之间的关系,二者之间的关系才走向正轨。

结　语

在开埠早期,法侨虽然人数不如英美侨民多,但在当时上海的地位和作用一点也不弱。早期来沪的法侨主要分为四类:商业、宗教、行政和军事。早期的法商以生丝贸易为主,钟表行、巴黎化妆品和葡萄酒亦占有重要的地位。法侨中从事宗教的人员占有相当大的比重,其中以耶稣会为最强,其势力深入到宗教、文化和教育等各个层面。从政是法侨的一个重要择业方向,领事馆的职员大部分由法国外交部任命,且资质较高;公董局的职员分为三部分,公董局董事主要是法国洋行的大班,巡捕房主要由来自各种法国军队的士兵和有过军事经历的法侨组成;其他比如从事技术类的职员,主要直接从法国雇用。从军也是早期在沪法侨的一个重要特征,来自法国的各个兵种、各个等级的士兵都在上海驻留过,或最终在上海扎根,从事各种行业的都有。这些法侨的地缘关系和社会网络并不复杂,家族制和同乡关系是早期法侨最主要的特征。另外,领事与法侨之间的关系也是早期法侨社会关系中最重要的案例,从蜜月期到分裂期,反映了早期法侨社会的历史。

(作者:牟振宇,上海社会科学院历史研究所副研究员)

汉璧礼与开埠早期上海租界外侨社会

韩瑞华

内容摘要: 汉璧礼在上海靠经商发家,成为有名的地产商。他担任过上海公共租界市政机构工部局的董事,还致力于上海的教育事业和慈善事业。后定居意大利莫托拉(La Mortola)小镇,在那里他创建了闻名于世的汉璧礼植物花园。他在意大利兴办学校,发展教育事业,为意大利做了许多公益慈善事业。他是一位诚实、正直的商人,也是一位信奉奉献、友爱的慈善家。

关键词: 汉璧礼　上海租界　上海外侨

1843 年 11 月上海开埠后,英、美、法租界相继辟设。租界的设立,使近代上海在政治、经济、文化和社会等方面发生了一系列的变化。据研究,近代上海外侨国籍,最多的时候达 58 个,包括英国、美国、法国、德国、日本、俄国、印度、葡萄牙、意大利、奥地利、丹麦、瑞典、挪威、瑞士、比利时、荷兰、西班牙、希腊、波兰、捷克、罗马尼亚等。[①] 这些外国侨民构成了上海的国际移民,在上海租界的各个方面发挥着重要影响,使上海呈现出国际性、开放性和包容性的特点。这些外国侨民中尤以英国人居多,他们很多是出于经商的目的来到上海,其中英侨托马斯·汉璧礼(Thomas Hanbury)就是很值得关注的一位。

汉璧礼不同于其他的外国商人。他遵守商业规则,合法经营,赢得了中国商人的尊重;他热爱和平,反对暴力和战争;他对待中国人很友好;他热心慈善和教育。

① 熊月之:《异质文化交织下的上海都市生活》,上海:上海辞书出版社,2011 年,第 31 ~ 32 页。

目前国内学界关于汉璧礼尚无专门研究,本文在发掘相关外文资料的基础上,对汉璧礼在沪经商和其他方面的活动进行专门研究。

一　汉璧礼生平

1832年6月21日,汉璧礼出生在英国伦敦克拉珀姆区的贝德福德路。他的父亲是丹尼尔·贝尔·汉璧礼(Daniel Bell Hanbury),母亲是瑞秋·汉璧礼(Rachel Hanbury)。汉璧礼夫妇共有六个孩子,汉璧礼排行第三,汉璧礼夫妇的其余五个孩子为:丹尼尔(Daniel)、桑普森(Sampson)、安娜(Anna)、卡博尔(Capel)和巴克利(Barclay)。这是一个虔诚地信奉基督教公谊会①的家庭。汉璧礼的父亲丹尼尔·贝尔是一家制药公司的合伙人,他所经营的这家制药公司位于伦敦市朗伯德街。公司经营得很成功,有着良好的信誉。哥哥丹尼尔后来成为一名植物学家和生物学家,对汉璧礼有很大的影响。

1841年,汉璧礼9岁时,前往克罗伊登(Croydon)的一所基督教公谊会(Society of Friends)学校读书。这所学校里的大部分男生都是基督教公谊会的成员。之后他又去了埃平(Epping)读书。1849年,汉璧礼17岁,结束了正规教育,开始在威廉·詹姆士·汤姆逊兄弟(William James Thompson & Sons)公司工作。这家公司位于伦敦市民辛巷(Mincing Lane),是一家茶叶代理经营商。汉璧礼在账房工作,凭借自己的勤奋努力和对工作的认真,他很快脱颖而出。1853年7月4日,汉璧礼带着父亲赠给他的6000英镑,与他的生意伙伴在南安普顿(Southampton)登上P&O航线上的"孟加拉号"邮轮前往中国,开始了上海之行。9月18日,他们乘坐"玛丽·伍德夫人号"(Lady Mary Wood)②轮船到达上海。

到上海后,汉璧礼所在的洋行即着手经营贸易,以茶和丝为主。汉璧礼在这个洋行中担任簿记。1854年1月,汉璧礼开始学习汉语,他的中文老师是沈毓桂③。由于生意合作伙伴之间的矛盾,汉璧礼所在的洋行后来解散。1858年,汉璧礼和弗

① 公谊会(Society of Friends;The Religious Society of Friends),基督教新教教派,亦称"贵格会""贵格宗"或"教徒派""友爱会""朋友会"。1688年,该会由福克斯创建于英国,属于属灵派基督徒。

② 它是英国轮船公司使用的客货轮。根据《上海沿海运输志》记载:道光三十年二月,英国大英轮船公司的"玛丽·伍德夫人号"(Lady Mary Wood)驶入黄浦江,泊于虹口江岸,三月开辟上海—香港定班线,是上海地区最早的沿海行驶客货班轮。该轮为老式明轮船,客货兼载,其客舱简陋,甚至以走道甲板为统铺。主机为老式蒸汽机,以煤为燃料,耗能大,航速低,每2~3周一个航班,每航次7~9天。

③ 沈毓桂(1807~1907),曾用名沈寿康,号赘翁,江苏吴县人,曾长期在《万国公报》主持编务。

雷德里克·宝威(Frederick Bower)合伙开了宝威-汉璧礼洋行(Bower & Hanbury & Company)。此后近20年,汉璧礼一直在上海从事贸易。

1867年5月,汉璧礼购买了意大利莫托拉的别墅和周边一定数量的土地,成为莫托拉的新业主。他打算和哥哥丹尼尔协力建造一个植物花园。1868年3月,汉璧礼和凯瑟琳·艾当·皮斯(Katherine Aldam Pease)结婚。凯瑟琳是英国北部有名的基督教公谊会家族的一员。她比汉璧礼小11岁,受过良好的教育,举止优雅,性情温和。她精通法语、德语、拉丁语和希腊语。他们一共有四个孩子:儿子塞西尔(Cecil),1871年出生;女儿希尔达(Hilda),1872年出生;儿子丹尼尔(Daniel),1876年出生;儿子贺拉斯(Horace),1880年出生。

离开上海后,汉璧礼在意大利度过了后半生。在那里,他收集了四千多种世界各地的植物,成功创建了一个享誉欧洲及世界的花园——汉璧礼植物花园。在这里,他还接待了英国王室,如维多利亚女王、威尔士王子和王妃及腓特烈皇后等等。他还提供资金捐助,创办学校,发展意大利的教育事业。1867年3月25日,他捐助200法郎给意大利的学校;5月9日,他在莫托拉建立了一座女校;1870年6月,他在乔蒂(Ciotti)建立了一座学校;此外,他还建立了汉璧礼学院(Instituto Hanbury),并把它捐赠给热那亚大学。不仅如此,汉璧礼还给当地留下了许多宝贵的礼物,比如1897年为庆祝女王维多利亚的60年登基庆典,在蒙通建立了喷泉式饮水器;为举办阿普罗西亚(Approsian)图书馆的书展在文帝米莉亚建立了图书馆;在阿拉西奥(Alassio)为来这里过冬的英国社团建立了会所和图书馆;捐赠丹尼尔·汉璧礼植物标本室给英国药学协会等等。

汉璧礼对意大利的贡献也为他赢得了荣誉:1868年他被授予骑士勋章;1885年他被授予带有意大利皇冠的大十字骑士勋章;1888年他被授予带有意大利皇冠的大统领骑士勋章。1890年他被授予了一个更高的荣誉,该荣誉是马耳他骑士的古老奖励方式,也是意大利授予外国人的最高荣誉。1892年他接受了公共教育部长授予的一枚金章,以感谢他对公共教育做出的贡献。在园艺方面,1903年9月,汉璧礼被授予维多利亚荣誉奖章;1906年4月20日,因他对园艺界的贡献,他得到了有声望的维奇纪念奖章。[①] 以上这些都是对汉璧礼所做贡献的肯定。

1879年,汉璧礼在意大利接待了中国驻英公使郭嵩焘。郭嵩焘赠送中文的

---

① Alasdair Moore, *La Mortola: In the Footsteps of Thomas Hanbury*, London: Cadogan, 2004, p. 227.

"福"字给汉璧礼花园。汉璧礼还经常写信给《泰晤士报》,就有关事宜发表自己的看法,其中包括很多与中国有关的言论。

离开上海后,汉璧礼从未停止过房产和货币方面的投资。70岁时,他仍在寻找新的投资市场,他提供5000英镑作为加入太平洋岛公司的股份。1906年,他还在意大利买下了更多的地产。

1907年3月9日,汉璧礼因病去世。在意大利,人们为他举行了最庄严的葬礼。当送葬车队经过文帝米莉亚时,有一位男子高喊:"我们失去了我们的圣父。"① 汉璧礼去世后,在意大利文帝米莉亚的火车站附近塑有汉璧礼的半身像,意大利还保留有许多有关汉璧礼的遗迹。从这些可以看出汉璧礼所享有的声誉之高,这也是对他在上海和意大利所做贡献的最有力证明。

汉璧礼一生的足迹遍及世界各地。他是一位商人,遵循诚实、公平、正直的经营原则;他是一位慈善家,信奉奉献、慈爱、友善的公益理念;他是一位园艺家,对大自然无限热爱。

二　上海经商岁月

(一)建立洋行,合伙贸易

1853年9月,汉璧礼和他的同伴来到上海,随即着手发展事业。10月1日,汉璧礼同威廉·克兰普顿(William Crampton)、托马斯·克里斯蒂(Thomas Christy)、查尔斯·普兰(Charles Pullan)成立了代理洋行——汉璧礼洋行(Hanbury & Co.)。② 通过托马斯·克里斯蒂叔叔的生意上的关系,洋行与从事银行业的罗斯柴尔德(Rothschild)建立起业务关系,代理罗斯柴尔德家族的投资、贷款和货币贸易。而他们自己主要的业务是进行丝和茶贸易,他们各自的分工是普兰担任品茶师、汉璧礼负责记账、克里斯蒂负责管理仓库。③ 另外,他们还拥有自己的商业船只,负责运输货物,主要是运往英国。据《北华捷报》1856年8月9日记载:1854年9月23日,汉璧礼洋行派遣由托马斯船长掌舵的巴尔塔沙拉(Baltasara)舰队运载331吨货

① Alasdair Moore, *La Mortola: In the Footsteps of Thomas Hanbury*, London: Cadogan, 2004, p. 240.

② "Notice", *The North-China Herald*, Nov. 12, 1853.

③ Alasdair Moore, *La Mortola: In the Footsteps of Thomas Hanbury*, London: Cadogan, 2004, pp. 67 ~ 68.

物前往伦敦。1855 年 10 月 1 日,詹姆士·克兰普顿(James Crampton)先生加入汉璧礼洋行,成为该洋行的合伙人,从此之后,洋行更名为克兰普顿-汉璧礼洋行(Crampton,Hanbury & Co.)。[1] 1856 年 10 月,该洋行在《北华捷报》发布出售煤炭的消息。1857 年 7 月 18 日《北华捷报》记载:7 月 14 日,克兰普顿-汉璧礼洋行派遣普拉尼斯(Pranees)舰队,由斯科特(Scott)船长掌舵,从吴淞港出发,运载出口货物 302 吨前往厦门。由此可以看出该洋行经营的业务范围之广。

一段时间之后,洋行内部出现了矛盾。原因是洋行中詹姆士·克兰普顿和威廉·克兰普顿是兄弟,他们比洋行的其他人都年长,有着在中国经商的丰富经验。这些因素使他们在洋行中占有很大的优势,获取的利益也明显比其他职员多。托马斯·汉璧礼和詹姆士·克兰普顿相处得还算融洽,但他和威廉·克兰普顿的关系有些糟糕,他们之间产生了隔阂。1854 年,他们因工作问题发生了争吵,关系亦就此决裂。关于他们之间的关系,有这样的描述:汉璧礼总是夸赞詹姆士·克兰普顿在生意上的技能,而且尽管詹姆士不愿意帮忙管理洋行的日常工作,汉璧礼还是很欣赏他的管理才能。与他的哥哥相比,威廉·克兰普顿似乎缺乏责任感,但是他能够保证汉璧礼洋行在交易中有利可图,他在这方面是非常有能力的。他对其他的合作者总是一副咄咄逼人的傲慢姿态。汉璧礼和威廉·克兰普顿相处得不好,洋行内部的紧张关系也变得越发明显,之后他们之间还是发生了争吵,这次事件彻底中断了他们的合作关系。[2] 威廉·克兰普顿和汉璧礼发生争吵后不久就回到了英国。回国后,他还在汉璧礼的父母面前诋毁汉璧礼,说他记账马虎、脾气不好、不和租界的其他人交往等等。这一切都让汉璧礼感到很生气,他们之间的关系彻底决裂了。

另外,汉璧礼和他堂兄的关系也变得十分紧张。汉璧礼的家人把汉璧礼写的有关他堂兄的信拿给他的叔叔看,信的内容涉及他堂兄不好的习性,致使托马斯·克里斯蒂受到了训斥。他对汉璧礼的这种做法很反感,认为他们作为生意的合作伙伴缺乏基本的信任。很显然,他们之间关系的破裂和矛盾对洋行的生意肯定会有影响。在威廉·克兰普顿回到英国的几个月里,由于詹姆士·克兰普顿拒绝帮助汉璧礼,年轻的托马斯·克里斯蒂起不到多大的作用,加之品茶师查尔

---

① "Notice", *The North-China Herald* , Aug. 9,1856.

② Alasdair Moore, *La Mortola*: *In the Footsteps of Thomas Hanbury*, London: Cadogan, 2004, p.68.

斯·普兰生病,汉璧礼只能独自经营洋行的生意。后来由于病情严重,普兰被送回英国进行调养,威廉·克兰普顿写信给他的弟弟,在信中他说:“我对普兰表示同情,而且我希望汉璧礼能够接替他的职务。”对汉璧礼来说,这是一段非常艰难的时期,但这也是一段培养他的信心和自立自强观念的时期。① 这段经历让汉璧礼收获良多,为他以后的合伙生意和经商事业积累了丰富的经验。

矛盾的阴霾终究没能被驱散,1858年,克兰普顿-汉璧礼洋行的合伙生意画上了句号。于是汉璧礼和弗雷德里克·宝威(Frederick Bower)合伙另成立了洋行——宝威-汉璧礼洋行(Bower, Hanbury Co.)。该洋行也有运输货物的商业船只,主要经营丝、茶、酒等货物,产品运销海内外。陈来逊是该洋行的买办,他还和汉璧礼成了好朋友。根据汉璧礼和合伙人弗雷德里克·宝威的合作契约,汉璧礼最早可能会在1865年结束上海的生意。1858年,由于身体虚弱,汉璧礼回国进行了短暂的休息。不久,他又回到上海,开始了他的经商事业。有关宝威-汉璧礼洋行的状况,《北华捷报》有一些记载:1861年3月25日,该洋行的航德(Hound)商船运载713吨货物前往黄埔。1862年1月4日,宝威-汉璧礼洋行在《北华捷报》刊登了酒的出售广告,24箱雪莉酒,价格为每12箱8两白银,还销售白兰地酒和干红葡萄酒。根据《北华捷报》的记载,1862年7月12日,该洋行的勒伯龙(Lebanon)商船运载717吨货物前往宁波。1862年3月23日,该洋行的戴布雷克(Daybreak)商船从谢尔兹(Shields)运载302吨煤炭,于10月1日到达上海。② 宝威-汉璧礼洋行还向中国火险公司提供资金捐助。

事实证明,这是一家合作关系很好的洋行。汉璧礼的新伙伴弗雷德里克·宝威是一个非常勤奋的人,也是一个非常合适的合作伙伴。汉璧礼不善言谈,平常在生意上也很少说话,社交活动也很少,加之汉璧礼在经营前一家洋行时就养成了长时间工作的习惯,因此,他把大量的时间都投入到了生意中。1859年3月28日,他在给哥哥丹尼尔·汉璧礼的信中写道:“我平常很少说话。我们在这说得最多的两个字,就是买和卖,或者偶尔其中一位会多说几句记账、吃饭、喝水和睡觉的话。”③ 长时间的工作,加上缺乏人际间的沟通和交流,必然会带来一些负面的情绪,忧郁

① Alasdair Moore, *La Mortola: In the Footsteps of Thomas Hanbury*, London: Cadogan, 2004, pp. 68~69.

② “Notice”, *The North-China Herald*, Nov 7, 1863.

③ Alasdair Moore, *La Mortola: In the Footsteps of Thomas Hanbury*, London: Cadogan, 2004, p. 71.

和孤独开始在利润、投资和生丝价格的贸易中萌发，这些贸易构成了他交流的主体，占据了他白天的工作时间。1860 年 3 月 19 日，这种情感在汉璧礼写给哥哥丹尼尔的信中开始流露："我很难形容我的神经系统如何之脆弱，远不如我在英格兰的精神状态……我感觉对任何事情我总是抱有悲观的想法。像类似收到邮件这样的事情，或多或少都会使我焦虑、手发抖、声音低沉。"①虽然面临一系列的困难，又不善交际，但汉璧礼的商业经营仍然相当成功。

（二）眼光锐利，善于捕捉商机

这一点在汉璧礼身上体现得尤为明显。汉璧礼来上海之时，中国的东南一带正处于动乱之中，特别是上海，正遭受着各种"叛乱"和起义者的攻击，尤以小刀会起义和太平天国运动对上海的影响最大。上海租界成为"动乱"时安全的庇护所。大量难民涌入租界，必然会寻找居住之地，进而引起房地产价格的暴涨。这时的汉璧礼已经意识到华人涌入给租界房地产所带来的巨大商机，"现在最普通的地方已经被华人以极高的价格买下，这些华人很乐意花钱购买住处，这样他们的安全就得到保障了。1853 年 11 月，汉璧礼在写给他父亲的信中说明了房地产投资获得的快速收益：他讲到了肖布兰德洋行（Shaw，Bland & Co.），这家洋行拥有一个很大的仓库，修建这个仓库时花费了 1500 美元，这个仓库的一半空间住着华人，他们每月需要支付 250 美元的昂贵费用"。② 从中我们可以看出房地产投资在特殊的环境下收益甚高。此时的汉璧礼虽然捕捉到了市场，但由于缺乏投资的资金，故没有立即进行房地产的生意。他在寻找着新的契机，以期望能够赚取投资房地产市场的资本。

1861 年的美国内战为汉璧礼提供了机会。英国本土不生产棉花，其棉花原料主要依赖进口。在 19 世纪 50 年代，英国进口棉花的 80% 来自美国南部，占美国总产量的 71%，1860 年整个欧洲大陆进口棉花的 84% 来自美国。③ 1861 年 4 月爆发的美国内战致使南部庄园的经济受到了破坏，使供应英国的重要棉花市场被切断，进而导致英国 1861 ~ 1865 年的棉荒。上海及周边地区是中国主要的棉花产区，而

---

① Alasdair Moore, *La Mortola: In the Footsteps of Thomas Hanbury*, London: Cadogan, 2004, p. 71.
② 同上。
③ 塞缪尔·埃里奥特·莫里森等合著，南开大学历史系美国史研究室译：《美利坚共和国的成长》，天津：天津人民出版社，1980 年，第 847 页。

此时的棉花贸易主要依靠国内市场,没有进行贸易的国外市场,外国人做这类贸易的更少。汉璧礼看到了机会,把中国的棉花转销到英国,获取了巨大的利润,"根据汉璧礼之前在上海的一位同事巴彻勒先生所言,内战就是为汉璧礼准备的。这些转口的资源是他的意外之财,他之所以能获得这笔财富,是因为他第一个洞悉到棉花供应所带来的利益,并且靠着一丝睿智,他囤积了所有能买到的棉花。之前中国还没有棉花的出口贸易。正如斯特拉·东在她的著作中所写的有关这座城市历史的评论:到1861年末,超过300万英镑集聚在棉花的'幸运买家'手中,这些毛茸茸的白色东西成为上海的第一大宗出口商品"①。

棉花的获利为汉璧礼投资房地产市场提供了充足的资本,汉璧礼凭借赚取的这些钱财开始了上海的房地产生意,"房地产是汉璧礼在上海发家致富的重要手段。他已经成为上海最大的土地所有者,在他的租册上将近有1500幢房子。这些地产都位于比较贫困的区域,它们被中国人租借,而非欧洲人。这些地产是汉璧礼在19世纪60年代以低价获得的,那时的房地产价格经历了各种暴跌"。② 人们出于生存的本能,在动乱之中,必然会寻求安全之所,这些所谓的安全地带的房价也必然会因人口的涌入而上涨,有着睿智眼光的投机商人也因此而获利。"1864年总的数字显示在上海租界居住的中国人为15万。房地产价格迅猛上升。1850年土地的价格平均为每英亩50英镑,但到了19世纪60年代初,根据一些资料统计,土地价格上涨到了1.2万英镑至2万英镑之间。"③这些表明投资房地产生意有着广阔的获利空间,投资者可以在短时间内聚集大量的财富。汉璧礼也正因此在上海发家致富。

此外,《上海道契》中记录了许多在沪租地的外侨的土地契证,其中有不少与汉璧礼相关的道契记录。现将其中一份引用如下:

> 咸丰十一年五月初五日给租地二百九十六分,地契二百八十九号。
>
> 大清钦命监督江南海关分巡苏松太兵备道吴为,给出租地契事照的接准。大英领事官麦照会内开,今据本国商人汉必(应为璧。——译者)礼,禀请在上海按合约所定界内租业户瞿震远等地一段,永远租赁,计五亩某分某厘某毫。

① Alasdair Moore, *La Mortola*: *In the Footsteps of Thomas Hanbury*, London: Cadogan, 2004, p. 73.

② Alasdair Moore, *La Mortola*: *In the Footsteps of Thomas Hanbury*, London: Cadogan, 2004, p. 175.

③ Alasdair Moore, *La Mortola*: *In the Footsteps of Thomas Hanbury*, London: Cadogan, 2004, p. 73.

北半浜、南半浜、东奚地、西瞿地,给价每亩三百六十千文,共一千八百千文。其年租每亩一千五百文,每年预付银号等因前来,本道已饬业户瞿震远等将该地租给该商,收用务照后开各条遵行查核。外国人按合约在界内租定地亩却不能由己便,亦不得转与别国,未曾准住中国之人必须中国官宪与领事官查,视其租地赁房无足妨碍,方准租住,又查向议章程,虽外国人有通融得益之处,但无准租地赁房,与华民转货卖。若华民欲在界内租地赁房,须由领事官与中国官宪酌给盖印,凭据始可准行上列各条。倘该商并后代管业之人将来以其地转与,不禀明本国领事官并道宪批准登籍,将其地整段分段或己或人另造房屋转租华民居住,若未领两国官宪允准凭据,并每年不将每亩年租钱一千五百文预付银号,违犯斯章者,则此契作为废纸,地即归官须至租地契者。①

这则道契明确规定了外国商人的租地范围和土地价格,规定外商不得私自转让土地,需征得领事官与中国官宪同意,并对租地做了严格要求。同时,这些道契也是对汉璧礼在中国所拥有地产的有力证明。

(三)诚信经商

诚信经商是汉璧礼得以在上海发家致富的重要因素。因为他在生意中对中国人的诚信友善,他得到了很多中国人的信任和赞誉。汉璧礼在给亲友的信中写道:"在这种危机时刻,我很荣幸得到中国富人的信任:至少有价值 10 万英镑的生丝、珠宝、小装饰品、毛皮衣服等被存放在这里,由我安全保管。我每天祈求如果受到了袭击我们还可以拥有资产。而且如果发生了袭击,我确定我身边至少会有 200 人。他们已经准备好了支付住宿的费用,但我认为价格需要商议。中国富人时常请求我帮助他们管理他们的房地产,作为他们的代理人、所有事情的托管人……事实上,第二天,不少于 26 份地契交到了我手中保管……它们的价值超过了 50 万英镑。"②另外,汉璧礼在商业中十分注重公平公正,特别讨厌那些通过欺骗获取暴利的行为,这也是他不同于其他欧洲商人之处。正因为如此,他赢得了中国商人的尊重。中国商人对他的信任也远远超过了生意上的往来,他和中国人还经常进行一

① 蔡育天:《上海道契》(卷一),上海:上海古籍出版社,2005 年,第 335 页。

② Alasdair Moore, *La Mortola*: *In the Footsteps of Thomas Hanbury*, London: Cadogan, 2004, p. 74.

些类似聚会的社交活动。1864年他还和中国人于上海拍了合影。下面要描述的这件事情足以证明他和中国人的友好感情:“同样,举办一些活动也是对汉璧礼表达尊敬的一种方式。1861年7月,中国商人为庆祝汉璧礼的生日举办了一个派对,这个派对从晚上9点开始一直到第二天早上4点结束。五六十位中国宾客参加了这个派对,其中包括二十位女士。她们和男士被房间内的印花棉布分隔开来。这次宴会兼具东西方的特点,包含如鹿筋、英国的菜肴、姜黄色的坚果等丰富多样的美味。派对上有一支乐队,为由四十四人表演的历史剧伴奏。根据汉璧礼的信件,‘中国佬说,自从英国舰队来到上海,还没有英国人受到这样的敬意’。1861年4月26日,他在信中叙述到:‘这里的中国朋友对我十分友善热情。我确信我以后去了世界的其他地方不会再有这么友善的对待了。在英国,这些人被诽谤和误传是多么奇怪啊!’”①

鸦片也是一种获利巨大的贸易商品。鸦片战争后,中英两国就鸦片贸易的合法化问题进行了讨论,但最终未能解决。在这期间,鸦片走私仍然盛行,许多外国商人为赚取钱财从事沿海一带的鸦片走私活动,上海成为鸦片走私贸易的一大市场。作为公谊会的教徒,汉璧礼痛恨这种不道德的贸易行为,极力避免在这方面的贸易活动。“1854年托马斯答复了他父亲的要求,他们的生意不会被鸦片贸易沾染。他们正在从事债券和货币贸易。汉璧礼对父亲说:‘我注意到你不希望投资鸦片的贸易,但给鲁庇斯(Compys Rupees)的汇款仅是用来支付印度帕西人提供的药物的费用’”。② 此外,他还是英中抵制鸦片贸易协会(AOSSOT)的一员,他曾在1875年1月该协会召开的会议上声明他从未向中国输入过一箱鸦片。

1871年汉璧礼从上海回到莫托拉后,开始把他经营的上海房地产让与艾弗森洋行(Iveson & Company),此后艾弗森洋行成为汉璧礼在上海的代理商。据1879年10月《北华捷报》记载,汉璧礼通过艾弗森洋行向上海救火委员会捐助100两白银。1883年7月3日,工部局召开会议,就南京路的拓宽问题公布了与之相关的信函。由于拓宽南京路占用汉璧礼的235号册地,工部局和汉璧礼就此进行了一系列协商,而这些通信交涉都是由艾弗森洋行代理,负责向工部局传达汉璧礼的意见。现将艾弗森洋行写给工部局的信函引用如下:

---

① Alasdair Moore, *La Mortola: In the Footsteps of Thomas Hanbury*, London: Cadogan, 2004, p.76.

② Alasdair Moore, *La Mortola: In the Footsteps of Thomas Hanbury*, London: Cadogan, 2004, p.172.

先生，您3月14日的来函要求我们从235号册地的持有者汉璧礼先生那里得到准确的消息，如果他愿意出让南京和山东路的临街以用作这些马路的拓宽，他有什么样的条件。

汉璧礼先生写信回复我们，放弃南京路的临街不仅会使他失去临街所有的房产——损失大笔月租——而且不可避免地要对街区进行重新建设，这也是根据测量员的计划你将会预见的；然而，如果本局打算为这项工作支付资金，在重建期间支付房租损失费，那么汉璧礼先生会以他预估的价值让出这块地方。[①]

又据1890年12月12日《北华捷报》记载，九江路的拓宽占用汉璧礼先生的地产，汉璧礼先生将这块地以合理的价格出售给工部局，艾弗森洋行作为代理传达了有关方面的处理意见。从中我们也可以看出汉璧礼在交易中的诚信品质，他没有借机抬高地价、牟取暴利。

三　汉璧礼的社会交往

（一）汉璧礼始终以平等态度对待中国人

1854年4月，清朝军队和英法美之间爆发了泥城之战。汉璧礼虽然是外国团体的一员，但他拒绝加入作战。他认为无论杀害一个欧洲人还是中国人，都是错误的做法。不同于其他的欧洲人，他对待中国人的态度是开放的、理解的、无偏见的，他痛斥外国人的侵略和暴行。“这是汉璧礼的立场：1861年11月，太平军在上海寻求同欧洲代表团的交涉，汉璧礼成为他们的交涉对象。他指出了英国和法国军队实行的无人性的侵略和残暴的手段，及鸦片贸易的道德伪善和欧洲商人缺乏诚信的交易。在中国目睹的这一切，让他对自己国家的殖民和商业战略产生了疑问。”[②]另外，他还曾担任上海租界工商董事会董事，曾就中国人承担增加的税款这一问题表达了不满，并施加压力给委员会，“第二天我们召开了租地人年度会议，董事会提出了明年的预算问题，它提出只在我们的租界内增加支出和合理的税收费用，费用

① “Meetings”, *The North-China Herald*, July 13, 1883, p. 44.

② Alasdair Moore, *La Mortola: In the Footsteps of Thomas Hanbury*, London: Cadogan, 2004, p. 76.

从每年6万英镑增加到10万英镑……我提供了反对这项预算的决议并付诸实施,因此工部局提出的预算问题被否决了。会议提出增加的税收仅由中国人承担,我认为这一建议是极不公平的”。①

(二)汉壁礼参与集会、商议决策

上海开埠以后,越来越多的侨民定居上海。他们仍然保持着西方的生活习俗,也在努力把租界建设成西方的城市。他们建立起了各种文化娱乐机构和设施。在娱乐方面,西方人举行了赛马会及各种运动比赛;在文化方面,1850年8月,英国人奚安门创办了《北华捷报》,在一定程度上为那些不懂中文的外国侨民提供了沟通交流的平台,也为他们更好地了解和适应上海提供了渠道。但开埠初期这些文化娱乐机构和设施相对较少,尤其是在文化设施方面,“在那个时代,一些有声望的绅士们认为,无论茶、丝、曼彻斯特的货物在商业上多么重要,都无法满足精神上的需求。他们因此建立了一个文学、科学学会,随后冠名为皇家亚洲文会北中国支会(North China Branch of the Royal Asiatic Society)”。② 关于皇家亚洲文会北中国支会的创建和发展,有如下记载:

> (除商业之外)为人们建立一些其他的活动空间,这是同等必要的,以方便人们考虑与远东有关的各种问题,详述那里居民的行为活动,研究他们的文学,探究他们的科学。1857年学会(皇家亚洲文会北中国支会)成立。根据会议记录,1857年9月24日下午4点,该协会于上海图书馆阅览室召开了第一次会议,18位绅士出席了会议,他们是:尼克逊(Frederick W. Nicolson)、裨治文博士(Dr. Bridgman)、康普顿(Compton)、汉壁礼、里德(Reid)等等。他们是这个新学会的创始人,经商议学会被命名为“上海文理学会”(Shanghai Literary and Scientific Society)。同年10月16日,该学会在互济会礼堂(Freemason's Lodge)召开了第二次会议。1858年9月21日决定将该学会更名为“皇家亚洲文会北中国支会”。1864年3月9日,在该学会召开的会议上,汉壁礼当选为

① Alasdair Moore, *La Mortola: In the Footsteps of Thomas Hanbury*, London: Cadogan, 2004, p. 82.

② [法]高第:《对英国近代汉学家伟烈亚力的回忆》,《中国史研究动态》1998年第5期。

通信部秘书。①

从中我们可以看出汉璧礼对文化的重视，展示了其商人之外的另一面。

（三）汉璧礼与英国政界人士的交流

汉璧礼在上海与代表英国同日本就通商问题进行谈判的额尔金勋爵（Lord Elgin）谈话。这在他 1859 年 2 月 3 日写给他哥哥丹尼尔的信中有具体的表述：

> 在谈话中额尔金勋爵告诉我，强迫打开那个国家（指日本）的大门，将其纳入我们的商业体系之中，耗费了他很大的力气；他发现日本人很高兴，心甘情愿，他们从玷污我们文明的恶习中摆脱了出来，打扰他们似乎对他们是一种羞辱。我能理解他的感受，而且从长远来看我坚信日本通过与我们的联系会获得越来越多的利益，但也有可能受到巨大的损害。②

（四）汉璧礼参与租界管理事务

商业上的成功使汉璧礼成为上海最富有的地产商，也提升了他在上海租界的政治影响力。他曾当选为委员会的司库。他帮助上海租界渡过了 1864 年 5 月的经济衰退期。在这次危机中，如果没有汉璧礼的帮助，如果不是他对工部局预算委员会鲁莽的预算提出反对，租界很可能已经破产了。

1864 年，作为租地人，汉璧礼和拉拉·博尔德里神父向法租界公董局提出建立一个菜市场的建议。建议的内容如下：

> 由他们出资在自己的地产上造一个菜市场，但要董事会把原来的市场都集中到那里去经营。董事会先是拒绝给予专利权，但经过商谈，签订了一项协定，根据协定条款，特许权的享受期限为十年，期满之后，菜市场全部归公董局；如果特许权享有者在期满之前停止经营，公董局有权收回，由自己经营，不

① “The North-China branch of the Royal Asiatic Society”, *The North-China Herald*, Oct. 30, 1883, p. 361.

② Alasdair Moore, *La Mortola: In the Footsteps of Thomas Hanbury*, London: Cadogan, 2004, p. 77.

付任何报酬,而在他们每年应缴纳税款中减免五百两。[①]

公董局批准了这项建议,但事情并没有按预设的方向发展。原来市场的商贩们拒绝到那里经营,新的菜市场开张不到一个月,汉璧礼就解除了合同,于是这项计划以失败告终。

1865~1866年,汉璧礼当选为工部局董事会董事,其间他曾经向工部局提出了许多自己的建议和看法,如英国领事来信中提到了汉璧礼关于将租界划分成区的建议,并提出将那块三角形空地(最近发生争议)无偿地交给工部局。[②] 汉璧礼在租地人会议上曾提出了一项议案——允许本地居民和纳税人代表出席会议,这样就可以获得更多有关中国日常事务的信息。[③] 遗憾的是这个议案最终未获得通过。

除此之外,汉璧礼也从事其他的社会活动:

奖励英勇行为。据《工部局董事会会议录》,总办收到了汉璧礼先生的来函,来函说他目睹了巡捕在该月25日救火时的行为,函内附有100元的支票,分别奖给表现突出的巡捕。

规划外滩,种植树木。19世纪60年代中叶,汉璧礼出资在租界的公共区域种植树木。特别是汉璧礼还规划了外滩,在其两边种植了银杏树和樟树,为公众提供散步的场所。此外,舟山棕榈树是汉璧礼在租界种植最多的另一种树木。在离开上海三年多后,他于1869年回到了上海,继续着公益植树活动。汉璧礼没有长久待在上海的想法,他种植的这些树是供他人观赏的。[④] 另外,汉璧礼回国后还向工部局提供法国梧桐树,用来美化租界的街道。[⑤]

为维护中国的利益,汉璧礼在经济和社会活动方面做出了巨大努力,得到了中国商人的认可和尊重。1866年4月汉璧礼离开上海时,满怀感激的中国朋友和商人为他送行,并赠给汉璧礼礼物。其中一封由上海的中国丝商写的信件是对其所做努力和品质的高度评价,现将内容引用如下:

---

① [法]梅朋、傅立德著,倪静兰译:《上海法租界史》,上海:上海译文出版社,1983年,第365页。

②《工部局董事会会议录》第2册,上海:上海古籍出版社,2001年,第476页。

③ Alasdair Moore, *La Mortola*: *In the Footsteps of Thomas Hanbury*, London: Cadogan, 2004, p.83.

④ Alasdair Moore, *La Mortola*: *In the Footsteps of Thomas Hanbury*, London: Cadogan, 2004, p.63.

⑤《工部局董事会会议录》第11册,上海:上海古籍出版社,2001年,第599页。

汉璧礼先生,一位英国商人,已经居住在中国十几年了。他十分了解中国人的习俗、习惯和性格;在同中国人的贸易中,他诚信,值得尊重,是一个好的典范。市场和本地货船税的免除、市政房屋税的合理管理及夜间通行系统的废除都是他可嘉作为的实例。在他的能力范围内,无论做什么,他总是认真去做。他是那些身处困境人们的朋友,是那些争吵者的调解者,而且他从不利用他的权力压迫任何人。他的生活简朴,他具有很高的智慧和判断力,这些都是他经商成功的秘密。①

四　赞助教育事业

上海开埠之后,特别是上海租界实行华洋杂居,中外婚姻不可避免,这种中外婚姻包括正式的和非正式的。就这种婚姻现象,寓沪的美国人鲍威尔曾说道:"上海可以说是一个男人的城市,外国人十有八九也是单身汉,因此,各色各样的友谊关系不可避免地发展起来,造就了无数的国际婚姻。"②伴随着这些国际婚姻,混血儿问题③也随之出现。在上海,因来此的外国人多为欧洲人,欧亚之间的通婚占多数,故而欧亚混血儿问题在上海比较突出。虽然欧亚混血儿兼具中西方的特性,但在社会地位上受到了中西方的双重歧视。这种受到歧视的社会地位并非因其长相,而是因为他们是混血儿的事实。人们普遍认为这种混血儿的出现是不合传统习惯的。在当时,尽管对欧亚混血儿的排斥不是绝对的,也没有针对他们的法律,但中西方对其有偏见。西方人不认可他们,认为其继承了父母双方的恶劣品质。另外,在英国人和许多其他欧洲人的圈子里都有一条不成文的规定:某人如果与中国女子结婚,就会立即被开除出去。④ 因受传统文化观念的影响,中国人也不接受他们,视他们为杂种。这些观点使这些混血儿被疏远和隔离,成为社会的另类。有资料记载:

---

① Alasdair Moore, *La Mortola*: *In the Footsteps of Thomas Hanbury*, London: Cadogan, 2004, p. 84.

② 布鲁纳、费正清、司马富:《赫德日记:步入中国清廷仕途(1835～1911)》,傅曾仁等译,北京:中国海关出版社,2003 年,第 198 页。

③ 关于此方面的研究,可参见熊月之:《近代上海跨种族婚姻与混血儿问题》,《上海大学学报》2010 年第 7 期。

④ 熊月之:《近代上海跨种族婚姻与混血儿问题》。

> 近几年来，欧亚混血人所占的比重越来越大。根据他们个人赞同和采用的是外国人还是中国人的习惯，可划分成几部分人。从整体上说，外国人同这一类人相处得最好。听说，保守的中国人因为有祭祖的规矩，与混血人交往是困难的，这就使这些人被排除在中国人雇用的范围之外。有一次一位中国人是这样同我讲这个问题的："当我家里过节时，我怎样才能不邀请我的混血朋友？怎样才能禁止他到我祖先的祠堂里斟酒？如果我不回礼，我怎么能接受这样的来访？我又能以什么样的方式对我的朋友的祖先表示适当的敬意？"我认识欧亚混血人中一些很优秀的人，在我看来，欧化的欧亚混血人是最能干的。他们中有几位在这里的地位很高、很有信用、很有能力。受雇于外国人的许多混血人，都得到他们雇主的赞赏。其中也有成为害群之马的，这只说明每种人里都难免有败类。①

欧亚混血儿生活的各个方面都受到了限制和阻碍，其中他们的教育成了一大问题。

为了解决欧亚混血儿的教育问题，1872年，邦尼夫人在虹口区为欧亚混血儿创办了一所学校。在当时来说学校的费用是相当昂贵的，走读生一季度的费用为12元，食用外国食品的寄宿生一季度的费用为50元，食用中国食品的寄宿生费用为30元。但她在一定程度上解决了这些混血儿的教育问题。后来，汉璧礼为这所学校提供了校舍和资金的支持。而此时的学校由吉尔夫人管理，学校有12名寄宿生和20名走读生。1882年，汉璧礼要求工部局接管这所学校，但提出学校只能接收欧亚混血儿。工部局对此予以回绝，但对其进行年度资助。1890年欧亚混血儿学校和一所儿童之家②合并，更名为汉璧礼养蒙学堂。这时学校一共有63名学生，其中有18名寄宿生和45名走读生，还包括中国学生。1891年8月学校正式开学，学校的校址在蓬路15号。最终工部局接管了这所学校，这所学校原则上主要接收欧亚混血儿，只有在极其特殊的情况下才接受其他国籍的人。1914年以前该校男女

---

① 《上海近代社会经济发展概况（1882～1931）——〈海关十年报告〉译编》，徐雪筠等译，上海：上海社会科学院出版社，1985年，第21～22页；《中国旧海关史料（1882～1891）》第152册，北京：京华出版社，2001年，第332页。

② 根据《北华捷报》等相关资料的记载，它是1888年创建的，主要是接收上海的孤儿，它的第一任校长是荣恩先生，荣恩先生参与了与汉璧礼学校的商议，于1891年促成了两所学校的合并。

同校,之后各建立了自己的校舍,分别称之为汉璧礼男童公学和汉璧礼女童公学。

关于这所学校的创建、发展及名称,据《北华捷报》记载:

我不得不说他(指汉璧礼先生)才是这所学校的真正建立者。我认为欧亚混血儿学校可以称得上是这所学校的前身,它是邦尼夫人于1872年创办的,而且一开始汉璧礼的名字就和它紧密地联系在了一起。主要是因为有汉璧礼先生的慷慨捐助,我们才会拥有这么美丽的校舍,而且除了提供房子外,他还通过其他方式帮助我们,所以自此我们就把欧亚混血儿学校和儿童之家称为汉璧礼养蒙学堂。①

这是对汉璧礼在教育事业上所做贡献的一种肯定。

另外,就汉璧礼提出的由工部局接管学校一事,《北华捷报》和档案资料都有详细的记述:

荣恩先生说他们已经意识到很久之前汉璧礼先生就善意地提出要把现在欧亚混血儿学校占据的册地交由工部局接管,而这块册地需要用作教育事业;但那时工部局认为承担这样一个机构的托管人职责不公平。之后不久儿童之家成立了,儿童之家的委员会提及欧亚混血儿学校的受托人,他们认为他们自己应该接管这块册地。对这个问题进行了讨论之后,1889年2月28日,W.缪尔海德(W. Muirhead)代表儿童之家委员会给汉璧礼先生写了一封信,声明委员会很乐意接受被工部局拒绝的接管事宜,并建议扩大房屋的面积以供欧亚混血女生和其他孩子的住宿。汉璧礼先生于5月4日回了信,内容如下:“关于你的请求,我只能说我的目的是做更多的好事,让更多的人受益,我同意把财产转让给委员会,但前提是要把它用到欧亚混血儿和其他的孩子身上。我还要求把拥有的这块土地永远用于教育事业,而不允许用作委员会生活或生存之需;尽管它由委员会管理,但我还是建议把它交给工部局。”在收到这封信后,6月15日他们写信给工部局总董,询问委员会是否接受汉璧礼提出的条件,以帮助他们保留这份有价值的捐赠。关于这个问题,他们于6月21日得到

① “The Thomas Hanbury School and Children's Home”, *The North-China Herald*, 1893, p. 841.

了答复,声称委员会原则上接受了有争议的财产托管,但保留有制定类似他们认为合理的委托关系的条款的权利……他们把这项决议转达给了汉壁礼,1889年10月29日,汉壁礼于意大利文帝米莉亚的莫托拉写信说:亲爱的缪尔海德先生,我已经收到了6月24日、9月6日和9月7日的来信,其中有一封信是以儿童之家委员会的名义写的。我已经细读了"汉壁礼养蒙学堂"的方案,我对这个方案整体上十分支持。这个名称有点长,对我来说它显得有些累赘,如果我们不缩减一下这个名称,公众读起来很不方便。由于这所学校以我的名字命名,我同意把它称为"汉壁礼学校"或者"汉壁礼学校之家"。但是我知道我的朋友荣恩先生为"儿童之家"所做的巨大努力,另外他和其他的委员可能喜欢这个冗长的名字,因此我交由他们决定这个名称。现在我承诺把1526号册地转让给工部局,并捐助5000两作为这块地皮上新校舍的建设费用,但前提是上海公众要捐助所要求款项的余下部分,即不少于500两①。因此,我认为在收到这封信后委员会应该即刻努力筹集资金,如果你们成功地筹集到了资金,请通过艾弗森洋行发电报给我,我会制定密码字。收到之后,我会履行我的承诺,把委托书和5000两的汇单寄送出去。但是如果公众对此漠不关心,2月底没有筹集到资金,我会收回我全部的承诺。②

又有记载:

以前欧亚混血儿学校位于虹口区蓬路和密勒路的拐角,而儿童之家位于万锦路。尽管它们被各自的委员会管理,但这两个机构之间有着密切的联系。几年前,托马斯·汉壁礼先生从意大利文帝米莉亚来信说他要把欧亚混血儿学校占据的场地交给工部局托管。但当时的委员会在承担责任这方面感到不公平。因此,儿童之家的委员会建议汉壁礼把财产交由他们接管。汉壁礼回复说他的用意是要把这块地皮永久地用于教育事业,因此他建议其应该由工部局接管。汉壁礼先生还提供了5000两用作新校舍的建设,但前提条件是委员会要在规定的期限内捐献同样数额的钱财。幸运的是,他们得到了这项慷

① 笔者认为应该为5000两,疑书写有误。
② "The Children's Home", *The North-China Herald*, 1889, p.777.

概的捐赠,委员会(接收到)的捐款额达到了7113两的可观数额。同时,委员会在原则上接受了这份职责。之后需要保证这块地皮和楼舍为寄宿学校之用。关于入校许可的问题,则优先接收欧亚混血儿。关于宗教信仰方面,该学校接收新教徒。

汉璧礼养蒙学堂(它是几周前由以前的欧亚混血儿学校和儿童之家合并而成的)坐落在蓬路,它的面积扩充到了密勒路和南京路之间的临街土地上。这个学校的房子是高高的四层楼,它有着红色和蓝色的砖墙、人字形的屋顶和极不寻常的大烟囱……这座校舍里的男生和女生是完全分开的……屋顶上盖的瓦片是汉璧礼寄送来的。①

汉璧礼先生转交了1526号册地和目前欧亚混血儿占用的校舍给工部局的总董,并提出以后继任的管理者应该按照委托书实行管理,学校的目的如下:第一,让欧亚混血儿受到教育,尽量使男生和女生的比例均衡;第二,除了欧亚混血儿外,让贫穷的孩子受到教育。在资金允许的范围内,为贫困儿童做好寄宿、寄膳和被褥的准备,但是每月的固定费用应该尽可能由那些与他们有关系的人或朋友支付。学校在宗教方面要求学生应该是新教徒。②

关于汉璧礼对上海欧亚混血儿在教育方面的帮助,除了他自身善良、慈爱的品性外,笔者认为也与他的欧亚混血的私生子有关。他与一位中国女子有一个儿子。这个孩子应该是汉璧礼最年长的孩子。他一直通过上海的代理为母子二人提供生活、住宿、教育等方面的费用。这些费用一直以来都是由Gnokee私下代表汉璧礼支付的,后来由于Gnokee被免去了上海公司的职务,这件事情就交由艾弗森代办。1873年12月11日汉璧礼向艾弗森道明了原委,具体内容如下:

这是我待在中国的那段时期里感到最愧疚的事,也是做的唯一一件荒唐的事。关于这些费用,之前我没有给你详细说明,也没有交由你代办,部分原因是我不想因这样的事情去麻烦您。

Gnokee为我支付的费用情况如下——

① "The Thomas Hanbury School and Children's Home", *The North-China Herald*, 1891, p. 395.
② The Hanbury School 1887 ~ 1900,卷号U1-1-146,第28页,上海档案馆藏。

每学期30美元,作为Ahsu上学的费用……

每月40美元,给予他的母亲,让其租用我的房产……

关于这个男孩Ahsu,我打算让他接受欧洲一流的教育。Gnokee写信告诉我他的母亲已经同意他来这儿,他现在七岁了,适合来此……①

1875年,这个男孩只身离开上海来到法国,汉璧礼夫妇前往巴黎见了他。他们顺便拜访了奥尔特曼夫妇(Mr. and Mrs. Ortmans)。奥尔特曼夫妇是汉璧礼在中国时的故交和信赖的朋友,他们负责照顾他,巴黎成为他的新家。汉璧礼经常去巴黎看望他。他在艺术和科学方面很有天赋,成绩优异,汉璧礼对其也很喜爱。1883年10月,他因病去世。

在离开了20多年后,1893年,汉璧礼回到了上海。他还带着他的女儿出席了汉璧礼养蒙学堂的颁奖仪式,并在会上讲话。他对这所学校所取得的进步表示非常满意。他对校长和他的老朋友荣恩先生以及为这所学校取得骄人成绩做出努力的所有人表达了由衷的感谢。他感到与这些为学校做出贡献的人相比,他提供的资金帮助是微不足道的。在上海短暂停留的这段时间里,他曾多次到访这所学校。他给女生提供新的床位,他还吩咐他的代理人安布罗斯(Ambrose)先生给这所学校建一座围墙,给男生建一个玩耍的棚屋,他还承诺会给这个学校寄送一些体育器材和地图。1898年,由于学生人数的增加,学校需要扩建校舍,汉璧礼又为学校的扩建提供了资金支持。他本人虽不在上海,但一直关注着这所学校的成长和发展,为这所学校提供支持与帮助。1907年他去世之后,遗赠给汉璧礼养蒙学堂2000两白银。

此外,汉璧礼还为中国商人的子女提供教育机会和帮助。1866年,汉璧礼带着三个中国孩子回到英国,其中的莉娜(Lina)和安妮(Annie)是买办陈来逊的女儿。汉璧礼答应陈来逊会带他的两个女儿去英国旅行,并在那里接受教育,这些费用都由汉璧礼支付。到了英国后,这对姐妹和汉璧礼的家人居住在克拉珀姆,在附近的女校接受教育。汉璧礼资助的另一位中国孩子叫Gnokee,他的父亲是一位富商,后来破产了,而他当时只有12岁,汉璧礼对其十分同情,答应他的父亲会让他在英国接受良好的教育。汉璧礼对他们都十分喜爱,两姐妹在英国待了两年后回到了中

① Alasdair Moore, *La Mortola: In the Footsteps of Thomas Hanbury*, London: Cadogan, 2004, p. 194.

国,Gnokee 于 1869 年回到了上海,在汉璧礼的公平洋行①任职。后来由于其欺诈和不诚实的品性,让汉璧礼十分失望,免去了其在洋行的职务。

五 汉璧礼的慈善公益事业

汉璧礼帮助慈善机构完成注册、申请免税。1870 年,托马斯·汉璧礼向工部局提出关于豁免同仁辅元堂土地税的申请,要求对册地 284 号(英国领事馆的注册号为 227 号)免征土地税,这是以他的名义为同仁辅元堂慈善机构注册的。这家慈善机构帮助贫穷华人,为死去的贫穷华人提供棺木等物。②

汉璧礼捐献资金给救火队。1875 年 6 月 25 日,汉璧礼写信给火政处,信中表达了对救火队员的感谢:

> 非常感谢你们在 5 月 4 日福建路的火灾中所做的伟大贡献,我感到,向你们传达这种谢意,这是我的职责和荣幸。从发送给我的数字看,我确信如果没有你们的援助,那时发生的大火会波及的范围更广、更具破坏性。虽然在我名下的这些着火的小区房子几乎全部化为灰烬,但我非常感激你们所做出的努力,而且我请求把我的名字列入救火队基金的常年捐献名单之中。③

他还让他的代理人公平洋行捐献 150 英镑给救火队。又根据 1879 年 1 月 10 日《北华捷报》的记载,工部局公布汉璧礼通过公平洋行捐赠给救火队 100 两,以感谢 1878 年 8 月 16 日救火队对虹口区火灾的帮助。救火队也对汉璧礼先生的慷慨捐赠表示了感谢,并把捐款上交给了火政处。

汉璧礼捐献资金,奖励征文。1893 年 11 月 29 日,汉璧礼于上海写信给广学会,提出捐献 500 两作为征文奖金:

---

① 公平洋行(Sykes Schwabe & Co),开设于 1850 年前,1853 年 12 月解散,改组为施瓦比洋行(G. C. Schwabe & Co.),到 1858 年又解散,改组为宝威-汉璧礼洋行(Bower Hanbury & Co.),其又被书写为公平(Kung Ping),有公平交易之意。

②《工部局董事会会议录》第 4 册,上海:上海古籍出版社,1870 年,第 682 页。

③ "Municipal Council for Settlements North of the Yang-King-Pang", *The North-China Herald*, 1875, p. 186.

> 对于今天你们向我提及的这项建议,我很乐意于1894年捐献500两以作为奖金之用,这些奖金分配到苏州、北京、广州、福州和杭州,每个地方各100两。在这些城市参加考试的学生要竞争这些奖金,而这些文章由你们学会进行评判,奖励也由你们负责分发。从目前的实际情况来说,国内90%的外国作品已经完成,展现了中国良好的精神面貌。我更希望我的小礼物能够直接成为中国人的物质和知识的福利。因此,我提出了一些关于作文主题的建议,以供考试人员选择:1. 如同日本近期进行的整顿改革,中国从修筑铁路、铸造银币、整顿邮政中获取的利益之论。2. 如果中国引进制备茶叶的机器和缫丝机以更好地与外国竞争,这给中国产生的效益论。3. 在过去的30年中,帝国海关高效管理的有利之论。4. 论证中国希望中断鸦片贸易是否是认真的,另外,如果印度政府停止生产鸦片,中国是否禁止罂粟花的种植。5. 论证中国和外国怎样才能建立更友好的关系?这些成功的应试者的名字应该公示出来,另外,如果可能的话,把这些文章的译文打印出来。我打算为由这次竞争产生的费用提供100两白银的资助。①

汉璧礼还对医院和其他机构进行捐助。汉璧礼为伦敦教会医院(仁济医院)提供了捐助。这家医院是1844年由伦敦教会传教士在上海创办的,它的主要目的是救助中国病人,依靠慈善捐款维持运营。汉璧礼一直给予仁济医院财政支持,帮助照顾病人。19世纪70年代早期,这家医院的设备、药物和资金供应不足。此时汉璧礼是这家医院委员会的主席,他提供了所有必需的药物和设备,自此以后他常年坚持这么做。1874年这家医院又陷入了财政困难,虽然汉璧礼不再在中国居住,但是他仍然信守承诺,为这家医院提供了重要的捐助。此时眼部疾病和感染在中国十分常见,汉璧礼帮助开设了一所眼科医院,专门从事眼科疾病的治疗。② 此外,1893年汉璧礼还给予圣·卢克(St. Luke's)医院基金会慷慨捐助,并且帮助支付其药物费用。他捐献100两给海军协会以帮助其购买汽艇。1893年12月22日,汉璧礼捐赠给位于山东路的中国医院500两。他还捐赠50英镑给海军协会。汉璧礼还

① "Diary of Events in the Far East: November, 1893", *The North-China Herald*, 1893, p.601.

② Alasdair Moore, *La Mortola: In the Footsteps of Thomas Hanbury*, London: Cadogan, 2004, p.82.

承诺捐助 50000 英镑用于上海图书馆、博物馆、报告厅等的建设之用。亚洲文会①在上海成立后，由于缺少会所，急需建设会舍，为此汉璧礼捐款 500 两。1902 年汉璧礼捐赠 10000 两用于虹口区咖啡屋的重建。由于虹口区咖啡屋阅览室无法为来此的人士提供充足的膳宿和娱乐空间，加上目前的房屋已经破旧且急需修理，该委员会迫切想扩大他们的房产面积，汉璧礼着手解决了这一问题。该阅览室计划扩建，但需要花费 20000 两，他为其提供了地皮，并捐赠 10000 两，为此新建的咖啡屋命名为托马斯 · 汉璧礼咖啡屋。1903 年，汉璧礼向上海英国海军协会捐赠 1000 两，用于皇室海军和海军后备队船员的娱乐场地和军人服务社的建设。汉璧礼去世后遗赠 20000 两给广学会，这笔遗产扣除税费后大约 18000 两，用于广学会办公房舍的建设。

结　语

汉璧礼有 15 年在上海度过，无疑，这 15 年是他人生中最为重要的阶段。这 15 年中，汉璧礼实现了冒险家的梦想，成了当时上海屈指可数的富商。汉璧礼的成功，大致可以归为以下几点原因：

其一，因中国社会动荡、难民涌入租界带来的商机。一方面，房地产获利空间扩大。上海辟为租界初期，华人是被禁止在租界内居住的，实行的是华洋分居。1853 年上海小刀会起义军攻占上海县城及之后太平天国的三次攻打上海，导致许多华人纷纷涌进租界避难，这样就打破了华洋分居的局面。而华人得以入租界避难，主要有两方面的原因：一是上海租界享有治外法权，租界被视为一个安全的避难之地。二是外国商人的要求。他们或大量建造房屋，然后以高价租给进入界内的华人居住；或趁机进行土地投机，赚取巨额财富。因此，他们并不反对华洋杂居。据记载：

> 执事对于将来发生恶果之推测，自有相当根据，且或者甚是：与华人杂居，异于广州之隔离制度，亦不无利益。总之，鄙人亦与执事表同情。将来或有一日来此之西人懊悔此时租屋或分租与华人为不当，但吾人一般地主及投机商

① 亚洲文会，由上海文理学会演变而来，1859 年该学会加入大不列颠及爱尔兰皇家亚细亚学会，遂改名为皇家亚洲文会北中国支会，在近代上海通称为亚洲文会。有关亚洲文会的研究，可参见王毅的《皇家亚洲文会北中国支会研究》一书。

> 人能顾及此耶？执事要顾及国家的及长久的利益，此为执事之职务所当然。余之职务在于最短期间致富，将土地租与华人或架成房屋租与华人，以取得百分之三十至四十之利益，倘此为余利用我金钱最善之方法，余只好如此去做。迟则二三年，余希望能捆载而归，则将来上海之沦为沧海，或化为劫灰，又与我何涉？执事幸勿望吾一辈人自愿流亡在此水土不合之地多年，以求繁荣也。实则，吾人之职务即在赚钱，愈多愈好，愈快愈好。为达到此目的，一切法律范围内之方法均认为良善。①

据说这是一位最有势力的西方侨民的率直之言。简言之，动乱可以扩大房地产的收益空间，使外国商人牟取厚利，发财致富。

另一方面，贸易的投机利益增长。明清以来，长江口岸一带已广泛种植棉花。棉花、丝和茶也逐渐变为经由上海对外出口的大宗商品。上海开埠以后，这些大宗商品的出口量更是迅速增长。上海开埠不仅拉动了对外贸易和国内埠际贸易的发展，还刺激了上海周边农副业的发展，特别是棉花、蚕桑等经济作物的发展。其中就棉花而言，由于国外需求量增加的刺激，原有的种植棉区也不断扩大。特别是1861年美国发生内战，美国南部地区的种植园受到战争的破坏，致使供应英国的棉花中断。此时许多商人看到这一契机，利用上海周边产棉花的独特优势，大肆囤积，再运回国内销售，以赚取巨额利润。

其二，对中国的好奇心。《南京条约》后中国五口通商，西方人怀揣着自己的梦想来到这个地方，或出于经商、旅游、探险等目的而来。比如英国的植物学家福钧(Robert Fortune)，从1842年开始，他受英国皇家园艺协会和东印度公司的派遣，多次来华考察茶叶、蚕丝和棉花等的相关种植情况，采集了许多植物标本带回英国，完成了他来华的使命。1847年他写了《华北诸省漫游记》等几本著作和游记，介绍了中国上海及周边的一些城市，对上海及江南地区的植物等都有详细的记述，“也许正是这本书激起了汉璧礼对中国的向往”②。

汉璧礼在商业上成功的同时，又十分热心教育、慈善事业，堪称慈善家，笔者认

① Sir Rutherford Alcock, *Capital of Tycoon*, Vol. I, pp. 37 ~ 38，转引自《上海公共租界史稿》，上海：上海人民出版社，1984年，第27 ~ 28页。

② Alasdair Moore, *La Mortola*: *In the Footsteps of Thomas Hanbury*, London: Cadogan, 2004, pp. 63 ~ 64.

为主要有以下三个方面的原因：

首先，宗教情怀。之前已经提及汉璧礼的整个家族是基督教公谊会教徒，故而基督教信仰伴随了他的一生。奉献、公正与公平、慈爱、善待穷人、尊重爱护他人等等，都是基督教慈善思想的内容，作为教徒，汉璧礼一直按照这些原则行事。出于内心的这种慈爱与正义，他对同胞的暴力血腥给予了斥责和蔑视。他反对战争，拒绝加入上海义勇队。他在教育文化方面及公益慈善事业上的表现，都是对这种宗教思想的诠释。信仰的力量是强大的，这种根深蒂固的宗教情怀塑造了一个友爱、善良、公平、正直的汉璧礼。

其次，学校教育的影响。从社会学的角度来看，学校是人的社会化的外部社会环境之一。随着年龄的增长，对于进入学校的儿童和青少年来说，学校和教师的影响渐渐超过了家庭环境的影响，成为儿童和青少年社会化的最重要的社会环境因素。所以学校的教育对汉璧礼以后的成长和发展起着至关重要的作用。由于受家族基督教传统的影响，汉璧礼所受教育的学校也是基督教性质的，这就进一步强化了他的宗教观念。同时，学校培养了他勤奋努力的品质，而他在商业中的表现充分体现了这一点。

最后，个人坚持。近代上海租界奢靡成风，汉璧礼没有被周围的同伴所熏染，他不喝酒，不吸烟，友好对待中国人，坚持着自己内心的处世原则，靠自己的努力和诚实赚取财富。对汉璧礼而言，道德冲突是显而易见的，而且是不会消失的，但他努力遵循着追求财富的正直路径。他的勤奋、人道主义思想和自信态度，几乎没有动摇过。①

（作者：韩瑞华，上海社会科学院历史研究所硕士研究生）

① Alasdair Moore, *La Mortola: In the Footsteps of Thomas Hanbury*, London: Cadogan, 2004, p. 85.

近代上海美侨儿童的教育与生活

——以来华美国传教士潘慎文之子为中心

何方昱

内容摘要: 潘慎文是美国监理公会传教士,是一位在近代中国十分活跃且具有重要影响的传教士。本文主要利用美国耶鲁大学神学院图书馆馆藏档案资料,以潘慎文之子彼得在上海的生活为中心,尤其关注他所接受的家庭教育,以及他在上海美童公学接受的学校教育,借此考察美侨儿童在上海的社会生活,有助于我们深入了解美侨儿童在上海的生活状况与精神世界,由此拓展城市史研究的视域与空间。

关键词: 潘慎文　上海美国学校　监理公会　外侨儿童

潘慎文(Alvin Pierson Parker, 1850～1924)是中国近代史上十分活跃且留下重要影响的美国监理公会传教士。他于1875年来华传教与工作,在华期间先后9次任中华监理公会年议会会长。① 1924年9月去世,葬于上海八仙桥万国公墓。其子彼得(Peter Pierson Parker, 1905～1995)1905年出生于上海,随父亲在上海生活近20年。可以说,彼得同其父一样,亲眼见证了近代上海的变迁。本文以笔者在美国耶鲁大学神学院图书馆所见一份潘慎文之子彼得记录自己童年生活的打字稿《在

① 《监理公会在华工作史略》附录,上海:中华监理公会基督教教育部,1934年。上海档案馆藏,档号:U107－0－57－[2];周承恩主编:《中华监理公会年议会五十周年纪念刊》,第1页,上海市档案馆藏,档号:U107－0－28;胡卫清:《传教士教育家潘慎文的思想与活动》,《近代史研究》1996年第2期。

中国的童年忆往》(*A China Childhood*)[①]为基本史料,考察美侨儿童在上海的社会文化生活,以期有助于深入了解美侨儿童在上海的生活状况与精神世界,由此拓展城市史研究的视域与空间。

一 传教士子女的家庭教育

潘慎文一生有过两次婚姻。第一次婚姻缔结于1878年12月4日,首任太太顾雅丽(Alice Scudder Cooley)是美国美以美会派往中国的传教士,潘慎文与她初次相遇于中国的宁波。[②]顾雅丽投身于苏州教育,曾于1883年在天赐庄开办吴县第一所女子小学——冠英女塾(也是在当地较早开办的一所教会女校)。[③] 1901年9月,顾雅丽突发重病,9月15日病逝于上海,她与潘慎文没有子女。[④] 一年以后,52岁的潘慎文与33岁的苏西小姐(Susie Williams)坠入情网,他们于1903年2月12日在苏州结婚。蜜月旅行后,他们返回上海,定居于昆山路18号。1905年5月27日,潘慎文的长子彼得就出生在这里。坐落于昆山路18号的是一幢别墅,不包括仆人的房间,一共有15间房,19号也是一幢拥有11个房间的别墅。这两幢别墅相连,门前有巨大的草坪,可供儿童玩耍。这两栋房子属于美国监理公会,监理公会允许潘慎文一家住在较大的一幢别墅中,一个重要原因是从其他地方来到上海的传教士可以暂住此处,而不需要再花钱住旅馆。因此,潘慎文总是为中国学生提供免费的房间。彼得回忆说:"在我待在上海的童年时代,家里总是宾客盈门。我们甚至没有经历过一个只有家人的圣诞节。一个主要原因当然是我家有仆人,另一个原因是我的母亲一直在上海从事教育工作,同时也为中国妇女开展了许多活动,她也需要仆人协助她维系这个家庭的运转。"[⑤]1907年8月10日,潘慎文的女儿泰迪(Teddy)也出生在这里。

---

① Peter Pierson Parker, *A China Childhood*, Sarah Refo Mason Papers, Record Group No.175, Special Collections, Yale Divinity School Library, "preface". 这份文稿颇具史料价值,彼得·帕克以为家族立传的态度,不仅描述了自己的童年生活,还详尽追述了父亲的历史,他的记述可以修正目前许多有关潘慎文记载的谬误。

② Peter Pierson Parker, *A China Childhood*, p. 5.

③ 周承恩:《中华监理会教育工作》,《中华监理公会年议会五十周年纪念刊》,第37页,上海市档案馆藏,档号:U107-0-28。

④ Peter Pierson Parker, *A China Childhood*, p. 17.

⑤ Peter Pierson Parker, *A China Childhood*, p. 21.

1908年2月,潘慎文患了严重的中风,必须返回美国治疗。此时彼得还不到3岁,他的妹妹只有6个月大。潘慎文全家立即返回加利福尼亚州,居住在旧金山附近的奥克兰。经过治疗,潘慎文的病情好转,渐趋康复。1910年9月20日,潘慎文全家再次返回上海。彼得回忆道:"父母爬上一辆黄包车,妈妈抱着妹妹,爸爸抱着我。途中,爸爸告诉我途经的这条大道就是外滩。我开始再次学习关于中国的一切。"①身为传教士的儿女,彼得和妹妹泰迪的早期教育都是由父母在家中进行的。彼得回忆说:"事实上,在我读五年级之前,我和妹妹的教育都是由父母在位于昆山路18号的家中完成的。"②

20世纪初,在中国的美国儿童要想获得纯粹的美式学校教育极为困难。在上海,只有一两所英国学校可以提供优质的英语教育。许多美国儿童,特别是那些居住在内地的美国孩子,一直到他们10岁或12岁之前,都不得不在家中跟随父母学习。之后,他们必须离家返回美国,居住在亲戚朋友家以完成其余的学校教育。彼得的堂弟阿尔文(Alvin Parker)就是如此,他"10岁时即离家赴美学习,从此再也没有享受过真正的家庭生活,直到他成年结婚有了自己的女儿"。③

1910年,当潘慎文全家重返中国时,这种情况已有所改变。除了家附近的英国学校外,还有一所不错的法国学校和一所很棒的德国学校。此外就是距离昆山路两个路口的美国朱厄尔学校(Miss Jewel's School)。朱厄尔学校创办于19世纪末20世纪初,创办初期,招收约70名学生,其中包括20名寄宿生。④ 朱厄尔学校部分地满足了美国传教士子女受教育的需求。朱厄尔小姐采用美国学制,学校包括幼儿园、1~8年级。潘慎文的弟弟理查德(Richard Parker)的几个孩子就在朱厄尔学校就读。彼得和他的妹妹只在这里念了幼儿园和一年级,潘慎文夫妇决定让他们转学。彼得猜测"转学的原因也许是他们不满意这所学校,也许是担心我们的健康"。⑤潘慎文之后将两个孩子送往法国学校,但同样不甚满意。在彼得七八岁时,他又被送进德国学校。这所德国学校还不错,彼得也很喜欢。但是德国学校不能

① Peter Pierson Parker, *A China Childhood*, p. 29.

② Peter Pierson Parker, *A China Childhood*, p. 75.

③ Peter Pierson Parker, *A China Childhood*, p. 75.

④ Angie Mills, *A Story of the Shanghai American School, 1912 ~ 2008*, Chicago, ILL · Shanghai, China: Shanghai American School Association, 2008, p. 1.

⑤ Peter Pierson Parker, *A China Childhood*, p. 75.

提供给一个美国儿童所需要的美式教育。而此时上海美童公学刚刚成立,条件较为简陋,因此,潘慎文夫妇决定在家教授两个孩子。①

彼得对于这段家庭教育时光记忆尤深:"它是全面的。妈妈让我反复练习乘法口诀表,直至今日,当我一想起 7×8=56 或 12×9=108 时,妈妈的样子便浮上脑海。她还教我们历史,内容多取自司各特(Sir Walter Scott)的历史小说。在我七岁的时候,妈妈让我爱上了一辈子也忘不掉的莎士比亚。她还给我们安排了钢琴课程。"②

与母亲相比,父亲潘慎文主要负责孩子们宗教上的训练。最重要的就是讲授《圣经》。另一项宗教上的训练就是经常参加祷告会。祷告会分为中文和英文两场,英文祷告会通常在每周六晚,潘慎文的家人及其他白人聚集一屋,诵读《圣经》,孩子们也加入大人的队伍里大声祈祷。彼得经常高声祷告:"亲爱的主,请让我的父亲成为一个更好的基督徒。"潘慎文总是慷慨地表示需要儿子这样的祷告。③中文祷告会一般在星期二晚上举行,参加者包括所有的仆人,还有来自大学的自愿参加的人们。

潘慎文很注意培养儿子的中文及其他外文。在苏州和莫干山时,他就教彼得诵读中文的《马可福音》(*The Gospel of Mark*),他认为这是学习任何一种语言的最佳方式。因此,在上海时,潘慎文也要求彼得诵读《马可福音》,有时候是希腊文的,有些时候是拉丁文的,更多时候则是中文的。此外,潘慎文还尝试教彼得一点法文。

对小学生彼得而言,宗教及外语当然重要,但身为父亲兼教师的潘慎文最重视的还是科学,其中包括数学、物理、化学及天文学④。彼得对此极感兴趣,"每天早晨,爸爸一起床,我就跟着他来到盥洗室,父亲开始刮胡子。我坐在地上,央求道'爸爸,给我讲点和科学有关的吧'。这就是那些早晨中最令人着迷的时刻了"!⑤在彼得上五年级,还不到九岁时,他已经叫得出数学的八大分支名称:算数、代数、几何、三角学、二次曲线、分析几何、微分学、积分学。彼得还学习了牛顿的万有引

---

① 关于上海美童公学的创建,参见拙作《传教士与上海美国学校的创办(1896~1912)》,《史林》2011 年第 6 期。

② Peter Pierson Parker, *A China Childhood*, pp. 75~76.

③ Peter Pierson Parker, *A China Childhood*, p. 76.

④ 潘慎文本人早年在履行传教士职责的同时,还积极投身中国的教育事业,并翻译了大量的自然科学书籍及教科书。参见高黎平:《美国传教士与晚清翻译》,天津:百花文艺出版社,2006 年,第 131 页。

⑤ Peter Pierson Parker, *A China Childhood*, p. 77.

力定律。潘慎文向儿子解释化学元素的定义及种类,有时候通过实验的方式展示出来。一次,潘慎文拿着一面棱镜走入盥洗室,让彼得朝着窗户握住镜子,观察白色光线是如何变成像彩虹一般的。他告诉儿子一秒钟光的速度是186000英里,让彼得计算一光年又是多少。他还指出,声音的速度每秒只有1100英尺,因此很容易估算出闪电的距离:数出闪电和雷声中间隔的秒数,再除以5即可。①

在彼得的记忆中,天文学总是最迷人的科目:"脸上还沾满肥皂泡沫的爸爸,教给我地球距离太阳、月球和火星的距离。我记住了八大行星(那时候还没发现冥王星);它们围绕太阳运行的时间,还有金星、火星、木星、月球、太阳与地球相比有多大。我现在仍记得这些星球的形状。见我对天文如此感兴趣,爸爸带给我一些星图,他和妈妈还给了我几本有关星星的小书。晚上,父母和我一起观测天空中的星座图像。爸爸有一架小型折光式望远镜,许多个晚上,我通过它凝望月亮崎岖不平的表面、土星的光圈,还有木星的四个月状物,小小的望远镜令一切清晰可见。"②潘慎文夫妇教给儿子的天文学知识,令彼得获益颇多。他对火星非常着迷,认定那里有人居住,还阅读了身边能够找到的有关火星之旅的科学小说。甚至在12岁之前,他自己创作了一部关于火星的儿童读物。彼得的妹妹泰迪一定读过它,因为她后来曾经提及此书:"但不幸的是,很多年前它就不知所终。"③

二　上海美童公学的学校教育

1912年9月17日,上海美童公学在临时的校舍内正式开学,首次招收学生38名。这是第一所向所有希望资助基督教学校的美国人,包括传教士、商人和职业人士的子女开放的学校。学校的课程设置以当时美国最好的公立学校的初中课程为基础,同时满足在华美国儿童的需要。④

潘慎文夫妇抱持谨慎态度,认真观察了两年之后,才于1914年9月将儿女送入这所学校。彼得当时已经九岁,就读于五年级。此时"上海美童公学的大部分老师

① Peter Pierson Parker, *A China Childhood*, p. 77.

② Peter Pierson Parker, *A China Childhood*, pp. 77 ~ 78.

③ Peter Pierson Parker, *A China Childhood*, p. 78.

④ Charles L. Boynton, A Brief Chronology of the Shanghai American School, June, 1936. Folder 147, Box 24, Archives of the Shanghai American School: the Phoebe White Wentworth Collection of Shanghai American School History and Memorabilia, Record Group No. 132, Special Collections, Yale Divinity School Library.

来自美国,他们和学校签订了三年合约,也就是说,他们必须在此执教三年。对于学校而言,获得好老师并不是太困难,因为来自美国的老师希望自己能有在中国工作的经历。有一些老师还将合约一续再续”。因此,“学校成功地打造了一支训练有素的、高效的教师队伍。所有年级的老师都经过师范专业训练,高中部老师都具有大学文凭”。① 一段时期内,上海美童公学完全获得了美国本土的授权与认可,这所学校的高中毕业生无须经过考试,即可进入美国最好的学院和大学深造。②事实也是如此。上海美童公学高中部课程设置的目标就是让学生能够进入美国最好的学院和大学。③ 除了进入一般大学预科需要学习的英文、拉丁文、数学、科学课程之外,圣经研究、绘画和声乐也作为常规课程开设。在小学阶段,英文主要强调拼写、词性和书法。每个学生还要学习一些中国地理和中文。五、六年级的学生还要学习演讲与辩论。④

彼得就读上海美童公学时,学校在课程设置上基本与美国本土保持一致,另外还增设了中国地理。彼得记得同学们必须要背出中国各个省的名称。所有的功课都很紧张,总是有作业。彼得记得英语课使用的教材是《母语》(*The Mother Tongue*),课本中有大量关于发音和句式结构的练习题。还有许多拼写训练,小学生们可以在教室外的门廊里互相练习单词拼写。在所有的课程中,彼得最喜欢算术,对于“π”的解释记忆尤深。上六年级时,高中部的拉丁语老师罗兹小姐(Miss Rhodes)开始教彼得拉丁语。⑤

彼得最喜欢的是音乐老师弗朗西斯·亚当斯(Frances Webster Adams)。亚当斯小姐毕业于美国的一所音乐师范学校,1915 年起在上海美童公学教授声乐。⑥ 他回忆:“亚当斯小姐教全校的音乐课。那时我还没有变音,是还不错的男高音。她让我加入合唱团(the Glee Club),我简直太喜欢那里了。”

---

① *Prospectus of the Shanghai American School*, *Ninth Year*, *1921 ~ 1922*, The Oriental Press, Shanghai, p. 6.

② Peter Pierson Parker, *A China Childhood*, p. 79.

③ “American School Recognized By College”, *Millard's Review*, Vol. 16, No. 12 (May 21, 1921), pp. 634 ~ 635.

④ Angie Mills, *A Story of the Shanghai American School*, *1912 ~ 2008*, Chicago ILL · Shanghai, China: Shanghai American School Association, 2008, p. 21.

⑤ 罗兹小姐全名艾米 S. 罗兹(Amy S. Rhodes),毕业于美国缅因州贝茨学院(Bates College),获得文学学士文凭,自 1915 年起在上海美国学校任教。*Prospectus of the Shanghai American School*, *Ninth Year*, *1921 ~ 1922*, The Oriental Press, Shanghai, p. 3.

⑥ *Prospectus of the Shanghai American School*, *Ninth Year*, *1921 ~ 1922*, The Oriental Press, Shanghai, p. 3.

当时学校五年级和六年级之间还举办了一次辩论赛,辩论题目是“环境比遗传更重要吗”,彼得参加了辩论队,赞成环境优胜论的观点,最后,他们这一方赢得了辩论。彼得的兴趣仍在天文学,在学校时,曾有人提议让他为低年级学生讲讲有关天文学的知识。这次演讲颇受好评,大获成功。但也有一些事情让彼得深感受挫。最糟糕的就是书法,即帕梅尔习字法(Palmer Method)。“老师要求我们不要移动手指,而是只利用前臂的肌肉控制胳膊,这令我看上去非常可笑。难道你的胳膊还能比手指更精确吗?既然可以用手指打字、弹钢琴、穿针引线,为什么不用它来写字呢?好!有一天,我大胆地向贝利小姐提出了这些问题,她的解答并不令我满意。因此,在练习书法期间,我忠于描红帕梅尔椭圆字体和之字形字体,但又特意创造出属于我自己的书写风格。它不漂亮,但对我而言,意义重大。倘若升级考试要考书法,那么我将永远读五年级。既然我顺利升级,又没有向书法课屈服,那么,你也可以说,我赢得了这场战斗。”①

当时上海美童公学没有体育馆,学校的操场不足以开展各项体育活动。因此学校里几乎所有的运动都在上海虹口公园举行,虹口公园距离学校很近,只有10分钟的步行时间。虹口公园占地40亩,树木成荫、鲜花盛开,能开展各项体育运动,还有游泳池和跑道。

体育运动是上海美童公学重视的课程。男生喜爱足球和棒球。在1916~1917学年,上海美童公学男子队经常同英国、法国及中国队进行足球比赛,常常获胜。棒球队虽然只参加了两场比赛,却击败了南洋公学和一支日本人的球队。此外,还有游泳、拳击、摔跤、打猎、室内壁球、篮球、赛马,甚至还有猎纸赛等运动。② 女生做的运动主要有篮球、端球、自行车及徒步。彼得和他的同学们常常去爬树,或者寻找其他方式消耗体力。彼得并不擅长运动。他回忆道:“在虹口公园的跑道上,我既不跑步,也不跳远,更别提撑杆跳了。我偶尔踢踢足球。打棒球时,我常常站在左外野,免得不断奔跑接球。总而言之,我不善于此道,我总是避免此类运动,除非不得已必须参加。”③

在彼得的记忆中,那时候学校的历史课本中总是有很多关于战争的内容。六

---

① Peter Pierson Parker, *A China Childhood*, p. 80.

② Angie Mills, *A Story of the Shanghai American School*, *1912~2008*, Chicago ILL · Shanghai, China: Shanghai American School Association, 2008, pp. 26~27.

③ Peter Pierson Parker, *A China Childhood*, p. 80.

年级时学习了美国内战，彼得和堂兄尤金·帕克（Eugene Parker）经常在一个小角落里讨论南部是否一直正确。“一天，七年级学生爱德华·洛克伍德（Edward Lockwood）走过来对我们说，如果南方获胜，那么美国现在已经分裂成为11个独立国家了。我们当然反驳，说他错了。”①

除了上课之外，美国国内政治常常成为彼得和他的同学们关注的问题。彼得七年级时，正值1916年美国总统选举季。民主党人士威尔逊总统正在与共和党候选人查尔斯·休斯（Charles Evans Hughes）对抗。洛克伍德此时已经就读八年级，他在黑板上画了一头驴，面孔属于威尔逊。这是一种绝佳的比拟。彼得记得很清楚：“11月的一天，我被叫出教室，下楼去校长办公室接听电话。电话是爸爸打来的，他说：‘休斯当选了。’我上楼将这一消息告诉了七年级和八年级两个班的同学们。共和党支持者传来了兴奋的叫喊声，几乎将我们民主党支持者沮丧的呻吟声淹没。第二天，《大陆报》刊登了威尔逊当选的正确消息。学校里的共和派转而垂头丧气，民主派则哈哈大笑。”②

1917年，潘慎文计划返美休假，此时距他上一次休假已过去了7年。是年11月，潘慎文一家动身乘船赴美，12月12日，抵达加州旧金山。安顿下来后，彼得和妹妹上学的事情就排上议事日程。当时美国没有设置初中，只有文法学校，从一年级到八年级，高中是从九年级到十二年级。泰迪在上海美童公学念六年级，因此可以直接注册进入奥克兰的初级学校继续上学，而彼得在上海美童公学念到八年级第一学期，他的叔叔约翰劝潘慎文夫妇直接让彼得升入高中，以免彼得在初级学校只念6个月就要转入新的高中。彼得顺利通过了高中的入学考试。1918年1月中旬，彼得跳了半级，进入奥克兰技术高级中学（Oakland Technical High School）就读，此时他尚未满13岁。③

彼时正值第一次世界大战期间。作为一名监理会传教士，潘慎文花费大量时间到美国南部诸州宣道传教，而彼得和妈妈及妹妹就待在奥克兰。1919年初，潘慎文的休假即将结束，当他从西班牙流感中康复后，就准备返回中国。此时，潘慎文已经68岁。④ 考虑到彼得的高中学期尚未结束，潘慎文决定与妻子偕女儿先行返

---

① Peter Pierson Parker, *A China Childhood*, p. 80.

② Peter Pierson Parker, *A China Childhood*, p. 81.

③ Peter Pierson Parker, *A China Childhood*, p. 88.

④ Peter Pierson Parker, *A China Childhood*, p. 94.

回中国,14岁的彼得则待学期结束后一人独自返回上海。1919年8月,彼得独自一人乘坐轮船返回上海。上海美童公学9月开学,此时彼得遇到了一个新问题。彼得已经于1918年1月在美国念高中,那么,到1919年夏季时,他已经念完了高中二年级第一学期。但是上海美童公学不招收年中插班生,这意味着他要么跳一级念三年级,要么重读二年级第一学期。若重读二年级,彼得就会重新进入两年前的那个老班,但是班里有两个比彼得大的男孩,曾令彼得当年悲惨不堪,他不想再与他俩重逢。而且,14岁不经世事的少年,认为重读是一件耻辱之事。他说:“父母反复就此事与我商榷,我告诉他们我要读三年级。他们向学校领导提出来,学校让我进入三年级班,即1921届。”①

三　学校内外的苦与乐

上海美童公学的创建者们认为:“无论中国文明在许多方面是如何的优越,我们传教士属于高加索人种,更不用说作为盎格鲁-撒克逊的白人,是多么不希望我们的孩子在不接触我们自己民族与文明的环境中长大。我们的孩子几乎要完全失去这种接触,这种感受在传教士生活中最令人寝食难安。”②因此,“美国儿童生而有权在美国学校接受美国教师、美国思想和传统的教育”,通过上海美童公学的创办,可以“培养有用的美国公民”③。从另一个方面而言,这所学校的创建者也意识到,“随意的家庭教育或小组指导都或多或少地存在缺点和不足,而传教士们远在海外,与本土的隔离也给儿童教育带来诸多不便”,上海美童公学的创建就是要解决这一难题,旨在为基督教世界培养身体健康、充满活力、头脑睿智的青年男女。④

从某种程度上而言,反观上海美童公学走过的历程,可谓已经达成了其在创立之初设定的目标与愿景。⑤ 对此,彼得也承认:“尽管与其数量远不成比例,还是有许多上海美童公学的学生,步入社会上层,在医学、科学领域及美国政府干得都不

① Peter Pierson Parker: *A China Childhood*, p.97.

② Angie Mills, *A Story of the Shanghai American School, 1912～2008*, p.7.

③ *Prospectus of the Shanghai American School, Eleventh Year, 1922～1923*. Folders 1～3 “Prospectus”, Box 1, Archives of the Shanghai American School: The Phoebe White Wentworth Collection of Shanghai American School History and Memorabilia, Record Group No.132, Special Collections, Yale Divinity School Library.

④ *Prospectus of the Shanghai American School, Ninth Year, 1921～1922*.

⑤ “Shanghai American School Maintains High Standards”, *The China Press*, Jul 4, 1936, p.1315.

错,也有在世界各个大洲从事教育和传教的毕业生。有相当一部分学生进入了《名人录》。”①

但在彼得的个体经历中,在上海美童公学的高中时光过得并不愉快,他不但遇到了一位有心理问题的老师,还遭到其他同学的侮辱。他在回忆录中坦言:“从情绪上言,我远未成熟。比如,我不知道如何与科学课老师相处。回过头看,我现在明白,那位老师自己有很严重的心理问题。但在那时,我只是认为他自私吝啬,不知道他为什么会那样,也不知道如何应对。更糟糕的是,在我上八年级时常常欺负我的那几个大男孩,依然在我四周。他们经常毫无怜悯地戏弄我。有一天,我穿着绿色袜子,他们抓住我,脱去了我的鞋袜,并把袜子放在会议室的壁炉上,命令我从上面爬过去。我不敢不从,只得在围观同学的嘲笑声中爬了过去。”②

这并不仅仅是彼得一人的不愉快经历。多年之后,彼得的妹妹泰迪在去世前不久,曾告诉哥哥她在上海美童公学过得多么不开心,泰迪还分析了这所学校的问题所在:“学校只有很少的学生,大部分学生的家庭背景相同;我们没什么出路,没有表达自己的方式,也没有消耗能量的途径。反观彼此,我们以一种在美国本土少见的粗暴方式解决问题。”③彼得承认妹妹说的也许是对的,因为全校并不只有他俩觉得难过和沮丧。事实上,上海美童公学的校长认为,这些攻击彼得的男孩们在全校实施“恐怖统治”,为此他们得到了降级的处分。④

当然,上海美童公学留给彼得的并不全是糟糕的回忆。“肯定地说,我的高中三年级生活并非一无是处。事实上,我的新同学都很好相处。我是班上年龄最小的学生,洛克伍德只比我大几个月。我的同桌是个很棒的家伙,他和我一直相处甚欢。实际上,1921 届在此后的岁月中一直保持着密切联系。”⑤

彼得应付学校的课程没什么问题,只有在三年级拉丁文课上读西塞罗(Cicero)的著作时遇到一点困难。立体几何、法语、历史、英文都是彼得喜欢的科目。英文老师汉德小姐(Miss Hand)尤佳。尽管她无须激起彼得对于莎士比亚的热爱,因为彼得早在母亲的启蒙下爱上了这位伟大的作家,“但是她将我领入了弥尔顿、华兹

① Peter Pierson Parker, *A China Childhood*, p. 98.
② Peter Pierson Parker, *A China Childhood*, p. 97.
③ Peter Pierson Parker, *A China Childhood*, p. 97.
④ Peter Pierson Parker, *A China Childhood*, p. 97.
⑤ Peter Pierson Parker, *A China Childhood*, p. 98.

华斯、雪莱和济慈的奇妙世界”。[①]

彼得15岁读高中四年级时,学业进展顺利。“拉丁文(那时在学维吉尔的诗作)仍是一项挑战。它看上去有些古怪,尽管后来我对语言,尤其是对拉丁文产生了极大的兴趣,但是在我15岁时,这种热爱尚未显露端倪。”[②]此外,社团活动也令彼得的校园生活增色不少。合唱团就是其中一个。彼得的声音此时已经变成男低音,音乐老师亚当斯小姐接受了这一变化。彼得希望自己的声音像父亲潘慎文那样是醇厚的男低音,但它最终却变成了男中音。除了合唱团,彼得还参演戏剧。四年级时,他在一部名为《爸爸》的喜剧中出演主角,“观众一定认为这部剧有趣极了,我们演出了好几场”。[③]

除了学校教育与社团活动外,宗教活动也是小彼得的必修课。1919年,潘慎文一家从美国返回上海时,许多美国人希望能有真正为美国人提供服务的教堂。[④]1920年,他们开始参加被称为“美国唱诗社”的活动(American Song Service)。活动通常是在星期天晚上,时间上与位于外滩主楼的联合教堂(Union Church)并不冲突。起初,这一活动完全是唱每个人喜欢的各类歌曲和赞美诗,但很快参加者开始祷告和布道。潘慎文对此颇感矛盾。他喜欢这一活动,并认为有价值,但同时又不能伤害联合教堂的感情。最后妥协的结果是:潘慎文一家在已经非常繁忙的星期天日程表上加上参加美国唱诗社活动。[⑤]

这项美国唱诗社活动进展顺利,参加者队伍不断壮大。不久,美国卫理公会传教士路德·弗里曼(Luther Freeman)博士来到上海负责此事。他的盲妻和女儿迪克西(Dixie)同行。路德热情、友爱,与潘慎文一家结下了深厚友情。当彼得所在的第1921届班级从上海美童公学毕业时,路德博士为其毕业典礼布道。[⑥]

继路德博士之后,与彼得结下深厚友谊的是特鲁利先生(Mr. Drury)。他一直负责星期日晚上的活动以及晨间活动。他的整个事业发展迅速,形成了一个成熟的美国人社区教堂(Community Church)。彼得对此有所阐释:“使用‘社区教堂’一

① Peter Pierson Parker, *A China Childhood*, p. 98.

② Peter Pierson Parker, *A China Childhood*, p. 98.

③ Peter Pierson Parker, *A China Childhood*, p. 98.

④ [美]何振模:《上海的美国人:社区形成与对革命的反应(1919~1928)》,张笑川、张生、唐艳香译,上海:上海辞书出版社,2014年,第11页。

⑤ Peter Pierson Parker, *A China Childhood*, p. 99.

⑥ Peter Pierson Parker, *A China Childhood*, p. 99.

词有时候是一种误用。一个真正的社区教堂不但向所有教派的民众开放，其中包括浸礼会、公理会、圣公会、路德教会、卫理公会、长老会等，而且它与其中任何教会都没有官方的联系。它只为它自己的社区服务。这就是上海教堂的情况。"①

1920年，彼得即将年满16岁，将要从上海美童公学高中部毕业，因为家庭经济状况不济，他不准备直接念大学，而是先在上海工作一段时间。尽管如此，所有的学院和大学还是令他着迷，毫无疑问的，耶鲁大学成为他的首选。彼得找来能够找到的所有有关耶鲁大学的材料，晚上躺在床上遥想着关于这所大学的一切。当时有一位来自密苏里州的传教士纳什(Nash)先生住在彼得家中。他毕业于中央密苏里大学，并对这所大学抱有极大的热情。他不停地向彼得展示有关这所大学的图片和宣传册，以至于彼得也对这所大学着了迷。潘慎文夫妇也认为中央密苏里大学是个很好的选择，部分原因在于它规模不大，而密苏里州也是潘慎文的故乡，在那里还有很多亲戚。于是，彼得决定首先申请中央密苏里大学，第二志愿申请耶鲁大学。

不过，当彼得写信告诉约翰叔叔他的这些决定时，约翰非常生气。约翰认为，加州大学和斯坦福大学一点也不比东部学校差，旧金山湾的气候却要比密苏里或康涅狄格州的气候好很多，约翰夫妇非常希望彼得能和他们住在一起。约翰在每一封信中都表达了这样的意愿，格雷西婶婶也是如此，因此，潘慎文夫妇、彼得和泰迪不得不对申请大学一事反复考虑掂量。②

四　告别上海

尽管彼得也经历了20世纪20年代初中国的"混乱无序"③，但其总体的教育与生活并没有受太大的影响。1921年夏天，彼得正式从上海美童公学毕业，他在上海美童公学一共待了五年半的时间，三年半是在文法学校，回到美国念了一年半高中后，又重返上海美童公学，读了两年高中。④ 彼得回忆说："尽管时间不长，尽管受过挫折，对于毕业，我还是感到箭在弦上。"⑤在彼得的毕业典礼上，联合教会的英国传

① Peter Pierson Parker, *A China Childhood*, p. 100.

② Peter Pierson Parker, *A China Childhood*, p. 103.

③ Peter Pierson Parker, *A China Childhood*, p. 104.

④ *Prospectus of the Shanghai American School (1922～1923)*, p. 31.

⑤ Peter Pierson Parker, *A China Childhood*, p. 105.

教士罗兰先生(Mr. Rowland)致辞,罗炳吉(Lobingier)大法官为毕业生颁发证书。此时彼得刚满16岁。在上海美童公学的年刊上登载了关于彼得的评价:"从彼得的行为举止来看,谁也不会猜到他是这个班里最小的同学,因为他的认真务实与其年龄经验不相符。他忠于自我,不但如此,他总是与那些不能忠于自我的人互相辩论。无论怎样,他已经修完了演讲辩论的课程,并在实践中一以贯之。"①

彼得从上海美童公学毕业时,还相当年轻,因此在念大学之前还有时间先赚一些钱,这对他的家庭也非常重要。奥克代尔(Oakdale)的农场经营失败,耗光了潘慎文夫妇的所有积蓄。当时全家急需用钱。潘慎文的一个银行家朋友给彼得介绍了一份银行的工作。

1922年夏,一位来自德州休斯顿的新主教要访问潘慎文所在的教会。这位新主教名叫塞缪尔·海(Samuel Hay),在成为主教之前,海曾任休斯顿一座大教堂的牧师,在他的教堂会众中,有一位美国最著名的金融家,还有一位著名的银行家。在假期快要结束时,潘慎文夫妇带着彼得拜会了海主教一家,彼得与他们相处甚佳,潘慎文夫妇也很喜欢这位新主教。此时,潘慎文的健康状况持续恶化,全家人准备返回美国。海主教劝说他的银行家朋友为彼得提供了一小笔奖学金,以供彼得读完四年大学。对彼得而言,这是"特大惊喜"。②

1923年,潘慎文一家居住的景林庐(Young Allen Terrace)6号已经被其他人占据,他们全家只得搬离。彼得回忆道:"爸爸总是说他希望能活到85岁,还说希望死在中国。1923年时他73岁,还做好重返上海的打算。我猜妈妈对此不以为然,尽管她从未争辩过。我们的家具和床上用品、妈妈喜爱的中国丝绸及黄铜制品及爸爸的丰富藏书,都储藏在新房子的地下室中。我们再也没有回去过。多年后玛丽姑姑曾带回来一个行李箱,里面有一些美丽的丝绸,还有柚木块和黄铜片。母亲将这些东西给了我和妹妹。你们现在还能在祖母的家里和我的家里看到这些东西。除此之外,我们再也没有见过我们留在中国的任何东西。对于一对大铜罐和父亲的那些藏书,我尤为怀念。1937年,日本人占领了上海,我猜我们的东西都到了他们手中。"③

1923年7月底,潘慎文一家启程返回美国。从此,他们再也没有回到中国。由

① Peter Pierson Parker, *A China Childhood*, p.105.
② Peter Pierson Parker, *A China Childhood*, p.110.
③ Peter Pierson Parker, *A China Childhood*, p.119.

于潘慎文的健康状况堪忧，彼得听取了约翰叔叔的建议，申请就读加州大学伯克利分校。作为一名上海美童公学的毕业生，他顺利地被接受，并于1934年在太平洋宗教学院（Pacific School of Religion，Berkeley）获得神学硕士学位，后来一直在神学院从事教学研究工作，专司《新约》研究。

1924年9月10日，潘慎文逝世。彼得认为："爸爸过世的日子有一个奇怪的巧合。爸爸出生于1850年8月7日，此时美利坚合众国存在了74年1个月3天。爸爸去世时，也正好是74岁1个月3天，恰好是他的祖国寿命的一半。"①

儿童史专家、法国学者菲力浦·阿利埃斯（Philippe Aries）坚持认为："传统社会看不到儿童，甚至更看不到青少年。儿童期缩减为儿童最为脆弱的时期，即这些小孩尚不足以自我料理的时候。一旦在体力上勉强可以自立时，儿童就混入成年人的队伍，他们与成年人一样地工作、一样地生活。小孩一下子就成了低龄的成年人，而不存在青少年发展阶段。"②这是普遍存在于欧洲中世纪的儿童现状。但在进入现代社会之后，这一状况发生了很大改变。现代社会有教育系统，有教育的概念，人们普遍意识到教育的重要性。心理分析学、儿科医学和心理学等新兴科学致力于儿童问题的研究，他们的发现通过大众文化传递给父母。现代社会对儿童的生理、道德和性诸方面的问题都非常感兴趣。③ 在中国，儿童史作为一门新兴的学科，迄今尚未引起学者的足够重视。④ 本文依据美国传教士潘慎文之子彼得的回忆录，考察美国儿童在上海的社会生活，有助于我们进一步深入了解美侨儿童在上海的生活状况与精神世界。基于此，包括美侨儿童在内的上海外侨儿童社会生活史，可挖掘的空间仍然广阔。

（作者：何方昱，上海社会科学院历史研究所副研究员）

---

① Peter Pierson Parker, *A China Childhood*, p. 120.

② ［法］菲力浦·阿利埃斯：《儿童的世纪：旧制度下的儿童和家庭生活》，沈坚、朱晓罕译，北京：北京大学出版社，2013年，第1～2页。

③ ［法］菲力浦·阿利埃斯：《儿童的世纪：旧制度下的儿童和家庭生活》，第329页。

④ 具有代表性的中文研究专著参见熊秉真：《童年忆往——中国孩子的历史》，南宁：广西师范大学出版社，2008年。

大东放送局与战时日本的宣传

葛　涛

内容摘要：大东放送局是日本在上海设立的第三家，也是抗战前唯一存在的无线广播电台，其资金、技术、设备、管理、日常运营等，均由日本外交、通信、陆海军当局予以扶持。大东放送局的使命就是秉承外务省、军方之命，为日本的侵华政策进行宣传，同时也对上海的日本居留民进行政策灌输，遇到紧急情况时进行动员。

关键词：大东放送局　战时上海　日本宣传政策

一　大东放送局的设立

上海是中国无线电广播的诞生地，也是民国时期的无线电广播中心。在日本侵华战争全面爆发之前，日本驻华外交机构就注意到利用广播进行宣传的重要性。1935年(昭和十年)11月11日，日本驻中国特命全权大使有吉明在致外务大臣广田弘毅的报告中，呼吁在上海设立由日本人经营的无线电广播电台。这份报告分为六个部分：

第一部分描述了上海无线电广播事业概况，指出无线广播电台的数量日益增加，总数已达100余家。其中美国人经营五家，英国人、法国人各经营一家，另有一家从事"反苏"宣传的短波电台。业经登记注册的电台达到40余家。英美系的电台主要使用英语播音，其间插播一些中文节目。而法国人开办的电台属于Alliance Franceise(即"法语联盟")，每天三次播音，每次播音时间为一个半小时；除了播送一般节目之外,还播送徐家汇天文台提供的天气预报,并有法语、中文教学节目;晚间播送全市唯一的“高尚音乐”(即唱片),听者众多。日本人经营的广播电台曾经有两家:1929年(昭和四年)电通社在上海日日新闻社支持下开设的一家,以及1933年(昭和八年)新昌洋行在林乐器店开设的一家。但是这两家电台开设不久即因经营不善而关闭,因此日本人当时在上海没有自己的电台。上海的日本居留民达三万余人,人数在各国侨民中位居第一,然而却没有日语广播。因此,居留民中要求设立由日本人经营的电台的呼声渐趋强烈。①

第二部分明确指出广播作为宣传工具的威力已毋庸置疑。虽然上海的无线电台因经费短缺之故,节目主要为播放唱片,但听众中多有希望收听讲演、现场音乐节目者。日本外交机构认为在此领域有很大的拓展空间,可以收到极大的对外宣传功效。尤其是近来,“想学习日语、了解日本情况的支那人渐增”,因此,用广播教授日语、传播日本的准确信息,将会收到极大的对外宣传之效。虽然寄希望于日本国内具有实力的广播电台加强播音也是方法之一,但拥有能够收听远距离节目的高端收音机的人却很少。1935年6月,日本放送协会的对外广播节目之所以在上海反响不佳,主要就是这个原因造成的。因此,为了广收宣传之效,有必要在上海适当地设立广播电台。而且一旦发生事变,广播电台还可成为极为重要的信息通报机构。

第三部分指出在上海租界内开设无线广播电台并不需要许可,完全自由。虽然国民政府于1932年11月24日通过了《民营无线电台暂行取缔规则》,但是不适用于租界,而公共租界工部局、法租界公董局并未制定任何针对电台的取缔规则。

第四部分是在上海设立无线电台的预估费用。包括开办费:五十瓦特的播放设备一台,约3000元;一千瓦特的一台,约20000元;播音室设备约1500元。日常开支:每月1245元,包括一名播音员兼事务员的工资(日本人)、三名播音员(中国人、英国人、俄国人各一名)的工资(共需支付100元)、一名技师的工资、一名苦力的工资、无线电台房屋租金、其他费用(机器修理费、给播音者的酬金等)。报告指出,如果能够借用日本人开办的报社、乐器行的房屋设立无线电台,则会节省很大一笔房租,可使每月日常开支降至千元上下。此外,电台的收入,若无来自日本官方的资助,则唯有依靠广告收入。

① 上海放送局(大東放送局　華中放送協会ヲ含ム)/分割1,B10075006700,外務省外交史料館。

第五部分论述了应由日本放送协会在上海设立无线电台的理由。指出上海日本居留民在公共事业方面的负担已过于沉重,而日本放送协会具备资金、技术、经验优势,足以承担在上海设立电台的重任。

第六部分论述了在上海设立日本无线广播电台之际,必须遵守的要点:1. 领事馆对新闻播送有指导之责,驻上海的日本军方及日本居留民团得以随时利用电台。2. 电台使用的电力设备、周波频率、电波等,可参照上海当地已有电台的情况。但是由外国人、中国人组成的相关协会,对于新设电台必然加以阻挠,而国民政府根据《民营无线电台暂行取缔规则》,禁止南京中央广播电台之外的无线电台播送"经济新闻"之外的新闻。因此,对于日方电台播送一般新闻之举,必然会使用电波予以干扰。对此必须预先考虑对策。3. 上海生活着各国居民,因此新闻播送需使用日、中、英、俄四种语言。此外,还需做好转播日本国内广播节目的准备工作。

日本大使馆在向外务省提出本报告之前,已向驻沪日本军方进行了通报,获得了极大的支持。军方允诺向"中央"展开工作,以使计划成功。①

广田弘毅接到有吉明的报告后,指示有关部门进行了缜密的研究,并随即派遣递信省技师石田、技工河原到上海实地勘察,提出建议。最后议定在上海收购一家广播电台,因为这样做在成本上较为合算。1936年(昭和十一年)3月24日,有吉明再次向广田弘毅提出报告,汇报了收购电台的计划:目标为XQHA电台。该电台位于公共租界内,由美国人霍华德(Howard)所有,在上海具有相当的知名度。因所有者计划于3月末离沪,因此希望以相当于10000日元的价格出让。已有中国人报价8000日元,表示接手之意,但是霍华德还未决定。若支付现银,他还可以再让一些价格。有吉明表示:该电台设备优良,位置优越,较之另行设立新台,收购实为上策。鉴于国内外局势的最新变化,有吉明敦促广田弘毅早下决断,及早在上海设立无线电台。②

报告发出后不久,日本外交当局改组,广田弘毅、有吉明相继去职。继任外务大臣为有田八郎,代理大使为若杉要。但是,在上海设立无线电台之事并未停顿。1936年4月28日,外务省致电驻华代理大使,首先承认设立电台为急务;其次确认所需开办经费、日常运营费等由外务省、陆海军当局、"满洲国"当局予以补助,日本

① 上海放送局(大東放送局　華中放送協会ヲ含ム)/分割1,B10075006700,外務省外交史料館。
② "大第一八八號",上海放送局(大東放送局　華中放送協会ヲ含ム)/分割1,B10075006700,外務省外交史料館。

放送协会也负担一部分。之所以如此,是因为外务省认识到以宣传为目的的无线电台,如果依赖当地日侨、日本商社提供捐款、广告费等是不稳妥、不安全的。① 5月20日,外务省、通信省、日本放送协会召开联席会议,专门商议此事。外务省出席会议的有情报部、东亚局等部门的官员,递信省方面则有电务局、工务局方面的官员出席。

此后,在上海设立无线电台之事正式启动。外务省不断向驻华大使馆发去电报,告知经费筹集情况,就具体的问题(如选址等)发出指示。1936年8月,收购XQHA电台的工作宣告完成,经过设备调试,于8月21日开始播音。12月9日,在日本放送协会、上海日本电信局、驻上海日本陆海军当局的支持和协调下,电台迁址大连汽船株式会社埠头事务所。不久,该电台正式命名为"大东放送局"。

大东放送局最初的四名播音员中,有两名日本人、一名中国人、一名美国人。从XQHA电台的转让到重新开始播音,日方只是向国民政府交通部电报局进行了通报。1936年8月19日,交通部电报局长派出代表拜会若杉要总领事,指出根据《民营无线电台暂行取缔规则》,无线电台的转让、转租等必须取得交通部的许可证。因此要求XQHA电台在完成上述手续前,暂缓播音。但若杉要以治外法权为依据,答称《民营无线电台暂行取缔规则》并不适用于日本人,拒绝了电报局的要求。20日,电报局通知XQHA电台负责人高木,不认可电台的转让,也不同意重新开始播音,要求高木立即前往交通部办理相关手续。② 对于国民政府的反对,日方起初置之不理。但经过约半年的较量后,察觉到国民政府方面的立场并未出现松动,日本外务省遂命高木前往交通部电报局申请许可,以避免进一步摩擦。

二　大东放送局与日方战时宣传

1937年7月抗日战争全面爆发后,大东放送局按照日本当局的意图,用日、英、中三种语言,倾全力播送同盟社电讯及其他时局消息,并为此增加了播音次数。大东放送局旨在通过此举消除对日本不利的"谣言",稳定日本居留民的人心。中日双方在利用电波进行宣传战的同时,也利用电波干扰对方的广播。日本方面干扰

---

① "昭和11 七七五七暗",上海放送局(大東放送局　華中放送協会ヲ含ム)/分割1,B10075006700,外務省外交史料館。

② "昭和11一六二〇七暗",上海放送局(大東放送局　華中放送協会ヲ含ム)/分割1,B10075006700,外務省外交史料館。

南京中央广播电台的宣传广播,国民政府则对大东放送局的广播进行电波干扰。[①]

八一三事变后,局势骤然紧张。大东放送局所在之处遭到中国军队炮击,但未造成人员伤亡及设备损失。由于电力供应中断,8月17日起一度中断播音。鉴于无线电广播在战时宣传中发挥的重要作用,在军方的大力支持下,大东放送局于9月3日即恢复了播音。外务省与陆、海军当局议定:暂时由三方均等负担大东放送局的一应开支。同时为了加强播音宣传,决定雇用新闻编辑,增加播音员人数,并向工作人员支付特别津贴。外务省估算大东放送局每月的开支将增至约1500元。与此同时,陆军开始筹划设立完全由自己控制的广播电台。

1937年9月3日即大东放送局恢复播音的当日,即遭到中国军队炮击,天线损毁,播音再次陷于停顿。经过紧急处置,天线得到修复,9月5日播音重开。为了适应战时宣传需要,外务省决定增强大东放送局的设施:其一是加强设备功率,以扩大节目覆盖地区,改善收听效果;其二是增设短波节目,对象是日本国内的听众。[②]

1937年12月,大东放送局的改造工程完成。同时竣工的还有陆军的"大上海放送局",其设备来自国民政府设立在上海的无线电台。此外,上海日本人俱乐部内也设立了一个小规模的播音站。外务省、陆军省、海军省、通信省各自派出官员,组成"节目编辑会议",对大东放送局、大上海放送局的节目进行指导、统制。两家电台的管理由军方负责。1938年3月,外务省决定由驻上海总领事馆松村副领事专门负责大东放送局的业务。自4月18日起,大东放送局每天播送两次俄语新闻节目。[③] 此外,大东放送局还在苏州着手建立广播发射塔,以强化对苏州地区的宣传。

随着南京、上海相继沦陷,日本政府决定由外务省独自负责大东放送局工作,以期在具体宣传口径上与军方保持微妙的差别,电台的开支也转由外务省独家承担,但是在对中国宣传工作的大政方针上,仍通过"中支[④]放送委员会"与军方、通信省保持紧密合作。1938年7月,日本驻上海总领事日高信六郎向外务大臣宇垣一

---

① "昭和12 一七二七〇暗",上海放送局(大東放送局　華中放送協会ヲ含ム)/分割1,B10075006700,外務省外交史料館。

② "昭和12 二二一七二暗",上海放送局(大東放送局　華中放送協会ヲ含ム)/分割1,B10075006700,外務省外交史料館。

③ "昭和13 一一〇四一暗",上海放送局(大東放送局　華中放送協会ヲ含ム)/分割1,B10075006700,外務省外交史料館。

④ "中支"为"中支那",即华东地区。

成提出了关于“中支那放送事业”的报告，其中指出：卢沟桥事变以来，基于对中国宣传工作的需要，“中支那”的广播事业通过设立大上海放送局、强化大东放送局以及设置日本电信局一千瓦短波发射装置等措施，努力应对事态的变化。通过设立“中支那放送委员会”，有关部门的官员紧密联系，协力合作，值此徐州战役终结、武汉战役推进之际，在南京、杭州增设了小规模电台。为了加强对中国的宣传工作，尤其是对占领地区内的中国民众、华侨进行指导，痛感有确立根本性的“中支那”广播计划的必要。① 由日本当局与伪政权合作设立的华中广播无线电协会（“中支那放送协会”）就是这一计划的产物。该协会的计划方针如下：为了在华中地区强化新政府权威、宣慰地方、加速实现日中提携，并向世界广为宣传，必须加速整顿、扩充广播设施，而计划的要领就是通过大上海、大东两家电台对华中占领地区进行广播。

综上所述，大东放送局是由日本外交当局组织设立的、以宣传日本国家政策为目的的无线电台。它是日本在上海设立的第三家，也是抗战前唯一存在的无线广播电台，其资金、技术、设备、管理、日常运营等，均由日本外交、通讯、陆海军当局予以扶持。大东放送局的使命就是秉承外务省、军方之命，为日本的侵华政策进行宣传、解释、粉饰，同时也对上海的日本居留民进行政策灌输与讲解，遭遇紧急事态之际进行动员。大东放送局电波所及，始以上海为中心，后扩展至华东大部分地区，伴随着日本占领地区的扩大而扩大。为了尽可能扩大宣传对象的范围，大东放送局使用四种语言播送新闻，除了日语、英语、俄语之外，还有独具一格的沪语。必须指出的是：大东放送局的播音工作，始终处于日本外务省的指导下，因此与日本军方主导的电台如大上海放送局在风格上还是存在些许差异。利用无线电广播这一新兴大众传媒进行国策宣传、国事动员，为特定的政治目标服务，是 20 世纪以来各国政府乐此不疲之事。研究大东放送局的播音情况，对于分析日本当局如何利用电波进行宣传、为战争服务具有一定意义。

（作者：葛涛，上海社会科学院历史研究所研究员）

① “機密第二一五四號”，上海放送局（大東放送局　華中放送協会ヲ含ム）/分割 1，B10075006700，外務省外交史料館。

史料辑译

上海故事

——从开埠到对外贸易*

[英]麦克莱伦 著 刘雪芹 译 张秀莉 王 敏 校

前 言

从历史的角度来看，这个存在不足50年的中国的小型租界没有太多东西可以记载，但在这短短的50年间，上海发生了许多威胁到这个地方存在的事件，并且这些事件影响了居民生活的时代和命运。租界已形成了市政的或自治性质的制度，这个制度是如此适应这个由来自世界各地的侨民构成的社会以及它与中国政府的关系，以至于租界只需要通过扩张就可以满足因人口增长而产生的需求。

自1843年上海对外开埠通商后，尽管与中国和平共处，但是英国领事实际上是以载有10门炮的航海双桅战船封锁上海港，上海县城曾被一伙"叛乱者"控制，其他的拥有更强大武装力量的"造反者"的军队也曾试图占领上海县城和租界，但两次被击退。

关于这些重要的和稍不重要的事件的记载散落在报纸、很少的一些书和会议文件中，这些资料普通读者难以接触到。最近几年，我时常听人们说很想看到关于上海租界历史的记述，我就是要尽可能地为人们提供这样一部关于租界历史的记述。

在写作过程中，我有幸得到了上海老居民的帮助，他们几乎可以回忆起租界开

* 本文译自 J. W. Maclellan, *The Story of Shanghai*, Shanghai: The North-China Herald Office, 1889。

辟之时的情况,并且我也尽量用了可找到的每一本书籍和其他出版物,我还采用了一些公司写给自己国家的私密性报告,以前此地只发行一份记录本地公共事件的报纸。我要感谢所有善意相助的朋友,尤其是切瓦利耶神父(Père Chevaller)提供给我关于上海罗马天主教堂的信息。

这本小书出版之时,我应该已离开上海。在此,我要对允诺印刷此书的利特(R. W. Little)先生和亨利·奥谢(Henry O'Shea)先生表达诚挚的感激之情。

麦克莱伦

上海,1889年4月

导　言

"上海"这个名字的意思是"上面的海"(Upper Sea)。① 尽管这个巨大的平原是由淤积的扬子江所裹挟的泥沙逐渐高于海平面后形成的,但上海这座城市本身是否建在海的边上则有待商榷。同时,在位于上海西南20英里处的凤凰山发现了海水过去登陆的遗迹,表明这个地方曾经被海淹没。苏州附近的山头上有大量的贝壳,按照传统说法,这些贝壳是古时候由海浪裹挟来的。据说,位于上海西南27英里处的松江和上海西30英里处的太仓曾经是海港,并且出于这种需要,现在的上海也具有这样的名号。像伦敦和利物浦一样,这些地方很有可能通过河流或运河与大海相连。当小村落上海的名称形成时,流经此地的那条河流或许非常宽,或者可能像11世纪或者12世纪那样,河流覆盖了大片地势低洼的陆地,而龙华塔就矗立在河流的边上。这是此处取名为"上海",以区别于位于现在租界东北3英里处的另一个村庄"下海"(Lower Sea)的原因。下海这个村庄可能是由吴淞江或者苏州河冲击而成的,那里还曾经形成一个向吴淞方向绵延5英里的沙洲。

据历史记载,在成为港口之前,"上海"这个名字就已经有了,那时这里生活的是渔民和耕田的农民。当时,上海有两个村庄,一个村庄当地方言称之为"上海"(Zong-he),即"上面的海",或官话"上海"(Shanghai);另一个村庄是"下海浦"(Au-he-pü),即"下游的村庄",这个地方现在还在②,有8个家族居住于此。"下海

① 另一种翻译是"从海上来",因为去苏州的货船由于河床浅而不能走得更远。

② 就是外侨所熟知的杨树浦(Yangtze-poo)。

浦”的“浦”，即商店，应是这里出现商铺之后添加上去的[1]。最初的两个相互对照的名称的意思仅仅是“下海”（Au-he）和“上海”（Zong-he）。

11 世纪末海关在此设立，[2]并且历史上第一次提到这个地方，作为一个贸易之地，上海的地位才变得重要起来，但是本地的关于这个地方的记述始于公元前 249 年。[3] 先前，沿苏州河（那时叫吴淞江）以上 20 英里的地方有一个名为青龙的古镇[4]，它是苏州河的港口。大约就在那时，吴淞江被泥沙淤塞，海关遂移至上海，那时上海属于华亭县辖区。那之后的 100 ~ 150 年间，华亭县及其周边地区日益繁荣，人口增多。1366 年[5]，华亭县升为华亭府。之后的四五十年间，华亭经济更加发达。

自古以来，吴淞江就是由海上前往苏州的主干道。从老地图上看，公元 780 年，吴淞江已有 5 英里宽，200 年后约为 3 英里宽，但之后大大变窄、变浅。那时，黄浦江[6]是比吴淞江小得多的河流，流经龙华塔附近后，分成两支，流经浦东，在距离浦东村两三英里的地方注入吴淞江。[7] 但是很可能黄浦江的一部分水注入了龙华附近的沼泽里。1402 年[8]，一条名为范家浜的小的古运河扩修，这是连接吴淞江和黄浦江的唯一通道。范家浜扩修的影响是使黄浦江向北流。范家浜为自己打开了一条足够的通道，而另一方面，吴淞江或苏州河的重要性降低了。通过一幅据说绘制于公元 1010 年的老地图，可以看出古河道和新河道的不一致，还可以看出通向上海县城之东的范家浜。所有的运河的痕迹在很久之前就已消失，但它应该在现在英国领事馆的位置和吴淞江连在一起。这幅地图和其他的一些古代的记载显示：在上海附近曾有很大的、坚固的城镇，后来消失了，其中的一些被河水冲掉了。

上海的位置使其成为帝国北、南和中心地区省份的极好的贸易集散地。上海是富庶的江南海港，是长江和东亚的主要商业中心。但是，几个世纪以来，这里的人们一直面临着因河道淤浅带来的生存问题。某些疏浚方面的工作一直在进行，

---

① 这一说法似乎不确。——译者

② 应指宋熙宁十年（1077 年）设立上海务。——译者

③《中国丛报》（*Chinese Repository*）。

④ 即青龙镇。——译者

⑤ 应为元十四年（1277 年）。——译者

⑥ 1300 年，黄浦有一支弓箭的射程那么宽，和上海城相对。

⑦ 40 年前，在浦东的塘口市（Tung-kou-shi）发现黄浦江老河道的遗址，约在上海城东北 7 英里处。参见《中国杂集》（*Chinese Miscellany*）。

⑧ 应为明永乐二年（1404 年）。——译者

直到近年来当局允许增加吴淞这里的水栅(bar)的数量,筑高黄浦江堤岸,把苏州河宽度缩至90码,并且带有一条很浅的、不稳定的通道,这个地方的重要性才比从前大大地提高了。

除了地理位置为上海带来的重要性之外,公元前3世纪引进纺织业后,上海周边地区才以棉纺制造业中心而闻名。杜赫德(Du Halde)在他收集的有他自己名字的关于中国的资料中说,上海有20万人从事棉花产品制造业以供应帝国之需,也供应外国大量的各种棉花产品,这些棉花产品着色后像上乘毛哔叽①。附近的棉花产品使上海一直保持着优势,其中相当大的数量销往帝国各地。在一种关于上海的记述中作者说,棉纺织业在上海及其周边地区的推广得益于两位女士:一位女士教农妇如何纺纱,一位女士教农妇如何刺绣。在一个没有什么可以令你赏心悦目的地方,目前能看到的最令人愉悦的景象之一,就是农田里棉花盛开,或者妇女和孩子们采摘棉花。这似乎可以与一位老作者的叙述相合,即在公元前和公元后的几个世纪,上海所在的这个平原仅仅部分被开垦,很大一部分是沼泽地,在引入棉花种植之前,人们依靠其他农作物为生是很艰难的。

自1361年至16世纪中期,上海时常遭受倭寇侵袭,那时江苏、浙江的大部分地区也经常受到骚扰。1543年,倭寇劫掠了上海,并且在1552年,为抵御倭寇,上海建造了城墙。② 1560年,倭寇再次来袭,根据中国人的记述,倭寇入侵乡村,导致村庄凋敝,那之后城里的人也变得游手好闲、爱说大话,社会道德败坏。虽然先前的上海人粗犷而淳朴,但这个地区也有很多音乐家和诗人,民间藏龙卧虎,这一地区人杰地灵,成为南方最著名的地方之一。但是,另一位学者说上海人好强、好争斗和爱炫耀。

这座城市及其周边地区持续繁荣,但是除了极少数人读到过罗马天主教传教士寄回的一些记述之外,欧洲人并不知道上海,这种情况直到东印度公司结束对中国的垄断前不久才改变。③ 在此之前,东印度公司的广州代理人经常被中国官员的不讲信用和苛求所困扰,结果就是1832年2月,该公司从广州派"阿美士德号"(Amherst)

① 一位老旅行者说以前所有的中国人都穿丝绸,了解中国和中国历史的人听了之后会很吃惊。据14世纪在中国的伊本·巴图塔(Ibn Batuta)所说,一件棉衣可以换好多件丝绸衣服。他说,如果不是商人从中运作的话,丝绸根本不值钱。

② 不确,上海建城时间应为嘉靖三十三年(1553年)。——译者

③ 在关于中国的游记和报告的古书中,我没有发现很多提及上海的内容。广州东印度公司商(转下页)

前往北方的港口寻求通商。东印度公司的高级职员休·汉密尔顿·林赛（Hugh Hamilton Lindsay）先生和郭实腊（Rev. Charles Gutzlaff）奉命承担此项任务，林赛后来成为设在中国的东印度公司的首脑，这家公司的名字中包含着他的姓。郭实腊早在几年前就曾乘中式平底船造访过上海，他从广州航行到天津，然后到上海。他对这个港口的商业大加赞扬，这促使"阿美士德号"成行，"阿美士德号"经厦门、福州和宁波，于6月20日驶抵吴淞口以外几英里的地方，林赛和郭实腊乘小船前往上海县城。尽管在吴淞口的中国官员试图阻拦他们，但他们还是在下午4点30分到达了目的地。

林赛记述了上海知县和道台对他们的接待，道台和知县很粗暴、很傲慢，他向他们请求允许通商，坚持道台应平等地接待他，并且传达他的观点，这些叙述很有趣。尽管人们表现出相当迫切的通商愿望，但官员们还是拒绝了林赛的通商要求。林赛和郭实腊在上海城里散发有关英格兰和通商的小册子，所到之处颇受欢迎。

那时吴淞的防御工事很简陋。当"阿美士德号"驻留吴淞时，中国的军队正在操练，士兵手持长矛、藤盾和锈迹斑斑的火枪，而且枪支都被放在没有通道或交通工具不可到达的河岸。如果这些预防措施还不足以吓退野蛮人的话，那么中国人另外的雕虫小技将足以使其溃败，这就是在离吴淞江边有一定距离的地方，官员已经命人用泥巴匆匆堆起工事，工事被涂成白色，看起来就像士兵的帐篷一样。这些防御工事已崩塌，火枪锈迹斑斑，运输瘫痪。

7天来，林赛很兴奋，他数出来一共有400余艘载重100吨～400吨的帆船每天驶入吴淞口。最初主要是北方四桅帆船，但后来南方帆船也加入进来，每天有三四十艘。广东人似乎从这项贸易中获得了很好的收益，我发现据说几年后他们航行一次或一年的收益是200%～300%。林赛还在上海找到了开阔的码头和大容量的仓库。

3年后，传教士麦都思（Medhurst）博士在从山东传教回来的路上访问了上海。据他记载，当地的官员和百姓都很认可林赛。如同当年避免与商人接触一样，当地官员试图尽可能避免与传教士接触。但是，麦都思会见他们时表现得很坚定，很有

（接上页）馆的弗雷德里克·庇古（Frederick Pigou）先生在1856年起草的一份备忘录中注意到上海是一个适合开展贸易的地方。然而，常驻东印度公司广州工厂的雅穆斯棠（Jas. Urmston）先生在极力主张在舟山（Chusan）建立公司时，却没有提及在上海建立公司。舟山和宁波都是包括东印度公司在内的冒险家们看中的适合开展贸易的地方。

尊严。林赛和麦都思都感觉到上海的官员已经知道他们的行动和最近在广东发生的事情。由此可见,很明显,英国人在中国的所作所为很快为沿海地区官员所知,并且帝国其他地方的官员也知道了。林赛进入上海县城时有个小插曲,通过这件事情可以看出上海道台是多么害怕两江总督。道台收到林赛的禀帖后,签署了一道命令,责令林赛即刻离开,同时"扔回"禀帖。林赛不堪忍受这一羞辱,要求将他的请求递交给总督。道台对此很警觉,赶忙派其他官员向林赛要回他的命令,并就命令中的表述向林赛致歉。道台当然知道他在南京的上司会用和他一样的态度对待那个难缠的外国人,但是据猜测道台害怕的是林赛会沿江而上,公然去总督衙门抗议。

拖延几天后,上海道台允许林赛在离开吴淞口前再次进入上海县城,但只允许他买价值几百元的丝绸和薄纱。这是进入上海的外国商人的第一次交易。

第一章 攻占吴淞和上海

1842年5月29日,由海军中将巴加(William Parker)指挥的军舰和郭富(Henry Gough)率领的一支4000人的军队抵达沿海地区。这支远征军摧毁了厦门港的炮台,攻克了一个要塞,占领了定海、舟山,炮轰并且占领了镇海、宁波和乍浦。6月4日,舰队挺近吴淞;6月8日,舰队停泊"阿美士德岛"(Amherst Island),派出"摩底士底号"(Modeste)、"冥王星号"(Pluto)和"复仇女神号"(Nemesis)军舰拦截沿海通行。英军用了几天的时间探测航道,13日,大部分军舰和12艘运输船安全抵达河口。

英军的目的是攻占上海,然后是镇江和南京;他们希望这个行动将带来大英帝国和中国之间的和平,促使上海及南方的港口对外开埠通商。

在黄浦江西岸的吴淞与宝山之间,排列着清军炮台,有134门炮。

英军很容易地攻占了吴淞。最初的两个小时,炮台很平静,但是在12点30分以后,军队开始登陆。英军一上岸,郭富就向宝山发动进攻,清军总督和大批士兵在英军看来简直是在逃跑[1]。与此同时,陆军少将石欧德(Scheodde)接到命令,向宝山镇的后面移动,切断清军的退路。到达宝山时,郭富发现海军司令已经控制了

① 大意为"在英国军队看来,清军及其将领根本未认真抵抗,看上去是在逃跑"。——译者

宝山，当地居民正惊慌失措地逃离。中国军队在吴淞防御工事上做了大量的准备，并深信这些工事坚不可摧。他们在不同的要塞架设了175门火炮，防守秩序良好。江面上停有大量的配备武装的中国式平底船，还有5艘类似的用木桨轮做驱动的、新的仿照轮船的中国式平底船。这些中国式平底船被俘获时，发现船的每边装有2个桨轮，轴也是木头的，上面装有一些用硬木头做成的齿轮，通过装配有齿轮和由人工操作的绞盘来转动。所有的机械装置都在下面当中的甲板上。每艘船配置有2支或者3支新式黄铜或青铜铸的火枪，此外还有许多大的抬枪、火枪、矛等等，从他们都是由拥有一定级别的官员所指挥来看，显然是期望获得大胜。不幸的是，吴淞的战船指挥官选择了逃跑而不是投入战斗。一开始英国战船靠近时，中国海军将领就逃走了，其他人也跟着逃走，官员和人群纷纷涌入舢板船，船上挤满了人，很多人掉进了河里。一些蒙古士兵显示出了很大的勇气，他们用矛和英国军队拼刺刀，但是当入侵者向前推进时，中国士兵通常会逃走。据郭富讲，吴淞口的中国士兵有四五千人。他们的损失相对较小，不超过200人，而英军仅有1个军官和1个水兵阵亡，3个军官、22个水兵受伤。7艘女王陛下的战船和6艘东印度公司的轮船共同组成海军的进攻力量。

17日，“复仇女神号”、“麦都萨号”（Medusa）沿黄浦江进行了部分探测。在距吴淞口约7海里处，他们看见了2个炮台，两岸一边一个，其中一个炮台里的所有火炮都向英船开枪射击，不过射程很短。不久以后，中国人放火烧了2个炮台，弃之不用了。舰队司令命令2艘战船停止前进，因此他们返回了吴淞。据他们的报告，沿江左边最深的航道约有2英里长，然后在正对着的右岸，这里在半涨潮时，有足够的水量可以供一艘护卫舰通行。①

19日早上，在蒙哥马利（Montgomerie，Madras Artillery）中校指挥下的第18、第49军团，加上马德拉斯（Madras）炮兵队和骑兵炮兵队以及工程兵、地雷兵的约1000人的部队经陆路向上海进发。同一天早上8点，余下的部队乘坐“谭那萨林号”（Tenasserim）、“复仇女神号”、“弗莱吉森号”（Phlegethon）和“冥王星号”，这几艘船拖着“北极星号”（North Star）、“摩底士底号”、“哥伦拜恩号”（Columbine）和“克里欧号”（Clio），巴夏礼、郭富、吉宝（Keppel）船长——他们在占领吴淞后到达——和其他的军

① 一位领航员向我提供了吴淞江现有河道的如下信息。从吴淞口到这里，轮船要沿右岸行驶，然后再驶向对岸。春天半涨潮时，有17英尺至18英尺深。

官被召集到“水母号”（Medusa）上。在上海城进入视线之前，舰队未遭遇任何抵抗。就在现在英国领事馆所在的位置，有一个修筑得很好的炮台，炮台里的中国军队向军舰开炮，但是，由于距离较远，军舰没有受到任何伤害。据曾参与这次远征的巴夏礼（Harry Parkes）先生回忆，在1865年的一次聚会的晚餐上，一位跑堂（Tipao）向他吹嘘说在炮台里向英军开炮的人就是他，但是他没能坚守到给大炮再次上膛。

蒙哥马利中校听到枪声后，率队快速前进，没想到很快就到了城墙下面。他到了上海城北门，然后派一些士兵翻过城墙，打开城门，军队随即进入县城。蒙哥马利中校发现县城已被弃守，官员已于前一个晚上逃离。轮船一到达县城，第55军团就从天后宫附近的一个小码头登陆，并立即采取措施防备中国的小偷。由于军队表现得很好，他们的行为使胆怯的当地人恢复了信心。英军还打开公共粮仓，发放粮食给百姓，老百姓非常开心。

据描述，攻占上海当天，江面上布满了满载难民、家具和物品的船只。英军派出两艘轮船沿江侦察，指示船长寻找战船，并且对周边农村详细勘察，但没有发现任何反抗迹象。很快，人们返回县城，商店重新开张，商业恢复，居民只是对外国人的头发、眼睛和举止表现出了本能的好奇。

上海和吴淞的防御工事可谓煞费苦心，除了那些同战船一起被摧毁的工事之外，还设有406门大炮（其中100支火枪是铜质的）。[①] 铜炮都很重，其中有一门很奇怪的中式铸造的铁炮，炮口很小，中部和后部则很大。根据上面的描述，这门炮已有300年的历史。

占领上海的第二天，两艘轮船拖着两艘小船，载着舰队司令和一些军官溯江而上，行驶约30英里，第二天抵达松江。在那里，他们选了一条东向而行的支流，他们的目标是前往苏州，由于河道越来越浅，“麦都萨号”也只能前行8英里。考虑到过去几个月来英军在江苏和浙江的所作所为，以及在吴淞被击败的中国军队和逃离上海的官员就在苏州或者在其附近，这次乘着小船而来的远征有些过于大胆。

后来我们得知，站在苏州城墙上，已经看得到轮船冒出的烟，在距离轮船很近的地方就停着很多中国式平底帆船和小船，船上满载着上海金库里的银圆，这些船正奋力向前驶向城墙，以获得庇护。

---

① 据郭富先生报告。

在这次小规模的逆河而上的侦察行动结束之前，英国在华唯一的全权大臣璞鼎查（Henry Pottinger）已到达上海，随即决定海陆军进军南京。璞鼎查、舰队司令和指挥军队的总司令把上海选定为英国的暂时安顿之地。在英军控制上海城 4 天之后，即 6 月 23 日，英军撤离上海。在英军控制期间，似乎没有发生过任何流血事件。

占领上海县城期间，有 3000～3500 名士兵驻扎在茶园（the Tea Garden），其余的士兵住在民房里。据记载，英军士兵点燃豫园城隍庙里的精美的木制装饰品照明，穿着装饰着贵重毛皮的绸缎披风，手摇绣花的扇子。上海的 6 月里，扇子可能比火和皮毛更受欢迎，由此我们可以推测：英军获取披风的那些庙宇和当铺应该不会受到很大的损害。

海军司令巴加在中国的经历体现出他非常高尚的品质，他航行了七八十次，包括两次带领战船溯河而上进行完全未知的航行。进攻镇江时，他们遇到了八旗军队“鞑靼之花”的坚决抵抗，当守军看到败局无法扭转时，像他们在乍浦的同族①一样，他们杀掉了数以千计的女人和孩子，然后自杀。八旗将军看到大势已去，便在自己的房子里全家自焚。八旗军是蒙古军队中的劲旅，军官和士兵们全力以赴，但是，当战争结束时，其他的中国人除了趁机抢劫之外，没做其他事情，就如同在上海中国人洗劫同胞们的住所一样。②

镇江被占领震动了帝国的皇帝及其官员。英军向南京进军时，高级官员耆英急忙赶到南京。钦差大臣耆英和新任两江总督伊里布诉诸惯用的外交上的拖延手段，避免与璞鼎查达成协议。直至英国全权大臣下令开战前 3 小时，钦差大臣才提出会见他。

条约很快协商好，随后双方在“皋华丽号”（Cornwallis）上签署，皇帝批准后，上海、宁波、福州、厦门、汕头③港口对外开埠通商。

第二章　租界的第一年

1843 年 11 月 14 日，被任命为英国驻沪领事的巴富尔（Balfour）上尉④签署了一个告示，宣布本月 17 日上海对外开港通商。他确定了上海港的范围，西起宝山、然

① 应指驻扎在乍浦的蒙古军。——译者

② 指英军占领上海城期间发生的中国人抢劫事件。——译者

③ 应为广州。——译者

④ 曾任职于印度马德拉斯炮兵部队，后在英国金卡丁郡宪兵队任职多年。

后沿着吴淞以下黄浦江口右岸的炮台划线(炮台的南—南—西方向),苏州河与上海城墙之间为轮船停泊区。11月5日,麦都思(Walter Medhurst)和包括领事以及其他人在内的一部分官员到达上海,他对上海这座城市及他们所受到的接待进行了描述。他说,江面上林立的船桅遮住了上海县城。但据别的观察者讲,在1842年被占领时,上海港的繁荣已不如以前,除了其他的衰落迹象外,其时货栈断货、码头失修。英国人在南方的军事行动及人们确信英国的舰队会北上,这在当时都可能对上海港的贸易造成损害。

登陆后,领事前往道台衙门,请求道台给他一处房子作为正式的居所。道台声称无论是出于关爱还是出于金钱的考虑,这件事都是无法做到的。他说在城外可能找到一处房子,但目前他们确实不知道是否有空置的房子。看到道台如此明确的态度,领事不得不搁置这个议题,转而要求自己找间房子住,他说如果找不到,他可能到县城庙宇的院子里搭个帐篷住,或者住到中国人的家里。道台这样做的目的是想让上海成为另一个广东,迫使外国官员自己到城外找住所,以便于监视。

巴富尔一离开衙门,一位穿着体面的中国人就过来搭讪,说他可以提供他认为可能适合他们的房子。他带巴富尔等人看了一个非常好的住处,他们立刻就把它租了下来。领事和他的朋友们对这位热心的中国人的行为感到很疑惑,他们很快发现他只是一位很有进取心的香港商人的代理人,他希望通过这种方式得到英国领事的保护,进而垄断贸易。当地官员看到无法把领事赶到城外去,于是就和商人勾结起来。巴富尔迅即而且甚至是以有些粗鲁的方式粉碎了这个中国人的垄断的梦想:他通知房东说他需要私密空间,让房东把那些花钱前来参观这些外国白人日常生活的中国人赶出去。于是,经过一番周折,这些问题都被解决了,但房东拒绝离开。他在一间小房子里住下来,这里充当类似警署的功能,在这里他可以监视领事们的行动,然后再把他们的一举一动都汇报给当地的官员。不久,他又向他的朋友和那些花钱来观看外国人的中国人让步了。①

对于这些初来乍到的人来说,最初遇到的困难便是食物和生活用品供给问题,但这些问题逐渐被解决了。经过一段时间,用人们也逐渐懂得当他们从桌上

① 大意应指恢复原状,即这位中国人像先前一样又同意他的朋友和中国人来参观巴富尔等人的住所。——译者

收盘子和收拾房间时不必对着主人“大呼小叫”，他们的一些不洁的习惯也改正了。然而不久之后，随着商人的到来，需要提供安置他们的住所和用作仓库的土地。领事要做的第一件事情就是明确居留地的范围。巴富尔提出“以乡村河流为界，在必要的情况下，这可能比较容易辩解清楚”。[①] 东至黄浦江，南到洋泾浜，北至李家厂（即现在的北京路），西至现在的福建路。西至福建路的边界一直维持到太平军逼近上海并且占领苏州、宁波和其他重要地方，难民纷纷涌入上海之后。然后是租界向西扩。福建路那时是被当作界石或者是界路，原是打算将其作为租界西部的护城河。伦敦会地产的西边有一条相当大的沟渠，福建路的另一边向南通往上海县城，向北通往大马路，这一条线是福建路的延伸，目前直通老闸桥。

最初，英国政府打算购买界内所有的土地，但是后来没有这样做，而是决定允许英国公民自行从中国业主手里购买他们看中的土地。当业主们一得知英国人想要买某块土地时，他们就拒绝出售，或是抬高价格。从理论上说，中国所有的土地都属于皇帝，在涉及皇帝的权利转让的问题上，中国官员碰到了一些困难。后来还是通过道台签发永久性的租赁契约，而且租赁者每年每英亩交固定的 28 先令土地税的办法使问题得到解决。麦都思说，根据这些条款租赁土地，实质上是从当地业主手里购买，价格每亩为 5 万 ~6 万文铜钱，中国人之间交易的实际市场价格是每亩1.5万 ~3.5 万文铜钱，或者是每亩 15 元 ~35 元。[②] 英国人买到的这些土地是上海最好的地块，在江边或者是附近，那之后有的已卖到每亩 0.8 万 ~1.2 万两银子。在中国人居住区最受追捧的地段，土地价格甚至更高。

当时，租界内遍布沼泽和湿地，河浜纵横交错，间或有一些露出来的地面。南京路的走向曲曲折折，就是因为它原来是一条从洋泾浜流经现在的江西路、南京路的河流。此地道路是如此泥泞，如果不当心，靴子或鞋子就会陷入泥泞中。经过很长一段时间，租界才完成路面整修、铺设排水系统、填浜筑路、清理沿河而建的建筑工地等工程。此时，领事馆在县城内，商人多居住在江边，靠近老城厢。这样的位置十分便利，在毗邻本地商人的主要居住区，驳船可以直接驶至沿河商号靠河一面的门口。然而，如果下面所讲的一段经历普遍存在的话，那么城里或者老城厢的生

① 指发生边界争议时，有利于租界方面辩解清楚。——译者
② 本文中“元”应指的是墨西哥鹰洋。——译者

活还不是很令人满意,尤其是在冬天。福钧[1]先生说1843年的时候,他住在一个钱庄或者说中国政府设的银号里,卧室冷得可怕。他说:“早上起来,我们经常发现浑身被雨淋得湿透了;如果下雪,破窗而入的寒风吹进的雪花可以在地板上堆成一个‘花冠’。”对于住在租界舒适房屋里的现代居民来讲,如此简陋的条件一定令他们非常震惊,但是那些居住在老城厢的老居民常常会很动情地回忆在那里度过的岁月。1845年,一个参观者说,租界里正在建一些房子;两年后,另一个参观者已在上海看到欧洲城市的轮廓。1849年4月6日,租界已经开会讨论建立教堂的问题。在此之前,他们都是在城内的英国领事馆举行公共礼拜,一般由麦都思牧师主持。这次会议决定建造一个教堂,费用不超过6000元。土地就在现在教堂所处的位置,是由颠地洋行的合伙人比尔(T. C. Beale)象征性地卖给教堂建设委员会的。教堂建好时,将50个座位拿出来出售,每个售价200元。由每个座位的购买者每年支付50元,建立一个由牧师主持的维修资金会。教堂座位的拥有者将选出6位教区代表及其继任者,教堂将以信托的形式永远交付给他们,“根据英国国教的形式和教规,教堂用于礼拜全能的上帝”。教区代表将获得教堂的财产及其牧师住所财产的让与凭证,牧师由圣公会负责物色。不久,教堂的建设顺利进行。当时,租界里的外国人有100余人,其中女士7人,租界里的商行有25家。

那时,还有几个教会也在上海落脚。在上海正式开埠前,雒魏林(Lockhart)将伦敦会从舟山迁移到租界。他于1843年11月5日到达上海,12月23日,麦都思(Medhurst)博士也紧随其后来到上海,次年又有传教士加盟。1846年及之前,传教士都住在上海县城,1846年这年,麦都思斥资1080元买下了伦敦会目前的这块地皮。租界里建造了一座教堂、一些住宅、一所医院和一个印刷机构,县城里的教堂仍继续使用。1845年,圣公会和美国圣公会教堂成立。1848年,代表美国安息日浸礼会和南方浸信会的晏玛太(Rev. Dr. Yates)牧师及其妻子来沪。

在上海,在慈善事业方面,外国的传教机构并不孤单,1846年,外国人用在上海和在本国募集的资金建成了一所华人医院。

不久,其他一些教堂也建立起来,1849年11月21日,南京教区罗马天主教罗

[1] 罗伯特·福钧(Robert Fortune, 1813~1880),英国著名的植物学家和旅行家,1843年被派来华调查中国的植物情况和收集植物的标本,1846年回国。此后为同样目的,又三次来中国。曾写下一批有关中国的著作。——译者

伯济(De Besi)主教在董家渡举行教堂奠基仪式,尽管会有同这里的教堂有关的一些事情,但我想还是在这里简要叙述一下该教堂在租界内和附近地区的发展和扩展情况。巴富尔任领事时,耶稣会修士梅德尔(Lemaitre)从欧洲来到中国,罗伯济主教派他与当地官员协商位于上海县城的天主教以前所拥有的教堂和房屋的恢复事宜。当时上海还没有法国领事,但是巴富尔和丹麦领事代理人考尔德(Calder)先生都尽最大努力帮助梅德尔修士。他们陪同梅德尔修士去见道台,要求道台归还县城里的教产。起初,道台坚决拒绝,他说教堂所在地块于100年前就建造了一座塔,不可能恢复原状。商谈持续了好几个月,最终,道台用三块地皮作为对老教堂的补偿,第一块位于董家渡、第二块位于北门外、第三块位于县城内的石皮弄(Sa-Pi-Long)。这个补偿对于在一个半世纪以前已拆除并建成塔的老教堂来说还是非常划算的。

经过考虑,罗伯济主教决定在大悲阁(Ta-pé-ko)附近的董家渡为教区建造一座大教堂。

马义谷修士(Nicholas Massa)负责教堂设计,罗礼思神父(L. Helot, S. J)负责工程监督。教堂为爱奥尼克柱式(Ionic)风格,非常高,有很多窗户,但是由于缺乏资金,原始设计未能全部付诸实施。1847年11月21日,罗伯济主教为教堂奠立基石,许多中国人出席了这一盛大仪式。天主堂以圣方济各沙勿略(St. Xavier)为主保。

1853年的棕枝全日——这一年的3月20日——罗伯济主教的继任者赵方济(F. Xavier Maresca)在此举行庄严的祝圣典礼。① 除传教士外,法国领事敏体尼(M. De. Montigny)及其翻译哥士耆(Count Kleczkowski)、许多其他的欧洲人和中国人、督教徒和非基督教徒都出席了仪式。由于担心现场出现混乱,法国军舰"加希尼号"(Cassini)船长布拉(Plas)带一些人维护秩序。但是,一切都进行得很平静。教堂建造时,附近的基督教徒很少,但是现在——1889年——这个社区已拥有2916名基督教徒。

1848年7月20日,上海地方官员发布一则告示,告知居住在徐家汇地区的居民这块地皮已经卖给了罗马天主教教会,教会要在这里建造教堂及其附属建筑,提

① 据1853年3月19日《北华捷报》报道,其长度为210英尺,宽100英尺,花费3万元,比欧洲的造价低。在祭坛上,有一个由徐家汇的一位神父雕刻的精致的睡在坟墓里的耶稣雕像。

醒居民"主教在招募工匠、收集建筑材料时,居民不得妨碍"。徐家汇之名源于居住此地的徐光启家族,徐光启通过利玛窦皈依了天主教,他帮助利玛窦神父将其数学著作译成中文。徐光启是明朝一位头衔最接近首相的官员。他去世后,即葬于徐家汇。[①] 徐光启的孙女甘第大是罗马天主教在中国的骄傲。她劝其丈夫皈依基督,建造了30座教堂,帮助传教士建造了90余座教堂和45个礼拜堂,创办了4个传教会,翻译了130余部宗教著作,并且收养了很多孩子。

1851年3月23日,徐家汇教堂举行奠基仪式,以圣依纳爵(St. Ignatius)为主保。4个月后的诸圣节,赵方济主教在他的助手塞莱斯廷·斯派鲁瓦(Celestine Spelloi)主教及另外两个主教的帮助下致力于建造教堂。教堂附近还有3座建筑:一座孤儿院、一座拯亡会女修道院以及隶属于献堂会的女修道院。

1850年,为满足居住在租界的本地的和外国的天主教徒的信教需求,一座小教堂在上海县城北门建成。一段时间后,天主教徒大量增加,因教堂太小,不敷使用。1859年下半年,现在的新北门天主堂奠基。1862年圣母升天日举行竣工祝圣典礼。该教堂是天主教会在本教区内最好的一座。许多外国和中国的新教教徒纷纷为教堂的建造捐款。

数年前,为满足租界虹口地区葡萄牙人的信教需求,耶稣圣心会建造了一座教堂。最初,葡萄牙人在一座仓库里做弥撒。一年后,耶稣圣心会买下这块地皮,于1874年6月12日着手建造。1876年6月23日,举行竣工祝圣典礼。

天主教在浦东及另外一处也有大教堂,在约20英里外的小山[②]上还有一座修道院。

第三章 青浦事件——早期市政情况

1848年3月,在距上海约30英里的青浦,麦都思、雒魏林和慕维廉(Muirhead)遭到一群漕运水手的袭击和迫害。当时,这些绅士们在散发宣传教义的书籍,这些水手们想方设法想多要一些。传教士们避开这些水手,到镇上另一个地方继续发放。但是,当通过东门时,他们遇到了另一群情绪激动的水手。他们把雒魏林打倒在地,一个头目用一根铁链子狠狠地抽打他,其余的人拿着刀、杆子、棒子和其他武

① 本地方言是指徐家的房子。
② 指佘山。——译者

器。麦都思、慕维廉把雒魏林解救出来,一起跑向停泊在 5 英里外的小船,刚跑出 1 英里,又被他们追上,这些水手们用锄头、棍棒狠狠地打他们,用钝刀乱砍一通,“直到他们再无力反抗”。[①] 水手们还抢走了他们的眼镜、手表等任何可以拿走的东西。

这场暴行完全是山东运送粮食的漕运水手所为。每年都有大量的山东漕运水手造访青浦及其临近地区,他们粗暴、蛮横。据报道,袭击发生时,江苏有 2 万 ~4 万名水手,因政府准备由海上运送贡米至天津,因此其中有 1.2 万 ~1.5 万人因漕运改道而失业。这些无业的水手到青浦抢劫,青浦官员供养了数百名水手,为的是能够使他们安静一些。青浦当地的老百姓和官员都做得很好,并对传教士表示了极大的同情。

第二天早上,阿礼国(Alcock)听说此事,立即派巴夏礼去青浦。当时上海港没有英国军舰,因此,接下来的几天,领事馆没有采取任何行动。当载有 16 门炮的双桅船“奇尔特号”(Chiltern)和载有 12 门炮的“爱司匹格号”(Espiegle)到达后,阿礼国正式告知英国公民:由于他无法通过要求道台交出首犯的办法追究此事,因此他已函告上海道台必须在 48 小时内捉拿 10 名凶手,在此之前,所有英国船只拒绝交关税。同一天,阿礼国还与道台就此事进行私下的类似的沟通,道台说他已在职权范围内尽己所能。阿礼国就自己的做法与其他领事进行沟通,领事们都表示赞同阿礼国的做法,之后,阿礼国向道台抗议,这时道台利用领事们的耐心恳请宽限一些时间来抓捕青浦事件的头目。

第二天,阿礼国通知上海港所有的船长,为了英国的利益,随时准备战斗,所有的英国居民都必须做好面对任何情况的准备。上海港有 1100 艘满载皇粮的海船,道台命令这些船只顺流而下,从炮船边上开过,但是英国领事紧随其后发布布告,禁止所有船主、船长离开上海港。巴夏礼把布告张贴在船上。阿礼国在关于这个问题的急件中说是道台的失信迫使他采取这个措施。一些中式平底船试图通过“奇尔特号”和“爱司匹格号”,但是一位英国海军少尉候补军官奋力追赶顺流而下的中式平底船,命令他们停下来,同时开了枪,子弹从中式平底船船头掠过,那些中式平底船最终停了下来。

19 日,“爱司匹格号”离开了上海港,大家的兴奋达到了极点。几天后,副领事罗伯逊(Robertson)率“爱司匹格号”前往南京去见总督,巴夏礼作为翻译一同前往。

---

① 见蓝皮书(Blue Book),《在中国受辱》(*Insults in China*)。

阿礼国用16吨的双桅帆炮舰封锁了上海港,他的领事馆位于驻守着三四千名中国士兵的县城内,并且可能更难对付的是那些中式平底船上的水手。当时,上海附近还居住了大量不安分的福建人,冲突一起,他们将倾巢而出,涌入那时还很小的租界。但毫无疑问,相比于英国领事,上海道台更怕这些水手与福建人。

中国官员抓到了两个青浦事件的肇事者,据他们说是元凶,但经确认,他们不是当时的领头者。

10天后,"爱司匹格号"驶抵南京,在此总督收到了送信人送来的很有礼貌的信件。总督立刻派吴①——原为广东十三行的商人,外国人称其为"爽官"(Samqua)——以江苏临时推事的身份参与调查此事。总督指责上海道台"办理不善,免除职务"。

"爱司匹格号"一被派往南京,苏州官员就知悉了情况,他们派地方文官前往青浦调查此事,断然命令捉拿肇事水手,很快,这位官员和10个嫌疑人出现在上海。经受害的传教士们确认,其中两人为肇事头目,"在对他们采取惩罚措施之前",10人全部先被判处1个月的枷号示众。但是,示众期间这些罪犯整天饱食美味,对他们进行进一步的惩罚是不可能的。

由于所有事情都令人满意地得以解决,阿礼国解除了对中国船只的封锁,中国官员前往"奇尔特号"庆贺,并拜访了伦敦传教会。但是判案者②竟然在报告中试图把青浦事件说成是"外国人和漕运水手之间的一场争执",被立即责成更改。

一听说可以自由航行,大量的中国船只很快散去,但很快又都返回了。由于漕运船不能像以前的海船那样装载谷物独立地运货,并且在天津登陆时享受免税的待遇——虽然没有这方面的明文规定,但是被认为是当然的,因此他们收比较低的运费,原因是他们私带的免税的货物可以作为补偿。但是最后官员暗示说所有的关税都应在天津算清,这意味着船员们冒险私带的货物要么亏损,要么被没收。一听到漕运船再次遇阻,统治者火速从苏州赶来处理此事,而此时漕运船已经起航。

当上海发生的事情被报告给香港方面,文翰(Bonham)先生就接替约翰·戴维斯(John Davis)爵士担任贸易监督。他认为阿礼国在没有征求他的意见的情况下就采取行动,这超出了领事的权限。即使是作为一名殖民地官员,文翰先生也是个

① 即吴健彰。——译者
② 指审理案件的中国官员。——译者

软弱的人，并且他的前任刚刚从殖民办公室秘书那里接到急件，坚决制止在没有获得英国政府事先批准的情况下对中国采取任何冒犯性的行动。但阿礼国的大胆行动获得了成功。正如他在一份报告里所说的，他采取的措施的安全性归因于他的大胆和果断。道台无能，他和他的同僚们一样总是强词夺理，并且不敢对青浦事件中的水手采取强有力的措施，因此他不得不这样对付道台。

当阿礼国的政策取得完全成功后，文翰先生改变了他的看法，并在巴麦尊勋爵（Lord Palmerston）面前表扬了阿礼国，这位强悍的政治家也赞成这样做。在给贸易监督的报告中，阿礼国承认违背了他的训令（那是作为一个领事应遵守的），但是他觉得自己这样做符合那些训令的精神。

阿礼国的同僚们，包括驻法国、美国、比利时领事都全力支持他，当一切结束之后，他们写信给阿礼国，祝贺他的巨大成功。通过写信或者是在公开的会议上，大部分外侨都向他表达了同样的情感。

三名传教士获得了200元赔偿，以补偿他们被抢走的书籍。

青浦事件后，中国政府对英国、美国侨民到乡间旅行有了一些限制，但仅持续了一段时间。

1848年，敏体尼建立了法国领事馆，不久以后，他为他的同胞们取得了所谓的租界（Concession）。

1849年6月，苏松太道麟桂[1]发布了设立上海法租界的告示。告示说：苏松太道收到了法国领事敏体尼的信，告知他钦差大臣、两江总督耆英与法国特使剌萼尼（Lagrene）经过慎重考虑，同意所有法国人可以在五个开放口岸居住，允许他们租赁房屋及行栈贮货，或租地自行建造房屋、教堂、医院、救济院、大学，设立墓地。后中国皇帝发布布告，确认了以上特权。

收到敏体尼的信后，苏松太道拜见了敏体尼，并同意划出一块地方设立法租界。法租界位于上海县城和洋泾浜之间，西至关帝庙和广东潮州会馆，沿河至洋泾浜东一带。如果随着时间的推移，出现土地不敷使用的情况，双方可以进一步商议，以满足不时可能产生的迫切需要。

很快，法租界设立一事被周知后，因在英租界升起美国国旗而冒犯了英国领事和上海道台的美国副领事祁理蕴（Griswold）抗议法国单独获取土地设立租界，依据

① 原文为“Luh”。此时苏松太道为麟桂。——译者

的理由是授予专有权和特权是中国最糟糕的政策之一。祁理蕴这一抗议被提交给各国全权大臣,但没有产生任何结果。

这是所谓的上海法租界的开始。接下来的两三年,法租界似乎没怎么发挥作用。

唯一令人关注的是1850年6月24日上午圣三一堂(Holy Trinity Church)的落成。落成的前一天,上海雷电交加,倾盆大雨摧毁了教堂横梁当中跨度很大的屋顶,受损的程度是如此严重,以至于教堂因灌满水而坍塌。随后立即重修,花费了比原建筑还要多的费用。1851年5月4日,教堂重新对公众开放。

由于这一年贸易的增长是如此之大,以至于在这一年举行的一次商人的会议上,他们提出想办法在江上停泊一艘拖船。1850年,奚安门(Shearman Henry)创办《北华捷报》,8月3日发行第一期。我还注意到在这年秋天香港总督试图与大清皇帝直接交流。

在租界初期,建立某种市政机构显得很有必要,据说1843年后不久(具体日期不太清楚),道路码头委员会成立,对进出口货物征税,用于市政开支。道路码头委员会只负责修建道路和码头事务。据说,领事巴富尔坚持租界道路应该为25英尺宽,原始租约里也提及了这个宽度。但是第一届道路码头委员会(或者是选举道路码头委员会的外侨)认为25英尺太宽。他们说,难道我们需要的不就是一条可以通过一捆丝的道路吗?经过艰难协商,达成的妥协是22英尺宽。一种更为开明的精神将会为后代节约多少万两银子?据说直到1850年,道路码头委员会每年的收入不超过1200元,但是我认为这个数字比实际情况要低,原因是1852年,道路码头委员会的收入已近5000元。[①] 租界早期的税非常低,可能在三合会占领上海县城、难民大量涌入之前,对商品和出口只征收很少的税,并且在那以后直到太平天国时期,对房屋征税1%,对土地则征收25%的税。[②] 无论是否属实,毋庸置疑的是租界早期的税收很轻。道路码头委员会的唯一支出是在修建道路、码头和排水设施方面,以10%的年利率借款3000元。委员会的排水方案是很普通的一种。他们建议建造2891英尺(263丈)长的主下水道(每丈17元,总费用4471元),以及一个6121

① 其中2184.21元是按每亩土地1元对其土地的评估,2739.49元是码头捐。1852年,仁记洋行(Gibb. Livingston & Co.)的码头卖了121.63元。

② 1866年租地人会议报告。

英尺(556 丈)长的分下水道(每丈 7 元,总费用 3892 元),整个排水系统需花费 8363 元。[①]

道路码头委员会的报告说,在这年年初,租界因此产生的债务、修缮排水设施的费用及购买和修建码头的费用达 1.1 万元,委员会建议的后面还附了一个详细的偿还方案。据此,似乎每年道路和码头超出的摊派税额为 2750 元,超过了支出,这笔钱用于抵偿债务,直到 1858 年 1 月 1 日,债务才能消除。似乎 1852 年是租界大繁荣的一年,"马路两边,私人和商务性的建筑雨后春笋般涌现",[②]道路码头委员会的税收达 5000 元,支出 8000 元,其中包括偿还债务的 2000 元,差额 3000 元。经过 9 年的贸易,上海港的商业规模达到进口 4299192 元,出口 10402750 元。但就进口值而言,鸦片和珠宝也包括在内。

我们无法确定这些货物的价值,但是由于交易不是很稳定,我们可以推断出这些还不足以平衡港口的贸易。当时及其后,用茶和丝来交换进口货物的情况多了起来。此处提到的货币"元"是西班牙银元或墨西哥银元,从那时起及此后很长时间,纹银仅在进出口贸易契约的条款中使用,不参与当时的货币流通。

可能是由于这一年度的贸易非常兴旺和活跃,秋季的赛马也推迟了,人们实在太忙了,不愿意引进小马,这种情况之后在上海再也没有出现过。但是,那时候上海的商业规模比较小,当经商的压力到来时,雇主和雇员必须努力工作。这一年,上海发生了地震,第一次发生于 12 月 16 日晚上 10 点,地震发生时,铃声四起,电灯摇摆,钟表停止走动,图画从墙上掉落,房屋檐口脱落。居民立刻从房子里逃出来,整个城市的人们陷入惊恐状态。地震持续了 45 秒,从西南向东北传递开去,[③]但是没有发生什么严重的事情。另外两次比较轻,分别发生于同月的 27 日和 29 日。[④]

1852 年,租界需要增设下水道,新一届道路码头委员会为此起草了一个方案。但是,在租地人特别会议——《北华捷报》这样称呼——上未通过,会上通过的修正案规定,除非有职务的人来执行方案,否则租地人不准备批准关于下水道系统的任何支出。随后,道路码头委员会立即辞职。但是,在一周后的另一次租地人特别会议上,租地人要求从备忘录中删除前次会议通过的修正案,要求道路码头委员会收

---

① 元是那时当地的通行货币。

②《北华捷报》。

③ 16 日的地震在宁波也有震感。

④ 有人告诉我正是在地震后不久,老城厢的居民进入租界。

回之前提交的辞呈,道路码头委员会委员照做了。似乎许多重要的租地人没有出席或者是委托他人参加第一次会议,道路码头委员会一气之下辞职,原因是据他们说那次会议"断言无论有没有专业方面的帮助,道路码头委员会都没有能力指导下水道系统修建"。

1850年,外滩已建设得相当好,但是同时外滩的面貌也发生了很大变化。外滩始于旗昌洋行的地产,原本只有25英尺宽。地产南面首先是本地的一个小村庄,这个小村庄再往南靠近广东路,是一个很大的中国商行和仓库,再往南就是现在英国总会所在的地方,那时是一个堆木场。这个堆木场与洋泾浜之间有一栋比较矮的木建筑,福格(Hiram Fogg)先生在这里开了一家船具和杂货行。这些经营场所的一端延伸至河面,最前端由一根长的木桩支撑,上下的台阶像船的舷梯一样,沿着台阶能够下到水边,可以方便上下船。外滩最南边的现在属于布兰德洋行(Messrs Brand)的房屋建于1850年前后,再往北是海关大楼,然后是颠地洋行,在拐角处即现在的北京路,矗立的是最初的怡和洋行(E-wo hong)。随后这幢房屋被拆掉了,并且在原址上建了现在的房屋。因此,现在外滩仅有两幢房屋和39年前就有的海关大楼。但是,那时海关大楼想造两个辅楼,1857年竣工,这两个辅楼现在还在。临近1851年年底,英国领事馆还在建造中,地基刚刚高出地面。[①] 那时候苏州河上没有桥,之后的四五年,行人通过摆渡过河。但这也不是什么大问题,因为当时的虹口仅有一幢小平房,[②]这幢小平房是杜那普(Dewsnap)先生自己的住所,他那时在建造老船坞(the Old Dock)。在苏州河与美国传教士的房屋之间有一个很破烂的小村庄。百老汇路是一条很窄的路,当潮水不高时,人们可以在其上行走。1850年后的几年,虹口河的北边有一片竹林,在鸟鹬活动的季节还可以看到它们出没。

两年后,从上海县城城墙到洋泾浜(或称"外国界河")还没有法租界,因为从北门到洋泾浜全部是中国人居住的郊区。1852年,在此处和现在法国领事馆的这个区域,法国领事敏体尼居住在一个有点像整修过的中国人的房子里,房子周边有个院子。那时,洋泾浜上没有通往外滩的桥,但是在四川路这条线上有一座桥——四川路曾一度被称为桥街——另一座桥在河南路,还有一座在福建路。这座桥后来

① 地基由美国人哈林顿(Hethrington)先生于1846年建造。他在1848年去世,据说是在上海去世的第一位外国居民。

② 据1870年纳尔逊(Dr. Nelson)牧师在上海的演说。

被称为泰勒桥(Taylor's Bridge),因为一位美国传教士在法租界这面建了一座小教堂,这座教堂现在还在,位于法租界公董局大楼的后面。

那时,到达上海的邮件通过鸦片船或其他轮船不定期递送,邮件传递速度可以从阿礼国的一份急件中猜测得知,在这份急件中,他庆幸自己仅用了短短的6周时间就收到了来自香港的回音。

事实上,那之后的几年,直到"额尔金条约"(Elgin treaty)[①]允许携带鸦片的船只将邮件带入上海港之前,由吴淞邮船的船长负责接收寄给商行的邮件,再用小马将邮件送到上海。也许有20匹小马为这些商行运送信袋,这些商行雇用那些船长代他们接收信件。当苏州河上的桥建好之后,骑马的邮差可以很容易地递送邮件,一过苏州河,他们就沿着外滩和其他街道奔跑,大声呼喊,按照地址将信袋丢进收信者的房门处。邮件到了,得知吴淞的收信船的旗子升起来了,这是上海租界早期的十六七年间外国居民平凡生活里最激动人心的时刻。电话引入之前,希望送邮件到上海的颠地洋行和怡和洋行(偶尔还有其他商行)的人都是派自己的船把邮件从香港送到上海。这些船停泊在长江口,带着这些公司自己的邮件和香港来信的信差登岸送信,商行比社区早一至两天收到由汽船发送的邮件。

必然的,在租界早期,居民的生活很安静。1852年的上海几乎见不到外商的妻子,几年后的一次舞会上,共有30位绅士和9位女士出席,关于这次舞会的描述几乎用的是欣喜若狂的笔调。每位女士只能陪他的舞伴跳1/2、1/3甚至是1/4场的华尔兹。[②] 作为一个通常的做法,"大班"不鼓励员工结婚,规定员工在为公司服务期间不能结婚,这即便不是"成文法",也是一种"惯例"。[③] 在一个年轻的单身汉占大多数的社群中,会展现出许多幽默与独立的特性,作为香港特色的对两个"大班"的服从在上海则不存在。上海完全是另外一种情况。

1852年,清朝政府陷入严重的困境之中。太平军威胁到了长江流域的大部分城市,逼近上海主要的出口商品(即茶叶和丝绸)的产地。5月,三合会占领厦门,与此同时,一批"暴徒"闯入广东北部地区劫掠。8月,大批"叛乱者"包围广东。起初,两广总督叶名琛在广东表现得很残暴,他非常惊恐,防卫措施是如此之差,他一

---

① 应指中英《天津条约》。——译者

② 大意应为女士很少,因此为了不冷落其他男士,一位女士会先后陪几位男士跳舞。——译者

③ 纳尔逊牧师的演说。

度向香港的英国当局求助,后来,他被带到印度的加尔各答。大清王朝的境况到处都很糟糕,外国人普遍预言清王朝即将覆灭。

第四章　三合会在上海县城

1853年年初,太平军已攻占汉口的谣言在上海流传,尽管汉口离上海很远,但还是引起了恐慌。3月,商业活动暂停,"叛乱者"包围南京,据报告,"叛乱者"的一艘大船已经到达吴淞口附近。南京、镇江沦陷后,当地的茶商、丝商带着货物及他们能从外国人欠他们钱款中所得的任何补偿纷纷逃离上海。与此同时,当地钱庄拒绝给储户提供通常的服务,所以关税无法支付,船也没法卸货。

阿礼国亲自征收关税以及收取替代应缴关税的各种担保。不过,这种情形仅维持了一个月,即被当局叫停。

江苏的局势很糟,总督两次到外国领事馆,恳求领事把在上海的战船派往南京去帮助他。然而,他们几乎完全忽视了上海的防御。

3月底,英国驻华全权大臣文翰到达上海,美国专员马歇尔(Marshall)上校乘"萨斯凯哈那号"(Susquehanna)巡洋舰,也于几天后到达。"萨斯凯哈那号"巡洋舰载重2500吨,是当时到过上海港的最大的轮船。为进一步了解太平军的信息,文翰和马歇尔都去了南京。

全省的形势如此危急,这里的官员又是如此无能,因此文翰决定成立万国商团保卫租界安全。美国人成立了一个委员会,由金能亨(E. Cunningham)、魏德卯(W. S. Wetmore)、沃顿(H. H. Warden)组成。但是接下来,由于自告奋勇加入万国商团的人不多,由英国人和美国人组成了"合作委员会"。随后,在英国领事馆召开了一个所有国家的领事和居民出席的会议,会上声明已建立土木工事作为临时防卫措施。一位发言者建议在租界四周建立一圈"圆形栅栏",从福建路一端的泰勒桥、沿着洋泾浜到苏州河老闸村。万国商团由孟加拉第二步枪军团的屈隆荪(Tronson)上尉任队长,即刻开始日夜训练。

租界维持了几个月的平静,但是上海县城及其周边地区却盗贼横行,通过捐官当上道台的吴道台(又称"爽官")什么事都没干。这一时期,位于虹口的美国圣公会救主堂于复活节对公众开放。

令外国人、中国官员和其他中国人吃惊的是,1853年9月7日,三合会在广东人、福建人、宁波人及其他不满者与失业者的帮助下悄悄地占领了上海县城。道台吴健彰被他的广东老乡关在他自己的房子里好几天，史密斯(Caldecott Smith)和霍尔(Hall)到关押他的地方来看他，劝他离开县城。但是当他们建议他坐在篮子里，然后把他从城墙上放下去时，他始终不肯，直到他们其中一人先这样做了之后，他才同意。

吴健彰先躲到旗昌洋行避难，后来又去美国领事馆待了几周，这就极大地激发了福建人对所有外国人的仇恨。“叛乱者”杀死了知县①和一些士兵，外滩的海关大楼被抢劫和毁坏。接下来“叛乱者”占领了上海县城，期间，他们时不时因战利品的分配引起内部激烈的纷争。攻占上海县城后，“叛乱者”又很快占领了宝山和嘉定。一攻占上海县城，他们就与南京的“叛乱者”联系，希望加入他们的队伍，但是太平军同他们没有关系，据说是因为信仰不同和鸦片问题。

“神使号”(Hermes)巡洋舰舰长费士班(Fishbourne)迅速采取措施保卫租界，阻止任何来自“叛乱者”的袭击。

阿礼国和美国副领事②通知英美商人说一定要向他们交税，或者是交本票给他们，并且提供担保，否则他们不能结关离港。但是绝大多数商人都认为：中国政府没有履行合约责任，他们在上海得不到一丁点儿保护，他们不应该交给中国政府关税。阿礼国说，虽然这个帝国海岸的一个港口被攻占了，但是这绝不意味着废除了大英帝国与中国君主签订的庄严条约，因此，他仍然很清楚中国政府的权力是不受损害的。美国副领事采取中美条约第二条款的立场：“市民必须根据关税表缴税。”文翰和马歇尔上尉也都支持他们的领事的观点。

但是其他国家的领事通知阿礼国和金能亨说他们没有收到现在的上海海关的通知，并且不能接受向外国官员征税这样的应急措施。法国领事宣布他将在不要求法国籍船只缴税的情况下就为它们结关离港，并且其他国家的领事也都是商人，他们也采取了与法国类似的做法。

道台曾两次尝试征收关税，以洗刷在港口没有海关的耻辱。第一次，他派一位官员在老海关大楼的废墟处征税，但是，驻扎在那里的英舰“斯巴达号”(Spartan)的卫兵把他赶走了。第二次，他宣布在停泊在江面的船上征税，并且金能亨通知他的

① 上海知县袁祖德。——译者

② 金能亨(Cunningham)是在上海的美国商人，当时担任代理领事，他并不喜欢这个职位。

同胞们去缴税,但是商人们答复说找不到地方。

1854年1月,美国副领事通知阿礼国:只要其他国家的船只被允许不缴税就离港,那么他也会允许他的国家的船只这样做。但是,阿礼国是很固执的人,直到迫切需要钱的道台允许一艘不莱梅商船仅交了部分关税就清关,他才不再坚持征税。接着,阿礼国允许"约翰·伍德号"(John Wood)不缴关税即离港。但是在此之前,道台在苏州河北岸建了一幢海关大楼,作为临时办公场所。然而,商人太多了,道台和领事都无暇顾及,所有的美国人和一些英国人都把他们的茶叶和丝送到停泊在吴淞口的船上,虽然这是违法的。两艘满载茶叶的美国商船在没有缴税的情况下便驶离了上海港。[①]

1854年,包令(John Bowring)接替文翰,他支持阿礼国的做法,但是外交大臣克拉伦登(Clarendon)勋爵要求他返还所有英国商人提供的本票和担保。包令不同意,他仅让阿礼国返还从1853年9月7日"叛乱者"占领上海县城至1854年2月9日苏州河北岸的海关大楼作为临时办公场所这段时间的本票。1854年2月9日以后至1855年2月所缴的本票则保留着,并且美国商人缴纳的本票在美国领事马辉(Murphy)就任领事后返还。

与这一争端有关的所有方面似乎都很令人奇怪。阿礼国和美国副领事试图强制他们的同胞们缴税,别国的领事为自己的利益而战,上海道台吴健彰则尽其所能地征税,而包令不理会克拉伦登勋爵明确的指示。

上海的中国官员的情况促使英、法、美领事建议将上海海关置于外国人的管理之下,1854年7月便开始这样做。每个条约国选派一名验货员:英国前任副领事威妥玛(Thomas Francis Wade)代表英国;法国行政部门的史密斯(Arthur Smith)代表法国;美国领事馆职员卡尔(Lewis Carl)代表美国侨民。威妥玛仅任职一年,就由英国领事馆官员李泰国(H. N. Lay)继任。这是帝国的外国海关机构(Imperial Foreign Customs Department)的滥觞,由于这个计划在上海运行得很好,因此很快被推行到其他港口。

我们回过头来再看上海及其周边的情况。三合会及其盟友当中的一些人自称为小刀会,外国人称之为红帮(Red Cap),他们占领上海有17个月。他们的主要首领是刘丽川,他是一位来自广东的糖业掮客,几年前,他在上海成立三合会。他是

① (英商)公平洋行(G. C. Schwabe & Co.)文件,1854年3月13日。

一个骨瘦如柴的鸦片吸食者，但据称他很有能力，也很果断。这些“叛乱者”的最活跃的精神领袖是陈阿林，他是仁记洋行的合伙人斯金纳（Skinner）的马夫。另一位领袖是上海的绿茶业掮客。他们的原则，或者说把他们团结在一起的纽带是对清王朝的仇恨。就此而言，他们与太平军的目标是一致的，但这些上海占领者显然无意去介入太平军发誓要推翻的主流的宗教。这场反对满族人的运动最初被上海的外国人视为中国人内部爱国主义的爆发。

“叛军”一占领上海县城，所有能跑的居民都逃离了，他们也只能这样做。第二天，刘丽川正式访问租界，并且拜访了领事，但是他没有得到正式的接待。后来，从松江驶来了一艘清政府的中式平底船，这艘中式平底船炮轰了上海县城的东部，但是没有给“叛军”造成多大打击。士兵登陆上岸，放火烧了东郊，有1200幢房屋被烧，并抢劫了大量的东西。苏州河上挤满了船只，绵延有1英里多，清军的兵营安扎在护城河内的老跑马场，这些目无法纪的乌合之众聚集于此，不久就给外国居民带来了麻烦。例如，一天黄昏，大量士兵偷偷进入租界，他们排成一个纵队，试图运走从九江路太平洋行（Gilman Bowman & Co.）运来的枪支。当时有6位水兵、水手在守卫着教堂，他们把清兵赶出了租界，与此同时，几位商团团员也试图阻止这些行为，并且准备好了枪炮。不久，前任道台吴健彰要求阿礼国提供他本人以及英国居民雇用的所有中国人的名单，以便他可以从中辨认出“叛贼”，但阿礼国轻蔑地拒绝了他的要求。同时，吴健彰还说这座城市将会立即受到攻击。接着，12月6日，他购买的一艘军舰和一支满载士兵的舰队向“叛军”的一个用泥土筑成的炮台发动进攻。枪炮齐鸣、旗帜挥舞。士兵扔臭罐子、敲锣鼓。尽管如此，他们并未给“叛军”造成多少损失。然而，清军又成功地放火烧了县城东南部的郊外地区。

虽然“叛军”这次证明自己比清军更能战斗，但是他们很快又遇到了更强劲的对手。

一些福建“叛军”在东南门抓捕了两个传教士，据说“叛军”不但扣留了他们，还对他们进行了拷打。天主教派的一位神父前往交涉，要求交出两位传教士，但是被拒绝，“叛军”说法国舰队的袭击威胁到了他们的安全。法国领事爱棠（M. Edan）通知他的同僚说他要求“叛军”为抓获传教士付出代价，并且他将被迫采取敌对措施。据说由于一些到访上海县城的英国人的提议，“叛军”满足了法国领事的要求，租界的激动情绪才得以缓和。为满足法国的面子，爱棠要求福建“叛军”首领到法国领事馆，在法国国旗下被打50下作为惩罚。

一天早上,为防止被清军抓获,这位福建首领在一批将领的陪同和法国士兵的保护下来到法国领事馆。领事在法国国旗下接见了他,海军司令赖厄尔(Laguerre)也出席,福建首领表示愿意接受处罚。对"叛军"首领的鞭笞被免除,这位"叛军"首领在地上磕了9个头,但法国领事告诉他对法国国家的任何侮辱都将立即招致憎恶。

这个时候,包令、海军司令斯特里普林(Stirling)、法国当局和清军都试图说服叛军放弃县城,并且给他们提供避难场所。但是这些协商没有什么结果。

清军把精力都花在了挖掘城墙上,"叛军"更加士气高昂。据猜测,清军与"叛军"在空旷的乡村开战是事先安排好的,因为清军会友善地告诉外侨他们攻城的时间以及外侨是否值得去观看。清军曾经在护城河下挖地道,一大段城墙坍塌,结果发现还有一个内部城墙,这个内部城墙阻挡了他们的进入。城墙被炸掉一个缺口,一位目击了这一场景的作者[①]说,爆炸发生后,被炸毁的砖和泥土建成的城墙上满是火光,枪械被丢掉,双方使用的是海盗使用的那种武器,可以把人烧伤和烧死。由于他们拥挤在一起,因此伤亡很大,"叛军"把他们追赶到一个堡垒里,"叛军"占领了这个堡垒,没多久又从这里撤退。清军勇敢地对这个已经被夷为平地的地方发起冲击并占领了这里。还有一次,清军在护城河下埋设地雷,火药爆炸,炸毁了一大段城墙。但是,"叛乱者"对清军的这种做法早有警惕,他们早已建好了一段内墙,当清军冲进缺口时,就可以抵御进攻部队。另一天,清军在炸弹里放了足够炸毁整个县城的火药,但是"叛军"出来把清军赶走,并抢走了"叛军"自己当时正急需的炸药。

因对外侨和租界的多次冒犯和在租界的暴行,清军受到了惩罚。1854年4月4日,万国商团和来自"恩康脱号"(Encounter)、"希腊人号"(Grecian)和美国"普利茅斯号"(Plymouth)战舰的水兵挺进并袭击清军位于老跑马场的营地。加上一个"恩康脱号"野战队,英美的兵力共计约300人,而据道台说,清军营地有1万名士兵。"恩康脱号"野战队由他们的舰长率领,万国商团由英国副领事威妥玛率领。英国和美国领事也加入了他们各自率领的队伍。美国水兵占领阵地的左侧,并且首先将自己暴露在清军营地的炮火之下,"恩康脱号"野战队将其解救出来。与此同时,英军主力正面靠近清军营地,但被迫迂回前进,这时炮火把清军赶出了营地。然而,大量清军聚集在营地的最北端,当进攻的队伍进入视野时,他们便开炮射击,这次射击打死"恩康脱号"水手一人,打伤了几个人。当万国商团和水兵向前冲时,清

---

① 晏玛太(Dr. Yates),《北华捷报》。

军用步枪扫射，但是他们还是跨过壕沟，占领了清军营地。因缺少渡河的工具，美军不能过河，当英军占领营地后，美军折回河边防守，这时很多清军聚集在此。在放火烧了营地之后，英美军返回租界，没有任何伤亡，因为野战部队的炮火挡住了清军。

这就是历史上有名的泥城之战，仅用两个小时。在阿礼国看来，这次战役非常成功，但不幸的是，外国的力量也有一些伤亡。万国商团有三人受伤，其中两人不久后死亡，一人失去了一条腿；"恩康脱号"和"希腊人号"各有五人受伤；美国人当中死亡一人、受伤四人，伤势都很严重。上海侨民非常感谢"恩康脱号"的舰长奥加拉汉（O'Callaghan）、"希腊人号"舰长基恩（Keane）、"普利茅斯号"舰长开利（Kelly），是他们为保卫租界而采取了果断又正确的措施，英国侨民赠给奥加拉汉舰长一套盘子，以示感谢。

英国政府赞同阿礼国采取的行动，但也有人指责阿礼国，认为从这件事可以看出阿礼国的"鲁莽、专横"①；另一方面，也有些人因长期欣赏一切中国的事物而影响了他们的判断力。不仅仅是出于义愤，如果要保存租界不被毁掉，阿礼国的行动也是绝对必要的。清军的官员根本无法管理兵营里的乌合之众，他们是一群最残忍、凶狠、卑鄙而又完全目无法纪的暴徒。

秋末，上海县城的状况已相当令人沮丧，十分之九的居民已经逃离，占领这个城市并且将其移交给清军的政策引起了讨论。如果做出这个决定，"叛军"将被放逐到台湾。据说这些"叛军"首领十分愿意将上海县城交给各条约国。

但是现在，法国插手了这件事。"叛乱者"占领上海县城后，清军在县城与法租界之间建造了一堵墙，以阻止"叛乱者"到法租界出售他们抢劫来的东西和补充供给。"叛军"在洋泾浜两侧建立了一个集市，"叛乱者"在这个集市上很活跃，清军对此提出强烈抗议。修筑界墙是得到英国和美国领事同意的，事实上，美国公使将其延伸到了洋泾浜北岸，但是这个界墙的进一步延伸与英国当局无关，随后这样做的是清军。

法国海军司令赖厄尔显然在关注支持清军武力介入的机会。我觉得阿礼国也愿意这样做，因为此时"叛军"士气十分低落。当"叛军"在靠近现在的木桥路附近

---

① 据福布斯（R. B. Forbes）先生自传，他是旗昌洋行的一个早期合伙人，他忘记了美国领事是和阿礼国一起采取行动的。

的我前面提到的那座界墙和县城之间修筑的炮台时,法国海军元帅赖厄尔发现了机会。他立刻命令“叛军”拆除炮台,还威胁说,如果“叛军”不拆除炮台,他将亲自将其拆除。“叛军”轻蔑地不予理睬,赖厄尔就派了一些水兵前去拆除炮台。冲突随之而起,双方轮番射击,一些“叛军”被杀,一个法国人受重伤。赖厄尔立刻宣布包围县城,12月9日,装有6门炮的法舰“高尔拜号”(Colbert)炮轰县城,轰炸持续两个小时,“叛军”没有还击。第二天,装有44门炮的“贞德号”(La Jeanne D'Are)停靠在“高尔拜号”附近,但是没有发起新一轮攻击。他们采取的下一步措施是让法国领事致函阿礼国,抗议“叛军”往返英租界和县城之间。阿礼国立即召集英国租地人会议,表明英国坚守绝对中立。但是当他建议在租界周围修筑一堵围墙时,租地人一致认为这种措施应该由缔约国的代表来实施。会上还宣读了一封英国驻沪海军总司令斯特里普林(James Stirling)的信,他在信里告诉侨民:如果他从英国皇家军舰派兵保护租界的安全,时间将很紧,而这本应是中国政府的责任!因此,这次会议请英国市政当局建议修筑一堵墙,以阻隔中国官员和他们的下属,另一方面,海军总司令又说,租界的保护问题就应该委托给这些中国人。斯特里普林的信引起英侨的极大不满,在回复英侨对他的抗议时,他努力进行解释,为自己开脱。

直到1月6日之前,英国和美国领事都在阻止赖厄尔进一步对“叛军”采取行动。这天早上6点30分,炮轰县城的炮弹从法国领事馆前的一个炮台发出,不到一个小时,城墙被打开一个缺口。250个法国水手和水兵登上城墙的缺口,1500名清军配合他们的行动,江面上还有两艘军舰用火力掩护。在城墙的缺口处,双方展开了殊死决战。法国士兵表现得勇敢、冷静,清军还是一贯的懦弱。最终,“叛军”击退了清军,法军看到没有援军,被迫退守到防线内,军官和士兵伤亡45人。[①] “叛军”冲出县城,击退清军。由于阿礼国随着进攻的一方进入了城墙的缺口,因此他似乎赞成法国的行动。

1855年2月17日晚或者18日早,叛军先在上海县城放火,然后从上海县城突围,向徐家汇方向逃去,一听说“叛军”出逃,清军立刻追击。那些被捉住的人自然是被砍头,18日,清军占领上海县城。他们立即开始屠杀县城里的人,甚至开棺斩首,县城内外,头颅成堆,无头尸体遍地,不幸的还活着的人遭到了无情的抢劫。有一个不幸的富人,过去“叛军”迫使他交出30万两白银,现在清军让他拿出20万两

---

① 死者最初被葬在董家渡,即后来的法国公墓,1888年,被转移到英国公墓。

白银或者更多,他满足了这些要求。

许多"叛乱者"躲避在英租界,后来他们被送到别的地方,海军司令赖厄尔把300名向他投降的"叛乱者"交给了清军。[①] 许多战俘因被误认为是刘丽川、陈阿林而遭斩首,但这两人已逃脱[②],马夫陈阿林后来成为暹罗的富商。

第五章　太平军时代及其之后的灾难

三合会占领上海期间,约有一两万名中国难民涌入租界,这些人大多是品行很糟糕的人。这使这个安静的地方第一次发生变化。除了那些原来在租界拥有土地的人之外,中国人不能在租界拥有地产或房屋,或者事实上住在租界内也不行,除非是那些外国人雇用的中国人。但是那些已进入租界的人获准留下来,租界里的中国人的数量似乎一直未降下来,当太平军逼近时,租界的难民人数大大地增加了。

租界人口的增长使市政机构的扩大成为必要,此前一直由道路码头委员会和临时的合作委员会代行市政职能,这两个机构都由三名成员组成。1854年7月22日,租界召开租地人会议,选举了由七人组成的委员会,这个委员会不久之后被称为工部局董事会。

接下来的几年,上海很平静,但是1857年的一场商业灾难暂时中断了上海的繁荣,同时延续数日的战争也对商业造成了影响。1858年3月26日,英国的中国特使额尔金勋爵到达上海,29日,他收到了英国商人的一封信,4月10日,他乘坐"迅猛号"(Furious)轮船离开上海前往大沽。北上的使命很成功,额尔金返回上海,7月31日,额尔金前往日本,与日本幕府的将军签订条约后重返上海,用了几周的时间与中国商定新的关税。在诅咒上海的臭气熏天、9月里那不利于健康的骄阳似火的白天和凉飕飕的夜晚的同时,俄理范(Lawrence Oliphant)[③]也为我们呈现了旧日那段平静的岁月里出现的一些令人愉快的小插曲。在他的笔下,人们"每天都到跑马场里溜圈儿,好像是在闲逛。那些喜欢聊天不喜欢锻炼的人经常光顾外滩,整个租界外滩一面都是宽阔的码头,整个上午,码头上都是熙熙攘攘的中国搬运工,下

① 斯卡思(Scarth)的《在华十二年》(*Twelve Years in China*)。
② 刘丽川在突围中战死。——译者
③ 参见他关于额尔金使团的叙述。

午,偶尔能看到欧洲女士与绅士到此散步。上海和谐而好客,在使团看来,这是中国最适宜居住的地方”。

1859 年 9 月 2 日,搬运工有一些骚动。骚动由谣言引起,当时有谣传说外国人要绑架中国人,把他们送到停泊在吴淞口的一艘法国轮船上,然后运到西印度群岛做苦力。有一些中国人在船上反抗,试图逃跑者遭到枪杀。一群躁动的苦力袭击了一个他们认为是绑架者的人,差点用竹条把他打死,传教士合信(Hobson)和李泰国想去劝阻,结果李泰国被刺伤,合信不得已躲到一个木匠的店铺里,直到巡捕到来。这一年日本开埠通商,这给上海商业的繁荣以很大的推动,一些年来,日本的货源主要来自上海。

但是 1860 年太平军继续推进,攻占了江苏省和浙江省的重要城镇,数以千计极度恐慌的难民涌入上海。这一年的 6 月 29 日,太平军几乎没有遭到什么抵抗就占领了富庶的苏州,难民涌入上海,江面上挤满了各种船只,其中不乏豪华的大型船只,船上挤满了男人、女人、孩子、仆人,以及所有可能从家里带出来的东西。

太平军占领苏州后,租界很快着手防御。租界重新招募万国商团——原来的曾获得很好战绩的万国商团已于几年前解散。万国商团在河南路的各个路口都竖起了街垒,在太平军逼近时,他们日夜把守。租界的危险不仅仅来自外部的太平军,其内部也存在危险,因为租界内聚集了一批亡命之徒,其中有外国人,也有本地人。

整个 7 月,太平军没有向上海发动进攻,但在 8 月 18 日,上海西部多处着火。租界派“红隼号”(Kestrel, H. M)舰船和法国“香港号”轮船到松江与“叛军”协商,但他们到达闵行前,在位于沿河 20 英里以外的地方时,太平军已占领了徐家汇教堂,并在那里设立了指挥部。他们由此向上海县城进发,努力进入西门。在那里,太平军受到站岗的英国和印度士兵的欢迎,在南门也是如此。入夜,太平军聚集在上海县城外,他们躲避在坟墓的后面,以草为床、以树遮身。那个晚上,城墙外本来可供“叛军”躲避的房子都被烧光了。

第二天,太平军在上海县城张贴了一份夸夸其谈的告示,呼吁百姓加入太平军。太平军沿着法租界缓慢前进。法国人点燃了城墙与租界之间的房屋和货栈,大量珍贵的财物被以这种最荒唐而无意义的方式付之一炬。大火烧了几天,直到太平军撤退至上海郊外。当太平军再次靠近县城时,城墙上的士兵向他们发动猛烈的炮火攻击,士兵和水兵们从附近的几个朝向租界的瞭望孔向他们射击。

星期一这天，太平军沿着与城墙平行的道路前进，每个士兵都举着一面旗帜。他们一直前进至英租界，在距离老跑马场不到200码的地方插上了一些旗帜。但是，被一阵炮火射击和轰炸之后，太平军撤退了。前一个晚上，通信船“先锋号”（Pioneer）溯江而上，开过上海县城，向徐家汇和上海县城之间的一群太平军发射13英寸口径大的炮弹。约一刻钟之后，英舰“猎人号”（Nimrod）从外滩向一伙排着队朝着现在的静安寺路方向前进的太平军发射炮弹。“猎人号”发射了两个小时的炮弹，直到太平军撤离。但“先锋号”的发炮一直持续到晚上太平军撤退至徐家汇才停止。

这是那年太平军向上海发起的最后一次进攻。星期二这天，太平军很平静，星期三这天，领事馆翻译法尔思德（Forrest）先生在值班的菲利普斯（Phillips）的陪同下，骑马至太平军军营。他给太平军首领送来一封信，信中告知太平军：上海这座城市由英国和法国保护，他们不能允许太平军进入。在距离太平军指挥部有一段距离的地方，他受到彬彬有礼的接待，并且被邀请去见他们的首领，但法尔思德拒绝这样做，他把信交给太平军执勤的军官，然后骑马返回租界。鉴于太平军前些天在外国人那里遭受的打击，可以说此行是一次勇敢的行动。

第二天，为获得太平军对那封信的答复，法尔思德在同事的陪同下返回太平军军营，但他们发现军营里只剩下几个衣衫褴褛的士兵。那天下午稍晚一些时候，一些在那条路上骑马的绅士发现了捆成太平军形象的稻草人。太平军已经撤退至比较安全的地带了，但是外国方面不久以后就收到了太平军对法尔思德那封信的答复。答复体现了他们一贯的高调风格，他们宣称他们是应保证欢迎他们的外国人的邀请来上海的。可能有这种情况，因为除了那些完全肆无忌惮的对不法军火贸易有兴趣的人之外，租界里还有很多头脑发热的、不明智的但真诚地支持太平军的人。

太平军逼近上海时，租界里的人们有些担心，几乎没有什么兴奋感。一些商人、外国银行和中国富商把他们的金银财宝和值钱的东西放在轮船、拖船和鸦片稽查船上，其他人则雇用水兵等保护他们的房屋。在出现紧急情况的时候，外国人和中国人采取的不同的应对方式体现了他们的民族特性。有一次做了这样的安排，即如果出现危险情况将发出某种信号，以便女人和孩子登上战舰。结果是一天晚饭后，出现了一阵很大的混乱：枪声、锣声、喊叫声响彻全城。那些没有结婚的人携带着最便当的武器赶往外滩；已婚男士带领全家到外滩，安静地等待结果。结果是很快发现这场喧嚣起因于船员的打斗,一得知这个消息,人们都返回了家中。

但是,上海本地人中间经常发生的恐慌是一件很可怕的事情。举一个例子:一天,南京路一带传闻太平军到达了静安寺,南京路及其附近地区的大量中国人纷纷涌向外滩。在这疯狂的逃亡中,女人和孩子们被踩踏而死;携带着金银财宝的男人们也加入到了极度恐慌的逃亡者人流中。逃到外滩后,许多人冲进了河里,有几个人被淹死。

当英国和法国在上海抵抗太平军时,他们的盟军却在攻打大沽的清帝国的炮台,8 月 21 日,他们占领了这个地方。

1861 年,因远至汉口的长江流域的开放,上海的贸易额有了很大的增长。在汉口和九江,茶叶可以以很便宜的价格买到;在新开放的口岸,进口商品不仅销售量大,而且可以卖出令人满意的价钱;新的贸易产品也被发现。大量的外国人和中国人进入了新的商业领域,对大吨位轮船的需求应运而生。为满足这一需求,各种帆船——有些是早期的用桨划的轮船——被买来并且停泊在江面上。中国商人成为经营这些轮船的外国人的合伙人,因为很多轮船几乎无法使用,因此,多数情况下结果不是很令人满意。其他贸易公司从英国和美国订购合适的轮船,不久,这里就像世界任何地方一样,轮船可以舒适地在江面和港口航行。鉴于在航运这一领域有这么好的商机,1862 年,旗昌洋行斥资 100 万两白银组建旗昌轮船公司,尽管这家轮船公司是一个非注册公司,并且是无限责任公司,但是公司资本后来还是增至 125 万两,最终达到 187.5 万两。旗昌轮船公司是中外联合创办的第一家轮船公司。该公司在美国订购了许多很好的轮船,往返于长江及其各港口。这家公司经历曲折,经历了很多不幸,正如我们所看到的,它最终被中国人收购。

同年,海关总税务司署设立,1 月 21 日,恭亲王①任命李泰国担任总税务司。

一年多来,太平军没有再在上海附近出现。时常有太平军即将进攻上海的传闻,秋天,租界里出现了相当大的骚动。12 月初,太平军几乎没有遭到任何抵抗就占领了宁波,杭州遭到攻击,烟台被占领。1862 年 1 月 11 日,太平军出其不意地出现在吴淞。

一听说宁波沦陷,万国商团就召开会议,并组建一支骑兵巡逻队负责郊区巡察。很快,他们又招收了许多巡逻员,提议组建巡逻队的戈登(Panmure Gordon)先

① 指奕䜣。——译注

生积极训练新兵和马匹,这些马匹很快被换成更适用的本地矮种马。这支巡逻队现有20人左右,在1862年及之后,在协助何伯(James Hope)先生征战太平军中发挥了重要作用。

"叛军"出现在吴淞后,租界里危言耸听的谣言更多。极度惊慌的道台向领事报告说有8万"长毛"——对太平军的称呼——正从苏州方向来上海。他说其中一小部分乘船,而大部分从杭州向上海进发,还有一部分通过吴淞逼近上海。很快,大约在4~5英里以外,人们听到了"叛军"在浦东制造出的炮声。另一股叛军朝租界进发,攻陷了吴淞和上海之间的两个城镇,当天晚上,北部、西部的天空布满了红彤彤的火光。

1月13日,4个"叛军"的侦察兵出现在老闸桥,进行侦察,并杀害了两个女人。接下来的一两天,这个地方又出现了大量的叛军。租界里挤满了来自宁波、苏州及其他城市的难民,租界不得不接受这些大量涌入的难民。如此多的陌生人涌进上海,1862年,居住费用增长了约400%。

1月15日,何伯阁下到达上海,在租界居民委员会的协助下,立即着手保护租界。当时,上海的驻军仅有旁遮普邦(Punjaub N. I)士兵①850人②、法军1000人及少量万国商团的力量。海军力量也很少,仅有旗舰"伊姆佩利尤斯号"(H. M. S. Imperieuse)、一艘小型战争护卫舰和两艘炮艇。

1月初,一场持续58个小时的大雪阻止了叛军的进攻,租界和郊区大部分地区积雪深达3英尺。叛军通过水运、陆运运送的增援力量被耽搁,吴淞驻军也奉命撤回南京。

何伯司令和居民充分利用这一延迟时机;几乎所有外国人的日常工作都在短期内停了下来,到1月底,防御工事建成。

西面有两条防线。里面的防线位于河南路,是建于1860年的土木防御工事;比较坚固的、新的防线在南京路,通向南京路一线的小巷建有较小的防御工事,有一半炮兵位于这条防线的中心。外侧防线从苏州河到上海县城,护城河被加深放宽。这条防线上建造了间隔较小的土制的大炮台,第一个炮台位于苏州河附近,从苏州河往南有一座土制的护墙,有7英尺高,顶部有6英尺宽,底部7英尺宽,并且每个

---

① 这些印度士兵中的很多人和来自其他英国军团的人的坟墓,位于东边城墙下。

② 春天的时候,大英帝国的第六十七、第九十九、第五孟买土著步兵团到达上海,舰队力量得到了加强。

有利的射击点上都架有枪炮。整个护墙长3/4英里。有人认为,600个士兵和大炮就能抵御太平军的任何攻击。

道台表示要提供防御的费用,但是被拒绝,因为除了在租界收税之外,外侨不喜欢道台与租界有任何关系;一些主要的中国银行家想要提供类似的支持,也被谢绝。

2月中旬,郊区的积雪融化,太平军重新上阵,外国军队的指挥官立刻积极展开组织抵抗太平军的行动。我会提及其中的一些事情。

一次,法军通过射击和轰炸的办法赶走了攻占上海县城对面一个村庄的一大批"叛军",这批"叛军"的目的是获取这里的大量平底船,这些平底船捆绑在一起可以形成一座桥,通过它可以进军上海。另一次,一部分英法海军和水手协助华尔(Ward)①率领的600个经过训练的中国人,进攻浦东沿河下游四五英里处的一个大的防守坚固的村庄。因取得这一系列胜利而感到很兴奋的道台立即在县城处死太平军俘虏。之后一个重要的计划是进攻闵行对面的一个村庄,370名英国和法国的水手占领了这个地方。在三四月间,联军与华尔的队伍积极参与,巡逻队也提供了很好的服务。4月初,在王家宅和Lu-ka-dong②——位于七宝与Ya-ki-town③之间,用栅栏围了两个大的军营,除842名英国、法国水手和海军外,991名英国和印度军团的士兵在士迪佛立(Stavely)的率领下也参与了这个行动。第一场行动中,何伯司令腿部受伤。4月底前,周浦、嘉定、青浦、南桥、柘林等所有上海近郊设防的地方都被迅速收回。5月,乐德克船长率领"恩康脱号"的水手和华尔的一部分"常胜军"为清军重新收回了宁波。

卜罗德(Protet)司令在南桥战斗中阵亡。5月17日,在指挥进攻时,他的胸部被击中,当晚6点30分死亡。他的遗体被运回上海后,安葬之前,在医院的遗体告别室里存放了一段时间,后被安葬在法国领事馆的空地上。5月26日,人们为他举行了葬礼。当天早上,港口的军舰鸣炮。领事,英国官员,法国、俄国及英国的军官都身着制服,连同外国居民一起,于上午7点30分齐集法国海军医院。之后,卜罗德的遗体被送到圣约瑟教堂(St. Joseph's Church),在那里举行了盛大的军事性的

① 华尔是一名过着放浪生活的美国士兵。他怀着建立东方帝国的理想,来到中国,他训练、指挥了一支中国军队。这支军队后来以"常胜军"闻名。

② 中文对应的地名译者未能查出。——译者

③ 中文对应译名译者未能查书。——译者

弥撒仪式，道台和地方官员均出席。卜罗德在中国的贡献得到了1862年6月11日《京报》的认可，时任江苏巡抚的李鸿章受命委派一位道台和一位地方长官献上皇帝的《祭奠牺牲军官灵魂》的祭文。所以，8月7日早上，道台和15名高级官员赴法国教堂，在那里，和在舰长的葬礼上一样，他们听了弥撒曲。许多法国官员和英国的领事、副领事也都在场。“常州的地方文官”——圣旨宣读人高声宣读圣旨，并敬献了祭品。圣旨未提到卜罗德牺牲的性质。① 在法租界市政大厅的空地上，人们为卜罗德舰长树了一座雕像，1870年12月6日，雕像揭幕。

英法联军的胜利引发了太平军的疯狂反扑。太平军从南京调集大量军力，由太平军中最勇敢、最成功的领导者忠王②率领。联军弃守嘉定，曾经驻守这里的军队撤回上海，撤出青浦之前，华尔毁掉了青浦。这一系列事件导致上海附近的中国人更加恐慌，大量涌入租界。

8月，“叛军”再次出现在租界的视线之内，白天的浓烟和夜晚被照亮的天空，宣告了他们坚决前行的脚步。那年秋天，上海的情况可以据以下事实去想象：除了数十万人挤在租界的房屋里，还有1万难民居住在老跑马场。有一位作者记载了一天下午他在闲逛时见到的景象：有四五万男人、女人和孩子在老跑马场周围及附近安营扎寨。③ 从1860年到我写作本文的这段时间，租界的变化表现在以下方面：1859年，租界有2万中国人，但是，到1862年，这个数字已经增加到了至少50万，④在一次租地人会议上，一个发言者竟然说有70万，这可能有些夸大。1862年，租界里霍乱、猩红热、痢疾及其他疾病肆虐，大量居民死亡，军队人数锐减，中国人也经历了一场可怕的洗劫。⑤

10月底，一支由英国人、法国人和经过训练的中国人组成的4000人的军队用20支枪和10门迫击炮重新夺回嘉定，太平军进行了一番顽强的抵抗。这次行动由何伯司令和士迪佛立将军指挥英军，白齐文（Burgevine）⑥代替华尔指挥“常胜军”，华尔刚刚在距宁波25英里的慈溪被击毙。这之后，李鸿章和白齐文在这方面比较

---

①《北华捷报》，1862年4月9日。

② 太平军忠王李秀成。——译者

③《北华捷报》，1862年8月30日。

④ 1865年4月15日，工部局总董在租地人会议上的讲话。

⑤ 1862年，天气非常热，战事也因此而暂停了几个月。

⑥ 在华尔时代，这些受过训练的中国人仅仅是一帮乌合之众，多数人是无赖。白齐文出身比华尔好，并在西点军校学习过军事。

主动,尤其是李鸿章,取得了令人瞩目的成绩。同时,在两个法国军官的率领下,大批中国军队从叛军手中重新夺回了浙江的许多重要地方。

就上海而言,这里的人们从此可以不必担忧太平军了,他们的力量在各处均已崩溃。但是,还是需要军事天才戈登上校将他们从最坚固的老巢南京驱逐出去。

11月,何伯司令因任期已满返回家乡时,上海一些重要的商人写信给他,表达了他们对何伯司令为本地回归安宁所发挥的作用的感激之情。这主要是出于何伯司令的谋划:以上海为中心划定方圆30英里禁止太平军进入,还修建了一些通往乡村的很好的道路。

1863年早些时候,因上海一个有官方背景的银行家不愿意为"常胜军"支付费用,白齐文将军与之发生争吵之后,带着一小队警卫在租界进行示威,并且得到了这笔经费。这一专横的行为引发了很大的轰动,白齐文此后不久被解雇。间隔了一段时间后,戈登上校被委任为"常胜军"统领。中国政府官员试图派特使李爱东(音译)——一个很好的士兵——和我们的老朋友吴健彰指挥这支军队,但"常胜军"的军官和士兵拒绝服从这一决定。

1863年,李泰国的舰队到达中国,由于李泰国越权行事,被清政府解雇,赫德(Robert Hart)被任命为继任者。

年中,会审公廨在英国领事馆内设立。

1863年,从商会的名称由上海英国商会(Shanghai British Chamber of Commerce)改为上海西商总会(Shanghai General Chamber of Commerce),可以看出非英国公司数量的增加。

1863年,一大批商人上书江苏巡抚,要求当局兴建一条从上海通到苏州的铁路,立即遭到拒绝。同时,建一条从上海到吴淞的铁路的建议也被否定。后来,一个伦敦公司建议在苏州河上一座桥的附近铺设一条线路,沿着越界道路通到吴淞,再经嘉定、太仓、昆山到达苏州的东门。起初这条线仅是一条单线。估计费用是62英里176万两白银,增设界石和铁桥等设施需38万两白银,共计214万两白银。一年收入估计是28.251万两白银,支出是10.84万两白银,净利润17.411万两白银,即每年盈利7.5%。

1863年11月27日,当戈登上校攻陷苏州后,上海的畸形繁荣遭到致命打击。但是,几乎没人能看到该事件对租界的命运有何影响。外国人以为避难于此的中国人很欣赏这种外国管理方式,因为这些避难的中国人的安全有了保证,他们不愿再回到原来的城市了。直到整个街道都空荡荡的，租金下跌了50%，外国人才知道他们自欺欺人的幻想破灭了。有些中国人又回到苏州，这件事表明外国人对中国人的了解有多么少。1864年，苏州本地人当中盛传着一个谣言，即中国政府将允许外国人在苏州居住和经商，本地人甚至还向李鸿章提交了一份请愿书，以示反对。请愿书中说，居住在上海的中国人要被迫服从外国人的令人讨厌的卫生条例，例如保持房屋整洁、接受巡捕的卫生检查等。请愿书也提到了其他中国人自古以来的卫生习惯，同时表达了担忧，即如果外国人来和他们生活在一起，他们会在这些事情上制造麻烦。这就是中国人对西方人的舒适与卫生的了解。

由于西贡①的骚乱，参与同太平军作战的法军于年初撤回。

1864年初，我们发现租界居民自己在庆祝这个地方的条件相对于1861～1862年冬天已有所改善。当时，街道上都睡满了人，晚上时常冻死人。从那时开始，租界开始建造房屋以容纳所有的难民，并采取很多办法以改善穷苦人的生活条件。现在，苦难和饥饿不再光顾。

工部局1864～1865年的尽可能高的预算获得通过。前一年的预算为23.9万两白银，本年度预算为45.7万两白银。工部局和外侨相信租界的异常繁荣不仅仅会继续，而且会更加繁荣。投机在上海达到高潮。

工部局的建议引起大租地人的极度担忧。巴夏礼通知租地人，没有道台的同意，不能增设新税，而道台已否定了其中的两种。最终，工部局警务方面的预算被削减了一半，将其用于一笔9万两白银的贷款，那时工部局还没有信用，因此由几家商业公司做担保。

整体上，1864年的贸易情况不令人满意，②但是投机狂潮还在继续。租界变得声名狼藉，巴夏礼在租地人会议上说，在1万幢中国式样的房屋中，就有668幢不符合规格（达1/16），这还不包括鸦片馆、茶楼和其他存在大量卖淫行为的娱乐场所，他认为这些都缺少规范。租界充斥着犯下各种暴行的中国的、外国的流氓。

当所有谨慎的人们在预言上海的魔鬼时代即将到来，并且这一切也似乎近在咫尺的时候，《泰晤士报》刊登了一篇头条文章，文中热情洋溢地描绘了繁忙的港口和繁荣的租界图景。这篇文章说现在商人们的黄金之国似乎是在中国。文章中还

① 越南城市。——译者

② 1864年，关税为20%，少于1863年。

写到多年前“被称为上海的地方还是一个未发展起来的租界,土地不值钱,商人可以很容易地为自己的房屋建个鹿苑”,这是对那时一两个宽敞的院子的夸张的描述。接下来是关于1864年港口的描述:“最近据卜鲁斯(Frederick Bruce)阁下报告所说,三年来,上海的进口贸易已从1300万增长到了2700万。轮船甲板上挤满了中国旅客,他们手里拿着的都是产品,这些产品肯定不是供出口的,而是供中国人消费的。对于身无分文的勤奋的年轻人而言,若掌握了簿记技艺,学会计算贸易,上海的确是他们所向往的极乐世界。”那年秋天,许多冒险家和财富寻求者来到上海,但现实让他们大失所望。

同年,上海总会和上海仁济医院开业。上海总会的建造花了很长时间,它的设计和家具都很奢华,但它的建筑风格被描述为“真正的低劣和粗制滥造的风格”。1864年,经过三年的沉寂后,亚洲文会(The Royal Asiatic Society)又开始活动,并成立了第一个辩论协会。

1865年春,两三年前的投机贸易的影响显现出来,一些大公司倒闭。秋天,万国商团遇到了困难:枪炮、制服及普通设备方面需要大量的支出,而这些以往由指挥官购买。团员不再参加训练,应征的人数已经减少,但是,万国商团还是没有解散,并选派首任按察使霍恩比(Edmund Hornby)为指挥,决定继续维持这支军事力量。

同年,租界工部局和法租界公董局至少做了一件好事,那就是关闭了害人至深的赌场。中国政府很久以来就强烈要求对赌场采取措施,年初,租界工部局赶走了赌场的老板,这些人又躲避到法租界。最终,法租界公董局在公众舆论的压力之下,不得不关闭了赌场窝点。

这一年,大英按察使衙门设立。3月3日,共济会会堂在外滩举行隆重的奠基仪式。年底,一个善意但不成熟的建议不得已被放弃。为了解吴淞口海轮的活动情况,雷诺(E. A. Reynolds)在吴淞口与金塘灯塔间架设了一条电报线路。当地村民拔掉电报线杆,并向道台请求说不能架设电报线杆,因为破坏了风水。他们提到当地一位村民死亡了,其实他是患病死的,而村民却说没有任何明显的原因。道台给领事的信中接纳了村民的这个观点,道台说就不要求对此进行赔偿,但也不准再竖立电报线杆。

1866年,日益改进的市政方面的事务受到更多的关注,居住在租界里的中国人的税收问题得到了关注,新制定了或者说修订了《土地章程》,并且这个新《土地章程》被送往北京。

年初,人们普遍认为上海乃至整个中国的贸易已经度过了1865年的危机,但不幸的是,这些愿望并没有变为现实。伦敦出现了“黑色星期五”和其他不吉利的日子,很快,11家在上海设有分支的银行中有6家宣告破产,其他银行则陷入了瘫痪。

上海自1862年起成立的联合股份公司中的大多数已破产,或在经济繁荣时易主。当颠地洋行的商号发现自己也无法履行合同时,所有企业的危机程度进一步加深了。自从中国对私营商人开放贸易之后,颠地洋行始终占据首位,他的合伙人曾参与过1841年战争前发生在广东的一些扣人心弦的事件。

第六章　上海的新时代

1867年,租界事务有了改善,由于居民满心欢喜地迎接转变时代,并且以比以往更为宁静的方式获得快乐和休闲,因此租界的生活更加令人感到愉快。人们普遍喜爱园艺和花艺,如果妇女委员会同意的话,就可以举办花展。

外滩公园在当时所谓的领事馆泥滩①上动工修建,并于1868年8月8日交给工部局。人们开始在静安寺路建造房屋,并且在那里居住。租界增建了很多公共建筑:新的剧院、会审公廨、水手教堂(Seaman's Chapel)、共济会大楼(the Masonic Hall)。租界还引进了煤气,法租界也在1867年年底引进煤气。煤气的用途日益广泛,街道照明变得更亮了,巡捕的办案效率也提高了,院子变小了,也不需要更夫了。像中国的城镇一样,更夫主要负责夜间在房屋和一些洋行的房产周围巡逻,他们提着灯笼捉贼,每隔一段时间敲竹梆子提醒时间。这一切都透露出租界的生机勃勃,但另一方面,自从那场大规模的叛乱结束后,万国商团的精神在衰退,人数也缩减了,日益不受重视。② 但是,由于在此基础上组建了一支步枪队,因此还不能说它已经完全解散。而且,上海总会连同教堂——二者最好地说明了前几年这里的外侨当中普遍流行的追求奢华的风气——现在陷入了困境,于8月关闭,10月1日在新的基础上重新开放。

1867年,位于高昌庙的兵工厂——就是我们都知道的江南制造局——着手建

① 租界早期,一艘小双桅船或者是其他帆船在此搁浅,之后逐渐淤积形成这块泥滩。由于船的残骸没有被及时打捞起来,淤泥迅速堆积。一个老居民告诉我:他经常在残骸与外滩的江岸线之间划船。

② 万国商团欠债300两银子,团员们决定尽量卖掉一些步枪还钱,并且呼吁捐助。万国商团暂时中止。

造。几年前,就在太平军失败之后,李鸿章命令在上海建造一座兵工厂,为此,他在虹口购买了一个机械厂。由于场地不敷用,后来又在县城以北3英里的地方购得6亩土地,这块土地被买好后,一些设备及其他材料被搬到了新地方。

从一个修理枪炮、生产弹药的小工厂发展成为一个大型的兵工厂、造船厂,江南制造局如果全力投产,能够供应各种船只和战时武器。制造局里有一个木制的造船场地,可以建造和装备两艘护卫舰和六艘大大小小的战船。制造局里还配有一个昂贵的、笨重的能够建造现代大号装甲舰的机器,但是,兵工厂只用它建造了一艘小型军舰和两艘炮艇,目前它们已经下水,其中那艘小型军舰被外国人称为"震慑泰西"(Terror of Western Nations)。制造局还有一个船用发动机部门,所生产的发动机供制造局造船及其他地方修理船只使用。制造局里有一个很大的干船坞,可以容纳长约400英尺的船只,它已经为中国海军提供了非常高效的服务。有时,还有四五艘船排队等候进入船坞。在远离河滩的地方,还有各种综合商店。步枪厂是一幢很大的建筑,有各种生产枪支的设备,每天可以很容易地生产几打步枪,任务急的时候可以制造更多,现在转而生产美式的雷明顿(Remington)步枪。虽然步枪厂特地为生产枪炮购置了昂贵的机器,但这些机器都闲置在那里,在这个部门很多工作还是通过手工完成。外国人与步枪厂产生联系已有几年了。上海还有一个基础性的生产各种大小的铸铁和铜钱等的制造总厂。鱼雷厂有漂亮精美的机器,是中法战争逼近时快速组建的,但从未发挥过什么大的作用。

除了制造局的主体,东边还有两个大的部门。一个是枪炮厂,这里有大型的完备的工厂,像世界上其他地方的工厂一样,它可以制造重型枪炮。大型车床、卷取机、7吨重的汽锤等设备只有在高速运转当中才能被弄明白是怎么回事。目前,枪厂在柯礼斯(W. E. Cornish)的监督下制造一种"消失的枪",其中一支在几周前试制成功。柯礼斯曾在艾尔西克(Elswick)工厂待过好多年。很多年前,在江边已有供重型大炮使用的试射土墩和其他试射场地。东边的另一个工厂生产子弹和炮弹,在这里人们可以看到在不同生产工序中的各种各样的枪弹,每天铸造一定量的金属制品,或许其总量上可以比较容易地翻三番。

西面约3英里,在龙华塔附近,有一个药筒厂。该厂与英国同类厂房一样大。这里有用于生产子弹的各种机器,每天可制造各种各样的来福枪子弹。该厂每天可以生产数万颗子弹,但只有生产雷明顿子弹的那部分投入使用。这里也制造铜的或者是金属的雷管的封套和子弹,这些东西充斥着厂房。这里也有用于制造格林机关枪和其他大型弹筒的精密机器。火药工厂引进被认可的国外的最先进的方法后，产出也非常好。那里还有 12 个组合厂，加上那些配套的工厂，如果日夜开工的话，生产出来的火药的产量将是令人难以置信的。这些工厂所用原料几乎都是从欧洲进口的。

制造局一个很有趣的地方是它的教育部门。翻译学校①已建成 20 年，一个是英语的，由舒高第（Suvoong）博士主持，另一个是法语的，由璞琚（Alphonse Bottu）教授主持，已经为京师同文馆和官方机构输送了各种学生。自从兵工厂设立以来，科学书籍的翻译部门②即着手翻译工作。傅兰雅（John Fryer）自始即负责此事。他和其他人一起，已经为编纂标准化的中文百科全书辛勤工作了 20 余年。员工有执笔人、切割工人和印刷工人，他们能出版各种最好的中文版式的书籍，其中大多数书籍以成本价销售。为了表示对傅兰雅的服务工作的认可，清政府授予他“三品官衔”。

当然，制造局的设立与维护费用是巨大的。上海海关留出一部分税收供其使用。很多外国人——最多时曾达 12 人——一直被不同的工程和机械部门聘用，现在发现其中的 3 个人是很有成效的。管理人员有 1 名本国监督、2 名副监督和许多小官员。当收工信号下达后，如果你站在门口观察那些从不同的部门走出来的人群，就会感觉到这地方的重要性。

现在，每件事情都在稳步推进，只是还需要做好维持工厂和工人的良好秩序以应对任何紧急情况。一旦发生战争，工人很快将增至现在的三四倍，每周的产量也会有很大的增长。本地工人对采纳外国人的意见和使用国外的机器设备持一种极好的态度。甚至有人说，即使在不利的环境下，制造局生产的产品无论在质量还是成本上，都可以与外国兵工厂的相比。制造局好像是一种通向更高官位的台阶，3 个监督被派到国外做公使，职位较低者也被选派到本国或者是国外的许多重要岗位上。中国也有其他的兵工厂。福州兵工厂占地面积较大，但不是很有成绩。那些在广州、杭州、天津、济南、青岛的兵工厂也在发展，但是发展得很慢，原因是它们不像上海、福州那样拥有有利的地理位置。

1862 年，上海的第一座英国教堂已被损毁，雨水经常通过屋顶的裂缝渗进屋

① 指广方言馆。——译者

② 即江南制造局翻译馆。——译者

内,风时常吹落瓦片,部分瓦片落在了教堂长椅上。那一年,教堂被拆除,人们在教堂的院子里建了一个临时的礼拜场所。许多破旧的书被转移到总教堂(Cathedral),现在那些书仍旧堆在桌子上。在总教堂开放时,一位作者说没有人会在阅读这些书籍时不感到震撼。"那些雕刻有精美纹饰和铭文的大理石纪念碑所饱含的深情不及这些圣经的一半,那已经褪色和逐渐淡去的字迹,字里行间满是母亲的祝福,或姐妹般的关怀。"这些书中出现的一个名字不时会使老居民们回忆起死去的或者是已经淡忘的朋友。

1864年,史浩特(Gilbert Scott, R. A.)提出了一个教堂新计划,一位本地的建筑师凯德纳(Wm. Kidner)部分基于牵涉到的费用、部分基于气候,对该计划做了修改。尽管经过了慎重的考虑,但按修改计划建成的这座教堂或许是当时外侨社区当中普遍存在的奢侈之风的最有象征性的例子。1866年5月16日,教堂建筑举行奠基仪式,并举行了隆重的共济会典礼,但是缺少资金妨碍了教堂的建造进度。的确,完工有很大难度,它一度似乎因经费短缺而停工,或者是即使能够完工,在还清债务之前,也得由承包方掌管。[①] 但是,经过积极的努力,教堂得到了慷慨捐助,教堂院子的一部分用于出租,承租人把租金提高至1884两白银,1869年8月1日,教堂开放,用于公众礼拜。[②]

大教堂是13世纪初期的哥特式风格,1875年,在圣三主日那天落成。建筑呈十字形分布,由中殿、南北通道、十字形翼部、圣坛、两个半圆形的祭坛和两个小的用于会议室等用途的礼拜室组成。内部总长152英尺,中殿和南北通道的宽度是58.6英尺,中殿从地板到屋顶的高度是54英尺。南北通道为开放式走廊,花岗岩立柱,两个凸窗之间有砖制立柱与扶壁。塔楼是史浩特规划里的一部分,但是由于经费原因,没有建起来。

捐助人选了两位受托人管理圣三一堂的事务,英国领事是当然的受托人。1875年的早些时候,圣三一堂通过了一个决议,授权受托人与新上任的北华教区主教罗素牧师(Rev. W. A. Russell)就圣三一堂纳入他的教堂一事进行沟通,并授权他们为这一目的采取任何必要的措施。主教"选定"该教堂作为他的主管教区北华教区的

---

① 法纳姆公司(Messrs. C. S. Farnham & Co.)。

② 以前和现在教堂的费用来自公众捐款,第一笔捐款来自阿礼国夫妇,讲台由霍恩比(Edmund Hornby)先生捐助。圣坛服、讲道坛和读经桌上的书籍由教堂会员捐助。

教堂，主教的就任仪式前文已提及。此事的公开的记录是在1875年5月23日他们在最高法院首席大法官面前所做的宣言里。[①] 在就职典礼上，罗素主教任命加农·布切儿（the Rev. Canon Butcher）牧师为该教堂的教长，麦克拉奇（Rev. Mr. Mclatchie）牧师为教士，这是非常好的和受欢迎的任命。

自建立时起，英国政府每年拨款500英镑给圣三一堂。到了1858年，圣三一堂的经费已相当充裕，结余近900英镑，当时有将其用作一个新教堂建设的原始基金的打算。随后，英国政府撤销拨款，但是同时又暗示愿意捐款的人为新教堂捐款，捐款人捐了2000英镑，由于这些捐款和以前英国政府每年的拨款，英国领事成为委托人之一。当急需钱建造一座新教堂时，委托人通过领事和驻京公使给英国外交大臣写信，请求他为新教堂的建造募集一笔1500英镑的捐助。但克拉伦登（Clarendon）[②]伯爵简短地回答说："英国政府不能够出于对像上海这样的富裕的侨民社会的利益的考虑，通过拨款来进一步援助建立或者是维持教堂。"上海设立的教堂的维持问题涉及英国政府给中国口岸的小教堂和牧师的补助问题，不久前，国务大臣曾经指示阿礼国就此进行调查，并报告每个小教堂的情况。阿礼国支持上海委托人的呼吁。

1869年，上海西商总会就尚未生效的条约的修订一事与阿礼国通信。为此，他还派了弗朗西斯（Francis）和米切尔（Mitchie）使团，调查扬子江上游的贸易情况。回来后，他们提交了一个非常有意思的报告。里希特霍芬男爵（Baron Richtofen）的探险也得到上海西商总会和外侨的支持。[③] 几年前，上海的一些商人还为试图通过西藏进入印度的库珀（T. T. Cooper）提供经费支持。

10月21日，爱丁堡公爵[④]（Duke of Edinburgh）指挥英国皇家海军舰艇"加拉蒂亚号"（H. M. S. Galatea）到达吴淞口外，第二天乘"摩云号"（Moyune）轮船抵达上海。他接受了由来自不同国家的350位居民签名的欢迎致辞，参加了赛艇会及其他娱乐活动，出席了以他的名义在俱乐部举办的一场舞会。26日，爱丁堡公爵离开上海前往南方。

---

① 罗素牧师的继任者不愿在这一条款的基础上接手教堂，即在他任职期间，教堂的建筑是属于他的教堂的。他要求将其赋予他和他的继任者，但受托人不肯听他的主张。

② 时任英国外交大臣。——译者

③ 上海西商总会捐助500两银子，外侨捐助5000两银子。

④ 之前，爱丁堡公爵曾访问北京，但北京的官方完全无视他的到访。

1869年,萨默塞特(Somerset)公爵把上海比作"罪恶的渊薮"。罪恶是指商业的,公爵大人所倚重的是海军官员,除了受到上海商人的热情款待之外,这些海军官员对上海商人所知甚少。上海西商总会正式向委员会提出关注公爵讲的话,一些社群建议就这一问题向外交大臣递交请愿书,但是常识占了上风,他们最终没有那样做。霍恩比(Edmund Hornby)阁下发布了一个案件的判决,为上海的道德问题提供证据。

1868年至1869年,中国不同的地方发生了几起传教士争端事件。1868年,传教士在扬州遇到了麻烦,领事麦华陀(Medhurst)先生乘"里纳尔多号"(Rinaldo)到南京,通过他的努力,最终从总督曾国藩那里获得了补偿。大约在同时,台湾也发生了类似事件,通过军舰的介入得以解决。1869年,传教士在福建、山东、四川和安徽受到骚扰并受到伤害,一些法国传教士在四川被杀害,在天津附近的大运河,威廉森(Rev. J. Williamson)牧师在他的小船里被杀害。除了针对这些传教士的暴行之外,其他外国人也在上海附近遭到攻击。3月初,5位绅士在浦东行走时遭到许多村民的袭击,此事得到了严肃处理。在对这些村民的调查中发现,当时一名来自扬州的算命先生在村子里,可能是他煽动了这次袭击。一位法国绅士及其妻子从山上返回时也遭到攻击。

所有的这些事情都表明中国人存在着对外国人的普遍仇恨,但最残暴的一次是1870年发生在天津的暴行。

此前,法国驻华公使罗什舒阿尔(M. Rochechouart)为了解决1869年天主教传教士所遭受的大多数暴行的确切赔偿问题,带着一支骑兵中队沿长江上行。据推测,麦华陀在扬州和罗什舒阿尔在长江一带所做的努力是为确保善待传教士。但是,文人和绅士——中国的危险阶层——仍在继续用一些古老的故事来煽动人们,如说传教士绑架与杀害、残害儿童,用儿童的眼睛和心脏做药,正如威妥玛(Thomas Wade)的那种奇怪而简明的说法,即说传教士是为了罪恶的目的而传教。6月,南京出现了针对天主教传教士的激烈举动,但被总督马新贻镇压下去。扬州及其他地方也表现出类似情绪。

6月21日,在中国官员的带领或者是指挥之下,一群暴民烧毁了法国领事馆、教堂、修女医院等天津城内的所有机构。法国领事及其秘书在府衙附近被杀,身体几乎被切成了碎片,残骸几乎无法辨认。19名其他的外国人死亡,包括10名仁慈堂修女、3名罗马天主教传教士、1名被误认为法国人的俄国商人及其妻子和几个孩子。暴民对修女犯下的野蛮暴行激起了文明世界的憎恶。这些暴民主要是士兵，这些士兵由张光藻（Ching Kuo-jui）[①]煽动和指挥，而张光藻却逃脱了对那天所犯暴行的所有惩罚。官员崇厚阻止了这次暴行，但他不敢对暴民采取行动。我不认为暴民的做法是出于当局的鼓励，但是在暴行爆发之前，当局是暴民的同谋。关于诱拐儿童的谣言很明显是煽动百姓的一种手段，但是人们所听闻的法国人在扬州的做法也影响了他们，即慈善修女会（Sisters of Mercy）的修女管理她们的机构时的隐秘性，传言她们习惯于付钱给接受施洗的孩子的父母，有时，这些接受施洗的婴儿已濒临死亡，这使她们在本来就憎恨、害怕她们的当地平民中间更不受欢迎。[②] 德法战争阻止了法国对此事采取进一步行动，若不是战争，法国将毫无疑问会对此事采取行动。最终，法国很满意地接受了一笔巨大数额的赔偿，崇厚作为特使赴法国致歉。

天津排教暴行的消息引起了所有在华外国人的恐惧，但可怕的是：本地人则普遍地对此感到满意。这一消息像星星之火一样传遍帝国。在上海，万国商团立刻开始招募成员，救火会也加入，一个月内，有500人参加训练。幸运的是，那些反外国人的团体也仅仅是张贴一些具有敌意和威胁性的布告，安定下来的当局则站在维持秩序的立场，激动情绪很快消退了。但是，万国商团不能懈怠，他们仍旧保持一种警戒的状态。

自1870年以来，上海仅发生了一次需要召集万国商团的事情，他们也发挥了很大的作用。1874年5月3日，星期日，法租界出现骚乱，这是我们在上海的邻居不幸在中国引发的事件之一。当天早上，许多中国人袭击了法国道路督察及其位于宁波会馆[③]附近的家，他们冲下楼梯，闯入了邻近的一位传教士夫人麦克莱恩（Maclean）女士的寓所，但是一听到她用中文说“我不是法国人”时，暴徒们就放过了她。之后，暴徒又放火烧毁了附近的牛棚和中国人的房屋。在早上的骚乱中，8个本地人被杀，事态看起来很严重。晚上，法国炮舰“库勒夫尔号”（Couleuvre）上的士兵登陆，美国派出“亚士维拉号”（Ashuelot）轮船。万国商团也被调来，在市政大厅，工部局把武器分发给外国人，150名士兵被派出上海县城。至午夜，一切恢复

① 经罗什舒阿尔提议，此人被四川的军事指挥部门解雇，因此他就率领暴徒反对法国。
② 清廷的一则告示中承认对修女购买婴儿、发现婴儿死后即扔掉的指控是错误的。
③ 即四明公所。——译者

平静。

这场暴动的表面原因是法租界公董局规划修建两条通过四明公所的道路。中国人反对,原因是他们认为这将会亵渎了他们的一块老墓地,13年前,法租界烧毁上海郊区时,这些坟墓已被夷为平地。但是,中国人坚称地方传统不能失去,它仍旧是神圣的。然而,这次暴动的真正原因也很有可能是1860年的那场大火中财产损失的记忆仍旧盘桓在中国人的脑际,使他们怨恨不已。

法国总领事在这次事件中则表现得相当愚蠢,他迅速逃到一个安全的地方,留下他的同胞和其他人去保护法国侨民和租界的安全。骚乱后的第二天,他发布了一则告示,几乎接受了中国人提出的所有要求。直至暴动趋势消失并得到赔偿,公董局才重新考虑道路的问题。公董局还进一步说,如果总领事能采取更加积极的态度,那么这次骚乱是可以避免的。几乎所有的法国非官方人士和瑞士人都反对总领事的做法,法国总领事赌气地收回了对瑞士人的领事保护。

自1870年起,租界及其与外部世界的关系都发生了很大的变化,但这些都是悄悄地发生着的。1871年,通过电缆线,上海与全球各地建立起了电报联系,上海引进了电报和电灯,其他方面也有所改善。港口商业经历了相当大的变化,例如:1872年,通过购买“伊敦号”(Aden)货轮,中国轮船招商局开张,这是从上海开出的第一艘悬挂中国国旗的轮船。该公司是在直隶总督李鸿章的支持下成立的。李鸿章设立轮船招商局的目的:其一是为他即将建立的舰队训练水手;其二是赚取漕粮的运费;其三是向世界展示中国商人也能够把公司经营得和外国人一样好,能够在很短的时间里承担自己国家的贸易运输。这或许有助于所有中国人所期待的那一天更早到来,即所有外国人离开或者是被驱逐出中国。

中国人与该公司关系不大,但一些本地的外国洋行的经纪人和买办则加入了该公司,一些官员成为管理者。因为没有现成的资金,该公司从政府和钱庄那里大量贷款,正如在接下来的几件事上中国富人所表现出的那样,他们不信任他们的官员。该公司买了很多轮船,但它很腐败且缺乏管理。该公司的漕粮运费远远高于市场价,为了适应中国人的需要,该公司对相关的义务做了修改,但有很多年该公司经营得不成功。1877年,该公司花费200万两银子买下了旗昌轮船公司的轮船、码头等,但仍然无法改善公司的状况,几年后已处于破产的边缘。1881年,该公司减少了管理中的官方因素,这一举措挽救了公司。1884年,在中法战争之初,该公司的轮船改挂美国国旗,由旗昌洋行负责管理,但第二年,公司又回到了中国人手里。

1873 年,工部局从所有人那里购买了苏州河上的桥梁,这个长期以来存在的易于激起人们不满的问题彻底得到解决。虽然这些桥梁的所有人没有收取费用的权力,但是他们多年来一直向中外人士征收通行费。他们声称道台 1854 年发布的特许状赋予了他们这项权力,但实际情况是道台只是授予他们 25 年的在苏州河上建桥的垄断权。租界人口的日益增长使这些股东获利颇丰,在工部局在这座桥梁旁边建了一座免费的桥梁之前,他们多年来一直拒绝将其卖掉。这是工部局采取的一项果断的措施,桥梁公司极为抵触,但居民很可能支持工部局采取一切合适的措施取消这项收费。

1873 年,新的英国领事馆开放,以代替 1870 年年底被烧毁的原来的领事馆建筑。新建筑的设计风格与老建筑的一样,它是中国最漂亮的建筑之一,但由于高度低了几英尺,对其外观有相当大的损害。

1875 年,赫德爵士(现任海关总税务司)撰写的《吴淞备忘录》(*Memorandum on the Woosung Bar*)出版,这令租界的人们相当激动,这本书也很感兴趣。这本书宣判了上海在商业上的覆灭。他说,可以肯定再过上 10 年,也可能是 20 年或者是 30 年,那时上海在商业上的地位已抵不上防止河流淤塞所付出的代价。"在 20 年内,镇江将代替上海成为一个中转和转运港。未来 10 年或 20 年,中国轮船业的竞争者将从口岸贸易中扫除挂外国旗的轮船,挂中国旗的轮船将出现在伦敦和利物浦的码头。"对于他的同胞来讲,这令人不安的谶语到目前为止还没有变为现实,除了几年前一艘挂着中国旗的轮船从上海到伦敦进行了一次费用昂贵的航行尝试之外,至今还没有出现第二次,另一次是载着船员的军舰到了泰恩河(Tyne)畔的纽卡斯尔(Newcastle)。

1874 年,许多居民为了上海与吴淞间的一条小铁路的修建联合起来,这是在上海和吴淞之间的一段试验性线路。1876 年 6 月 30 日,这条小铁路①开通到江湾,长约 4.5 英里,全程 17 分钟。火车运送 160 名乘客,在终点,这些乘客举杯庆祝,向与铁路建造有密切关系的铁路工程师玛利逊(G. J. Morrison)和怡和洋行表示祝贺。报纸报道说祝酒词和紧随其后的宴会"见证了标志着中国新纪元的一天"。但是,这个新纪元被扼杀在了摇篮里。

铁路开通的几个月里,本地及远道而来的中国人成群结队地乘坐火车,他们兴

① 小铁路的轨距是 2.6 英尺,总长度约 9 英里。

高采烈。但是,官员对这个很有活力的新事物的敌意日渐增加,原因是用于修建铁路的土地的获得方式。在未就铁路线路一事向总督请示的情况下,道台争辩说批准一条越界道路不意味着那还包括批准铁路的修建和运营。

吴淞铁路很快被关闭,直到12月1日,根据威妥玛的指令,英国公使馆的中国秘书迈耶(Mayer)先生负责就将吴淞铁路出售给中国人一事进行协商,铁路才恢复运行。条件是自1876年10月1日起,吴淞铁路运行一年,期满后由中国政府接管,其价值通过调查进行估价。一位士兵在火车即将到来前躺在铁轨上自杀了,公司支付了这个自杀者的赔偿金。所有规定都得到了及时执行,股东最终得到了28.5万两白银,据说这仅仅可以抵偿支出。

当铁路运行结束日临近时,大量中国人聚集到沿线的不同地点的车站,来观看火车的最后一次运行,如果可能的话,他们都争取乘坐一下。在有些地方,好像所有的人都出动了,火车通过时,人们屏住呼吸,极其安静。会审公廨陈谳员、一位即将就任的道台和12位高级别的官员见证了铁路交接。不像普通百姓那样,这些人对铁路表现出了极大的蔑视,在视察线路时,他们拒绝乘坐火车。他们坐着快要散架的、破旧的轿子视察沿线。当官员们接收了铁路之后,他们将铁路拆掉,拆散了车厢,尽可能地抹去铁路的所有痕迹。① 全部设备被运到台湾,丢弃在海边,直到1883年至少一部分被运回了这里,并被转运到北方。

火车共计运行了12个月,除免费日乘坐的乘客之外,运送付费乘客187876人,收入42014.02元,或者说列车行驶每英里每元有5%的收益率。当时乃至于在目前很大程度上,中日之间在此问题上表现得很不同,在日本天皇开放京都铁路几个月之后,中国人接收了吴淞铁路。

就上海而言,铁路仍旧是一个未实现的梦想。铁路梦就如同早期居民很多未实现的计划,如建一个交易所(1852年起草的一个方案中有此计划)、建造市政大楼、在长江口处的一个岛上建造一座疗养院、建一个游泳池、铺设电车轨道、设立工厂采矿等一样,都未实现。

1881年12月,威尔士亲王的两个儿子维克托(Albert Victor)王子和乔治(Albert George)王子访问了租界。

---

① 可以说,唯一合理的解释是允许车行道作为公共的运输道路予以保留,并且道台把桥也保留了下来,毫无疑问,这是为了上海与吴淞港交流的便利。

过去10年,上海的商业两次因政治原因而遭遇困难。第一次是1880年,与俄国就伊犁河和伊宁产生争端期间,第二次是1883~1885年法国军舰开到中国沿海期间。后一次事件发生后,大批中国人离开租界,贸易受到很多限制。但当和平到来时,本地人恢复了自信,贸易恢复了,先前离开的中国人也慢慢回来了,而且还带来了一些人。1881年,经纳税人批准建立了自来水厂,公众获得了巨大的利益。1883年,李鸿章总督在租界与法国驻华公使巴特诺特(M. Patrenotre)先生协商东京(Tongking)[①]问题时,出席了自来水公司放水仪式,并且对此表现出极大的兴趣。他还驱车前往旗昌缫丝厂和斜桥总会,他看到一些女士和绅士在那里娱乐。那一年与接下来的一年,两江总督和左宗棠阁下参观了租界,两江总督主要是再次尝试与法国公使商谈和平事宜。

在与法国发生冲突期间,中国政府和民众没有干涉法国居民,法国海军司令发布公告,表示他的舰队将不会攻击吴淞,由此确保了租界的中立。但是,根据总督指示,道台采取了行动,把一艘小型护卫舰和几艘旧帆船拖到吴淞,船上满载石头,故意在河道最窄处沉船。在缔约国领事的紧急抗议之下,这些命令被取消。

自从争议结束之后,租界恢复了之前的繁荣,面积也有了相当大的扩展。这些年来,租界唯一值得注意的事件是1887年6月21日举行庆祝维多利亚女王陛下登基50年的庆典仪式。但因下雨,彩灯、烟火和游行等被推迟到了星期六。

第七章　回顾

1860年中期到1863年末发生的事情完全改变了租界,不仅改变了租界的外观,还在很大程度上改变了其商业活动与居民的特点。在安静的老租界的房屋的周边建了一个很大的中国城,在靠近城市的虹口和浦东的河岸边布满了码头,停靠着来自长江、沿海、日本与欧洲的在此装卸货物的轮船。老租界时期拥有的悠闲的氛围被繁忙的商业和奢侈的生活所取代。

那些年,上海几乎同其他地方一样,处处充斥着投机。当对土地的投机消退之际,美国的内战再次激起了投机的浪潮。在上海[②]及北方的港口,中国对欧洲的棉纺织品贸易突然迅速增长,不久就达到了很高的数额。上海及其周边省份由于"叛

① 越北部一地区。——译者

② 1863年,上海出口到欧洲的棉纺织品价值约为320万英镑。

乱”而使农业生产受到影响,需要进口大量的大米。对“叛军”的镇压措施刺激了某些领域的正当的贸易活动,但与此同时,一些为“叛军”提供武器和战争必需品的人也赚了大笔的黑心钱。

关于港口航运业的一些记录很清楚地显示出1862年的商业规模有多少大。这年年初,上海港只有70艘横帆船,9月,曾一度达到290艘——其中大多数是大吨位轮船,但是到年底,这个数字逐渐跌落到178艘。6月至9月间航运业的巨大增长证明了商业扩张的突发性。1861年,上海港的关税收入为2490819两白银,1862年征收关税3370114两白银,①增长了879295两白银,或者说约计30%,但是有些增长可能是由于棉织品价格的提高。入港的轮船数量有2206艘,吨位是891352,出港的轮船数量有2370艘,吨位是923070。

在当时以及苏伊士运河开放之后,到中国来从事贸易的许多轮船都是用于快速航行的帆船,它们是海上茶叶贸易的竞争者。但是这样精巧的轮船不可能再次为黄浦江带来曾经有过的生机勃勃的景象。

为了满足贸易突然扩张的需求,租界引进了新的资金,1860年,外国银行发放贷款和折价票券,这是租界诞生以来的首次。无疑,之前很久在上海就存在着向本地钱庄借钱的情况,这同广东海关相当一致,即与外国银行家的这种业务被认为“有失尊严”。在租界的黄金时代,银行对那些最好的证券收取利息,如对墨西哥元征收的利息达到12%,这个新的生意的利润是如此之高,以至于那些租界已有的银行纷纷拓展这一新型业务,其他银行也很快在此领域建立业务。不管利息有多少高,银行的普通业务不太可能总是使用大笔的钱来生息,因此各家银行很快开始鼓励非法经营,向他们的客户推销这些非法业务。

但是最疯狂的是土地投机。1860年,当乡下人涌入租界时,所有的土地都大幅升值。1862年,比此前多得多的人涌入租界时,一些地块和外围的田野也达到很高的价格,原因是这些地方建造了很不牢固的中式房屋,这些房屋一封顶就被抢占了。实际上,拥有这些土地的中国人几乎得不到当局的保护,中国官员要么躲在县城里提心吊胆,要么忙于从富人手里榨取钱财,没时间顾及穷人的抱怨。因此,当一个不择手段的外国人想拥有某块本地人的土地时,他就利用一个腐败的小官员,

---

① 1888年,上海的总收入是6169738两白银。——《1888年海关贸易报告》(*Customs Returns of Trade 1888*)。

通过威逼的方式让业主把土地卖给他。通过这种手段获取土地后,他们再运用这种先占权去得到更多的土地。这些没有道德底线的投机者就用这种方式,使自己在短短的几个月间暴富,因为中式房屋那时的租金非常之高。从《北华捷报》的以下这段话可以得出对1862年投机活动结果的一些看法:“据说,所有投机活动都被证明是好的,(可获得)一百倍、一千倍或者是某些情况下一万倍的利润,加入投机活动不获利的情况反而是个例外。投机利润也不止一些。”知道了这些情况,我们就不会对大多数居民的生活变得奢侈感到奇怪了。不仅商人、业主和投机者一夜之间暴富,数以百计的高收入者或者永久或者暂时地加入到暴富者行列当中。钱很充裕、很容易赚到,并且在很多情况下也很容易花掉。

在接下来的时间里,中国人与外国人一样充满投机热情。许多富有的避难者进行各种冒险和投机活动。但是只有一种投机活动被证明是属于中国人的,这就是买卖墨西哥币。从白天至深夜,会有几次常规的墨西哥币交易。一群嘈杂而且很兴奋的银行家、商人和兑换商在买卖各种“干净的”墨西哥币——钱币上没有划痕、印记和任何瑕疵,且有光泽。在租界的特定时期,就如同欧洲和美国的证券交易所在某些时期一样,货币价格或高或低,上海在这方面体现出来的多变就如同其他国家的牛市和熊市一样。各个阶层的中国人都参与了这场投机狂潮,数以百万计的货币每天被买来卖去,有时一天被买卖很多次。尽管只有中国人参与了这一货币交易(由于几个方面的原因,西方人不愿意到这些地方),但是许多外国人依然参加了其他投机活动。在租界里,几乎每个人都是货币的“买方”和“卖方”。

各种娱乐场所如雨后春笋般出现,租界至少开设了一个“红与黑”轮盘赌桌,与此同时,豪赌取代了此前在外国人当中流行的小赌。人们普遍热衷于赛马,在不少情况下产生了灾难性的后果。很高的租金、在输出港需要量很大的仆人的极高的工资以及普遍流行的奢侈之风导致上海生活开销大幅增长。这对社会道德的败坏带来了明显的影响,但是也总有一些相反的因素使社区的轮船和社会生活的安全获得了保障。

租界的卫生受到关注。1862年的排水系统计划用了一大笔钱,结果却失败了。警务力量是必需的,但是其组成成分或者很糟糕,或者很一般。租界还匆忙地修筑了一些新马路,但对今天的居民来说,位于租界商业区的老马路当时的条件之糟糕是难以想象的,下过几小时的雨以后,马路就成了常见的上海烂泥路,商人不得不穿上高筒靴出门,如果穿着普通的靴子或鞋子,黏着力极强的泥巴能把鞋从脚上脱下来。在马路上,很远才点一盏油灯。提供给租界的饮用水的水源里,经常有从交战区漂来的尸体,或者是令人讨厌的被砍头处决的死尸。因此,自来水厂的建立被提上议事日程,从不同地方提取的水样已被送往英国和印度孟买化验。20多年来,很多新生事物很晚才来中国。我发现1862年前后的租界被报纸描述成可以想象的到的令人厌恶的事情的温床,它的大部分地区也不适合居住,但是有些人竟然将其称为“模范租界”。市政管理崩溃了,工部局还没有足够的力量管理这个很大的、过分拥挤的地区。他们为此所做的努力将在另一章节讲述。与此同时,自1866年底开始的令人兴奋的新上海的成长是有迹可循的。

当上海变得日益重要的时候,其制度和娱乐也产生了微弱的吸引力,对其中的一些进行叙述也是很有意思的。但早期的有些记录已丢失或被烧毁。

上海港对外国居民和贸易开放后,一些新教传教士不久也来到这里。他们的数量并不多,但是其后的一些年,他们的数量在增长,影响也在扩大。依据1887年公布的统计,租界、上海县城及其周边地区有19所传教士小教堂(目前至少有20所),以及20所男女学校、4家医院。所有这些都由英美传教机构主持。除了这20所学校之外,还有5个其他类型的为中国的男女学生开设的教育机构,即极司菲尔路的圣约翰书院,旨在培养新教牧师或者是教授世俗的知识,而后者在大学教育中也可以获得。在几乎所有上述的机构里,都用英语与中文授课,都传授基督教。伦敦传教会(the London Mission)和美国圣公会(the American Episcopal Mission)在上海郊区做了大量工作,其他两个教派在松江和南翔还有分支机构,与此同时,他们每周还在位于租界和县城的5个地方为女子授课。

在租界及其周边地区,罗马天主教会有33所男校和39所女校。至去年6月30日,圣约瑟公会在法租界有9所学校,学校中共有91名男学生、371名女学生;圣心会在虹口有4所学校,共有250名男生、26名女生;在县城有4所学校,共有311名男生、57名女生;在董家渡有21所学校,共有221名男生、189名女生;在徐家汇有34所学校,共有409名男生、328名女生。共计有72所学校,共有1282名男生、971名女生。

上海还有一些专为外侨子女设立的私立学校,有一所欧亚混血学校和法国孤儿院,各国混血儿童都在这里接受抚育和教育。这两所学校都可以从市政当局那里得到拨款,新教徒为外侨和其他人的孤儿开设的儿童之家(a Children's Home)也在今年开学。法租界公董局几年前也建了一所学校,用法文和中文授课。直到近几年,外侨子女的教育条件才表现出不足,但现在已有了很大改善。

1846 年,上海图书馆建立。其收藏的图书在中国是最多最好的,但它在租界里有几家竞争对手,还曾几次陷于困境。考虑到阅览室对公众开放,工部局每年向其提供少许拨款。或许剧院与图书馆一样老,但我不能说出第一家演出公司何时在上海演出,因为上海西人爱美剧社的唱片前些年被烧毁了。可能是因为一些货栈可用,1850 年"新"剧院重新开放。事实上,直到另一家新剧院开张的很多年间,1867 年的真正的演出是在货栈里进行的。1871 年,兰心剧院(Lyceum)被烧毁,募集到足够的资金后就立即着手重建,这就是目前的兰心剧院的建筑。1874 年 1 月 25 日,兰心剧院再次开放,演出滑稽剧《性情不合》(*Incompatibility of Temper*)和喜剧《面具和脸》(*Masks and Faces*)。大德国总会及法国女士和绅士戏剧协会也一直在此表演。上海流浪者剧团在尚未发展起来时也在此举行过几次戏剧演出。

1857 年,皇家亚洲文会在香港成立时,上海的一些绅士组织了上海文理学会。接下来的一年,上海文理学会成为皇家亚洲文会的附属机构,编辑委员会在 1859 年报告的导言里说这是深思熟虑的一步。起初,皇家亚洲文会发展得好像不是很好,我们知道它曾经有几年暂停活动,1864 年似乎恢复活动。大约在其复苏的同一时期,首届辩论会成立,但只维持了两三年的时间,似乎于 1866 年黯然终止活动。但几年前,一个文友辅仁会领导下的充满活力的继任者占领了这一领域,在活动方案中增加了阅读和音乐会项目,而且这些项目都很成功。皇家亚洲文会还有一个附属博物馆和中国人的工艺专科学校。

娱乐基金会的托管人为租界的许多机构做了很多事情。如果不是娱乐基金会给英国总会的过于慷慨的贷款,英国总会或许在创建初期就夭折了,或者是即使建成也会业绩平平。但是这些贷款是在狂热的日子里发生的,那以后娱乐基金会做了很好的事情。然而,有一段时间,上海娱乐基金会的工作很无序,公众很怀疑这个基金会是否是货真价实的,如果是,那么它的托管人是谁,抑或它根本就没有托管人。渐渐地,娱乐基金会的工作安排有序了,其年度报告公开出版,这些都表明娱乐基金会运作得很好。

1862 年,老跑马场内的一部分土地被卖掉时,设立了娱乐基金会。这块土地于 1860 年年底购得,①按其成本价用作运动场,其中包括购买这块土地的资金4421.34

① 该地块原来是 34 亩左右,但后来增加到 40 多亩,位于老跑马场的中心,第一次花费 2245.75 元。为公共目的买这块地的绅士分别是:安卓布(R. C. Antrobus)、惠特尔(Jas. Whittall)、希尔德(A. F. Heard)、颠地(H. W. Dent)。1861 年,他们签署了一份信托书,依据这份信托书,股东从他们手里接收这个地块,他们代股东持有这个地块。

两白银。这些钱和另外几百两银子通过发行股份解决,这些股份由50个居民认购。1861年和1862年,这块土地大幅升值,经股东一致同意,于1863年2月19日以49425两白银的价格出售。这笔钱即用来设立娱乐基金会。在跑马场当中有一块430亩的土地,约是原来运动场地的10倍大,是娱乐基金会花了12500两白银购得的。这块地专用于运动场地和几种其他的户外娱乐活动。① 基金会还贷款给兰心剧院、博物馆、上海图书馆、板球和划船俱乐部。此外,它还货款给英国总会。娱乐基金会在早期就为英国总会提供了一大笔贷款,现在它仍然是出色的。

娱乐基金会是贡献给社区的一个价值49000两白银的免费礼物,这个礼物来自1860年购买的土地出售所得。这是一份相当慷慨的礼物,值得尊敬。

租界早期开始就有跑马比赛。第一块场地是大教堂的院子及其相邻的土地,第二块场地位于泥城浜的东边,第三块位于南至西藏路、北至新闸路之间以及从护城河到目前南京路之间的地方。初期,下午的运动要持续几个小时,由矮种马比赛组成,其中有些马正处于发情期。之后是阿拉伯马、澳大利亚马、马尼拉马和印度矮种马比赛。1862年,英国种马出现在赛场,接下来的两年,有几匹这种马参加比赛。只有职业赛马骑师才被允许骑马。我提到的那个时期的奢侈之风不仅存在于上海,中国的其他地方虽然不像上海那样的程度,但也受到上海的影响。租界和殖民地②在商业方面比前些时候更紧密地联系在一起,许多公司在两地都做生意。所以,1860~1862年,合作伙伴在上海获得巨额利润的时候,其香港的同伙也获得了分成。在此之前的几年,挑战杯(其桂冠连续两年由同一选手获得)比赛在香港举行,中国两家最大的英国公司是主要的竞争者。赛马中的一方获胜,另一方将会去英格兰寻找更好的马,为下一年的比赛做准备,有时,输赢双方都会这样做。这为香港带来了真正的纯种英国马,由于双方都不能两次赢得比赛,因此,有大量的钱花在跑马比赛上。1863~1864年,由于一些或者说事实上是大多数的马匹以及几匹高级的澳大利亚马和阿拉伯马来到上海,由于其他人用的是稍便宜的马,并且由于上海那时有几个军团,因此跑马比赛办得很好。上海组建了所有马匹参加的挑战杯,与香港有同样的比赛条件。1862年和1863年,颠地洋行赢得了比赛,因此奖杯没有被更新过。人们对赛马情绪高涨,1864年达到高潮,那时不仅场地好,骑马

① 整块地位于老跑马场内,现在是基金会的财产。

② 应指香港。——译者

技术更好，几乎每个人都想亲眼观看比赛。看台上，女士身着盛装，围起来的地方还可以举行盛大的私人午宴，处处洋溢着欢乐。马路上，四轮马车川流不息，差不多各个种类的马车都有。一些英国马和殖民时代的马匹在19世纪60年代早期来到中国，参加1868年秋季举行的赛会，我认为从那时起只有中国矮种马参加比赛。

在上海，撒纸赛马不像跑马那样古老。1855年三合会被镇压后不久，一小部分男士常常从一个地方到另一个地方越野，这就是越野障碍赛马的最初形式。太平军从租界周边被赶走后，一些居民和驻守上海的军官开始举行与克里木半岛和印度一样的撒纸赛马比赛——在克里木半岛以替代品代替狐狸。周六下午，他们骑马出城，他们其中一人作为撒纸的“狐狸”，“狐狸”跑了一定时间后，其他人开始追赶，直到抓住他。和目前一样，比赛没有终点。一两年后，“狐狸”穿上了红色的斗篷，以便人们从很远处也能将其看清楚。有些赛季场地不大，但后来几年，骑师增多，设了终点，特别是在其最受欢迎的地方，吸引了大量观众。1863年12月，“叛军”被赶出后，举行第一次撒纸赛马比赛，奥古斯都・布鲁姆(Augustus Broom)先生的小种马“泥泞”(Mud)夺冠，第二名是乔・布什(R. H. Gore-Booth)先生的“沼泽快驹”(Bogtrotter)，它在第二年的春节赛会上赢得了葛利芬奖杯。一直到1868年底，这匹矮种马才退出比赛，此后拉了一些年的四轮马车。由于俱乐部的记录丢失，因此我不能确定目前在某个地方设终点的制度是什么时候形成的。但是，在1867年，撒纸赛马比赛是如此兴盛，以至于马卡姆(Markham)大师在一次撒纸赛马比赛的晚宴上说，他希望下一年能放一批电狗(drag hounds)。几年后，从邓弗里斯郡养狗场运来了一群电狗，但与撒纸赛马无关。比赛一般在冬季举行。大约25年前，安卓布(R. C. Antrobus)带来一群猎兔犬，它们每周被徒步追逐一次，现在这里的狗身上仍旧可以看到它们的痕迹。①

徒步撒纸赛马流行了一两年，于1868年被禁，组织方用手上有的基金为获胜者买了一座奖杯，并进行了最后一场比赛，但我没有发现关于这场比赛的任何记录。参赛队员通常要在乡间跑7～10公里，终点设在一个很大的看台上，这个看台比现在的宽，据说有16英尺，由低到高。一次比较著名的赛会是从老跑马场，游过护城河，经过马场的后面，离开巴特的小屋，然后到修道院，在那里会有40个人一起进餐。

① 指现在的狗的身上有它们的血统。——译者

1860年(或1861年),第一家板球俱乐部开业。它的场地位于老跑马场内,1863年2月,该场地被卖掉。可能由于没有板球场地,那年俱乐部的活动似乎也暂停了。1863年9月9日,一些绅士们(可能是俱乐部的成员)开了一个会,会上通过一项决议:"老的俱乐部可以被认为停止活动了。"于是,一个拥有80个成员的新俱乐部于1864年年底成立,并且据1865年2月的年度会议报告的记载,新的场地情况良好。但是那时,不仅仅是板球俱乐部,还有更多的俱乐部的成员有办法不缴纳会员费,再加上其他原因,1865年秋季前,俱乐部陷入困境,遂向娱乐基金会申请援助。娱乐基金会委员会借给俱乐部6600两白银,用于整修板球场场地,并且在场地四周围起栏杆。娱乐基金会征收板球场租金权利一事争议了好几年,但最终娱乐基金会的主张被接受。俱乐部附近的一个草地网球场地也增加了板球俱乐部的吸引力,加上场地的开放情况和茂盛的草地,这使俱乐部在夏秋季节成为附近地区最受欢迎的地方之一。

最早来上海的大多是广东人,河上活动几乎是他们唯一的户外娱乐,因此划船似乎是最早引进租界的户外运动。早年举行过一次划船比赛,1859年又举行了一次,但是目前的划船俱乐部直到25年前才组建。国际八人划船队的一些比赛非常好——例如苏格兰人对阵英国人、德国人对阵英国人、美国人对阵英国人,但是,正如划船的人数和公众对赛舟会的兴趣下降了一样,他们对草地网球的偏爱也渐渐减少了。除了这些俱乐部和户外运动及娱乐团体外,还有一个帆船俱乐部、一个射击俱乐部、一个球拍俱乐部以及其他的俱乐部。社交俱乐部有英国总会、斜桥总会、大德总会(1866年,德国总会成立,举行了一场晚宴,许多其他国家的外侨都应邀参加)、葡萄牙人、共济会会员、海关职员以及帕西人(Parsee)。也有一些慈善团体,著名的有:圣安德鲁日协会、女士善会、圣樊尚保罗会、一家外侨综合医院、两家华人综合医院、仁济妇婴医院。

尽管救火会(Fire Brigade)的建立不是为了消遣和社交的目的,但自从22年前成立以来,救火会的效率一直很高,得到中外社区的高度评价。在这方面,公共租界与法租界的救火会友好地进行一流的、高效的合作。

如果不述及当前和过去的报纸,上海故事将是不完整的。1850年8月3日,《北华捷报》首发,此后每周出版一次。《字林西报》起初是《每日航运表》(*Daily Shipping List*),每天早上出版,其版面比现在早报一页的一半还要小。1864年7月1日,《每日航运表》更名为《字林西报》。但在此之前,《上海每日时报》(*Shanghai*

Daily Times)办了一段时间,这份报纸于 1861 年 9 月 15 日发行,次年 4 月停刊。《上海纪事报》(*Shanghai Recorder*)是几年前出版的另一种早报,1867 年 1 月 19 日,它的股票被拍卖。《通闻西报》(*Shanghai Courier*)出版于 1879 年,早晚各一期,持续了一年左右。《上海回声报》(*L' Echo de Shanghai*)是一份法国报纸,1885 年至 1886 年间,于每天早上出版,持续了几个月。《德文新报》(*Der Ostasiatische Lloyd*)在德国已发行,起初作为一份独立报纸于每天早上发行,但后来作为《通闻西报》的一部分于每天晚上发行。公共租界还有几份晚报:第一份好像是《晚差报》(*Evening Express*),1867 年 10 月开始发行,6 个月后完全停刊。几位绅士创办了《通闻西报》,这份报纸与政治上保守的《每日新闻》(*Daily News*)不同。这份报纸还在办,它的竞争者是《文汇西报》(*Shanghai Mercury*)。《禁酒会周报》是禁酒会(Temperance Union)的报纸。其他几份日报或周报也短暂发行过,有的是英语报,有的是法文报。大约 15 年前,一份叫作《恶作剧》(*Puck*)的讽刺报纸很兴盛,它不定期出刊,却颇受欢迎。

第八章　租界的管理

上海正式开埠后两年,第一个《土地章程》于 1845 年 11 月 29 日公布,那时只有英国在上海设立领事馆,由领事巴富尔上尉同苏松太道与海关监督宫慕久商定,规定了英国商人取得划定范围内的土地的方式。这块划定的范围为洋泾浜以北、李家厂以南,就是现在的北京路以北这块地方。据《土地章程》,洋泾浜向北沿着河岸有一条大路,这是一条纤夫拉运载有粮食的平底船时走出来的纤道,但是“后来由于堤岸坍塌而失修”,不过,“在这块地方的所有租户必须维修这条路”。根据广州海关测量,这条路有 2.5 丈宽,所以人们从此通过时并不拥挤。官员、纤夫和有地位的商人可以通过此路,但游手好闲的人和乞丐不能通过。码头建在商船驶进来的地方,但不允许私人船只在这些码头停泊。

租界里修了四条大路:一条在海关以北、一条在老打绳路、一条在四块地以南、一条在领事馆南。

这四条路中,第一条是汉口路,第二条是九江路,第三条是南京路,最后一条就是目前的北京路。“在前宁波仓库西边”有一条贯通南北的道路,具体位置我还不能确定。除了打绳路宽 2.5 丈,即 25 英尺,据海关丈量,其余的路宽两丈,码头建在延伸至江里的沙滩上。当土地出租时,在海关的南边保留了两条路,我们可以顺便评论说海关南面沿江的土地比沿江往北面的土地更有价值。

为了保护遍布租界内的中国人的坟墓,租界制定了很详细的规定。外国人租地时,一定不能践踏或毁坏坟墓。祭扫时间为清明节之前7天和之后8天,共计15天,清明节约为4月5日,夏至日可以扫墓,10月1日之前与之后各5天及冬至日之前和之后各5天也为祭扫时期。"祭扫时期,租地者不得妨碍本地人扫墓,冒犯他们的感情。"每个地块都列出了坟墓的清单,但此后中国人不能再在这些地方埋葬死者。外国商人租赁土地后,可以为他们的家庭和他们抚养的人建造房屋及储存合法商品的货栈,也可以建造教堂、医院、慈善机构、学校和公共建筑,①还可以养花、种树和娱乐。其中的一些规定很有趣,这使生活在租界中的小社群在当时和其后的几年获得了足够的自由,还要求租地人修桥、保持街道清洁(地方行政长官很少提这样的建议),租地人还要做一些其他特殊的倾向于社群福利方面的事情。非英国的外国人如果想租地,都必须"向英国领事提出明确的申请,看英国领事是否同意,以避免误解",禁止租界里的本地人"互相租赁,并且也不可以为了租给中国商人而再建造房屋"。租界还对可能会为了利益而获取土地和在土地方面进行投机的行为有所限制。任何人都不可以租10亩以上的土地,②如果租地人租到土地后,却因为缺少物资而不能建住宅和储存货物的仓库,地方当局和领事将就此进行沟通,并进行调查,甚至收回这块土地并将其租给其他人。此外,章程中还有一个意在防止土地投机的条款。

可以看出,章程中仅仅明确了北边、南边和东边的界限,但巴富尔领事的意图是穿过九江路的一条河流应该是租界西面的界限。起初他还计划,将位于现在的北京路和苏州河之间以及由苏州河向南流出的另一条河流围起来的角落作为英国领事馆馆址。然而,约在目前兰心大戏院的位置被一些中国官方的码头占用了,现在领事馆的位置是一座炮台,还有一个名叫李家厂的李姓家族的码头。道台反对将中国政府的土地包括在租界范围内,并且李家也不肯卖自己的财产,因此,在第一个《土地章程》里,租界北部的界限是李家厂以南的土地。1846年和1848年,阿礼国与中国政府协商,在1848年,至少部分土地通过购买的方式,使得租界得以向

① 可能指的是剧院和会堂。

② 这一条在1854年被废除。

北拓展至苏州河。[①] 与此同时,其他界限也明确了,分别是:东南为洋泾浜桥;东北至苏州河的第一个渡口;西南至周泾口;西北至苏州河岸现在的瑟斯(Seus)的寓所。

黄浦江、目前的护城河、洋泾浜、苏州河之间的所有土地,[②]这是道台吴健彰1851年通告的范围,除了1854年的《土地章程》提到这一点,此外没有提前的暗示,1846年阿礼国的协商也未披露任何东西。协议附了地图,但这些地图从来没有出版过,1853年,"叛军"占领了县城,将这些原始地图烧掉了。告示说经皇帝批准,所有的西方商人可以在界限内建造任何房屋,所用措辞同第一个《土地章程》中说租界完全属于英国人有很大不同。巴富尔上尉的意图是租界是英国人的,当美国国旗在租界内升起时,他很气愤,这也证明了这一点,但是,在1854年,阿礼国在他向租地人发表的演讲中说,英国政府从未认为用以建立租界的这块割让出来的土地的特许权,或在其范围内的权利和特权是排他性的,其他外国人不享有这些权利,而仅仅是作为预先解决某些问题的最现成的方法。1854年前,那时租界里只有8个或10个美国租地人,而其余的都是英国人,但是美国公民已有人被选举为道路码头委员会委员。

1853年,三合会和其他"叛乱者"占领上海县城后不久,大量中国人来到英租界居住。他们占据了洋泾浜北岸,这块地方被清理出来用作道路,而被他们占据之时,租界当局正在这里筑路。他们也在租界各处占据了一些小块地方。这些中国人大多品行恶劣,开设妓院和赌场,他们居住的草棚主要由席子和其他易燃材料搭成。1854年初,三个协约国的领事致函上海道台吴健彰,提出让这些人和一些有地位的中国人居住在租界,这使制定新的《土地章程》成为必要。道台答复说,目前的《土地章程》当中没有条款授予外国人建造房屋出售给中国人的权力,中国人也被禁止在租界定居。道台继续指出:洋泾浜附近的整个地区都挤满了中国人,各色人等混在一起,良莠不齐,对商人而言很危险。

领事们同意道台的意见,为使条约生效,他们提出与中国政府合作,对这些弊端采用合法的补救办法。为了获得相应的权力,他们制定了新的《土地章程》,1854年7月,经道台同意,新的《土地章程》发布,7月11日,他们召开了租地人会议。阿礼

① 多年来,领事馆地块因李家厂而闻名。

②《北华捷报》,1851年3月29日。

国在一个很长的讲话中解释如下:“《土地章程》的目的是给国际化社区一个合法的地位。需要有一个能够采取合法行动的机构,需要能够为出于自身防卫而采取的措施提供法律上的许可,因此必须有这样一个组织,它拥有执行市政权力和权威的代议制委员会的权力。这样的市政当局采取的第一个行动是立即把迄今为止因海军的和民事方面的紧迫需要而采取的许多措施合法化,此前这些措施依据任何合法性原则都不是合情合理的。”他进一步解释说,新的《土地章程》的第10条规定,外国租地人通过选举成立的工部局有权出于税收、资金管理、警务等市政目的而制定条款。

《土地章程》第1条适用于租界以内由中国政府和英国政府拥有的土地,这些土地可以不受市政管辖,但英国政府将支付所有的评估费用。此后法国政府和美国政府获得的土地也将免除市政方面的管辖。《土地章程》对外国人从中国业主手里获得土地的模式、出售和取得地契、契约、公共用途出让土地、竖立界石、支付土地税、地块的转让、地块的扩展及其可能的用途等方面都有规定。每年年初,当需要估价和处理其他市政事务,并且由挑选出来的不少于三个租地人组成的市政委员会对估价的财产进行征税以及管理租界的事务之时,领事们将召集一次会议。工部局市政委员会有权在领事法庭控告所有不缴税的人,当这些不缴税者没有领事时,道尹“将根据道路码头委员会的申请,通过外国领事的转达,从他们应缴纳的土地评估税或码头税中收取应缴税款,并将其支付给道路码头委员会”。很明显,同意《土地章程》的领事的意图是使新的工部局市政委员会有充分的权力去处理所有影响租界公共利益、健康和租界良好秩序的事务。因为阿礼国这样说:“他将采取断然措施阻止中国人进入,拆掉所有占据洋泾浜和其他街道的令人讨厌的房屋,适用的情形包括妓院、鸦片和赌场等诸如此类的无权要求固定租期的情况。”

领事们似乎并未将权力赋予市政委员会,①在不久以后举行的租地人会议上,租地人倾向于称这个市政委员会为工部局董事会。情况变得越来越糟,更多的中国人涌入租界并且开办了一些名誉不佳的营业场所。

1854年年底,道台吴健彰不体面地从政治舞台上退出,蓝蔚雯署理上海道台。1855年2月25日,领事们致函蓝蔚雯,函件引用他们之前告知前任道台的事项及

① 首届工部局董事会由以下人员组成:凯(W. Kay)先生、金能亨(E. Cunningham)先生、麦都思牧师(the Rev. Dr. Medhurst)、金(D. O. King)先生、费尔荣(C. A. Fearon)先生、斯吉那(J. Skinner)先生、布朗(W. S. Brown)先生。

其得到的答复，署理道台蓝蔚雯回复说同意领事们讲的每件事情，并在答复中附了一则禁止中国人住在租界的告示。领事们还建议拆除中国人建造的新房子和被认为很讨厌的房子，建造房屋的成本与卖掉建筑材料所获得的收入之间的差额应得到补偿。署理道台还进一步说，不允许租赁外国房屋的中国租户再在租界逗留，领事应指示工部局立即让这些人离开。于是领事立即把信函和告示的复印件转给工部局，几天后，工部局答复说此事不在他们的控制范围之内，但工部局会“立即采取措施，取缔妓院和赌场，并采取措施拆除妓院和赌场等场所以及妨碍公共道路的部分建筑”。

随后的 9 月 21 日，工部局暗示领事们，他们向领事许诺采取的有限的行动也超越了工部局的权力范围。不论是工部局，还是中国人，在赶走这些令人讨厌的本地人及拆掉其房屋方面，都没有任何作为。正如领事所说：“中国政府、外国领事和工部局都认为存在着大量的恶行以及应采取措施减少和阻止其进一步增长。”但是工部局什么都没做，从当局[①]接到迁移通知的中国人也未表现出任何骚动的倾向，外国人继续为中国人造房子，据说 1854 年年底，租界已有约 20000 个中国人，而两年前还不足 500 人。

领事们因此与江苏巡抚及其他中国政府人士协力行动，在得到知县授权的情况下，驱逐了大量令人讨厌的本地人，拆除了妨碍道路通行的建筑，疏通了主要的街道。领事们要求署理道台允许出售整块空地（总共 19 亩），通过拍卖的方式卖给外国租地人，并用竞卖所得补偿失去财产的中国人。他们还要求署理道台发布告示，使有地位的中国人在租界的居住合法化。

署理道台对此表示同意，他公布了“中国人居住在租界的条件”。这些条件具体阐述如下：“未首先经中国政府的正式同意和三个条约国领事的批准，中国人一律不得在租界内租买土地、租房或建房”，并且决定“任何打算在前述范围内租地或租房的中国人都应遵守某种程序”。这些条件仅涉及中国人的房屋建造及房屋的用途，保证他们及时到地方当局注册，并且要求他们在房门上方挂上木板，上面写上住在这座房屋内的每个人的名字和年龄，首次违反将罚款 50 元，再次违反则吊销居住许可，“并且将与《土地章程》严格一致，缴纳通常的评估费用”。这些内容包含在 1855 年 2 月初道台的一份信函当中。

---

① 应指英国当局。——译者

事实上,《土地章程》作为清除租界内不体面的中国人的方法是完全失败的,但是提请中国政府关注此事则是很有必要的。"叛乱者"占领县城后,这种现象就出现了,那时英国正驱逐驻扎在跑马场营地的清军,而法国在炮轰县城里的"叛乱者"。

根据1854年的《土地章程》成立的工部局董事会的权威受到了它所服从的大英帝国在香港的法律官员们的观点的挑战。这些博学的绅士们否认董事会的合法地位,理由是董事会是由领事们创设的,而领事们自己其实没有做这类事情的权力,很显然,领事们把中国政府的同意看得无足轻重。21年后,工部局的地位和权力才被明确地定义,此前,工部局只能通过其创立者——领事们——采取合法的行动。

在租地人会议上,租地人一致同意指定董事会就吸纳虹口作为英租界的一部分一事与领事沟通,此事一直被推延到1863年。此次会议还批准了租界内中国人的税收问题,几个月后,道台对此予以认可。会议还决定所有新建马路都要达到40英尺宽。

1854年秋,上海有很大的政治活动。11月11日,租地人再次召开会议,要求董事会报告他们当选4个月以来的工作议程。由于阿礼国说过中国政府愿意承担市政支出,因此会议要求三个条约国领事请中国政府履行他们的承诺。租地人通过了改变选举权的决议,凡是年度评估支付50元或以上的外国居民都可以有投票权,但包括他在现有资格之内的投票。7天后,租地人再次召开会议,把上次通过的决议放在一边,要求选举出来的董事会只根据7月11日和10月17日会议上通过的决议,继续履行职责。10月17日举行的会议只允许董事会筹集经费12000元,用于建巡捕房营房,这在当时是个紧迫的问题。虽然在怡和洋行的支持下提出了承认纳税人的选举权问题并获得一致通过,但是接下来的几年,关于这一问题,我们没有听到更多的进展。

对《土地章程》合法性的怀疑是如此普遍地存在,以至于1861年租地人通过了一个提议,建议领事们就《土地章程》的合法性问题向各自国家的政府提出申请。英国外交部处理了1854年《土地章程》的合法性问题,但其他国家的领事似乎在这件事上未见有任何行动。

1862年初,太平军出现在上海附近时,由5个居民组成了一个防务委员会。6月20日,这些绅士们履行好委派给他们的特殊任务后,给工部局董事会写了一封信。他们在信里说租界的市政管理在各个方面都做得很不够,市政章程要进一步拓展。该信接下来的一段还阐述了他们的建议:“自由市计划,即它在四个①利益与这个国家紧密联系在一起的列强的保护之下,通过他们自己选择的官员来行使管理权,而这些官员是在这样的一种选举制度下产生的,即将控制权给予财产所有者——无论是中国人还是外国人。自由市计划与公众的情感是最合拍的。一个强有力的政府于是形成了,把该市及其郊区和紧邻的大片乡村融为一体,增加收入,确保具有维护城市秩序与安全的权力,并且使这个城市成为这个帝国的主要城市。”②

从这些可以看出,上海公众的情感期待,也可以说其要求的,不但是租界,还有从中国政府那里获得城市和一块地区(或许可以定义为半径 30 英里的地区),并将其置于四个列强的保护之下。毫无疑问,这表达了大多数人的想法。该想法诞生在清王朝注定的令人绝望的状况之下,它源自人们的头脑发热,以及对这个地方未来的成功预期和最乐观的期待,这使整个社区做出了错误的判断。一种海盗似的掠夺的精神在广泛传播,甚至是一些头脑冷静的商人也受到影响,使他们不能看清这个受到防卫委员会影响并且由其表达的社区的情绪是多么不符合道德和愚蠢。

这种条件下的“自由城市计划”是没有可行性的,但是大规模市政改革的必要性引发了报纸上的大量讨论。“上海更好的管理”成为那时的一个话题。“自由市计划”遭到了攻击,也有人为之辩护。一位作者提到了一个相关问题:如果上海成为一个自由城市,那么关税怎么收呢?租界里主流的情感没有被慎重考虑,或者是即使考虑了,很可能被认为没有分量而被放弃,因为中国政府不能履行条约中规定的最基本的部分——对外国人的保护。这样说并不过分,即 1862 年,清政府在上海所属的江苏省没有任何权力,并且清政府在这些地方的权力,或者说在一些地方还有权力的假象,应完全归功于外国的军队。这一年中,大多数上海居民都处于激动的状态。

工部局董事会不失时机地召开租地人会议。9 月 8 日,董事会主席宣读了一份关于市政事务的声明以及关于更好的上海管理不需要大量会议的建议。董事会承

① 与中国有条约的共有五个国家,分别是:大英帝国、法国、美国、普鲁士和俄国。

②《北华捷报》,1862 年 8 月 7 日,第 627 期。由金能亨(Edward Cunningham)、杰姆斯·惠特尔(James Whittall)、爱德华·韦伯(Edward Webb)、戴特(J. Priestly Tate)、杰姆斯·霍格(James Hogg)组成的防务委员会在这封信上署名。

认市政事务存在着严重的缺点,为消除这些弊病,董事会建议增加一位有能力的土木工程师、一位欧洲翻译和一位海关官员,这位官员可以记录下所有装卸的货物,这样码头捐就更容易征收了。董事会还希望改进道路和卫生方面的现状,改善码头的短缺情况,并建议接管港口主管部门。董事会还向会议通报了新的《土地章程》,该章程对1854年的《土地章程》进行了修订,这个章程由条约国的领事们起草,现已送往北京。关于租界章程方面建议所做的改变,似乎没有人就此向董事会或者租地人提出询问。然而,董事会清楚这些条款的修订,并建议租地人对修订进行考虑。在介绍了工部局董事会如何进行估价之后,董事会还提及中国政府未能对那些在上海不设领事的外侨和中国犯罪者行使管辖权。但我们不能指望中国官员会承担这些不带来利益的责任,也不应认为鼓励中国官员介入租界内部的经济事务是可取的,因此,董事会实际上是在责怪中国官员没有做董事会并不希望他们做的事情。董事会还说,解决该问题的唯一令人满意的方法是让中国皇帝在对某些还有效的惩罚措施有所限制的情况下把这些事情授权给他们来做。如果能得到这一授权,董事会将任命一名法官和一名翻译,并且它还认为可能有必要任命一个永久总董或总裁,并任命一名高薪水的财务主管,全职承担他们各自负责的工作。他们还规定了随着所建议的改进而来的另外的费用,工部局谨慎地估计,中国政府每年从关税中拿出不少于5万两白银即可。

英国驻上海领事麦华陀主持会议,他宣读了由他写给英国驻北京公使布鲁斯(Hon. F. W. A. Bruce)的一封信的摘要,这封信支持租地人的修改《土地章程》的要求。信中麦华陀提到,尽管1854年的《土地章程》禁止华人在租界造屋,但租界还是匆匆建成了很多适合当地人使用的房子,西方人的区域正在快速地转变为中国人的城市,其面积和人口使缴税变得极其必要,工部局董事会的权力是捍卫法律和维持秩序。麦华陀认为:为避免市政发生崩溃,应该修改《土地章程》。

《土地章程》修订的第一个建议是承认了法国人采取的姿态,最近,法国人从《土地章程》的申请中撤回了特许权,并且制定了自己的《土地章程》。然而,法国领事还是参与了关于修订《土地章程》的讨论会。第二个修改是废除流行至今的首买权制度,当土地价值提升时,一些不守规矩的外国人以这种手段敛财,而使缺少保护的中国业主的利益受损。后面的八处修改皆与土地有关,接下来的一条的意图是对中国人在租界取得土地的要求进行审核。这条规定:“允许中国臣民在指定的范围内根据目前正在使用的中国官方地契中规定的条件租赁或购买界限内的土地或房屋。”

由于领事们认为触及1854年《土地章程》是不利的，因为无论其自身如何有缺陷，“《土地章程》确实是我们的财产权和安全所据以建立的基础”。因此，《土地章程》的修改只是对1854年章程的补充。

会议任命了一个委员会，考虑所建议的章程中的修改之处，但在委员会报告之前，麦华陀召集了一个特别的租地人会议，公布了布鲁斯先生给他的回信。布鲁斯说：“对英国政府来讲，上海的英国租界既不是转让给英国君主，也不是租赁给英国君主。它仅仅是一个协议，即允许英国公民出于个人安顿的需要在某个地方获得土地，以便他们居住在一起。以这样的方式获得的土地依然是中国的领土，要缴纳土地税，而如果中国政府在其上的管辖权被否定的话，那该协议也就被否定了，因为对英国的贸易而言，有一点被认为是重要的，即个人和商人的机构应免受骚扰。”外国人自己的行为已经完全改变了租界的性质，他们使其成为一个中国城市。现在他们建议使租界的中国人受到治外法权的保护，出于市政的目的，令他们向租界缴税，“除非被占财产的主人是一个国家的侨民的领袖，才允许由道台审理”，其他情况下道台在租界的审判权与处罚权被剥夺。布鲁斯提醒外侨说中国政府从未正式放弃对其国民的权利，英国政府也从未表示要对他们予以保护。

将自己置于一个原则上不公平的制度之下，并且让自己面对无休止的窘迫和责任，而且中国政府绝不会自愿地服从，布鲁斯不明白英国政府这样做是出于什么样的利益考虑。他给麦华陀的印象是不要让他自己同意参与任何一种建议，这种建议不管怎样间接，将会导致英国在中国地位的重要变化，正如上海的一些居民很明显地在周密考虑的那样。他确信英国政府希望看到所谓的租界的范围缩小，以便将中国人排除在外，而不是扩张以容纳更多的中国人。

1863年1月22日，布鲁斯再次写信给麦华陀，他在信中说：“根据条约，我们没有权力去介入中国人与中国政府之间的关系。‘英租界神圣不可侵犯’这句话没有意义，除非中国政府同意，否则我们没有权力强迫居住在所谓租界里的中国人为本地的需要而缴纳任何税收。”

布鲁斯倾向于认为整个上海的制度是一个错误，并且我们的管理既荒谬又具有压迫性。他还说，在本地着手改进之前，保卫租界的支出应该支付给英国政府，在其他情况下若也支付给英国政府，也是适宜的，并且“如果英国政府对上海给予的援助使我们有资格在税收方面发言，那么也不应对租界里的人和县城里的人有所区别。在支持租界方面,不应有什么不同。而事实上,租界里中国人的增加是非常不幸的,如果英国政府希望不管上海,让它自己去碰运气,那时上海的中立是不可能的”。

这封信在上海产生了很大的轰动,关于拥有自己的版图且在列强保护之下的自由市问题,我们没有再听说更多。布鲁斯的主张是中国政府在县城里对本地人征收的任何税收同样应该对居住在租界里的中国人征收。

从英国领事对租地人的讲话可以看出:上海的很多居民认为租界是英国专属租界。这些人理所当然地认为租界要服从英国法律的支配,所有居住在租界里的中国人都要受英国的管辖。领事说这封信把英国居民限制在条约的条款之下。租户们任命一个委员会同领事们商谈,努力通过获得中外当局支持的方式重新修改《土地章程》。

1863年12月,虹口租界(或称美租界)正式合并到所谓的英租界。其居民支付50%的警务费,这被认为是一个较为公平的比例,因为该地区的警务费中有许多是由于居住于此的大量水手所产生的。

美国似乎从未得到过对所谓的美租界的专属权,或者说专门赋予美国人的权利。美国的代表从未与中国政府协商过租界或者是虹口的土地问题。中美之间的条约赋予了美国国民与中英、中法条约赋予英国和法国国民同样的权利,即为了居住或其他目的可以获得土地,并且在1850年左右付诸实施。几年后,美国在虹口设立了领事馆,美国教堂和传教所也在此建造,从此,这个地区逐渐以美租界而闻名。

1862年,虹口边界划定。美国领事熙华德与苏松太道黄芳议定租界四至如下:自护界河的黄浦江入口对岸的苏州河,然后沿着苏州河入黄浦江口的低水位线,靠近杨树浦锚地处,再沿着苏州河这条线向西3里,与起点处划一条直线。

虽然在1849年,中国政府划定了法租界的边界,但直到1862年,法租界才建立市政管理部门。法租界的事务由总领事在空闲时处理。1860~1861年间,法租界外国人和本地人数量的增加以及租界的扩展使得建立市政机构成为必要。于是,1862年4月30日,总领事爱棠在租界召开了一次租地人会议,会议上,他任命了一个由五人组成的法租界公董局。自5月1日起,这些绅士们接受了任职,同月9日,召开第一次会议。那次会议后,租地人每年碰面一次。

在《土地章程》起草之前,从1865年发生的事情可以看出法国总领事在公董局的地位。1865年10月,总领事与公董局之间发生了一次冲突,导致公董局所有董事辞职，一些董事坚持认为他们由租地人选出，不受领事支配。总领事认为相反，公董局董事由他提名，租地人只是认可而已。公董局行使的权力第一次与总领事的权力发生冲突，事情陷入危机。于是，总领事解散了董事会[1]，重新任命了一个租地人委员会代为处理相关事务，直至举行了一次新的选举。

时任法国总领事的白来尼的行动基础是：Ⅰ．董事会由领事依据职权任命，也可以同样的方式将其解散；Ⅱ．公董局侵占了领事的权力；Ⅲ．董事会在另一幢建筑里召开了租地人会议，而不是由总领事召集这次会议；Ⅳ．公董局有管理不善之罪。关于最后的指控，据说是公董局犯了严重错误：公董局在一次调查中拘留知县，并且使一个已被英国房产鉴定员宣布为不安全的码头建筑开始营业，结果这个码头坍塌了。大多数人认为这场争执是双方在怄气，而不是什么原则问题。然而，据说租界居民普遍支持总领事，并且 10 月 19 日召开的董事选举会议也在一定程度上证明了这一点，一个英国租赁人建议总领事应行使对新董事会的任命权，而且没有人提出反对。白来尼仅依照他的两位前任的先例提名董事会，后来他又将其解散，没有一名以这种方式任命的董事提出反对意见。公董局认为他们有权力在不管总领事的情况下，召开租地人会议，但是相反，总领事宣布这违背了 1781 年 3 月的法律，根据这一法律，居住在黎凡特（Levant）[2]海港和柏柏里（Barbary）[3]海港的法国居民，只有在君士坦丁堡大使的许可或其他海港口城市的领事或副领事的同意之下，才可以召开集会。1865 年，他在中国适用该法案，这有些令人怀疑。

双方的争执说明通过公董局管理法租界事务的不利之处，这个公董局的权力是不清楚的，如果定义清楚其上是总领事，那么总领事几乎可以随意将其解散。毫无疑问，在 1866 年章程制定的过程中，总领事的目标无疑是使公董局的地位更加明晰。

这些章程在 1868 年修订，现在仍然有效。第一个章程所做的修改是关于选举人的资格问题以及与依据他国领事签发的逮捕令在法租界逮捕非法国居民相关的条款，不需要总领事签名同意，也不需要总领事的巡捕到场。1868 年 4 月 14 日的章程对此有详细表述。

---

① 董事会由比索内（E. Buissonet）、梅纳（H. Meynard）、施米特（E. Schmidt）、巴隆（J. S. Baron）、李梅（C. Lemaire）组成。

② 位于地中海东部地区。——译者

③ 北非城市。——译者

法租界公董局与公共租界工部局在功能上存在很大不同。公董局只是一个商议机构,没有总领事的同意,其决议不能实施。总领事还可以推迟八天执行公董局商议的六个议题。分别是:1. 预算与收支;2. 征收市政税;3. 税收评估;4. 申请降低财产税评估;5. 对拖欠税款的人的追讨方法;6. 买卖、交换与出租市政财产。

总领事也可以对余下的公董局商议过的五项决议不表示同意,而是提交给北京的法国公使,即:7. 道路、公共场所、码头及一般的公共工程的建设;8. 卫生工作和乡村道路;9. 公共设施拨款;10. 排水管道与健康条例;11. 总领事要求公董局商议的每一个问题。

然而,公董局可以控制市政机构不同部门的雇员,不论是内勤还是外勤,但负责维护租界良好秩序的巡捕除外,巡捕由总领事掌控。公董局也任命自己的总办。

总领事还可以使公董局暂停工作,但不能超过3个月,并且他还必须立即向外交大臣和驻北京的法国公使报告他在这方面采取的行动,如果公使认为有必要,在等待巴黎同意期间,他可以宣布解散公董局。暂停期间,总领事可以任命一个临时委员会代替公董局。

选举人必须满21岁,且在租界拥有地产;或者租赁人每年至少支付1000法郎的租金;或者是居住在租界至少3个月及年收入4000法郎以上。上述选举权的标准低于公共租界的标准。公董局由法国总领事和八名董事组成,总领事是常任总董,[①] 八名董事中必须有四人是法国人,其余董事可以是其他国家的人,所有董事均通过无记名投票选举产生。董事会两年选举一次,但每年退休一半,当董事会成员不足半数时,公董局要挑选董事弥补空缺职位。董事必须年满25岁。章程中的一则条款规定:在公董局同意的情况下,总领事在和道台协商之后,有权接纳一个或多个有地位的中国人或者团体[②]首脑出席公董局会议。我不知道总领事是否运用过这个权力,公共租界的章程里没有类似的条款。

1866年3月9日,英美租界租地人召开会议,讨论在去年4月任命的委员会所起草的《土地章程》的修订。首先提交会议讨论的是法国总领事的一封来信,在信中,他反对修订的《土地章程》中有关法租界界限的描述。其中法租界的界限采用了1849年的告示当中最初的陈述,法国总领事认为这是不正确的,法租界还要再向

① 过去几年,对于由他的同僚指定的董事而言,总领事代理公董局总董职位。

② 可能指行会。

南扩展。由此,我猜测他的意思是1866年的边界包括法租界东郊的土地,那块土地是1860年被烧过之后法国获得的土地。法国总领事说他应该受1854年《土地章程》第14条的约束,他否认英美租界租地人有制定法租界章程的权利,并且抱怨新的《土地章程》的制定没有与他商量。他还说他打算建议他的"那些与中国政府签有条约的国家的同僚,[①]同时还有道台,任命一个委员会来起草对法租界有约束力的《土地章程》草案。该草案将提交给法租界所有有权投票的人进行投票表决",并且之后,如果他的同僚们各自的政府同意,他将建议他们采纳他的意见,"我也准备在同样的条件下签署已经获得同意的相邻租界的《土地章程》"。

第二天,法租界再次召开租地人会议,总领事说他不承认1854年的《土地章程》。在做了法国政府同意的保留之后,法国总领事签了字,他说:"我们不受约束。"然而,法国政府否定了该章程。在被问及是否存在法租界租地人遵守的任何章程时,总领事回答说:"我不讨论这一点。建立码头一事,最好决议由他们投票决定。"当总领事再一次被询问是否有土地章程存在之时,他说他不能给予进一步的解释。他表示只听说巴黎否决了这个章程。

总领事似乎完全忽视了法租界事务和他的领事身份。他声称,他是条约国的代表之一,《土地章程》的修改建议应征求他的意见。

然而,其他领事觉得他没有必要参加前期的预备会议,而在预备会议上,领事们商量了《土地章程》必要的变化范围。他通知其他领事,他不认为英美租界的章程在法租界适用或者法国人遵守它是合适的,因为正如他说的:"听说巴黎拒绝了这个章程。"

自那时起,英、美租界和法租界各自依照独立的《土地章程》,总领事的行为无疑是故意如此。此后,好几次有迹象表明,两个租界的普通大众欢迎再次统一,因为两个租界的统一在很多方面都是有利的。法租界的大部分人是英国人和其他国家的人,而不是法国人。与此同时,法国的大多数贸易公司觉得在英、美租界很便利。

1866年,英、美租界召开了几次租地人会议,讨论《土地章程》的修订问题。这些都是租地人第一次提出修改的地方。在此之前,领事们已经起草了章程,并和道台一起制定了法律,但是现在,通过几次选民会议讨论之后,领事们再次通盘考虑

① 指各国驻上海领事。——译者

这些建议。领事们做了好几次改变,最终形成了《土地章程》修订案。插入的其中一条类似于法租界《土地章程》里刚刚出现的一个条款,即给予道台每年提名三个中国代表当高级董事的权力,这些中国代表的作用完全是顾问性质的。工部局没有警察或卫生规则的相关决议,没有影响租界内中国居民的新税种,直至中国代表做顾问后,章程才对此产生了影响。这一条后来获得当时已存在的工部局的认可。但在北京外国公使于1869年通过的章程里,没有包含这一点,或许因为外国公使们知道中国人向代表提供的建议不可能有用或有价值。即使在现在,虽然聪明的中国人知道了讲究卫生的益处,仍旧很少有人赋予代表们这种权力。外国公使们最终还是决定了中国代表有低于租地人、高于董事的选举资格。在一个高级别的董事会上,租地人建议驱逐所谓的"粗野"阶级。外国公使们在章程里增加了租地人的建议,具体为:在选举会议上,缺席的纳税人可以通过代理人实施选举权。在之前的公共会议上,他们并不拥有这项权利,但在租界初期,不论是否出席,都可通过代理人投票选举。法租界总领事对章程修订案表示支持,但他声称:"要保留他在英国土地章程里的普遍选举权,直到他收到他的领导或者同事宣布法国政府同意《上海法国公董局章程》的消息。"1868年的《上海法国公董局章程》发布之前,其他条约国的代表给予了赞同。根据安排,上述章程修改草案被送给法国总领事和驻北京的协约国代表。1869年9月24日,北京的外国公使们全部认可并签署《上海法国公董局章程》。

同年11月,时任英国驻北京公使的阿礼国通知租地人,根据美国、普鲁士、俄国公使的意见,他将把章程的修订案送到外务局。1869年,这些协约国代表和法国代表公布了这一共同章程,并开始在租界实施。

和1845年、1854年的章程公布一样,章程公布时没有照会中国政府,但仍然表述为已得到领事和巡抚的同意。在布鲁斯表示了对中国政府在租界里的权力的关心之后,这个遗漏有点奇怪。自1869年以来,公共租界工部局每年从中国居民那里收取大量估价费,最初几年还经过了道台的同意,但后来有相当长的时间,连这个手续都省掉了。外国根据中国政府从未认可的章程从中国人那里征税,在布鲁斯和他的同党认为外国人无权向中国人征税的地方用一种奇怪的方式处理与本地人的关系。清政府的官员看起来对此事漠不关心,然而,也极有可能这件事不久就将引起他们的注意。

四年后,1869年《土地章程》又被发现了一些不足,1873年纳税人会议任命了一个委员会,1874年再一次起草章程修订草案。1875年纳税人又提出了市政纲领,但这些没有引起当局的重视。委员会建议政府依据章程,具体问题用“细则”处理,地方根据“细则”执行。这将免除不便和每项细则在执行上的拖延,因为无论多么不重要,都要经过北京所有公使团的批准。委员会也建议大大降低选举的门槛,但这没有被积极采纳。反对的理由是:选举者也是在年度大会和特别会议上决定租界事务和工部局政策的立法者,工部局只能执行《土地章程》和纳税人会议决议,没有其他行动权。

1879年,纳税人再次任命了一个委员会,起草《土地章程》修订案,于1880年纳税人会议前提交给工部局。他们建议简化并扩大市政选举,由此选民从255人增加到360人,市政委员的任职资格也发生了很大变化,有资格当选的董事也从112人增加到157人,增加比例与选民相同。修订委员会在报告里陈述,他们已经发现:与其规划现存的市政体制,倒不如建议做一些重要修改。

1881年,新修订的《土地章程》被送给北京的外国公使,这些外交家以他们的方式做了几处修改。1882年出版时,他们发现修改对租界的社区不利。由于外国公使没有正式承认万国商团,因此涉及万国商团的条款被删掉;工部局在租界逮捕作恶者方面的权力被严重地削弱,但与此同时,领事的权力却得到相当大的扩大。外国公使的主要目的是削减工部局董事会和纳税人的权力,未经领事同意,不允许其在租界里征收任何形式的新的税。有许多在上海几乎没有任何利益或者是国民的国家的领事被给予同英国、美国和德国领事同样的重要性与表决权,这是民主原则的扩展,而这对上海租界来说是危险的。扩大领事的职能、同时减少和限制工部局董事会的功能将是一个错误。租界的历史显示:管理租界事务的外国人小心翼翼地维护着中国人的正当权利。他们做得如此成功,以至于1866年领事团让租地人自己制定《土地章程》,而不是像以前那样由领事团起草后再向租地人公布。

自1881年起,1879~1880年制定的《土地章程》就一直由外国公使掌握,并且他们所知道的仅仅是对相关内容的改变和修订。

1863年前的一些年里,租界已经讨论过可以审理中国犯人和在上海没有领事的国家的国民的案件的法庭审理方案。那一年,会审公廨设立。租界里的中国人口增长,设立这样一个法庭的必要性随之产生了。初期,租界社区人口少,华洋之间的案件是如此之少,以至于华人之间的案件完全交给中国政府后,当有必要向中国法庭提出上诉时,领事可以很容易地密切关注案件的诉讼情况。但是由于社区的逐渐扩大,涉及外侨利益的案件变得多起来,对每个案件都给予适当关注显然不大可能。对那些比较重要的案件,领事仍然可以与中国政府保持沟通,但小的案件就仅仅被送往上海县城,并附一说明,详细说明被控诉的内容。几周后,收到的答复是罪犯受到笞刑或者是被释放,对于这些罪犯的信息也渐渐不再关注。[①] 在大多数案件中,知县仅仅是放任其自行发展,除非罪犯自己承认罪行,或者在证据面前被迫认罪,否则定罪是根本不可能的。随着工部局权力的提升,巡捕的职能也扩大,"中国的衙役逐渐被逐出租界,并且中国对本地人的监管也逐渐退出"。英国副领事或英国领事馆的翻译试图处理这种状态下出现的一些违法勾当,在调查了所有的对中国人的指控之后,仅送出那些似乎具备指控条件的案件,但这次尝试以失败告终。那时的英国驻沪领事巴夏礼阁下坚持要设立会审公廨:"一个判决直接或间接涉及外侨利益案件的特别法庭……通过外侨的代表参与审讯,确保外侨的利益得到应有的关注,与此同时,不触及本地当局的司法权"。[②]

法庭的组成情况如下[③]:

审判租界里出现的中国衙役案件的衙役法庭;

审判外国人指控中国人或无领事代表的外侨的案件的刑事法庭;

审判外国人指控中国人的案件,或者外国人(或中国人)指控无领事代表的外国人的案件的民事法庭;

刑事案件或民事案件的上诉法庭。

衙役法庭由一个中国官员组成并审理,它可以决定由工部局巡捕提交的纯粹的本地案件,实际上它是县衙的一个分支,但是将被赋予独立的权力,"因为它的决定有可能被它的上级所修改,而这将导致会审公廨设立的目的之一失去意义"。然而,从一开始县衙就越权干涉,领事们抱怨"想让知县确信他无权在法庭之外更改判决是徒劳的"。

在调查外国人指控中国人的刑事案件时,一位领事馆的陪审法官和中国地方法官一起审理。中国官员单独做出判决,但是领事陪审法官有权从头至尾观审和将案件提交给更高一级的法庭(即不同于主持案件审理的上海知县),由此确保外

① 阿查理(Chaloner Alabaster)先生关于会审公廨的记录。
② 阿查理(Chaloner Alabaster)先生关于会审公廨的记录。
③ 同上。

国人的利益。观审由领事代理,起先陪审法官与涉案外侨来自同一个国家,但是后来发现这种办法很不方便,于是就形成了一种习惯:英国陪审法官每周参加四次,美国陪审法官一周两次。[①] 如果一个案件的涉案外侨没有陪审法官代表,则必须有两位法官同时陪审。在比较重要的刑事案件中,中国的代表[②]偶尔由更高级别的地方官员——知县或次一级的官员——代替,顺带说一句,这是由知县掌控的一种安排。这种现象源于会审公廨首要的设计缺陷——中国谳员没有足够高的级别。

在涉及外侨的民事案件中,谳员和陪审法官的权力同刑事案件中的一样。"但是,会审公廨审理的第一等级的案件很重大,以至于谳员很警惕,向道台反映他级别不够,因此,道台将指示次一级的地方官员直接主持审理民事案件,谳员仅偶尔处理一下小的案件。"

多年来,外侨对会审公廨的工作很不满。在外侨对华人提出刑事指控的案件中,华人受到的惩罚往往轻得荒唐。有时候,谳员还会仁慈地为臭名昭著的流氓支付费用,或者是他根本就不会处罚那些违反市政章程或附律的犯人。所有这些都大大地损害和妨碍了租界有效的警务。除了陪审法官尽力让一位看上去很温良的老绅士清楚他不应该成为无赖和犯人的朋友之外,其他什么都不能做。民事方面依旧很糟糕,因为外侨对华人主张的权利是不可能得到公正裁决的。谳员的官阶是如此之低,以至于外侨控诉的中国商人或其他人可以愚弄和恐吓他,因为这些人已经买通谳员的上一级官员。在外侨指控华人的民事案件中,谳员的判决对外侨来说是没什么用的,他无法依据这个判决恢复他主张的权利,因为谳员级别太低,不能强制执行判决。在这种情况下,控诉华人的外侨遭受了严重损失,多年来,在通过会审公廨对本地人采取的民事诉讼中,外侨几乎得不到赔付,结果,会审公廨成为租界最滥用权力的机构。

近几年,在比较能干的谳员的领导下,会审公廨的性质有了很大改进,在会审公廨头 10 年间,那些不可能提交会审公廨的或者是不可能以令人满意的方式处理的民事与刑事案件都在此审讯。有时,非常重要的民事诉讼由谳员审理,可能比在本地法院的审理更为公平。对判决的上诉很少提交给道台,只有特殊的案件提交

① 目前实践下来,英国、美国的陪审法官一周两次,德国陪审法官一周一次;但如果涉案外侨是其他国家的,他们的国家可以派一位代表参加。

② 指中国谳员。——译者

会审公廨时,道台才会到庭。谳员依旧级别不高,它仍然向那些坚持不懈的读书人和买官阶层开放。但是,随着会审公廨影响的扩大,谳员的上级对忽视其指令的谳员较少处罚。如果谳员能与中国次一级的地方行政长官在同一级别,会审公廨的影响会有更加可靠的基础,正如会审公廨刚设立时一样。会审公廨有一个方面很好,即对外侨不收费,这样一来,他们就可以在这里提出任何一种数额的诉讼,不需支付任何费用。但是中国人甚至是在为自己辩护而出庭时,都需要支付费用,这可能是出于会审公廨官员的安排。

外国律师偶尔也会参与诉讼,据说这在清楚地提出证据方面还是有用的,但不是必须聘请他们,因为陪审法官一定会尽其所能地在法庭上帮助外侨。没有中国律师曾在此做过辩护。该法庭审理的刑事案件大多不太重要,判决也普遍较轻。在程序方面,最令人满意的是会审公廨不是通过拷打获取证据。

法租界也有一个会审公廨,其存在证明了在中国的皇帝面前,公共租界的土地与法租界的土地之间没有实质性的区别。如果法租界是法国领土,会审公廨就是法国法庭;就如同法庭是混合法庭(Mixed Court)①,谳员是一位中国人一样。

1865年9月,根据同年3月9日英国枢密院签署的命令,在上海建立了大英按察使司衙门。枢密令简述了议会赋予女王陛下的权力,其中的第一项就是在她在位的第六年和第七年通过的,在枢密院的建议下,女王为管理在中国皇帝管辖的领土范围内或中国海岸100英里内的轮船或舰艇上的臣民而颁布法律或条例是合法的。同年,另一法案获得通过,即外国司法管辖权法案(Foreign Jurisdiction Act),内容是:"女王在她的管辖领土以外的任何国家或地方掌握、行使和享有任何权力和管辖权都是合法的,就如同那些通过割让或者是征服而获得的领土上的权力一样充分。"

女王陛下已在中国和日本行使了权力和管辖权,但是这些权力的依据即枢密院令现在得到修改和扩充。

英国政府将制定枢密院令,据此设立高级法院,这在很大程度上是出于对在华和在日本的英国人的暴行和无法无天的愤怒,他们的行为经常得不到应有的惩罚。这些人是被中国的"叛乱"吸引来的最底层的冒险家。贸易的扩张也使困难或争议不可能像以前那样在午餐或者晚餐的餐桌上通过仲裁的方式友善地解决。商人和

① 中国人习惯称其为会审公廨。——译者

土地拥有者之间的事情变得更复杂了，经常需要提交给比年长的商人或未经过完善训练的领事更懂法律的人。

霍恩比（Edmund Hornby）是首席法官，古德温（C. W. Goodwin）是助理审判员，约翰·弗拉瑟（John Fraser）是法律秘书。上海是法庭的总部，从前英国领事施行的司法职能全部转移到了高等法院。在其他口岸，领事保留了司法权，但是当这些地方有重要案件时，首席法官与助理审判员将巡回审判。

高等法院开始后不久，霍恩比即对公众采取了两个重要的行动。第一个案件①是：他提出被告无权将高低水位线之间的陆地垫高，在其上建码头，从而影响或改变高低水位线之间的陆地。该诉讼是应黄浦港主管和扬子江管理员之请，由英国领事起诉。

第二个案件由工部局董事会向法庭提出起诉，以工部局董事的名义起诉威尔斯（Charles Wills）的两个受托人和执行人恢复了对虹口一些地块的估价。② 被告申辩，《上海土地章程》对他们没有约束力，他们否认工部局董事会拥有对登记在威尔斯名下的土地进行征税或估价的权力。在一个长长的结论性判决书里，首席法官霍恩比坚称由于女王陛下拥有议会法案（Act of Parliament）授予她的权力，即为她的在中国的臣民提供和平的和良好的秩序及管理的权力，并且她已经授权在中国的首席商务监督，为达到这一目的，他可以制定任何他认为合适和必要的条款，并且由于商务总监已经批准了《土地章程》，因此，它对英国的租地人是有约束力的。就英国居民而言，这确立了一直以来被怀疑的《土地章程》的法律地位，并且其他国家代表的权力与首席商务监督的一样充分，这个问题就解决了，可能是永远地得到了解决。

1869 年，外国领事法庭建立，租界的司法机关进一步增加。同年，英国、普鲁士、法国、俄国和美国驻北京公使签署了一个备忘录，与当年修订并生效的《土地章程》一起公布。它唯一的功能就是使个人能起诉工部局董事会，在此之前，曾有一两个审判案例涉及工部局作为被告的情况。备忘录清楚地阐述了法庭成立的原因，即“在每年年初由整个条约国的领事同意设立”。

---

① 雷诺兹和霍尔茨（Reynolds & Holts），高等法院，1865 年 9 月 28 日。

② 凯瑟克（W, Keswick）、霍格（J. Hogg）、汉璧礼（T. Hanbury）、库茨（J. C. Coutts）、奈（C. D. Nye）和博百特（W. Probat）、维尔（V. G. Wills）和维尔（S. Wills），高等法院，1865 年 11 月 15 日。

除了这些法庭,英国之外的每个领事都可审判其国家的公民,审理可能被普遍呼吁的民事案件。因此,可以说,上海拥有大量的司法机构,这里的严重犯罪极少,大多犯罪性质较轻。

(译者:刘雪芹,上海地方志办公室;校者:张秀莉,上海社会科学院历史研究所副研究员;王敏,上海社会科学院历史研究所研究员)

1890 年代的上海及其周边地区*

[英]克拉克　著　王　健　译

导　言

这部仓促印刷出来的"概述",其中的绝大部分文章都曾经不定期地出现在上海《文汇报》上,有些还已经编印入书。它们的全文现在被重印,以供英语世界中对远东人民及其风俗感兴趣的人们消遣,或许对他们也还有些用处。这些文章的作者们并不希望假装讨论那些深奥的国家大事或科学问题,反之,由于生活在上海这样一个包罗万象的小世界中,他们对日常生活更感兴趣。可能有人会说,中国人很复杂,中国的问题(Chinese Question)亦是如此,但是我们并不打算对此进行探讨。事实上,与欧洲人的棱角分明相比,作为个体的中国人恭谨而圆滑,我们无法做出简单机械的评价,而是需要不同的观察视角。本书所谓的"概述",实际上就是从不同的角度对这个条约口岸的普通居民所做的观察。对于一个普通的欧洲人来说,从他们自身的角度出发去描述"中央王国"(Middle Kingdom,中国人喜欢这样称呼他们的祖国)的居民绝不是一件很容易的事情。在我们的想象中,对中国人还存在着如下的刻板印象:脸如满月,胡子无力地下垂着,眼睛斜视,长长的辫子以及像佛

* 本文译自 J. D. Clark, *Sketches in and around Shanghai*, *etc.* (Shanghai: "Shanghai Mercury" and "Celestial Empire" Office, 1894)。上海开埠早期,外侨克拉克(J. D. Clark)创办的外文报纸上海《文汇报》(*Shanghai Mercury*)曾发表过一些描述上海和中国其他城市和地区的概况的文章,后来克拉克(J. D. Clark)将这些文章汇编为《上海及其周边等地区概况》(*Sketches in and around Shanghai*, *etc*)一书出版,本文摘译自该书。

塔一样的帽子,这些当然都是中国人的主要特征。他们周边的环境往往也非常古怪:总有一两座佛塔,有无数的石桥横跨在数不清的水道上,树上垂挂着一簇簇蓝色的水果,淑女们穿着极其古怪的裙子聚集在一起,光头的顽童们习惯性地翘着一只脚在莲花池中摸鱼。当欧洲人关注所谓的中国事务时,十有八九会描绘出以上这样一幅场景。而对于那些即使只在中国居住了几个月的人来说,中国人是非常普通的个体,他们庸俗、自私,很少看上去是干干净净的。中国人的礼仪来自书本,充满程式化,在不同的场合有不同的规矩,那是不容变更的,但是,在日常生活中,他们经常缺乏基本的礼貌。

然而,上海从很多方面看都是一个惹人喜爱的地方,通过对它的描述,我们希望可以给读者带来欢乐或者某种启示。这座城市基本上是中国的一个秀场,同时也是一个度假胜地,在沉闷的工作和商业活动之余,帝国的富商阔少们在此寻找欢乐。在这里,我们会遇到多面狡诈的广东人,他们有着典型的令人讨厌的中国人的品格:极端自私和忘恩负义,洋人对他们而言意味着一切,他们会一直唆使前者去做一些无聊的事情;而更为坚毅的福建人作为海峡中的殖民者,看上去更令人尊敬;还有很多更圆滑的浙江人,他们中的绝大多数出生于宁波和舟山,经常拉帮结派,尽力扩大影响,但在生意上十分谨小慎微,或许可以被看作中国的苏格兰人;此外,在这里我们还能碰到山西人,这是一个很大的群体,他们对金钱非常感兴趣,是天生的金融贸易家,常被冠以"中国犹太人"的称谓;有些急躁的湖南人来自长江流域,他们认为湖南人代表了中国人的精神,他们的英勇把帝国从太平天国的动荡中拯救出来,而现在,在爱国主义的名义下,他们正在排挤可恶的洋人,他们杀戮传教士,切断电报线路,催生了像《对腐朽教条的致命一击》(*Death Blow to Corrupt Doctrines*)①这样的作品;最后还有来自天津和北方的商人,他们看上去更加壮实,在生活方式上也更为随意,对于那些南方人激烈讨论的问题,他们感到有些困惑,因为在他们看来,完全可以边做生意,边进行斗争,但无论如何,他们还是要比中部的伙计们更为大方。

尽管在不同省份之间有如此显著的差异,中国作为一个国家,其各省份之间还

① 在西方人眼中,湖南是近代反洋教最为激烈的地区,19世纪60年代,当地出现很多反洋教揭帖,影响甚大。在传教事业遇到阻力的背景下,传教士们曾于1870年编译了《对腐朽教条的致命一击》(*Death Blow to Corrupt Doctrines*)一书,其主要内容是摘编中国历代文人士绅对天主教、基督教的批评言论,以便更深入地理解中国士人对西方教会的看法。——译者

是有着惊人的同质性。共同的语言,共同的神灵,共同的衣着、社区和社会组织,以及共同的政府,把从越南边境到蒙古心脏地带的所有民族融合成了一个国家。人们有着同样的思维方式、社会性质和国家荣誉。尽管有方言的差异,但语言总体上是相通的,比如上海的洋泾浜语言,尽管有很多的行话术语,在北方人听来很野蛮,但是这里的所有人都能理解,这也是他们之间紧密联系的一个纽带。无论在哪里,中国人看上去都是一个特立独行的群体,而且他们会小心翼翼地保持这样的感觉。跟其他国家的人相比,他们在这方面特别擅长。没有任何一个国家的国民——即使是在美国的爱尔兰人——会如此了解如何紧密团结在一起。这同时给他们带来了优势和劣势:优势是当群体内部发生巨大的利益分歧时,他们有能力加以控制;劣势是当他们和其他族群相处时,会招来怨憎和或多或少的厌恶。

尽管他们的缺点各不相同,但是对于鸦片的偏好,特别是对于吸食鸦片的喜爱,肯定是一种民族的特性。他们道德上的缺陷是很明显的,这正在以一种公开的方式被加以展示,并会给其他国家以启发。租界的马路没有缺陷,巡捕房的档案没有暴力犯罪的记录,然而小偷小摸是这个国家的民族特征,即使在上流社会中也流行。只要经过手的东西,雁过拔毛是肯定的。

虽然中国人肮脏到了极点,然而他们也会讨论卫生问题。一个中国人从租界的洋人手中租了一套房子,他会很严肃地谈到废水排泄系统和难闻的气味,仿佛这是他平生第一次被暴露在不卫生的环境中。作为一个民族,中国人对于讲真话并没有那么执着;但是他们对于生意上的承诺是很认真的,因为一个人如果故意违背约定的话,就会成为众矢之的。没有哪个民族比中国人在生活中更不讲道德的了,但是政府仍然会不时公布一些强调最高道德准则的告示,当然,其目的是为了在人们违反这些禁令时加以处罚,大发横财。然而,忠诚在表面上仍然被看作一种美德。“假如你没有美德的话,就假装你有美德”①是一个被中国人所理解并实践的信条。

但是我们很困惑。我们开始撰写一份“导言”,我们讨论所有的事情。毕竟,对我们来说,为进一步深入了解中国做好准备是一件非常棒的事情。当然,我们只能在特定的租界中开展工作。就像很多其他的顾客一样,我们的中国朋友们用他们的耐心包容了我们的报道。如果我们喜欢在下午报道,那么他们也喜欢;如果我们

① 原文为:Assume a virtue if thou have it not,这是莎士比亚戏剧《哈姆雷特》中的一句台词。——译者

乐意报道运动制服,那他们也接受。他们对我们这个族群有那么一点儿兴趣,会自鸣得意地看着我们的志愿者们。当我们的乡村乐队奏出甜美的乐曲时,他们的脸上也会浮现出微笑,而不是轻蔑的表情,他们也想知道为什么巡捕们会更喜欢巴松管,而不是一面铜锣。他们用着我们的煤气,感谢我们的供水,称赞我们的电灯。但是他们并不想引进煤气,同样也不希望把他们在租界看到的更好的管理方式引入到中国的任何一个城镇。对于外国人来说,所有这些东西都非常美好,然而中国人却把他们看作过眼云烟。在他们看来,这些玩意儿只是心血来潮的幻象,譬如朝露,来去匆匆。当屋大维统治下的罗马帝国享受它的荣耀时,中华帝国已经存在了两个多世纪。确实,它经历了很多劫难、不断的叛乱和王朝的更替,但是这个由伟大的秦始皇建立的帝国还是存在了下来,而且它的一些基本的价值准则并没有发生变化。中国没有经历过像欧洲那样曾经的黑暗时代,也没有过类似于废止罗马帝国君主制这样的事件。但是在欧洲人开始干预中国事务的最近一段时间里,它已经发生了很多变化。葡萄牙人是最早来到中国的欧洲人,现在就像是一帮在澳门这个小小的租界中领取养老金的人。那些曾经和他们竞争的荷兰人,如今早已无影无踪。美国国旗曾经自豪地在中国各个水域上空飘扬,现在也已很少看到。大英帝国在1842年卷起了一场风暴,现在则排名第二。没有人谈论蒸汽船、铁路、电报或者电灯,这些都是在上半个世纪快速蹿长起来的“蘑菇”,谁知道在下一个50年中它们会不会消失呢?

人们经常说中国人不理解时间的价值。在某种程度上这是正确的,但是,就像所有的真理一样,这样的说法也并不全面。他们热衷于期货交易,很自然的,在这样一个商业收益颇高的国家,他们也知道拖拉的坏处。然而,他们从来不会像欧洲人,尤其是美国人那么精神紧张,这已经成了后者的特征。他们的神经也从来不会那么紧绷,而是要松弛很多。谁又能确定他们的做法是不对的呢?又有谁可以确定我们19世纪高度发达的文明内部没有某种腐朽、没落的东西呢?

就像一位法国哲人告诉我们的那样,对于他所面对的所有事情,他都会泰然处之,中国人明白这样的道理。在历史的长河中,一两代人的时间转瞬即逝;从长远来看,它肯定会更不起眼。这毫无疑问是中国人普遍接受的观念之一。当李鸿章看到一艘全新的英国装甲舰时,他天真地说:“哦,你们英国人还知道怎么打造战舰吗?”一种短时间内出现的工艺会很快被遗忘,这看上去是非常自然的一件事情。然而30年间发生的具体事件却会十分丰富。这本“概述”,表面上看微不足道,但或许能给以上这些话题提供一些新的角度，当然也希望可以激起越来越多读者的共同兴趣。或许人们会发现这些水岸边零星的浮萍可能并非毫无价值。

克拉克①

《文汇报》与《华洋通闻》②编辑部

南京路，上海

1894 年 7 月 26 日

上海的电话交换台

我们在本地的电话交换台坐落于四川路上，始建于 1881 年。之后，它以总部设在伦敦的远东电话公司的名义展开工作，目前中国和日本的电话公司均为伦敦公司的分支机构，而大北电报公司（The Great Northern Telegraph Company）③则是其代理商。在印度、澳大利亚、新西兰和锡兰等地，远东电话公司同样也有交换台。刚开始的时候，公司不得不和当地的对手展开竞争，竞争是如此激烈，以至于为了获得用户的支持，在很短的时间内，年费就从 150 个银元掉到了很低的 50 个银元。大约 6 个月后，远东公司买下了对手的股份，这样在该领域它就拥有了独家经营权。但是年费一直没变，直到 1886 年 5 月 26 日，才调整为 50 两白银。

1885 年，公司花了不少于 2500 个银元来提高之前令人不满的服务效率。由于当时我们已经使用共用式电话机系统，几个用户会在同一条线路上通话，每个人都可以听到其他人说话。因此当时急于铺设一些新的线路，以使得从交换站到任何一个用户希望联系的办公室都有一条独立的线路，这样的话，他与朋友间的私密信

---

① 克拉克（J. D. Clark，1840～1922），1840 年出生于英国的萨福克，曾长期在英国海军中服役，1875 年来到上海经商，1879 年创办《文汇报》（*The Shanghai Mercury*），他自任报馆馆主及总编辑，直至 1922 年在上海去世。——译者

② 《华洋通闻》（*The Celestial Empire*）创办于 1874 年 7 月 4 日，是一份面向海外欧美读者的报刊，刚开始由巴尔福（F. H. Balfour）任主笔，本为 1873 年创办的《晚报》（*The Evening Gazette*）的海外版周刊，主要向欧美读者介绍远东事务。后来《晚报》于 1875 年和《上海锦囊与每周通信》（*The Shanghai Budget and Weekly Courier*）以及《上海差报》（*Shanghai Courier and China Gazette*）合并，改名《上海差报与中国钞报》（*Shanghai Budget and Weekly News Letter*）继续出版，1890 年并入《文汇报》，继续作为该报的海外版对外发行。——译者

③ 大北电报公司（The Great Northern Telegraph Company）成立于 1869 年，由丹挪英电报公司、丹俄电报公司和挪英电报公司组成，总公司设立于哥本哈根。——译者

息就不会被他的对手窃听到,也不会被利用以对他的利益有所损害。

上海地区电话服务的优点不用我们多说,因为对很多了解这项服务的人来说,这是很明白的事情;但为了大众更方便地获取信息,对于那些无论晚上还是白天都可以和租界中任何地方的人通过电话谈生意的客户,我们还提供了一些额外的服务。

如果遇到盗窃,或者是夜半时分偷偷摸摸光临的小贼,我们的用户不仅可以马上向中央巡捕房报警,而且还可以通过电话向交换站发出请求。无论是在英租界还是美租界,收到信息后,交换台会立即与离他住处最近的巡捕房取得联系。通过电话与徐家汇天文台取得联系,他每天还能免费知道准确的时间。在夏天,应客户的要求,他可以通过电话免费聆听市政乐队演奏的美妙乐曲。如果再额外付一点钱,他就能够装一个扩音设备,这样的话,当他舒适地靠在沙发上读书时,就不用举着接收机,也可以同时欣赏到乐队涤荡心灵的演奏。如果你的房子很不幸遇到了火灾,你可以打电话给交换台,把具体地址告诉接线员,他会在几秒钟内通知租界中的每一个消防站。如果你自己或者是家庭遭遇了严重的不幸(每个人都知道:即使是经营得最井井有条的家庭也可能发生不幸的事情),又或者任何一个家庭成员突然生病,那么你可以打电话给租界中的每一个医生,这样的话,即使有四五个医生在同一时间都出诊了,你还是可以在很短的时间内找到其他的大夫。

现在交换台的用户数量是223户。1881年刚开始的时候是25户,在对手被击败后,上升到了65户。1883年6月30日,用户数量上升到了72户;1884年6月30号,达到了84户;而在1885年的同一天,这个数字又变成了130户。大家可以看到,随着时间的推移,电话交换台越来越受欢迎,而它也确实值得人们关注。以前,在共用式电话机系统还没有更新的时候,客户们的抱怨持续不断,而现在平均每个礼拜也不会有两起投诉。接线员通过交换机转接的电话数量,包括白天和晚上在内,每个月平均达到了16000次以上,或者说每天有500多次。目前已经有3个中国接线员加入了这支队伍。晚上转接电话的人在他睡觉的房间的隔壁装了一个开关,因此,无论什么时候,当有电话接到转换器上时——这表明有客户想和其他人通电话——强大的电流就会形成回路,安置在接线员头顶的电铃就会把他叫醒。我觉得他有时候肯定会诅咒那个把他从美梦中惊醒的客户。现在我们的各个岗位上一共有15名当地的员工,但如果有新的建设,到时肯定会需要更多的人手。当然,接线员必须懂英文,薪水也会更高。

远东电话公司取得了可以在世界上任何地方使用爱迪生公司和贝尔公司(现在是联合电话公司)专利的所有权。我们当地的电话公司持有三份爱迪生公司的专利、两份贝尔公司的专利,同时还有提供给统一电话建设与维护公司(Consolidated Telephone Construction and Maintenance Company)的贝尔(Gower-bell)电话专利。

交换台的转换器非常值得考察。所有客户的不同线路都在这块板上,几乎“厚得像瓦隆布罗萨①秋天的落叶”,各种线路都在这块板上汇聚到一点。每个客户的线路都从他家里一直铺设到交换站,两边都要接地以形成回路。在转换器上有每个用户的掉牌通报器——也就是说,前面有铜板的电磁块遮住了用户的号码,直到有电流通过电磁块,铜板倒下②,就能看到客户正在呼叫的号码。有多少块铜板,就有多少个相对应的插座,同时,一共有 40 个用于连接的插头。这些插头由两个铜片构成,这两个铜片可以被插到插座中,由用一根丝绸缠绕着的电线相连。当一个客户按响他的磁石铃时,他就通过交换台对应的电磁石发送出了一段电流,这会击倒遮挡在号码前的铜板。这时,接线员马上就把一个插头塞入插座——比方说 20 号插座——线路就会与交换设备接通。然后,他对客户说:“你好!”20 号客户可能会说:“50 号。”接线员就把插头的另一端插进 50 号的插座中,这样就在 20 号和 50 号之间建立起了连接线。与此同时,他按下一个键,电磁石开始转圈,这表明正在呼叫 50 号。接着,50 号转动电磁石的手柄呼叫 20 号,表明 50 号已经准备好跟他谈话。接下来的事情就是双方各自拿起听筒,放在耳边了。在结束谈话后,他们把听筒放回原处,再把电磁石摇上几圈复位。同时,接线员会用一个小小的推杆使转换器底部的另一个掉牌器倒下,这就表明他们之间的通话结束了,然后他迅速拔下两边的插头,周而复始,当其他客户来电时同样是如此操作。经常同时有三四十个客户在通话,当然,每一对用户都会通过独立的电线加以连接。

时间信号通过以下的方式传输:电流从徐家汇天文台的电线送出,通过交换器,导致两个掉牌通报器倒下。紧接着,那里的电流就会通过电磁石,这时后者会吸起一个衔铁,这也就意味着放下一个敲铜锣的槌子。靠近铜锣的地方有一个普

① 瓦隆布罗萨(Vallombrosa)为意大利托斯卡纳地区的一个历史悠久的修道院,周边景致优美。——译者

② 铜并非磁性物质,磁石、电磁不能对铜产生作用。此处内容在科学上不太严谨,原文如此,故依原样译出。——译者

通的扩音转换器,它和一块铜板相连接,铜板上接有80多个插头,它们会被插进那些申请报时服务的用户所对应的不同插座。在12点以前的几秒钟,客户们举起听筒,然后就会听到精确到秒的准确时间。

正广和(AQUARIUS)公司的蒸汽工厂和蒸馏间

这个在1893年6月宣布将为上海公众提供注册商标为“正广和”的纯净水和苏打水的设施完备的公司肯定是世界上设备最为先进的相关公司之一,它有五幢大楼,其中包括锅炉房、工程师的工作车间、轮机舱、蒸馏间、充气和装瓶车间,以及办公室和管理人员的房间。它位于熙华德路(Seward Road)的延伸段和百老汇路交界的地方,这个位置非常好,它远离空气污染源,周边少有人居,但是又很靠近租界,这样就十分便于快速地运输福州路四号中央仓库中的水。公司的建筑设计与里面的工作是相适应的,它们都非常坚固,外墙是砖瓦结构,内部则用了大量的木材支撑整个房屋。整座工厂外部整洁,而且非常结实,给人一种繁忙但十分有序的感觉。包括蒸馏、充气、装瓶在内的各种程序在大楼内部的不同空间进行,这些空间都非常宽敞、洁净,并且光线充足。以下对于工作流程的简单说明或许可以让人明白水的处理过程:首先是将水净化,使它适合饮用,然后是给它充气。蒸汽由两台非常棒的科尼尔式锅炉提供,每台机器的压力最高可达到每平方英寸90磅,功率大约有60马力。蒸汽动力通过一个水平的、功率可以达到34马力的莱德型发动机输送,它来自于伦敦最好的发动机公司。公司巨大的蓄水池可以容纳25000加仑的水,而用来给这些水充气的是双缸旋转式的蒸汽泵,它装备有六根炮铜的柱塞。机器中最有趣的部分在蒸馏车间。这个设备是当今最先进的一项蒸馏专利,被称作“改进型的三重蒸馏专利设备”。它是目前为止被引进到上海的最为复杂和完美的机器设备之一。蒸馏车间每天最多可以处理3500加仑的纯净水。车间里有三台大型的蒸馏机和四台小型的蒸馏机,里面有数不清的锡块,水以蒸汽的方式通过它们。一般来说,人们会认为饮用普通的水也没有什么问题,直到他看到这些水经过蒸馏机的纯净程序,然后通过蒸馏管道流入位于建筑物上方的干净的接水罐中,如白银一般明亮洁净,他才会改变自己的观念。蒸馏器中的水量由每台大型蒸馏机上的调节器加以调整。蓄水池由混凝土和砖石建成,四周边缘部分则砌上了硅酸盐水泥,上面还有顶棚。自来水公司提供的水都要经过一个标准的给水栓。只要这些水经过了蒸馏程序，仅仅通过锡管的过滤，就能够保证它远离污染。巨大的蒸馏水蓄水池位于建筑物的上方，那里会保持有效的通风，而且被很仔细地遮盖起来，以防止所有来自粉尘的污染。水池用从英格兰进口的最好的班戈石板和硅酸盐水泥建成。所有的水管（事实上正广和水流经的每一根水管）或者是由黄铜制成的，且有锡制的衬里，或者完全是由锡制成的，这样就完全避免了那些致病的金属物质污染水质的可能。对于净化机器已经说得太多了，现在我们或许可以简单介绍一下充气的过程。在净化水的过程中，没有任何一个细节被漏掉，正广和对水质的完美净化和规范的流程充分表明了公司计划的周详和切实可行。净化过的水从蓄水池流进充气设备，在那里它与机器产生的二氧化碳相融合。充气机器的重要组成部分都有备份，因此某一台机器的损坏并不会导致工作的停滞。

在进入充气机器之前，气体先要经过一台新型的空气过滤器加以过滤。一旦净化水和气体结合后，剩下的工作就非常简单了，它由两台蒸汽装瓶机自动完成，在那里，瓶子会被灌满水，塞上塞子，然后准备捆装。后面的一道程序也可以通过机器完成，而不是手工操作。人们都对洗瓶子非常感兴趣。这些瓶子首先会在普通的自来水中浸泡 24 个小时，之后会被放到机器中再次用热水冲刷，接着它们会被接上炮铜的管子，用强大的纯净水的水流加以冲洗。制作甜饮料的过程也是很棒的，用来制作柠檬汽水、姜汁汽水、干姜汁等不同饮料的原料被储存在一个很大的瓷缸里面，上面配有银制的塞子。只有最纯粹的化学物质才会被用来制造这些原料，这一工作在楼上一间无尘的实验室中进行，那里只有工程师才能够进入，他们对这些物质负责。中国员工与公司生产的任何流程都没有关系，如果知道中国人在处理类似于洁净和精细操作方面的工作时有多么粗枝大叶的话，那么大家对这样的谨慎应该都会理解。工厂的任何东西都非常干净。主楼的地坪是用混凝土和水泥铺成的，它的四周都有斜坡，以便于每天冲洗。这么美好的事物肯定会立即吸引那些居住在这个国家的人们的注意，因为在这里，灰尘和恶臭已经成为日常生活的一部分。公众们会对公司生产的纯净水产生信任，因为工厂和蒸馏车间都由经验丰富的欧洲人控制，他们听从当地最优秀的医生的建议，所有的水都要经过后者的检查。正广和公司的水已经是如此知名，能够以合理的价格买到这么纯净的水，在此我们已经没有必要再详述它数不尽的优点。特别是在上海，这里的夏天还会受到霍乱的威胁，因此，对于公众而言，能够获得绝对纯净的饮用水是极其重要的。没有哪种过滤器可以把不干净的水变得干净，但是蒸馏器就有这样的效能，而正广和公司的三重蒸馏程序更是目前最为先进的。把水煮开也无法消除水中的无机物,比如二氧化硅、石灰以及其他的矿物质,这些都是肉眼看不到的,[1]然而在蒸馏的过程中,这些无机物都会沉淀下来,换句话说,当水已经化作蒸汽的时候,这些东西会被留在蒸馏器中。正广和公司所开展的工作有利于提高远东地区的福利水平。公司生产出了上海地区第一批可以饮用的纯净水。公司的注册商标是代表挑水人的水瓶座,这也是最合适的。

中国的赌博

折磨中国人的最大的恶习并不是他们对罂粟的热爱,而是对赌博的迷恋。在中国,很难明确地指出这个恶习流行的范围有多广,对赌博的热爱与阶层、性别、年龄无关,它广泛存在于公馆会所、街头茶馆以及深闺内闱。我们从各个角度观察它,它的灾难性影响每天都呈现在我们眼前。我们不揣冒昧地说一句:中国人做事时对运气的偏爱可能超过了世界上任何国家的人民,对于居住在这里的西方人而言,长期生活在这个热衷于投机的国度,在习惯和思维方式等方面,他们可能也会受到赌博精神的影响。和早期罗马帝国的法律或者和革命前的英国的法律相比,中国的法律条文并没有更加纵容赌博。或许,柔弱病态是今天中国人最典型的特征,因此急需加强尚武精神的培育,而这种柔弱或许正是他们过度沉溺于掷骰子、打牌以及其他有害的赌博方式的结果。亨利八世曾经签署了一项关于加强箭术训练、禁止非法赌博的法令,因为他了解到当时人们掷骰子的技术越来越娴熟,但弓箭骑射的技术每况愈下,所以他颁布了这项严格的法令以禁止赌博行为。中国人武备的松弛在某种程度上也可以归因于此,因为如果一个国家的人们在一整年中都纵情欢乐,沉溺于不受法律制裁的赌博游戏中,那么他们就没有时间或者意愿来进行武装训练。在中国,不仅仅是富人希望通过掷骰子和打牌来增加自己的财富,当你穿行于任何一个中国城市或者是我们外国租界的街道上时,你会发现很多的苦力也在乞求幸运女神的眷顾,当然他们赌博的规模会小得多。即使是蹒跚学步的儿童,也会学着用一两个铜板和流动小贩进行赌博游戏。那些卖甜食的小贩在他们的担子上装上一个很粗糙的微型轮盘,轮盘上有一根可以旋转的指针,小顾客转动指针,如果它停下来时指向一个幸运的数字,那么他就可以得到两倍

---

① 此部分内容在科学上不太严谨,原文如此,故依原样译出。——译者

或三倍于原有铜板价值的东西，如果相反，指针指向了其他的数字，那么他就会一无所获。但是，即使他输掉了，他也会很坦然地接受这一事实，就像在蒙特卡罗或者摩纳哥赌马的那些人一样。那些劳作了一天的工人也偏好于用同样的方式和那些流动食贩们赌博，而不是仅仅花钱买东西吃。他们会从一堆木棍当中抽出一根，然后根据上面的数字决定他们是免费赢得包子或米饭，还是会输掉钱、一无所获。如果赌博局限在某一个阶层，并且他们不会倾其所有去下注，那么情况可能会好得多，但是在中国，不仅乞丐会用那些好心人施舍给他的可怜的一点现金去参赌，而且竹笼里的犯人，也会把施善者给予的可怜的一点衣物拿去赌博。也就是说，所有人都宁愿饿死，也不愿失去赌博的快乐，我们想这同样证明了一个事实，那就是只有当中国人没有东西可以拿去下注时，他们才会想到自杀。在北京城外靠近南城门的一个入口处，有一座被称作“乞丐桥”的桥梁，那是真正的“叹息桥”①。在那里，你可以看到人世间最为凄惨的不幸景象，这样的情景甚至可以让桥边花岗岩的石狮子流泪，它一直在关注着桥上来来往往的可怜的人群。手脚残疾的、患麻风病的、瞎子以及那些长得奇丑无比的人都聚集在桥的一侧，用讨厌的哭声乞求路人的怜悯，然后一转身就把乞讨到的可怜的一点东西拿去下注了。无论谁输谁赢，这些可怜的赌徒们都会争吵，这样的场面看着实在令人讨厌。在中国的首都找不到私人的赌场，但是在几乎每条大街小巷都有对居民日夜开放的私人娱乐场所。在使馆区的边上有一条被称作台基厂②的大街，在街的东侧可以看到王府的高墙。王府的大门在北面和使馆街平行的另一条街上。这里住着北京最有权势的人物之一。然而这个地方也经常成为赌场，而使馆区的门房也常被当地的员工悄悄地用来赌博。在这些北京上层官员和贵族的宅邸中，赌博往往是公开进行的，而大门口的门房只会让那些常客们进去。有时，这个城市中的卫队会进行一次半心半意的行动，试图抓获一些正在赌博的居民，但后者很快会得到信息，然后逃之夭夭，在上海，即使是西方警察，也很少能够当场抓获赌徒。中国的法律在处理这个正吞噬着人们灵魂的恶习时显得太过无力，即使把从马尔瓦（Malwa）、巴特那（Patna）、贝拿勒斯（Benares）③

① 叹息桥（Bridge of Sighs）位于意大利威尼斯，始建于 1600 年，叹息桥的名称源于 19 世纪，据说当地罪犯被押往监狱时都要经过此桥，在看到周边景致时，往往发出叹息之声，桥亦由此得名。——译者

② 台基厂据说为当年朱棣兴建北京城时加工宫殿基座的地方，因有此名，西方人亦曾称之为马可·波罗路。——译者

③ 此三处均为出口鸦片的印度城市。——译者

进口的鸦片加在一起,它们对这个国家的伤害也不会有这么大。高级官员、商人、买办、账房先生、小生意人以及当地的用人都喜欢从打牌或掷骰子中寻找刺激,而在每一个省的每一个地区都会有他们自己的赌博方式。那些在中国的外侨平时很少能听到关于本地人日常生活的消息,而关于赌博的信息则是持续不断的。有一天,由于在一次豪赌中出了差错,一个银行买办携款逃跑了,第二天人们抓住了他家的用人(也可能是厨子),他们把这归因于番摊(fan-tan)或豹子(po-tsze)[①]导致的不幸。每个地方都在上演相同的故事,在中国人所有根深蒂固的恶习当中,从最上层到最底层,赌博是其中最糟糕的一个,它正在吮吸着这个国家的鲜血,而且也会使人们的精力不再集中于其他合法正当的事业,最终,它所耗费的金钱要比世界上所有的鸦片加起来还要多。

上海的中国“林荫大道”(福州路)的日日夜夜

当西方文明试图对中国的社会制度产生影响时,它可能会遇到前所未有的阻力。毫无疑问,现在大家都知道,对我们来说,要把那些我们习以为常,并被看作祖先遗产的习俗、制度移植过来,是一件多么困难的事情。更困难的是要证明这些习俗可以对这个国家的民众生活产生革命性的影响,而中国又是这个世界上历史最悠久、人口最多的国家,它的国民的根深蒂固的迷信思想是如此强大,以至于他们反抗所有“外国野蛮人”试图改变其原始的生活方式的努力,认为这不过是一个“不可能的美梦”!中国人认为他们的习俗起源于比大洪水时代更早的时期,而这些习俗可能比其他亚洲国家所拥有的古代习俗都要来得顽固。

在中国,没有一个口岸城市像上海这样,可以提供一个在中国人社会中逐渐推行西方社会制度的机会,这可能会让上海在社会变革运动中成为领先者。理由很明显:这里不仅是1842年《南京条约》签订后首批立刻向外国人开放的口岸城市之一,而且在不到半个世纪的时间里,它已经从中国一个不起眼的三流城市一跃成为这个世界上最主要的商业中心之一,富可敌国,被看作中国的花园城市。在这个港口城市中积聚的财富数量是巨大的,我们租界中上流社会的人物也都承认这里已经有了与他们的生活相合拍的奢华风尚,这是与财富伴随而来的。即使是一个很

① 以上提及的均为不同的赌博方式。——译者

浅薄的观察家,也可以发现中国人已经采纳了我们的某些社会制度,这是很明显的。虽然还很缓慢,但可以肯定的是,这些中国的异教徒们正在驶入快速发展的道路,从西方席卷而来的巨大的文明浪潮现在无疑正在影响着这个大帝国中被太阳照到的每一个角落。

福州路在中国人看来是我们租界的主干道之一,或许它更应该被称作上海的中国式"林荫大道"。

当一个中国农民第一次探访我们的租界,同时很自然地前往时尚的中国街区——福州路时,其惊讶程度肯定会比一个村夫第一次访问英国大城市的主要商业街道时来得更为强烈。确实,如果考虑到建筑物的话,这条新近命名的街道和巴黎的林荫大道的相似程度并不大,绝不会比英国西部一个小城的大街和泰晤士的河岸街①的相似度更大,但是,适合中国人口味的屋内装饰弥补了外表的缺憾。福州路上很少有半中半西的建筑物。它很狭窄,大概仅仅达到了上海街道宽度的平均水平,只能够允许两辆马车相向而行;但是在另一方面,它又有着租界中其他街道没有的优点,那就是笔直得像箭一样。一个偶尔前来访问的游客可能会被大量的中国旅馆弄得头晕目眩,它们中的一些除了有中文店招外,还有英文名称,比方说"Bowling Alley""Billiard Rooms"等等;另外还有很多的中国糖果店,它们的橱窗上往往写着最受西方人欢迎的糖果等类似的广告;路边的几家马车店可以出租各种类型的马车。还有大量的建筑物会在稍后介绍,对这些建筑物鸟瞰一番,在我们面前可以展现出一幅多姿多彩的全景图像。

伦敦桥上每天人来人往的情景肯定不会比福州路上人流喧嚷的景象更令人印象深刻。

你只要在下午 5 点到 6 点的时候站在著名的"龙云台球沙龙"(Louen Yuen Billiard Saloon)门口,你所看到的景象绝对会让你觉得不虚此行。你应该聚精会神地注视这些稀奇的景象,或许你一点儿都不会觉得累。当一些大户人家举行婚礼时,会有一辆接着一辆的马车经过。作为交通工具的轿子曾经一度完全占据了街道,不过现在白天已经很少能够看到它们的身影;然而,当夜晚降临,马车队伍在夜幕下逐渐消失时,你会看见到处都有数不清的轿子,坐在轿子里的绝大部分都是衣

---

① 河岸街(Strand)是位于伦敦西敏城的一条街道,12 世纪以降,沿街豪宅鳞次栉比,很多住宅都开有通往泰晤士河的水门。——译者

着华丽的杏眼美人。她们要去哪里?这是福州路上的谜团之一。

站在那里观察,需要你在任何时候都能够忍受马车发出的巨大噪音。然而,马车上坐着的不同人群真是一道别致的风景。还有那些不同类型的马车,也是千姿百态!比方说,有一种马车——我称之为中国式的“出租马车”,从各个方面看,它都是中西方车匠合作的成果。它的车厢大约可以容纳四个人,车厢上部覆盖着彩色的棉布罩子,看上去很像是一把巨大的伞,根据需要,它可以打开或者合上。这种马车最大的优势在于便宜,中国人只要花很少的钱就可以坐着它走上一英里或者更远的路。当然,很明显,只有“二等绅士”才会乘坐这样的车子。那些用轭套在车轴上的蒙古马就像给法老拉车的瘦马,这些可怜的家伙们移动起来如同木偶剧中的木马。随着岁月的逝去,这些纯种的蒙古马很有希望成为上海“德比”或是“仕女日”比赛的候选对象;[①]但是,很可惜,当测试时,却发现它们已经成了十足的废物,结果只能以每匹10两的价格卖掉。听!你听到了那低沉的隆隆声吗?就像远处的雷声或者是推着大炮过木桥的声音。看!远处来了一辆车子,第一眼可能会误认为是一辆灵车。但结果表明这是中国佬的一种像小船一样的“公共汽车”。跟我们国内比起来,他们的“公共汽车”要小很多,大概能够容纳八个人。它没有被分成双层,因此中国伙计们就不可能像西方人那样可以坐在顶层欣赏街道上人来人往的景象。而在其他方面,包括它的舒适便利程度,则和我们的大致在一个水平上。那边又来了一件精美的手工艺品,那是一辆四轮有篷的马车,在大多数情况下,这种马车都是私家拥有的,它们就像以前中国的运茶快船那么精致。这种马车上的乘客都是中国最上层的人物,或者恰当地说,是某个大型丝绸行或茶叶行的老板。坐在后排的家长和主妇是典型的中国贵族,他们看上去衣着光鲜。那个一家之主戴着一副玳瑁镶边的巨大的眼镜,它的边框大概有1/4英寸宽,玻璃镜片也像盘子一样厚,整副眼镜的重量大概有五盎司。在“老人”的对面坐着他们的儿女,衣着华丽。毫无疑问,这些年轻的小姐们都穿着节日的盛装,她们的脸涂得很白,仿佛在上等的胭脂粉包中蘸过一样。然而,她们的小甜嘴又染得像罗伯特·彭司的诗歌中所描述的“鲜红鲜红的玫瑰”[②]。我们经常想问一个问题:为什么中国的女士

① “仕女日”比赛(Ladies' Purse)是指在赛马的关键日,大量女性都会盛装前来观看,故有此名。——译者

② 罗伯特·彭司(Robert Burns, 1759～1796),苏格兰农民诗人,《一朵红红的玫瑰》是其代表作之一。——译者

们要涂红她们的嘴唇？当然这不可能意味着她们希望以此引来一个中国绅士的亲吻，因为众所周知，在中国这个所谓的天朝，是不允许人们通过亲吻来表达互相的爱慕之情的。中国人认为接吻意味着某种欺骗，人们不可能轻易相信这样的示好方式。那好吧，让我们来描述一下中国女士们的发型。这可能吗？如果大家要求我们去解开她们神秘的发髻看个究竟，那是一件很困难的事情。她们的发髻上插满了各式各样瑰丽的鲜花（通常都很香），我们可以想象一下，就像进入了法里纳（Joahnn Maria Farina）①调制科隆香水的工厂，如此丰富多彩的展示肯定可以为我们在静安寺路的鲜花展加分。然而，她们也和我们国家西部的少女们一样有一个很大的弱点，那就是极其热爱所有闪闪发光的东西。很明显，她们对黄金的热衷就如同那些黑非洲的美女一样，为了满足自己的欲望，她们往往会戴上一些以假乱真的首饰。另一辆时髦的四轮马车来了，上面坐着两个非常年轻的女孩，她们坐在那里，看上去很高贵，但有可能是妓女，她们的身体被裹在绸缎里面，嘴角有着像女神喀耳刻（Circe）②一样迷人的微笑，杏眼痴怨地望着街道旁那些路过的花花公子们。在她们的对面，有两个穿着蓝布长袍的强健妇人正襟危坐，每个人都手持着白色的金属棍子。这两个“导师”小心翼翼地履行着自己的职责，即使是一只带着刚刚孵出来的小鸡们出来散步的母鸡，也不会像她们这样谨慎地看护自己的宝贝们。另外，当对面的小姐想要走动一下时，她们也会扮演拐杖的角色，而小姐们走起路来就像走钢丝一样，一直要试图保持平衡，跟鸭子走起路来一摆一摆的样子非常相像。

快看！马车后面又有谁来了，注意有人穿着骑士般的服装坐在马上！是的，那是一个中国的纨绔子弟。但是，他的穿着和西方的流氓完全不同！我们知道我们那儿的花花公子们经常穿着非常紧身的衣服，把自己的肢体都装在里面，以至于身体某一部分的尴尬运动仿佛都会使衣服爆炸似的。而他们的中国同道则恰恰相反：他们的衣服就像膨胀的大蒜头，或者是一个里面充满了氢气的丝绸气球。中国的花花公子穿着宽松的长袍坐在纯种的蒙古马上，这匹可爱的家伙显然还没有经过欧洲人的调教。中国人通常都喜欢白马，尽管这种颜色的战马是非常稀少而珍

① 法里纳（Joahnn Maria Farina，1685～1766），是一名出生于意大利的调香师，也是古龙香水的发明人，1709 年他在德国科隆建立了 Farina Gegenuber，它是现存世界上最古老的香水生产企业。——译者

② 在希腊神话中，喀耳刻（Circe）是住在艾尤岛上的女巫，是太阳神赫利乌斯和海神女儿珀耳塞所生的女儿。——译者

贵的,但是他们似乎并不了解这一点。他们把自己的马称作白马,那就如同在暹罗,人们把粉色的大象称作白象一样。我们猜想,或许是因为喜欢纯净,所以他们才会表现得如此“色盲”。有两样东西会使中国的花花公子们感到自豪,那就是他们的辫子和小马的尾巴。纨绔子弟一定要有长得垂地的辫子,而马尾巴也一样。当然,辫子越长就越能显出他的高贵;同样的,尾巴越长的马匹也会越有贵族气质。看到马匹的尾巴和骑士的辫子随风飘舞起来是一件很有趣的事情。这些花花公子们通常都会戴一副很重的眼镜,镜片的颜色会因其着装的不同而不同。至于镜片颜色的变化是否会对眼睛造成损害,好像是一件无关紧要的事情。你可以想象出一个中国纨绔子弟的形象:一手举着马鞭、一手牵着缰绳。

跟马车和马背上的骑士比起来,福州路上汹涌的人群也是一个非常值得关注的现象。在这些人当中,你很容易就会发现许多迷人的女子。“总会挑最好的水果下手”,这条规律在中国同样适用,我们在这里指的是中国的“妓女”。福州路上有很多妓女,不过她们的名声或许并没有人们想象的那么差,她们中的很多人往往会成为他人的小妾,然后就变成了良家妇女。在马路这边,有很多饭店的厨师正在叫卖他们的蛋糕和点心(尽管它们的味道闻上去并没有那么香);那边有挑着担子的铁匠、锡匠、修伞匠、剃头匠、游方郎中、修鞋匠、卖点心的流动摊贩、算命先生等等,每一类人都有他自身的特点;此外还有苦力、黄包车夫和奇特的独轮车。这样一幅景象是如此纷杂,又是如此有中国味,以至于你恍惚间会忘了自己是身处于租界地区。

很自然,福州路也被中国的扒手们选作自己的大本营。这些人通常在租界的边上安营扎寨,在这里,当他们撞到那些从边远地区来的陌生人时,他们很少会失手。那些骗子们,包括江湖术士、打把式卖艺的、算命先生,所有你能想象的人,都会以此为家。这些人都被看成是中国的巴纳姆(Barnum)。[①] 这些人的数量较少,而他们的表演也谈不上精彩。大家可能会想,中国这么大,应该很容易就能举办一场非常棒的展览。当然,在中国,怪兽、怪人肯定很多,不过,很明显中国人并没有想到靠展示它们来发财。中国人并不知道有类似于动物园这样的场所,他们的“展示”通常只局限于一些无害的蛇类、蟾蜍、小熊,偶尔还能看到一些动物的标本。但

① P. T. 巴纳姆(P. T. Barnum, 1810 ~ 1891),美国著名演艺经理人,以主办耸人听闻的游艺节目和奇人怪物展览而闻名。——译者

中国人对此还是很感兴趣，就如同这些东西都是从远古来的一样。任何展览会上都不会有猛犸象的化石标本，但是会有很多根据中国神话制作出来的仿制品。我们想起来曾经在某个场合见到过一只巨大的蟾蜍，它蹲在那里，大约足足有 5 英尺长。它的皮肤被涂得像龟甲，爪子也大约有 10 英寸长。这自然引起了很多中国人的兴趣，他们的手指和蟾蜍的四肢形成了鲜明的对比。蟾蜍的嘴里被装了四排牙齿，看上去就像鲨鱼一样，总之，其整体形象非常凶残。当然，举办这些展览的中国人通常都和他们的西方同行一样，有着一副三寸不烂之舌，对他们而言，这是必需的。很明显，他们正在给那些天真的观众们讲一个独创的关于捕获"青蛙国王"的故事。据说在很久以前，这个怪物在安徽省境内伤人无数，直到皇帝批准一支小型部队去抓捕它。在怪物的攻击下，数百个士兵不幸牺牲，但它最终还是被抓住了。在我听来，这个故事有点像荷马著名的蛙鼠之战①的故事。

中国的纨绔子弟们可以在福州路上的几个地方恢复他们的"咀嚼功能"。有一天，我们访问了一间中国人开的牙医诊所。它那幽暗又布满蜘蛛网的房间并没有让我们感到太惊讶。我们发现医生自己正斜躺在一个抽鸦片的床榻上吞云吐雾。注意到我们进来后，他从榻上爬了起来，然后开始给我们做起了介绍，他的英语还可以。在接下来的交谈中，他告诉我们他在西方学习的专业知识，并且曾经为一家英国人开的牙医诊所服务过。不过通过跟他进一步的问答，我们认定这个看似专业的牙医一定是个冒牌货，他可能曾经作为贴身侍者跟随过某个西方的牙医，在这个过程中学到了一些这个专业的皮毛。我们并不处于不得不拔牙的境地，所以当然不会照顾他的生意。在他那里，每处理一颗牙齿的费用是 10 个银元。就在这家诊所旁边过去几个门面，又有另外一家中国牙医诊所，它给我们的印象相当不错。诊所橱窗的展示表明这个医生受到了美国观念的影响。在橱窗里有一个中国人的人体模型，他张大了嘴巴，仿佛要吞下一只童子鸡似的，他的嘴巴里有一副雪白的牙齿，而在他的手中则拿着一副颚骨的模型，上面布满了各种类型的腐烂的牙齿。对于牙医来说，把好牙和坏牙放在一起展示是个招揽生意的好主意。这个牙医非常有礼貌地接待了我们，他说英语时带有东部口音，这表明他确实是在那里学习了专业知识。我们得知他是在美国学的牙科技术，他非常急切地想给我们展示他的

---

①《蛙鼠之战》是一部模仿荷马作品《伊利亚特》的嘲讽史诗，据学者考证为亚历山大大帝时期某位无名诗人的作品。——译者

医疗技术,他也给我们看了很多从美国进口的牙科设备,有些体积非常大,几乎可以用在参孙(Samson)①曾经用来击杀了数千敌人的驴腮骨上面。他告诉我们,诊所的生意很好,而且收费低廉。在临别前,他特别提到了远东地区的西方牙医收费太过高昂。我们不确定他这么说的目的是否为了说服我们去试一下他的技术,但我们必须承认他的说法是相当正确的。

对于一个刚刚摆脱半野蛮状态的民族来说,要让他们放弃自古以来已经适应的食物比什么都要难。一个明显的例子来自中国的岛邻——日本。虽然很多日本人都已经习惯于我们的衣着方式,但他们每天还是吃着和祖先们一样的食物。当他们身穿燕尾服,脖子上围着白色的餐巾坐在桌旁时,虽然桌上的西方美食散发着香味,可是他们的眼睛还会在这些珍馐中急切地搜寻,直到发现塞满鱼籽的鲜鱼,那是他们的最爱,通常都会得到他们极大的亲睐。中国人在社会革新方面与日本人相距甚远,可是他们对于欧洲风味的美食非常感兴趣,对于这一点,我们感到很奇怪。或许部分是因为中国人比日本人更懂得欣赏美食吧。中国人中的上层阶级经常会品尝欧洲食物,福州路上就有几家外国餐馆。这些餐馆都享有美誉,通常由那些以前在西方的酒店或外国洋行中担任过领班或者厨师的中国人经营。来访者每人花上一个银元就可以品尝到相当数量的食物,他们还可以以相当低廉的价格——几乎是成本价——买到顶级品牌的红酒和白酒。然而,唯一的不足是由于这些饭店没有零卖白酒的执照,因此只能向顾客提供瓶装酒。从晚上6点到午夜时分,这里都是顾客盈门。餐厅装饰得非常好,桌子上铺着桌布,上面摆放着各类盆碟,这些东西都产自欧洲,另外,中英文双语的菜单当然是不可或缺的。在这里,英国人可以品尝到烤牛排和干果布丁,法国佬则可以吃到咖喱味的美味蛙后腿,而德国人也会对德式小香肠和德国泡菜感兴趣。经常来这里光顾的外国人总会带来一些中国朋友。大多数来这里的中国人都属于买办阶层,有时,人们也会在这里发现一些来自帝国海军的官员和船长,他们从战舰上下来,看上去着急地要把筷子换成刀叉。有些人希望在"女人、红酒和歌曲"的陪伴下无拘无束地享受一两个小时,为了满足他们的要求,顶楼的部分空间被划分成一些小单元,并且被装饰成了欧式风格。以下是一幕非常有趣的景象:那些斜靠在安乐椅上,缠着三寸金莲的女歌妓

① 参孙是《圣经·士师记》中一位得到上帝眷顾的犹太人大力士,曾经用一块驴腮骨击退了数千敌人。——译者

们,用柔美的乐曲活跃着晚宴的气氛,这些乐曲都是用类似于班卓琴的所谓乐器演奏出来的。这些宴会上的歌曲的旋律都极其怪诞,以至于让人听得毛骨悚然,然而,中国老板们显然对这些妖冶女人所唱的旋律相当满意,他们脸上呈现出的表情类似于那些吹着长笛指挥蛇类爬行的印度耍蛇人。

我们很自然地想到热衷于做生意的日本人应该在这一区域最热闹的街道上开上一家商号。很明显,无论何时,只要法国佬在某个国家建立了殖民地,尾随他们而来的便是咖啡馆,这首先代表了西方文明,而日本人则会通过开设日本茶屋来建立商业联系。

对于那些曾经访问过日本这个日出之国的旅客而言,可能没有什么能比遍布日本各地、充满田园情趣的茶屋更值得让人在记忆中加以珍藏了。它们有一种不可言喻的魅力。这些整洁的小房子真是令人感到心情愉悦。它们的小花园修建得多么整齐,苗圃里种植着精心挑选的花朵和矮矮的杉树,还有一个迷你喷泉。最后出场的,但也是最重要的是,有着黑眼睛的女服务员将会给你送上香味浓郁、色泽透亮的煎茶。当你想到她们会像忠诚的教徒亲吻罗马主教的大脚趾一样俯下身来为你服务时,那是多么有趣的一件事情。尽管对于外国人来说,日本歌舞伎的表演不能带来丝毫快乐,但是那些五弦琴演奏者还是可以提醒我们:无论是用犹太竖琴还是收腰风琴演奏出来的音乐,都是有魅力的。俗话说,用来烹调雌鹅的酱汁也同样适用于公鹅,日本人很清楚欧洲旅行者非常欣赏它们的茶屋,因此他们得出结论,认为他们在黑头发的汉人中也可以获得成功,所以在福州路上就开出了很多日本商店。但是日本的茶屋和上海的茶屋真是天差地别!虽然广告上显示这些地方提供的都是日式服务,但对这样的说辞,我们只能保持沉默。一言以蔽之,这些商店都由浪人所开设。它们位于一些狭长的小胡同里面,都是一些散发着霉味的小屋子,很少可以照射到阳光。对于那些仅仅出于好奇而光顾某个茶屋的游客,我们绝不可能建议他在服务员的劝说下品尝那个被当作茶的玩意儿。虽然每一杯只要花费两文钱(还包括一块日式蛋糕),但为了消除这些所谓的“纯正日本茶”对身体带来的损害,很可能你要花上一两个墨西哥银元去买药吃。这些所谓纯正的日本茶很可能是由上一季在跑马场周边所采割到的各种干草和水草混合冲泡而成的东西。日本当局不久前刚刚采取严厉措施,试图根除在沪日本侨民中间日益增长的恶习,我们非常想知道为什么他们不想办法去阻止这种不检点的行为,把那些浪人送回国内呢?虽然这有点困难,但是要把这些店家置于日本法律的管理下还是有可能的。对日本而言,越早采取相关措施,就越有利于维护这个已经被认为实现了“西方化(文明化)”的国家的声誉。

“那些不喜欢女人、红酒和音乐的人一辈子都是傻瓜”! 几个世纪以前,伟大的德国宗教改革家马丁·路德写下了这句话,而今天中国的异教徒们似乎也非常认同这位伟人若干年前的箴言。虽然我们对于中国佬对待“女人和酒水”的态度没有任何异议,但实在无法认同他们那洋泾浜式的乐曲,因为基本上他们认为是音乐的东西,我们看起来却如同连死人都可以吵醒的噪音。无论如何,中国的俄尔普斯(Orpheus)①们享有极高的声誉,这是西方的民间艺人所无法想象的。这或许应该部分归因于中国远古时代一项享有盛誉的发明,因为根据这个国家的传说,差不多和土八该隐(TubalCain)②生活在同一时代的伏羲皇帝不仅发明了尊贵的乐器,而且还教会了他的子民们最基本的乐律。然而,就像中国所有其他的事情一样,从那以后(大约是4000多年前),这门艺术就没有取得什么进步,还是处于最初的状态,或者也可以说反而有所退步,它的一大特征就是非常不协调,就如同诺亚带领他的伙伴们首次出发前所唱的告别辞一样。因此,那些游览大街的外国人应该会对中国人的戏院有几分兴趣。

这些建筑最近才开始在福州路上出现。我们记得去年还只有一两家,而现在已经超过了六家。戏院数量之所以会在很短的时间里就有如此快速的增加,据说是因为道台大人最近发布了一个告示,禁止女性光顾租界内任何一家鸦片烟馆。这些戏院的门口往往会挂上一些招牌,每块招牌上都写着演员们的名字、生日等,毫无疑问,演员的特长也会被突出加以宣传。从下午5点到午夜之间会有两场戏。本地人的入场费是八毛钱,当然,对于那些误打误撞而来的外国人而言,为了满足自己的好奇心,就要多付点钱了。对观众而言,只要付了钱,在整场演出期间想喝多少茶水都可以,不时还会有瓜子提供。夏天的时候,肯定还有在热水中浸泡过的法兰绒毛巾,对中国佬来说,这是一项巨大的福利,因为他们几乎不会带手绢。一些戏院可以容纳几百人,观众们都围坐在小桌子旁边。舞台离地面有几英尺高,四周用栏杆围住,舞台顶上垂下彩色的幕布。一面镶着金边的镜子悬挂在舞台的顶部,或许这是为了要向观众展示演员们美丽的头饰。乐队由八个演奏者组成,或许

---

① 俄尔普斯(Orpheus)是古希腊神话中的一位传奇式的音乐家和诗人。——译者

② 根据《圣经·创世记》的记载,土八该隐是该隐的七世孙,是铜铁匠人的祖师。——译者

中国人认为一支完整的乐队至少必须由八个人组成。通常来说,一支乐队中会有以下一些乐器:两把像球一样的六弦琴(由女孩演奏,同时她们还要唱歌)、一把三弦的“吉他”、两把“小提琴”、两支长笛、一架扬琴以及一面用来打拍子的小鼓。所有的乐器组合在一起演奏出(或者说试图演奏出)和谐的乐曲,同时每一个演员则希望通过尽可能地制造噪音来突出自己。乐队演奏的基本上属于民俗音乐。这些中国的“夜莺”们毫无例外都是风尘女子,而且都来自被中国人称为人间天堂的苏州府(只有两家戏院是例外,那里的演员是用广东方言演唱的)。在中华帝国,苏州府这一地区享有盛产美女的美誉。正如中国谚语所说的:“生在苏州,一生快活,因为那里盛产俊男美女。”在此,我们并不认为自己是鉴赏美女的专家,我们非常认同中国人的品位。这些苏州女人有某种贵族气质,她们的肤质也非常白皙。但是,在中国人的眼里,还有一件事令她们在中国男人的眼中成为迷人的尤物,尽管对此我们无法认同——她们都是小脚女人。在我们的心目中,欧洲美女的细蛮腰从来没有扮演过像中国妇女的“金莲”这么重要的角色。但是在中华帝国,小脚是有教养的象征,是时尚的标志;它们并不代表富有,但是小脚的女性要比那些不缠足的女子更容易嫁入权贵之家。中国女人的脚是大还是小,与她的社会地位的高低有密切联系。小脚上的绣鞋大约有三英寸长,对于一位拥有“三寸金莲”的中国美人而言,她对自己双脚的关注就如同西方美女对头饰的关心。一般而言,她们会用火红的绸缎把自己的脚包起来,绸缎上面还绣着精美的花朵,脚跟处的绘饰则更加艳丽。衬裙或者裤子往往是整套服装中最漂亮的部分。她们的头上满满装饰着鲜花或者假花,另外还有很多的珍珠链;她们的手臂,特别是在表演中经常要用到的那只手,往往佩戴着很多珠宝首饰。当然,她们的脸上满是脂粉,嘴唇和脸颊上都涂抹着胭脂。这样做有一个好处,那就是这些尤物们不用怕脸红,因为别人无法透过脂粉看到她们脸上真实的肌肤,所以眼睛就成为表达情绪的唯一方式。她们的眉毛被烧焦的枝条涂得很黑,又弯又细,象征着天上的月亮。接下来,我们就可以想象出一幅关于这些“夜莺”的美丽肖像,正如当代中国一位“阿那克里翁(Anacreon)”①式的天才诗人所描绘的那样:“脸如杏花,唇似桃花,双眸顾盼生姿,移步生莲花。”啊!确实如此。但作为一个外国人,我们应该怎样描述这些演员们

① 阿那克里翁(Anacreon,公元前 582 ~ 前 485 年),古希腊抒情诗人,特别因其酒神颂歌而闻名。——译者

的演奏和歌唱水平呢?这样的任务对我们来说可能完成吗?有些东西你听过或看过以后,要么非常欣赏,要么极其讨厌,我想这些所谓的"音乐会"应该被归入后者。如果说我们很难对中国的管弦音乐做出积极准确的评价的话,那么对于她们的歌唱而言,就更是如此了。事实上,任何的描述都无法表达我们对中国声乐艺术的真实感受,很少有人在听过后可以模仿她们的唱腔。这些演员们都用假声演唱,这让人很容易理解,但这样的演唱(特别是当起调的音阶在 d 阶以下时)对于一个外国人而言只能是一种折磨。而且演唱者仿佛总是通过鼻腔发音,我们西方人演唱时,舌头、牙齿和嘴唇都会扮演非常重要的角色,但是对中国人来说,很明显,除了唱词会从嘴巴里蹦出来以外,以上器官在演唱过程中基本不起什么作用。这种在齐奏下进行的假声演唱总是保持在同一个音节上,没有强弱的变化,没有大调与小调的区分,它徘徊在两个音阶之间,因此,既缺乏我们大调那种华丽、雄壮或者活泼的特征,同时也没有小调那种温婉幽怨的情绪表现。总之,这些由苏州"夜莺"们演唱的中国最著名的一些歌谣,其中有些让我们想起了在家乡每当月圆时都要举行的"黄昏音乐会",每到那个时候,一只小狗就会在我们安静的住宅区周边溜达,用颤音大叫着,听起来仿佛就像阿瑟爵士作曲的歌剧《皮纳福号军舰》第二幕中的那一段。[①]同样可怕的还有乐队的伴奏,看起来每个人都在自顾自地弹奏。而且他们的伴奏听起来也非常刺耳,似乎中国的音乐从来就不讲究"调律",因此每一个音节不是太高就是太低。尽管存在着诸多的不协调,尤其是对我们西方人来说更是如此,但是从中国听众的专注程度来看,他们对此非常享受。或许他们也知道德莱顿(Dryden)的诗句:"当语言是如此令人沉醉时,还用得着歌唱吗?当甜言蜜语时,还需要美妙的旋律吗?"[②]

确实,无论如何,面对如此糟糕的演唱,中国人并没有像我们外国观众经常做的那样起哄,对他们而言,这是常理。他们认为通过鼓掌、跺脚或者吹口哨来表达情绪是没有必要的,或者说是缺乏品位的,每个中国人对此都深信不疑。在聆听这

---

① 《皮纳福号军舰》(*H. M. S. Pinafore*),又名《爱上水手的少女》(*The Lass that Loved a Sailor*),是一部两幕喜剧,由维多利亚时代的幽默剧作家威廉·S. 吉尔伯特(William S. Gilbert)与英国作曲家阿瑟·萨利文(Arthur Sullivan)合作完成。萨利文负责编曲,他创作了著名的旋律,将愉悦和悲伤都演绎得淋漓尽致。——译者

② 约翰·德莱顿(1631~1700)是17世纪英国古典主义时期重要的批评家和戏剧家,被封为"桂冠诗人"。该诗句出自其诗歌 *The Dream*。——译者

些中国的云雀们婉转歌唱时，他们就像一个木头人，不会说“再来一个”或者“唱得好”这样的话，只会淡淡地一笑，但其中包含了千言万语。我们品尝了幕间休息时奉上的茶水，觉得还不错，另外也尝了下免费提供的炒西瓜子，就像美国佬喜欢栗子一样，中国人对瓜子异常钟爱，但我们没办法接受他们浸泡过的毛巾。我们听说，戏院老板并不付钱给这些歌女。有时当某个顾客点唱他中意的歌曲时，演员才能赚些外快；如果对方非常欣赏演员的歌唱，那肯定会付上一块墨西哥银洋。演员和老板会平分这笔收入。戏院允许顾客把这些少女带出去过夜，可以在中国步行街（又称为静安寺路）上兜风，或者是把她们带到在广东路或湖北路上的本地戏院举行的聚会上。临时的空缺很容易被填补，因为有大量的替补演员等着在晚上的音乐会上登场。如果有一个女孩同意跟你去兜风或者光顾某个戏院，那么你必须付给戏院老板三块墨西哥银洋。戏院中也有私人餐馆，在那里，有钱人可以享受到一流的餐饮服务。然而，对于那些热衷于在这些妖冶的女人中间鬼混的人来说，必须要有鼓鼓的钱包，因为据我们所知，一顿晚宴的花费就不下 15 个银元。然而，即使花销如此高昂，每天还是会有很多人纠缠在这些尤物中间。

很明显，中国人是非常迟钝和冷漠的，基本上不锻炼身体。我们早晚跑步，喜欢板球或者划船，可是往往受到他们的嘲笑；他们喜欢卷着袖子一直坐在那儿，张大嘴巴，眼睛直直地瞪着前方，绝对是一副无聊的模样。因此，当看到有中国人参与西方人的运动时，我们感觉非常惊讶，也很矛盾，但事实确实如此。当我们在福州路（租界中国人聚居区中最具吸引力的区域）上闲逛时，有人忽然看到了一幢三层楼的建筑，这无疑是那里最大的一幢建筑，在它的入口处挂有一块招牌，上面用英文写着“龙云台球沙龙”（LouenYuen Billiard Saloon）。

这是一座典型的中西结合式的建筑。底下两层用的材料是砖瓦，但是二、三层是木结构的；建筑窗户上镶嵌着巨大的玻璃，而窗户本身则有着精致而怪诞的中式风格的雕饰。关于这座建筑为什么叫“台球沙龙”，我们有些摸不着头脑，因为尽管在这里可以看到几张桌子，但很明显，它的主要收入来自向顾客提供的香茶和有毒的烟土。我们正在讨论的这个建筑物事实上是中西合璧式的“沙龙”。这里的第一间房子里有几张台球桌和两条保龄球道，然而第二间和第三间接待的却是茶客和烟鬼，第四间则完全是为那些抽鸦片的常客们服务的，为此进行过精心的装修。每一对烟鬼都有他们自己的包厢，在那个私密空间，他们可以享受鸦片带来的无穷快感。这些包间当然是为有身份的中国人准备的，代表了顶级的水平。包房里的家具都经过精细的雕琢;桌子的面板都是大理石,或者至少也是仿造的大理石;长凳上面也镶嵌着有浮雕的绿松石,欧洲人经常把它和翡翠相混淆;墙上挂的卷轴上面写着中华帝国的名言警句,当这些"无辜的受害者们"在鸦片的作用下陷入宗教式的狂热状态,想入非非之前,这些格言或许可以提升他们的思想觉悟。毫无疑问,在这些包厢里,身心的堕落其实正好佐证了这些警句所要讽刺的现象。光顾这座建筑的人们组成了一个特殊的群体,这几乎使我们认为共和制度已经在中国人中得到普及。平等与博爱似乎已经统治了这个空间:圆脸、大腹便便的丝绸商或茶商和朴素勤劳的艺人们面对面地在一起享用茶点;那些信条是"女人、酒水和听戏"的纨绔子弟们则跟一帮"秃驴"(这是人们对僧人的侮辱性称呼)亲密交谈着。在这里,似乎没有人会注意到那些上等人和我们这些西方人。

这座建筑中招待喝茶者的那部分也很有趣。茶馆里面的装修并不显眼,里面摆放着一些小桌子,上面有比较奇怪的纹饰,风格都差不多,似乎几百年来就一直使用着相同的工艺,另外还有一些同样古色古香的竹凳。很自然,这个地方整天都挤满了人。茶是中国人经常喝的饮料,那是某种红茶,有人告诉我们,中国人从来不喝绿茶。喝冷水也被认为是不健康的。"恐水症"这种黑头发的汉人所特有的习性或许要追溯到大洪水时代。另一方面,我们相信由于长时间的饮茶,同时又不吃些额外的点心,已经使得这个民族变得非常懦弱和阴柔。在此,就出现了一个问题:为什么当茶叶作为饮料被大规模地引进到欧洲时,我们却还是无法阻止各种自由主义思想在欧洲的发展,消灭虚无主义者和社会主义者,进而成为一个永久太平的帝国呢?但是,紧接着的另一个问题是:是否绝对地远离酒精,就像中国人所实践的那样,就可以促进一个国家道德和智力的发展呢?比如,我们可以对那些禁酒的国家做一个调查,包括大部分的穆斯林以及数百万的亚洲人。人们都知道这些国家总体而言都要比西方好酒的民族落后。日本是亚洲地区唯一一个自古以来就有着庞大的酒精消费的国度,很奇怪,与那些发展停滞的邻国相比,日本人却明显有更高的智力水平和更强的进取心。这些诡异的事实当然不能全都归因于酒精,但酒精或许是一个相关因素。让我们言归正传。据说茶叶在公元800年以后才传入中国①,它是促进中西文明进行更深入交流的一个重要因素。中国人认为茶叶是

① 中国人饮茶的历史可以追溯到很早,记载"神农尝百草……得茶而解之",公元800年时"茶圣"陆羽已作《茶经》,故此处说法失真,作者也未作考证。——译者

他们生活中仅次于大米的必需品，或许当一个中国人在喝茶时，我们可以更清楚地了解到他的品性。我们都知道茶叶中含有一定量的刺激性成分，因此喝茶可以让人感到兴奋，但人不会喝醉，比如说，围着茶壶坐在一起的老妇们会非常多话，她们的闲扯经常令人讨厌。但是，另一方面，茶叶也可以有效地让男人说话的方式变得比较和缓，通常，这些茶馆中的常客之间进行的嘈杂的闲谈足够媲美于建造通天塔时语言的混乱情形。①

龙云台球沙龙中跟以上这一区域形成强烈对比的部分是供鸦片吸食者使用的一块地方。那里十分安静，是的，有时如死一般沉寂，无论有多少顾客正在享受毒品带来的快感。的确，这里吸食鸦片的景象可以为多雷（Doré）②的画作和但丁的诗歌提供绝好的素材。在整个这片区域中，那些不幸的人们都躺在那里，到处弥漫着一股令人作呕的气味。在英国，还有人在讨论酒店老板们进行的违法交易，以及买卖烈性酒可能给国家带来的灾难。只要你花上一两分钟时间看一眼这里的情形，那么问题就不言自明了，那些鼓励向中国进口毒品的人是否还值得称誉呢？走进这一区域，草草地扫一眼这些人，你会发现其中有些人已经入土半截了，他们面容枯槁、双目无神，如行尸走肉一般，那是一幅上帝在地球上创造的最为尊贵的物种所能展现的最悲惨的景象。看看这些已经明显变形的面庞，毫不例外地都像死人一样全无血色，他们已经骨瘦如柴，可是还在吞云吐雾。如果说看到男人们吸毒上瘾是一件很令人觉得可耻的事情，那么看到女性们深受其害则更加令人心痛。这是一个多么令人厌恶的场景啊！那些通常还处于花季的女性们脸庞消瘦、双目无神。这些人对他们的国家以及整个世界而言都成了废物，他们脸上的表情都极端冷漠。在地方政府的努力下，女性是被禁止进入这些鸦片烟馆的。1885 年，邵大人③签署了一道法令，禁止女性光顾鸦片烟馆，违者重罚。这道法令的复印件被张贴在每一家鸦片烟馆的门口，然而尽管道台大人的命令在第一个月得到了严格的执行，但此后逐渐流于形式，很多女性再次进入烟馆，沉湎于抽鸦片这一使人意志消沉的恶习之中。鸦片烟馆的老板们肯定能赚非常多的钱。每次提供给顾客的鸦片最少是 1/10 盎司，价格是 100 元。这是最便宜的，主要是提供给二等包厢内的顾

---

① 根据《旧约·创世记》的记载，大洪水后，人类希望修建一座通天塔与上帝相见，上帝十分生气，于是混乱了人们的语言，使他们无法相互沟通，通天塔也就再没能建成。——译者

② 古斯塔夫·多雷（Gustave Doré），是 19 世纪法国著名版画家、雕刻家和插图作家。——译者

③ 应指 1882 年至 1886 年间任上海道台的邵友濂（？～1901 年）。——译者

客。那些在一等包厢内吸烟的绅士们经常抽的是每1/10盎司200元的鸦片。据说,每天光顾龙云沙龙的顾客非常多,就像蜂巢中的蜜蜂,客人们进进出出,而我们确信股东们所赚取的利润肯定已经悄无声息地流入了那些最大的外国商行。

在龙云沙龙中,没有什么能够比一张用英文写的“不收欠条”的告示更能吸引外国人的眼球了,同时也可以让他想起很多糟糕的往事,对那些经常光顾这里的年轻人来说,这个告示恰似朱庇特的一道闪电。中国佬们显然不希望收集废纸,因为这些欠条除了是张纸以外,什么都不是。我们必须称赞他们的机敏。这里没有用中文写的类似的告示,因此,我们只能认为这条“温馨的提示”主要是针对那些经常光顾的外国人的,他们当中的绝大部分是水手。这里的老板或许已经有过跟这些臭名昭著的家伙们发生交易的惨痛经历,因此才想出了这一避免发生误会的方法。

我们要对这些“未开化的中国人”怎样玩台球和保龄球进行评论,然后才能跟这幢建筑说再见。如果孔夫子有可能从坟墓中走出来并被带到龙云台球房的话,当这位古代哲学家看见眼前的奇怪景象时,他肯定会使劲地揉眼睛,要比瑞普·凡·温克尔①显得更为惊讶。毫无疑问,中国人打保龄球是很有趣的。中国人会参加这样的运动,看起来跟我们先前对他们憎恶一切身体锻炼的评论有些不一致,不过无论如何,很明显福州路龙云台球房中的年轻人发现这项运动非常有趣。两条保龄球道都被保养得相当不错。到目前为止,据我的观察,中国人在玩保龄球方面的表现相当糟糕。就像一个所谓的“勇士”对200码以外的目标经常十发九不中一样,中国保龄球手同样要扔10次球,才会有一次击中的机会。中国佬们投保龄球的方式就像是一个女人。在很多情况下,他们会用两只手一起投球,这样才有足够的力道可以让保龄球到达终点,当他们把保龄瓶都堆在一起时,他们通常会成功地击倒所有的瓶子。这种把所有的保龄瓶都尽量堆在一起的方式有点类似于中国军队所采取的战术,根据这样的战术,将军经常把尽可能多的所谓“勇士”堆集在一块儿。这里保龄球的游戏规则基本上是按照我们的方式制定的。10个球,每个球扔3次的价格是每人30元(相当于3文钱)。当然台球房里总是有大量的旁观者,特别是来自郊区的人,他们好奇地观赏着这一场景,如同小孩子们在看流动艺人的西洋镜。

现在,我们来到了台球房。很难解释为什么中国人如此轻而易举就适应了台

---

① 瑞普·凡·温克尔(Rip Van Winkle)是美国作家华盛顿·欧文(1783~1859)在其小说《瑞普·凡·温克尔》中塑造的主人公,他在山中一睡20年,醒来发现世事全非。——译者

球,目前为止,就我们所知道的,他们自己没有哪项运动与此相关。然而,很明显,台球在中国人中间已经很受欢迎,散布于租界本地人居住区内的大量台球房就可以证明这一点,所有这些店铺都经常顾客盈门。在龙云台球房有六张台球桌。它们看上去有点寒碜——有可能是二手货,或者甚至已经倒过十次手,而之前的十几年一直是摆放在外国人的台球房中的。我们已经很难分辨出台布的颜色,因为中国人会用粉笔在上面计分。桌上的“补丁”就像约瑟夫彩衣(Joseph's coat)①的颜色一样多。我们观察到的所有的桌子都是美式的,我们不知道为什么他们更喜欢美式台球而非英式的。很明显,他们根本不玩花式台球(Pool),或许游戏中的计分方式对他们来说太难了。我们对中国人玩保龄球专业程度的评价完全不能用于评论他们的台球水平。在这些打台球的人当中,我们发现了很多能人,他们中的一些人完全可以挑战我们当地的冠军。光顾这家台球房的人员绝大部分属于买办和职员阶层,或大体属于这一群体,他们打球时也有类似于西方人的怪诞的行为举止。他们之间通常用英语对话。有很多一直观看比赛的观众,他们中有的是为了消磨时间,而另一些人则明显是对这项运动感兴趣。就像我们经常做的那样,他们会批评某个球打得不好,也会打断某一个玩家,告诉他怎样才能得一分。他们还会为某人错过了一次得分的机会而发出惋惜声,并经常声称他从未看过如此糟糕的球。尽管那些批评者们自己拿起球杆时也会失分,但是这时他们会把球杆扔在地板上,把自己糟糕的表现归因于讨厌的球桌。白天一局游戏的价格是 5 文钱,而晚上要用煤气灯照明,所以是 10 文钱。尽管煤气灯下的照明情况有些让我们想起了极地区域的暮光,据说在那里这样的光线会持续半年之久。

注意善始善终——我们的耳边响起了善意的提醒。或许我们的读者已经不愿再跟着我们在上海中国式的“林荫大道”——我们觉得这个名称很合适——上闲逛。

中国毫无疑问是阳光照耀到的土地上最为独特和神奇的一个国家。它是一个精彩、土壤肥沃却又贫穷的国度;到处都是人,但还有很多土地尚待开垦;它有知识渊博的哲学家,然而又是一个对待人民最为残暴的国家。正如最近一位作家所评论的:“中国有 3000 英里的海岸线②,数不清的港口,人数众多的城市。在地球上没

① 在《圣经·创世记》中提到,约瑟夫(Joseph)拥有一件五彩斑斓的衣服,是他父亲雅各(Jacob)送给他的礼物。——译者

② 现在中国大陆海岸线长度认定是 18000 公里。此处内容有些不妥,原文如此,故依原样译出。——译者

有哪个国家拥有比大中华更为广袤的沙漠和平原。仅仅是一片广阔的肥沃平原就比整个德意志帝国还要大一半。没有哪个地方有比中国更多、更长的河流。它的疆域南及热带地区,北至极地。它的国土面积比整个欧洲还要大100万平方英里。从来没有人从整体上俯瞰过中国。它的人口比整个南北美洲、非洲以及澳洲加起来还要多一个亿。地球上每出生五个婴儿,其中就有一个是在中国。在中国,每天都有35000个人死亡。这个国度已经独立存在了超过4000年,其历史比地球上任何一个仍然存在的国家都要悠久。这里教育十分普及。据说如果把中国所有的经典书籍聚集起来付之一炬的话,那么要动员100万个中国人才能够凭记忆把这些书籍重新书写出来。确实,我们现在是在每一个方面都超过了亚洲人,但是他们在过去的很多世纪中领先于我们。"

我们觉得,以上我们试图描绘的一些情景表明:在中国,改革的进程虽然很慢,但肯定是在推进。尽管已经发生的变化看起来如沧海一粟,但必须记住:我们可以通过观察芦苇往哪个方向倒来预测风向。

中国阿妈

哦,当腓利门和博西斯①自己整理房间时,那是多么快乐的时光,故此天神降临于他们的茅屋之中——这是奥维德《变形记》②中描述的情景。自那样的黄金时代以后,我们所处的世界已经发生了变化,不断有各种各种的瘟疫和灾害降临,比如遮天蔽日的蝗虫、女性的紧身衣、继母、当铺、扫把、票据支付制度、鱼肝油、巴黎的高跟皮靴、牛瘟、牙医、执业医师,以及其他数不清的东西,当然还包括家内用人。是的,可爱的读者,不管你信不信——这对我来说并不重要,但无论如何这都是事实:上帝创造了天使,她们实际上是(上帝的)高级用人,但都养尊处优。而与国内相比,在远东地区,用人自视为天使这一定律得到了更充分的体现。我有这样的想法,是因为当一只成年的蒙古杂交狗从早到晚在我住处附近狂吠时,我们的男佣却不敢冒险去对它发起攻击,而他声称自己属于高级用人。绝望之下,我们坐了下来,开始写一些关于家庭琐事的文章,当然首先是关于男性用人的。不过,我们很

---

① 腓利门(Philemon)和博西斯(Baucis)都是《圣经·新约》中的人物,他们是一对夫妻,因款待乔装下凡的宙斯和赫耳墨斯而得到好报。——译者

② 奥维德(Ovidius)(公元前43~公元17年)是古罗马诗人,其作品《变形记》共15卷,取材于希腊罗马神话,共包括大小故事250多个,是希腊罗马神话的大汇集。——译者

快发现，当关于男佣的一些想法越来越多地涌现在我们的脑海中时，我们变得很烦躁，如果把温度计放在腋下，可能已经上升到了(华氏)144 度[①]。由于害怕发高烧，我们决定放松自己，首先写一篇关于女佣的文章，所以就有了下面的这篇东西，亲爱的读者，我们相信这篇文章不会让你毛发尽竖，因为它肯定没有杜莎夫人蜡像馆中的恐怖屋[②]那么吓人。看，我文章中那 40 多岁、美貌丰腴的东方杏眼美人——中国阿妈正在走来。

或许没有什么地方会像中国这样，男佣和女佣工作的领域是那么截然分明。如果在西方，家中的女佣一般会被看作给主妇帮忙的一个杂工，然而在中国，情况则完全不同，这与我们认为在中国任何事情都与西方相反的论断相吻合。中国阿妈和中国的男佣完全不同。唯一或许相似的地方是他们称呼的来源。或许有些神秘，就像是佛教的密宗一样。“boy”这个单词，虽然经常用到，但至今还未有一个满意的翻译，尽管它有可能来自印度。“amah”这个词，表面上看，可能起源于印度单词“ayah”，意思是女佣，至少还没有足够的证据表明这是某个中国词语的变体。

中国阿妈，毫不夸张地说，可能是全世界仆人阶层中最幸运的群体了。她们仿佛是生活在一个虚幻的仙境中，因为在远东，所有与管理一个家庭相关的困难和痛苦都由男性仆人所肩承。令人感到惊讶的是，他们从来不会因此被压垮(就像当阿特拉斯[Atlas]不在时扛起苍穹的赫拉克勒斯[Hercules])。[③] 那些主要由男仆所承担的职务如下：账房、管家、厨师、助理厨师、马夫、黄包车夫、办公室的勤杂工、船工、家内打杂、舵手、专门给主人打扇的、跑腿的等等。以上所提到的这些事实很自然地表明一个阿妈在家庭中承担的责任是非常微不足道的。事实上，她们的角色类似于保姆，但这样的说法也是不全面的。她们被禁止出现在厨房的周边，这样就能避免那里可能对她们形成的伤害，事实上，她们的烹饪水平仅限于给小宝宝们冲奶。即使是扫帚这一白人用人手中的权杖也不需她们染指，给婴儿穿衣喂奶才是她们的日常工作。

然而，中国阿妈们与西方的白人用人不同，她们不能给你以亲近感。你无法和

① 华氏 144 度约合摄氏 62 度，此处有夸张的写法。——译者

② 杜莎夫人(Madame Tussaud)蜡像馆始创于 1835 年，一个主要景点是恐怖屋(Chamber of Horrors)，这一部分的展览包括法国大革命的牺牲者们和新制的各种杀手和罪犯的形象。——译者

③ 阿特拉斯和赫拉克勒斯都是希腊神话中的人物，根据神话描述，有一次，为了让擎天的阿特拉斯帮助自己去盗取金苹果，大力士赫拉克勒斯暂时代替他扛起了苍穹。——译者

她们分享任何秘密,你也别指望在她们面前倾诉委屈,因为她们情感淡漠,同样,你也不可能和她们讨论任何话题。另一方面,阿妈们也有优于她们欧洲姐妹的地方。她们并不认为自己是淑女,她们并不在乎你迷恋的那些东西,比如丝带、香水瓶、润发油或者其他的梳妆用品等。在远东地区,如果友人初次来访,他们不可能会把用人和小姐搞错。

阿妈们自认为她们的角色非常重要——事实上要比那些男仆们重要得多。为什么不是呢? 男仆们只是管理着主人的小马驹或者猎犬,然而她们却要照顾那些纤弱的宝贝们的安全,难道可以说她们还没有得到主妇完全的信任吗? 当她们乘坐马车奢华出游时,她们一定会感到受宠若惊。即使是一个于出神入定中觉得沐浴在天堂的阳光下的宗教徒,也不会比那些坐在四周都是玻璃窗的马车(事实上就像是一个玻璃盒子)中的阿妈看上去更加容光焕发,透过窗子她们可以看到外面的世界。一个阿妈的收入十分丰厚。与男仆相比,并考虑到她们的工作,她们的月薪很高。大约从5个银元到15个银元不等(与一个男仆差不多);工资的高低大致取决于她们照看的孩子的数量以及她们工作的效率。如果以平均一个月10个银元计,那么每年的总收入就是24镑,当然,与那些家内用人相比,这是很高的收入水平,即使是和日本阿妈的收入相比,同样是如此,在那里,一流的用人每月工资是4个银元。但是这里有一个令人费解的问题——她们怎么处理挣到的这些钱的呢? 她们当然不会把钱花在衣着上,因为她们并不了解丝绸锦缎,只会穿棉布衣服。她们看起来对戴首饰也没有太大的兴趣,她们戴的往往是玉石,而非黄金饰品。

那么,她们的钱到哪里去了呢? 我们注意到她们中的很多人都有一个"罗密欧",而且几乎总是会有一到两个作为后备,以防被现任所抛弃,这是经常发生的事情,一旦如此,经过挑选的后备就有机会了。所以很有可能是这些奶油小生们花掉了她们相当一部分的钱。

中国阿妈们很明显继承了她们西方姐妹们多嘴的特点。只要观察一下她们在公园中互相攀谈的情景,就可以明白这一点。很明显,她们认为自己担当的角色非常重要。我们都知道这些身穿蓝色长袍,照管一堆蹦蹦跳跳、大呼小叫的小娃娃的导师总是十分令人讨厌,她们高傲地打扫着花园,她们的眼中充满着对自身地位的自信,就像移居无边的利比亚荒原的狮子。她们一旦坐在椅子上,这时候即使你高喊"椅子,椅子! 我愿意以我的王国来换取这把椅子",她们也不会对此回应。说服一个阿妈离开她的椅子要比诱使一只饥饿的驴子离开它那一堆新鲜的胡萝卜还要困难。阿妈们有很好的机会可以学习洋泾浜英语，如果说她们的词汇量不如男仆们大，那也应该归因于她们的活动基本被限制在室内，这样就没有机会融入外面喧闹的生活氛围。然而，她们中的一些人还是把洋泾浜英语学得很好，据我们观察，这些人往往都在传教士家中服务过多年。如果传教士碰巧来自美国，那么阿妈还能掌握鼻音以及一些美式英语。至于其他的阿妈，她们的词汇量仅局限于与职责相关的内容，包括婴儿的衣服、食物以及与整理女主人闺房相关的一些词汇。

在中国，没有哪个地区因为能够向外国人大量提供可以迅速适应其职责的女佣而闻名。她们主要来源于不同地区的沿海港口，有时候也来自内地。在上海，它的周边地区，特别是苏州，是一个很大的女佣来源地，那些来自于苏州的女佣同样也因为比大多数的阿妈更加漂亮、更有气质而出名。人们都说不要以貌取人，但事实上很困难。广东同样输送了很多女佣，另外还有宁波。然而，总之——只是基本事实——她们看上去都差不多，也就是说，她们好像都很愚蠢（stupide）。请原谅我，亲爱的读者，这里用了一个法语单词，因为我们怕她们看得懂。

此外，阿妈们总是跟男佣保持着良好的关系，尽管有时由于前者太过频繁地去厨房讨要热水，他们之间也会有一些无聊的争吵。她们都很诚实，事实上，如果与男佣们比较的话，是超乎寻常的诚实。我们很少会遇到不诚实的行为。只要把一些案子送到会审公廨，据我们到目前为止的观察，最终都会发现问题的根子是在男佣身上。尽管我们在整体上不能认同中国人是爱干净的，但是我们必须承认阿妈们几乎总是穿戴得十分整洁。还有，她们在某种程度上可能有些僵化机械，但她们也有令行禁止的可贵品德。她们从来不会讨价还价，就像白人仆人所做的那样；她们不会把家里的事情传到外面去；她们也不会问一些莽撞的问题。最后也很重要的一点是，任何时候你都可以毫不客气地解雇她。

中国的噪音

我们已经感受到了爱斯基摩人和巴塔哥尼亚人的热情好客，我们曾经漫步在印第安人广袤的大草原上，也曾经行走在杳无人烟的非洲荒漠中，我们还曾经混迹在聚居于亚马孙河与拉普拉塔河沿岸原始森林中的土著居民之间，我们还看到过围坐于篝火旁的游牧民族，他们常年穿行在白雪皑皑的安第斯山脉崎岖的山谷间。事实上，我们去过这个世界上很多稀奇古怪的地方，但是，毫不夸张地说，足迹所及,我们还没有遇到过像"不开化的中国人"这样喜欢噪音的民族。是的,亲爱的读者,"大中国"那群杏眼的孩子们就是这个世界上的寒鸦和喜鹊,永远叽喳不停。作为一个中国人,从他来到这个世界上的那一刻起,直到他永远合上双眼,他总是被各种各样的尖叫声、撞击声以及打斗声所包围,只有当周边有很多人在谈话时,他才会感到非常舒服,即使是建造巴比伦通天塔时所造成的语言混乱①也无法与这些谈话声的嘈杂程度相媲美。或许是为了满足他对噪音的强烈渴望,他还会雇用一支所谓的乐队,这支乐队会像着了魔一样地制造噪音,在他们所谓的乐器上刮擦,大吵大闹,这足以让一个欧洲人感到抓狂、怒气冲天、魂不附体。当然,每个人都有自己特别的嗜好,如我们所观察到的,中国人很喜欢自己这种特殊的娱乐方式,如果他们保持在一定的限度内,那么没有问题,但是,如果他们超过了这个限度,我们就要进行报复,而在此我们报复的方式就是"爬格子"、讲道理。

在整理每天的文件时,我们看到了一份工部局会议的报告,上面附有一封德国总领事给工部局的信件,里面抱怨说:"装卸蒸汽机的噪音整日整夜不停,经常在星期天也是如此,还有苦力拉货时的叫喊声也总是一个恼人的问题。"现在,这封信让我们陷入沉思,因为它讲出了我们同样有的苦闷。是的,我们不但有类似的烦恼,而且可以抱怨的事情还有很多很多。我们当然相信我们对于可怕的中国噪音的生动(请注意这个词)描述会对减少这类现象的发生稍有助益,无论这种噪音是来自中国的帕格尼尼、李维斯②,还是来自沿街拉货的苦力,或者是当官员戴着用孔雀毛装饰的帽子出巡时,因敲锣打鼓、鸣炮放鞭而产生的,或者来自租界街道上的某一群衣衫褴褛的儿童,又或者来自所有其他的人群。在如此详尽的开场白之后,我们准备进行进一步的论述。

"当你在罗马时,你必须遵守罗马的规矩"是一句西方的谚语,然而,这似乎并不为东方人所遵守,中国人尤其如此。无论如何,如果记住这句谚语,他们会做得好很多。根据条约赋予的权利,我们这些外国人暂时拥有所居住的这块土地的使用权,我们非常慷慨地允许那些中国人和我们居住在一起,但没有理由允许他们做那些完全背离西方习俗和法律的事情。中国人现在应该知道:那些可怕的噪音,对他

① 根据《旧约·创世记》的记载,大洪水后,人类希望修建一座通天塔与上帝相见,上帝十分生气,于是混乱了人们的语言,使他们无法相互沟通,通天塔也就再没能建成。

② 帕格尼尼(Paganini,1782~1840),意大利小提琴演奏家、作曲家。李维斯(John Sims Reeves,1821~1900),维多利亚时代英国的歌唱家。——译者

们来是悦耳舒心、如聆仙乐,但完全不能符合我们的品味,我们的神经系统也无法适应。我们不知道我们和中国人之间的这种差异是什么时候产生的,但还是禁不住在想:中国人可能有类似于河马或者是大象那么厚的鼓膜。解剖中国人的耳朵应该是一件很有趣的工作,因为它或许将证明蒙古人种和高加索人种之间巨大的差异。

没有什么能比中国人对音乐——包括声乐和器乐——的理解更可以证明他们还处于文明的婴儿期了,尽管他们经常吹嘘自己悠久的历史。亲爱的读者,如果你担心有个亲戚会来跟你抢夺富有的叔父的遗产份额,请不要担心,你只需把他在一个屋子里关上24个小时,在里面让中国艺术家们不停地演奏公元前2252年伟大的伏羲(中国音乐之父)所创作的乐曲,我们可以向你保证,你可以不费吹灰之力就得到一份法律和医学的声明,上面会这样写道:由于你的亲戚突然精神错乱,因此不适合继承遗产。现在,我们并不想责怪这些中国的“帕格尼尼们”像疯子一样刮擦他们的羊肠线,并且认为这可怕的音乐要比西方音乐更好听——我们不想进行任何争辩;但是我们不明白为什么外籍居民要被迫接受它们,这简直是一种惩罚。然而,现在事实就是如此,特别是天气暖和的季节,那些杏眼的“罗密欧们”会从早到晚拉着他们的“小夜曲”。是的,如果对羊肠线发出的声音还感到不满意,他们会在黄昏时自己哼起来,在他们看来这是歌唱,但我们更倾向于把它看作一条鬣狗的叫声和猫头鹰叫声的混合。若干年前,我们曾经目睹了一个大型动物园失火的过程,那些失陷在火焰中的动物发出的哀号仍然在我们的耳边回荡,每当我们被迫听到中国的声乐和器乐演奏时,就禁不住会回忆起那时的场景。现在,我们要问,按照常理,我们有什么理由应该允许中国人发出如此令人厌恶的喧闹声?我们知道,没有一个理由可以成立。这是最为严重的公害,既然如此,地方当局就应该制止它。我们认为,外籍居民平和而舒适的居住环境要比一个中国人从他那大嚷大叫——很遗憾,中国人把这称之为音乐——中得到的满心喜悦重要得多。

另外还有一类可怕的噪音或许要比我们刚刚描述过的公害更值得地方当局加以关注,我们指的是那些居住在我们租界繁华地带的手艺人在日夜工作时给我们带来的烦恼。比如说,当一个人和两个铁匠、一个补锅匠、一个木匠做邻居时,我们知道那该有多“幸运”。这些人都异常勤劳,有时候在黎明前就会开始工作,直到午夜以后都不会停止敲打。亲爱的读者,当一个人在一天中有20个小时都要被迫听到铁匠拉风箱的声音,听到他抡着大锤锻铁的声音,你能想象他的感受吗?而且除此以外,还有补锅匠的锤子发出的恼人的叮当声,以及锯子在努力锯木头时形成的

"二重奏"。当这快乐的"四重奏"正在进行时,想睡觉属于痴人说梦。关于认为这样做不合法的抗议已经有很多,但这些伙计们不会听你的。偶尔也会有朋友报警,但是巡捕总会回答:关于这一问题的处理从未收到过来自上级的任何指示。他们的"上级"应该重视这个问题,应该给巡捕们发布指示,在夜间禁止如此可恶的噪音。

在无数可怕的中国乐器当中,没有哪一样东西会比铜锣来得更令人讨厌了。这个可恶的家伙在中国官员的生活中扮演着非常重要的角色,这些大人们只要一出门,伴随而来的震耳欲聋的锣声便会对欧洲人的神经形成极大的考验。为什么允许这些帽子上插着孔雀毛的官员在经过我们租界时(这是一块专门划给外国人的土地)可以发出这么骇人的声响?为什么他们手下的衙役被允许可以间歇性地发出叫喊声(那声音足以淹没打仗时苏丹人的哭声①)?如果在中国人看来,这样的荣耀对于更好地突出一个官员的威严而言是必需的,那么没有问题,就让他们这么做好了,而且这样的炫耀行为发生在租界以外,也不会令外国人对中国官员的威严感到惊惧。然而,现在,锣声似乎已经不足以满足中国人对噪音的渴求了。确实如此!当一个高级官吏抵达和离开时,他会召集上千名"勇士"以及十几艘战舰,他们不停的演练和射击肯定会打破租界的宁静,同时也给每个人带来烦恼。我们甚至不愿意欢迎一个国外的王子,所以,为什么要对这些半开化的异教徒中国佬致敬呢?地方当局应该通过一条法律,永久废除在租界中举行如此荒唐的户外表演。

最后,我们来讨论尊敬的德国总领事所提到的由街头叫卖者和那些步行的中国人制造的噪音,及其所带来的烦恼。就前一类而言,每个人都会同意这样的抱怨是很正常的,或许那些居住于河边附近区域的居民受害最深。然而,那些受雇在大路上拖运货物的苦力们却给我们所有人都带来了烦恼。他们的叫喊声绝不亚于密歇根木材厂999把圆锯所产生的噪音。为什么中国的苦力在拖东西时,无论它是轻还是重,在迈出每一步时都要叫喊,就像一群牛蛙对着空气齐声唱歌一样,这是一个谜。这或许是一个古老的习俗,但实在是没必要,警方应该立即废除这项"旧习俗"。

世界上没有哪个民族的人们会比中国人更加喜欢听自己说话。他们会在晚上吵得你没法入睡,在夏天,我们不得不打开窗户,他们的噪音经常会把人从美梦中

① 此处战争应该是指马赫迪领导下于1881年在苏丹爆发的反抗英国、埃及殖民统治的斗争(Mahdist War),即马赫迪大起义。——译者

惊醒,还使人疑惑是不是头顶上方打了一个惊雷,还是那些可爱的老婆婆们正在争论某件事情。然而,当他去了解噪音从何而来时,他却发现漫步在街上的两个中国人正在进行很温和的谈话。那些小贩们也经常在凌晨时分叫卖他们的货物,这更令我们心生诅咒。

所有这些由可恶的中国噪音带来的烦恼,还包括他们数不清的神灵游行仪式,以及在葬礼或婚礼上可怕的哭声或乐曲演奏,都值得地方当局注意。我们已经部分禁止了在中国新年期间燃放鞭炮,为什么不能够制止上述现象所产生的噪音呢?中国正在坚定而缓慢地走向文明,无论如何,在不久的将来也会把这些东西当作故习。我们觉得帮助中国人,耐心地把他们扶上路,这是我们的责任所在。

大马路上的监狱

有多少在上海的欧洲居民想过要了解他们居住地周边的奇异景象,或者出于好奇,想知道那些生活在我们当中的古怪的中国人的日常生活?这个最古老而保守的帝国如此丰富的遗产在很大程度上已经给那些最勤奋的研究者们造成了障碍,使得向外部世界介绍其历史和风俗习惯的每一步都十分困难。这个民族是如此有趣,它与西方社会形成了鲜明的对比,很自然地应该引起那些已经习惯于更高级文明的人们的极大兴趣。然而这里的欧洲人对其身边的事物十分冷漠,一想到他们可以有很多渠道了解当地的日常生活,这样的现象就令人感到非常奇怪。或者是因为来到这里的欧洲人尽管充满惊奇,但丧失了品味惊奇的能力,又或者对商业的追求吸引了他们所有的精力,使他们无法思考周边发生的其他任何事情(除了贸易、股价、汇率的涨落以及在不同的公共服务部门升迁的前景)。无论原因是什么,事实上,在此地大量的欧洲人当中,仅有一小部分熟悉这里的风俗习惯,甚至了解每天在租界发生的所有有趣的事情。以会审公廨为例,有多少欧洲人想过要进去看一下在这里审判是怎样进行的,或者那些监狱里的囚犯住宿情况如何,在押期间的待遇怎样,等等。我们认为,这个话题足够引起那些习惯于欧洲国家审判程序的人们的兴趣。会审公廨就在大马路菜场对面,当里面正在听审时,你经过那里时一定会注意到白墙外聚集了一大帮喋喋不休的苦力。你可以从两扇木门中的任意一扇进入会审公廨,进去后,你会发现自己置身于一个小院落中。墙很高,刷得很白,上面画着荒诞的壁画——有龙、长着翅膀的狮子,以及其他的怪物,这些可以对罪犯起到震慑作用。正对着南京路,有另外一条通往更大院落的通道,在这条通道的两边都有很大的木笼,那些正接受枷刑的罪犯被囚禁在里面。两三个可怜的家伙蹲在木栅栏里面,沉重的木枷当中有个洞,他们的头套在里面,而木枷则扛在肩上,写有他们罪名的纸张粘贴在刑具上,根据所犯的罪行,不同的罪犯被判定要把这个刑具戴上几天、几个星期或者几个月不等。穿过里面的院子,在院子周围分布着那些与法庭相关的办公室,在不远处,一道精心油漆过的大门通向本地法官的住处,在门口往左转,经过一条狭窄的小路,你就可以来到法庭前。这是一间很大的正方形房间,两边的墙壁很白,有一张供会审公廨法官和欧洲陪审法官入座的桌子以及一些椅子。在法官的桌子前面,用围栏隔出了一个空间,原告、证人、翻译以及罪犯都被带到里面,后者则要跪下。法庭的主要部分经常挤满了本地人群——包括一些闲人、请愿者或者是被告的朋友。这里很少会有欧洲人,除了陪审官、巡捕和那些对案件感兴趣的人。当一个案子开审时,罪犯们由一个捕快一路小跑地带到堂上,然后跪在法官前面。接着原告会进行陈述,下面是证人,最后是犯人。如果在法庭上他们的方言很难听懂,一个翻译将会被叫上来提供服务。或许,这个犯人会被宣告有罪,判决收监,并接受竹杖笞打,如果是这样,笞刑会被立即执行,他会被两三个衙役紧紧按住,而其他人则负责行刑,根据案件情况的不同,竹板会打在脸上、手上或者脚上。有时候,这是一个很令人恶心的场景,这个可怜的家伙呼喊翻滚着,身上的皮肉被行刑者碾成了肉酱,而后者则十分冷漠,毫无怜悯之意,就像在打麦脱粒一样数着数字。当次数打满以后,他们会拉着犯人的辫子,把他拖进监狱。但事实上,只要犯人贿赂一下这些衙役,板子会打得轻很多,给的钱越多,打得就越轻。

从南京路入口处进来的那个大院子的右侧是男囚的监房,而女囚的监房则位于另一侧。有时会有100多人挤在这个大约30英尺长、20英尺宽的肮脏狭小的空间里。

如果得到一位法庭服务人员的许可,就可以进行参观。只需要抬起一个把罪犯和外部世界隔离开来的木栅栏,通过一个小的孔道,就能够进入到监狱里面。这种关押犯人的方法看起来似乎非常宽松,但实际上比任何其他方式都要安全,因为总是有五六个狱卒在外负责看守。事实上,通常是由一位犯人负责接待你,你的向导来到栅栏门前面,然后会招呼里面的人让你和他进去。一到里面,四周肮脏污秽的情景远远超出你的想象。令人作呕的臭味、恶心的污垢,在这个黑漆漆的围墙内,你可以发现所有可能对人体不利或致病的东西。疾病和穷困在这里交互作用,把它变成了一座隔离的传染病院,变成了一个犯罪的温室。在一个角落里,一群已经“久经沙场”的无赖正试图通过赌博来给他们的牢狱生活增添乐趣,他们赌的东西包括现金、衣服或者贪心的狱卒能够留给他们的任何东西,甚至包括剩下的饭菜,这些赌徒们每天的衣食往往取决于骰子点数的大小。但并非所有的罪犯都对自己的处境如此麻木,有些人是初犯,还很年轻。你可以发现他们聚集在另一些角落中,或者蜷缩在可怜的草席上,避免和那些穷凶极恶的惯犯交流,或者希望在睡梦中忘掉自己悲惨的遭遇。然而,如果他们和这些现在竭力希望避免接触的家伙们待在一起的时间很长,那么他们早晚也会变坏,那些曾经希望弃恶从善的心灵会受到毒害,这样的话,对他们的监禁不会产生任何积极的效果,他们离开监狱后,有很大可能会成为窃贼和恶棍,而且会比之前更加狡猾和恶毒。在欧洲国家,把所有不同层次、不同年龄的罪犯关押在一起的做法多年来已经受到谴责,并被抛弃了,现代化的中国监狱已经吸取了我们监狱改革者的丰富经验。中国真的需要有很多人向伟大的霍华德①学习,比起其他拥有悠久文明的国家,中国在狱政管理领域存在很多的职权滥用问题。

中国内地会②

我们的很多读者已经注意到了吴淞路上漂亮的新建筑,它就矗立在美租界或者虹口的花园洋房再过去一点的地方,那是为中国内地会建造的。正如现在大家都知道的那样,它的建设资金来源于一个内地会成员的慷慨捐赠,为此他们竖了一块非常壮观的石碑以作纪念。这些建筑并没有太过追求外表的美观,但是非常结实,给人以深刻的印象。作为中国内地会的总部,它们是非常合适的。将来,那些参访上海的内地会成员就不再需要寻找寄宿的地方了,大楼内部空间足够大,在任何情况下,应该都可以用上好多年,并且已经被捐赠给了内地会。它们共有两座,其中一座有三层楼高,正对着吴淞路,而另一座则是呈直角形的两层楼建筑,它的长度有256.5 英尺。在前一座大楼前排的正中是一个高大宽敞的礼拜堂,它的面积是1548 平

① 指约翰·霍华德(John Howard, 1726～1790),是英国的慈善家、犯罪学家、监狱管理及公共卫生领域的改革家。——译者

② 中国内地会(China Inland Mission, CIM)是由英国人戴德生(Hudson Taylor)牧师于1865 年创办的超宗派、跨国家的基督教差会组织。

方英尺,高度大约是20英尺。礼拜堂的天花板由巨大的洋松木柱子支撑,外观看上去有些平淡,但是令人愉悦的,白天有巨大的窗户作点缀,晚上则可以看到装置合理的煤气灯。在礼拜堂的尽头放着一张平台和写字桌。这个礼拜堂可以非常轻松地容纳两三百人。这座楼里面被划分成四个单独的大屋子,可以作为内地会四位永久职员的办公室和寓所,同时也可以为优秀的服务人员提供住宿。大楼里面的房间有些小,装修得也很简单,但很舒适,设计得也很好。天花板很高,还考虑到了通风设施。在建筑物的后面有一条很长的走廊,走廊尽头的大楼外有一部螺旋形的梯子,顺着楼梯可以直通大楼后面空旷的院子,如果大楼不幸遇到火灾,那么这部楼梯就提供了逃生的通道。在此,我们必须指出这里所有的建筑都有防火墙。在这座三层大楼的下面,有一条很长的砖砌拱顶的石柱走廊,那是进入大楼的通道。

那幢很长的两层楼建筑可以为内地会成员提供住宿,它被分割成东、中、西三个部分。在建筑物中部的底楼有装修得很好的大食堂,可以容纳六七十人置身其间,令人感到身心愉悦;正对着食堂的是两间布置得很有品位的起居室。底楼的东部是储藏室和库房,里面塞满了各种各样的东西,有成堆的信纸,这表明他们需要进行大量的通信和其他的文字工作;还有一个收发室,里面有不同传教地点的信箱。底楼的西部是内地会首脑和秘书的办公室。这三个区域的楼上都有红色的房间,每个区域都有1个大房间和5个小房间,全部都朝向草坪,除了大楼后面的5个房间。每个房间都有一个独立的阳台,在那里可以看到修剪整齐的草坪。在这座大楼里面有36间卧室,前面的一座楼内另外还有6间,因此这里有充足的房间,即使是在每年周期性的繁忙时段也足够用了,那时来自全国各地的传教士们要聚集在一起开会。在大楼的后面有一条长长的走廊,那里分布着厨房、食品储存间等。在草坪的另一边,也就是大楼的左侧,是那些从属于教会的本地人的居住区。在这些居住区的后面,一堵没有窗户的砖墙把它和草坪隔开了。那里有14间卧室、两间客房以及厨房等等,在房间的前面有一条走廊。所有这些建筑都用青砖建造,外部被涂成红色,窗户都装有普通的百叶窗帘。这些建筑拔地而起,通风条件都很好。大楼里面也有自来水和煤气供应。大楼屋顶用的都是波浪形铁屋顶。草坪非常平整,大约占了几亩地,在它的当中有一座青砖砌成的新颖的中式亭子。这组内地会的整体建筑群占地有12亩。它有好几个入口——一个是在文监师路上,还有两三个是在吴淞路上。整个建筑的中部正对着吴淞路,有一块上面刻着“中国内地会,公元1890”字样的花岗岩石碑被置于礼拜堂的上方。我们当然要恭喜内地会拥有了这么棒的建筑,同时也要感谢那位捐赠者的慷慨,他为中国最值得称道的传教士团体之一提供了合适的总部机关。在结束这段文章前,我们想引用一段来自 1893 年 5 月的《亿万华民》(*China's Millions*)①上的文字,那是在当年 5 月伦敦召开的传教会议上,尊敬的中国内地会组织者和领导者戴德生博士针对上海的新建筑所说的一段话:"在这些建筑物里面,我相信将有很多的生命得以获救,疾病者得以恢复,疲乏者得到满足,否则他们将对这个世界感到麻木,来到这里也是得不偿失。"

汉璧礼养蒙学堂②

在文监师路(Boone Road)和密勒路(Miller Road)的交界处,出现了一座全新的建筑物,它把同一地址上的欧亚混血儿学校和麦根路(Markham Road)上的儿童之家结合在了一起,现在它已经着手进行慈善和救济活动了,从此以后,它将会被上海人民自豪地视为最壮观的建筑物之一,同时也是远东地区最货真价实的慈善机构。这个混合型的机构在 1891 年 3 月开始运营。以下关于这座建筑的描述将表明建设者们规划的慈善蓝图有多大,而且也表明从一开始就全身心地投入了工作。大楼完全由青砖和红砖砌成,它是虹口最闪亮的建筑物,正面朝向文监师路,其高度足以俯瞰整个租界。大楼的建筑风格简洁醒目,没有在不必要的外墙装饰上浪费资金,但是围绕大楼所做的一切都是为了保证有足够大的空间,让那些待在里面的小家伙们感到舒服,而现有的状态表明:它很有可能在好几代人的时间里都会成为其建设者和捐赠者的骄傲。除了很高的阁楼以及路口上方 73 英尺高的门楼,整座大楼有四层,楼面宽度是 92 英尺,进深是 55 英尺,由于整个平面是一个完整的平行四边形,因此人们肯定会认为里面的空间非常大。当然,一般的办公室、洗衣房以及厨房等等是在大楼后面的一座建筑中。它的主入口在文监师路上,有一个 7 英尺高的门廊,而在大楼左右两边都有一个小入口,分别供男孩和女孩出入。从主入口进来,就是一个很宽敞的大厅,铺着光亮的柚木地板,有 10 英尺宽,宽阔的主楼梯一直通向大厅尽头,楼梯两边各有一间起居室,占地面积是 17.2519 平方英尺。每个起居室都和一间教室相连,左边的供男孩使用,而右边的则供女孩使用。事实

---

① 《亿万华民》(*China's Millions*)是中国内地会主办的一份宣教期刊,创刊于 1875 年。——译者

② 汉璧礼养蒙学堂是由英国人汉璧礼(Thomas Hanbury, 1832 ~ 1907)捐资创办的一所欧亚混血儿学校。——译者

上,整座大楼都是这样分割的,各个楼层的右边安置女孩,而左边则留给男孩,由于两边在设计时都是一模一样的,因此只描述一边就足够了。我们将首先评论教室,然后去阁楼看看。我们发现教室非常宽敞,通风条件也很好,面积是1125平方英尺,教室的左边和前面有7扇窗户。每个小男孩都知道这里面有些什么家具,因此我们不会描述所有的桌子、地图、黑板以及教室里的其他东西,不过顺便评论一下,这是一群表情愉悦、专注勤奋的学生,接下来我们会去同一层的其他房间,这部分的面积是323平方英尺,它现在被用作食堂,由于缺乏资金,因此没有像原来计划的那样,在大楼后面建造一个大食堂。一楼、二楼和三楼都被划分成宿舍、校监和老师的房间、卫生间和浴室等等,每一层都大同小异。学生宿舍整理得很干净,看上去非常舒服,每个宿舍可以放14张床。每间宿舍有一个卫生间,里面有五个锡做的脸盆、毛巾架、化妆台等等,每样东西都尽可能整理得井井有条、光亮如新。教师的房间在大楼的前部,门对着走廊,跟学生宿舍连在一起,这样他们就可以时刻留意着那些年轻人,晚上可以听到宿舍里的一举一动。每个老师的房间内都有独立的浴室和卫生间,它的面积和楼下起居室是一样的。位于大楼顶部砖瓦和椽子之间的阁楼用来堆放各种箱子和杂物,穿过灰尘和蜘蛛网——事实上它们也并不是很多——爬到阁楼顶部是很值得的一件事情,因为你会得到回报——在上海的制高点之一欣赏到壮观的景致。黄浦江的相当一部分流域(同时也是最繁忙的一段水面)加上周边如地图般的村庄尽收于你的眼底,天气晴朗时甚至可以看到远方的山脉。阁楼上方是自备的热水管,热水从这里流向大楼的每一个房间。所有的家具也和这里温馨的氛围相适应,整幢楼内都铺着由汉璧礼先生赠送的享有专利的法国地砖。这个学校的设计容纳能力是84名学生,即使名额都满了,小家伙们也有足够的学习生活空间。大楼右侧的厨房、储藏室和洗手间完全由女孩子们管理,那里就如同画中一般无可比拟地干净。当我们写这篇文章的时候,男孩住的这一边,由韦尔(Vale)夫人管理,我们相信她一定非常受孩子们的欢迎,同时,他们对扬森(Youngson)夫人和戴顿(Deighton)小姐也不吝赞美之辞。用栅栏围起来的操场——顺便说一句,由于缺乏资金,这个栅栏实际上就是竹篱笆——被分成两块,分别供男孩和女孩使用,前者靠左,后者靠右。这里还装了一个铃铛,用它可以提醒孩子们各就其位。总之,我们应该恭喜建筑师科里(J. M. Cory)先生①所取得的

① 科里是当时沪上著名英籍建筑设计师,曾在1890年设计上海海关新关署。——译者

成就。尽管刻在主入口处的文字告诉人们这所学校的历史从今年开始，但是它已经有了自己的历史，它在上海广为人知。在这里，托马斯·汉璧礼以及那些无私的女士和先生们推动了这项高尚的慈善工程的实现，作为慷慨而热心的慈善家，他们的名字将永远被铭记。

圣芳济学校

一、建筑

这所由耶稣会士管理的学校，在 1874 年始建于法租界，位于圣若瑟教堂的围墙内。刚开始的时候，它只有四名学生，分别代表四个国家——英国、美国、法国和德国，随着时间的推移，这所学校逐渐积蓄力量，扩大至现在的规模。1884 年，它搬到了南浔路上，差不多在虹口罗马天主教堂的对面。这座漂亮宽敞的建筑由一个教会的教友设计，同时也由他用了两年时间监督建造，花了大约 4 万个银元，这些钱都来自教会。1882 年 11 月，这座建筑开始奠基。这是一座四层高的砖砌建筑，有着朴实的法兰西风格，占地面积为 11400 平方英尺。每一层有 13 扇大窗户，保证了充足的光线和通风，作为一座大楼，由于建在一片开阔地上，可以接收无论哪个方向来的风，因此其通风情况尤其好。它还有一片宽敞的操场供学生使用，操场的尽头覆盖在一片树木的浓荫之下，面积是 36290 平方英尺，周围砌起了 15 英尺高的坚实的砖墙。操场的一个半边被镀锌板的顶棚遮了起来，以便在天气不适宜露天活动时给男孩子们提供活动的空间。在大楼的后面还有一片小操场是供那些慈善生使用的。大楼的一层有接待室、三间供给慈善生用的教室、幼儿教室、中国学生的教室、寄宿生的食堂以及走读生的午餐室。二楼的四个房间各有用处，每间可以容纳 50 个学生，包括自习室和绘画教室。三楼的房间是给教师使用的，还有一个医务室，以及四间寄宿生的病房。在这层楼还有一个大约收藏有1500卷古代和现代文学书籍的图书室，学生们可以自由进出。四楼有寄宿生和慈善生的卧室、音乐教室以及衣帽间等。这些卧室都非常宽敞，通风情况也很好，在房间的一边可以看到租界壮观的景致，而另一边则面对空旷的原野。它们可以容纳比现在再多一点的人数。我们还可以看到在大楼的正面摆放着一个玻璃罩里面的大钟，它夜以继日给虹口地区那些疲惫的商人们报着时间。包括把它固定于现在的地方所产生的费用，这个大钟总共花费了800个银元,是由上海道台赠送给学校的。它来自法国萨尔特省的马耶市,制作者的名字叫高尔丁(Gourdin)。当然,这幢大楼也有通常的附属建筑物,包括厨房、厕所等,此外还有五间浴室,寄宿生在里面可以尽情地使用冷水或者热水,这对他们来说是不可或缺的。

二、学校的构成

在上一学年——从1893年9月1日到1894年7月1日——这所学校里有7位耶稣会士和5位玛利亚会的修士。后者特别适合管理商业化的学校,他们已经在英国、法国、美国、澳大利亚和非洲获得了成功,因此正在计划多派一些玛利亚会的人来进行管理。这一措施将使圣芳济学校成为最好的学校。

同一时期,学校有210名来自不同国家、有着不同宗教信仰的学生,比上一学年多了30名。上海是最大的生源地,另外还有一些学生则来自沿海或沿江的各口岸城市。学生分班情况如下:

四年级(也是最高年级)…………………… 10个学生
三年级 ……………………………………… 20个学生
二年级(分成两个班)……………………… 31个学生
一年级(分成两个班)……………………… 32个学生
幼儿班 ……………………………………… 28个学生
为中国人开设的特别班 …………………… 38个学生
第二类(第一基础班)……………………… 22个学生
第二类(第二基础班)……………………… 29个学生

在所有210个学生中,有60个学生是寄宿的。

三、学习课程

在与学生的发展水平和中国的特殊情况相结合的条件下,学校的课程正在逐渐完善中,它尽可能地与英国的文法学校课程同步。所有的课程内容如下:英语课程,包括阅读、书写、语法、作文等等;历史和地理;算术和簿记、代数、几何学和测绘;自然史、化学、物理和医药学;法语课程,包括翻译、作文、会话;音乐初阶、歌唱和体操。除此以外还有拉丁语、中文、会话和钢琴课程。每年会有三次测试——分别在圣诞节、复活节以及6月末。每个学年包括10个月,从9月份开始,在来年6

月底 7 月初则会颁发奖学金。7 月和 8 月是假期。然而,家长们可以通过跟校长商量,在假期时把孩子留在学校。假期中,学生们会有各种各样的任务要完成。整个学年,除了从圣诞节到 1 月 2 日这段时期以外,校方不允许学生离开学校外出,哪怕是很短的时间也不行;不过如果家长希望在复活节到接下来的周日这段时间给孩子放个假,那会是个例外。寄宿生被允许可以和他们的父母或监护人一起度过每个月的第一个星期四或星期天。在整个学年中,周四都是假日;但是如果同一周的周二、周三或者周五是假期,那么周四还得继续上课。学校上课的时间是上午 8 点到下午 4 点,其中从上午 11 点 45 分到下午 1 点是午饭时间。

四、招生条件

该校招收的学生一定要有良好的道德品质。学生可以信仰任何宗教教派,但他们应该认同学校的一般教学方式和内容,这是为了维护教学秩序。校方不会通过施加不适当的影响以改变学生的个人信仰。学费情况如下,不包括文具费用和其他额外的收费:

寄宿生(第一类)………………………… 每月 25 个银元
寄宿生(第二类)………………………… 每月 12 个银元
半寄宿生(第一类)……………………… 每月 15 个银元
半寄宿生(第二类)……………………… 每月 7 个银元
走读生(第一类)………………………… 每月 6 个银元
走读生(第二类)………………………… 每月 2 个银元

然而,学校的管理层经常会根据学生家庭状况进行一些特别的调整——事实上,在自建校以来的 980 名在校生当中,迄今为止,有很大一部分人得到了减免学费的待遇,有超过 300 个学生作为慈善生被接收,他们中的 1/3 还被免除了寄宿费用。

图书馆

这个机构创设于 1849 年,现在位于南京路上。作为订阅型图书馆,它由一个订阅者委员会管理,最近,他们已经把图书馆向公众开放了,后者可以在每天上午的 9 点到 12 点、下午的 4 点到 7 点来馆阅读。如果我们在这里分门别类列出馆内的图书清单,我想是很合适的,这里的图书分为七个部分,目前图书馆藏书情况如下:

A. 宗教、哲学、科学和艺术类	945
B. 诗歌和戏剧类	315
C. 历史和传记类	1640
D. 地理、游记类	1265
E. 散文、小说类	3500
F. 其他类别	810
G. 参考书类	120
共计	8595

只要接收到新书,书单就会被打印出来,分发给订阅者们。这家图书馆每个月会收到由它的伦敦代理处采购的书籍,每年有三四百册。图书馆首先会向订阅者提供一份建议书单,然后他们会考虑订阅其中的哪些书籍,所以说这些书都是经过订阅者委员会精心挑选的。通常,只要在图书馆财力允许的范围内,订阅者们的要求都能够得到满足。以下所列是图书馆按期收到的各类杂志:

Contemporary Review
Fortnightly
Edinburgh
Quarterly
British Quarterly
Westminster Do.
North American Do.
Review of Reviews
Outing.
Revue des deux Mondes
Nineteenth Century
Century Magazine(formerly The Scribner)
Blackwood's Magazine
Macmillan's Do
Asiatic Quarterly Review
All the Year Round
Belgravia
Chamber's journal
Cornhill Magazine
Longman's Magazine(formerly Frazer's)
London Society
Harpers'
Nature
Scibner's Magazine
Temple Bar
Athaneum
Notes and Queries
Proceedings of Geographical Society, &c., &c.

这家图书馆的图书目录最近已经印刷出来,按照题目和作者分成两部分——这大大便利了读者寻找特定的书籍。在向读者开放的区域可以找到这些目录。事实上，这本新目录编排得非常好。尽管前言中说：“作为业余者的工作成果，这本目录有很多的缺陷，希望能够得到订阅者的宽容。”然而，我们觉得这样的表述是有所偏颇的，它对编者并没有进行公正的评论。毫无疑问，正如小科尔曼①所说：“谦虚者从不自夸。”不过，另外的作家又说过：“自我贬损不等于谦逊。”

图书馆每年的订阅费用是 12 两白银，半年是 7 两，3 个月是 4 两。每年的订阅者数量大约在 130 ~ 140 人之间。大约 4 年以前，考虑到图书馆要向公众免费开放，工部局的预算中包含 590 两对它的拨款，但据我们所知，最终对外开放的程度并没有达到订户们希望的程度，因此他们觉得没有理由再获得这么大的一笔款项，所以它被削减到了每年 100 两，至今还是如此。在图书馆搬到南京路现址后，考虑到免费的阅览室要添加一些最重要的杂志以及美国和英国的报刊，同时还要向主要的警察局免费提供图书，工部局的拨款增加到了每年 600 两。我们知道，总的来说，订阅者委员会希望能够自给自足，当然，为了将阅览室向公众开放，他们从工部局得到一些资助也是正当的。我们怀疑的是，后者能否充分利用阅览室。

我们以为，工部局可以在以下方面给图书馆提供适当而有价值的帮助，由于它不会损害订阅委员会珍视的足以令其骄傲的自尊心，因此一定会被接受。正如大家所承认的，图书馆应该拥有最新的参考类书籍可供读者阅读，这是非常重要的。然而，现在图书馆中的这类书籍都非常老旧。通过观察，我们注意到当代外国语词典方面的书籍非常少。因此，工部局如果在这方面给予慷慨资助的话，不仅是对图书馆施以恩惠，同时在很大程度上也是造福于公众。这样做事实上是在对公众教育加以资助。很多疑难问题也将迎刃而解。只有依靠订阅者委员会的细致和节俭，图书馆才得以勉力维持，财政状况不允许它采购我们需要的各类书籍。

英国总会②在过去的几年中已经允许它的会员把图书馆的书带出去。很自然的，这对图书馆产生了影响，造成了一些订户的流失。为了使图书馆能够成功运营，至少必须保证有 175 ~ 180 个订户。这样才能提供必需的财政来源。大约 8 年以前，副总领事艾伦先生曾经建议成立一个由工部局控制的图书馆。然而，现在看来这个建议并未受到欢迎，因为自从对图书馆以官方的名义做了一定的资助外，其

---

① 乔治·科尔曼（George Colman，1762 ~ 1836）是英国剧作家和杂文家。——译者

② 英国总会（The Shanghai Club），又名上海人俱乐部，于 1861 年成立，是当时在沪英国上流人物的社交俱乐部。——译者

他什么也没有发生。当然,如果工部局要接管图书馆,那也必须由订阅者委员会提出请求才行。

博物馆

上海的博物馆位于博物馆路上,紧挨着英国邮政局。这个富有教育意义的机构始建于1874年,作为皇家亚洲文会北华支会①的附属机构,它采用馆长负责制,同时还有一位动物标本制作师作为助理。工部局预算中对它的年度拨款是500两白银。在过去的几年中,这个机构发展得很大,如果一切正常,这一进程将会继续,但是如今它的发展有些受困于狭窄的空间。

这座博物馆有着十分有趣的标本收藏。在哺乳动物区,有一只来自宁波地区的母豹,身上长着很好看的斑点。作为一头看上去非常狡猾的野兽,它锐利的爪子可以干净利落地把那些不幸成为其猎物的中国人置于死地。在同一区域,我们见到了一位已经故去的老相识——一只17个月大的小老虎,它曾经在车利尼马戏团(Chiarini's Circus)②表演过节目。还有一头来自朝鲜半岛的黑熊,这是一具非常好的熊属动物标本。有一头浑身长有白毛的野猪,有200多斤,来自太湖周边的山地,看上去非常有趣。当然,凶猛的豪猪的标本也有展出。此外,还有一些很好的中国标本。在所有的鹿的标本中,有一头来自北京的皇家园林,它被命名为"四不像";而另一头做成标本的年轻的鹿则被称为毛冠鹿,它有一对深褐色的毛茸茸的耳朵。另外还有一些头上没有角的獐子,其中有一头似乎得了白化病,浑身雪白。有一只蒙古野兔的标本看上去很漂亮,无论从哪个角度看都要优于它的中国同类。有一只属于海豹科的看上去笨拙而温顺的海豹。还有一条卵生的鳄鱼,身上凹凸不平,皮肤是泥土色的,看上去非常恶心,直令人作呕。那只红脸短尾的猴子仿佛正骑在蜥蜴的背上,"它笑着坐在那里,十分放松,就像沃特顿③坐在鳄鱼背上"。

---

① 皇家亚洲文会北华支会(The North China Branch of the Royal Asiatic Society)成立于1857年,其前身为英国人尼柯逊和裨治文发起的上海文理学会和英国伦敦的大英亚洲文会。该会成立后,以研究中国及其邻近国家的历史文化和自然状况为宗旨。1874年学会发起成立了"亚洲文会博物院",以收藏和陈列上海周边地区及长江流域的动植物、矿物、古董及相关人类学标本为主,为上海最早的博物院,也就是本文所描述的"上海博物馆"。——译者

② 车利尼马戏团是19世纪由美国马戏表演艺术家车利尼领衔的世界一流马戏团,1882年6月15日至8月16日曾在上海连续表演两个月,轰动一时。——译者

③ 查尔斯·沃特顿(Charles Waterton, 1782~1865),英国博物学家和探险家。——译者

这里还有两块巨大的鲸鱼下颌骨，这条鲸鱼被发现时，横尸在吴淞口。这两块骨头每块都有近 9 英尺长，最宽的地方有 2 英尺。

这座博物馆中的鸟类收藏真的非常精彩，单凭这一点，就值得再来一次。我们数了一下，大约有 600 具标本，代表了 300 种鸟类。其中有三四十种来自澳大利亚或其他国家。我们觉得，这里的中国鸟类标本大致已经可以代表中国对外开放地区的鸟类资源情况。动物标本制作师告诉我们，在中国大约有 800 种鸟类。许多被做成标本的鸟类都有非常华丽的色彩，有些鸟的羽毛美得令人眩目。

要论大小，博物馆中的鸸鹋是首屈一指的，它是名副其实的鸟中之王。这只大鸟站起来有 5.5 英尺高，我们觉得它一定像巨人一样矗立在它的故乡新荷兰地区。博物馆内的属于鹰类的鸟类标本大约有 50 具。这里有非常完好的老鹰标本，它是鸟类中的王者，就像狮子是百兽之王一样。王者之鹰虽然可能没有其他一些鸟那么大，但有某种贵族气息。

毫无疑问，老鹰正是凭着它的这种精神气质而获得王者称号的。

博物馆中有两种秃鹫，它们的形态与其众所周知的贪婪的个性很相称，正如一句拉丁谚语所说："以貌知人心。"大家都知道秃鹫有着超乎寻常的灵敏嗅觉。摩尔在《拉娜茹珂》①中曾经认为它们甚至能够闻到即将逝去的生命的气息："在仍然温暖而有生机的呼吸中，秃鹫可以敏锐地嗅到死亡的气息，从而得到猎物。"

还有一具制作精美的鹰鸮的标本，它张开双翼，爪子上抓着一只野兔。另一只秃鹫神情严肃，看上去非常滑稽——"它的脸上反映了天堂的平静"。我们确信，上帝肯定希望任命它为中国鸟类会审公廨的法官，或者至少是陪审员。有很多野鸡都非常漂亮，锦鸡浑身色彩斑斓，熠熠生辉。角雉同样有非常漂亮的羽毛。但是来自爪哇的孔雀则极其孤傲，它的羽毛像扇子一样，像极了蓝色的天鹅绒，很容易导致人们的误会，这些羽毛从它的脖子那里一直延伸到尾部，距离身体已经很远——真是鸟类所拥有的奇怪附属物。孔雀头上的羽毛是绿色的，有金属的光泽，使它的头上看上去好像镶嵌了数不清的翡翠。这些类似翡翠的斑点让它们看上去光芒四射。这种特别的鸟类还有一个特点，就是胸部也覆盖着绿色的羽毛。总之，这是一种非常特别的鸟，它是上帝造物多样性的又一个明证。此外，这里还有鹈鹕、麻鸦、

① 托马斯·摩尔（Thomas Moore，1779～1852），爱尔兰诗人，著有诗集《拉娜茹珂》（*Lalla Rookh*），描写 17 世纪印度莫卧儿王朝的贾汗季皇帝和皇后茉荷茹妮莎的爱情故事。——译者

丹顶鹤、真正的黑天鹅、印度鹮、鹗、茶隼、信天翁、鸬鹚以及其他很多值得观赏的鸟类。鹮有着又长又细的小腿,看上去像一个踩着高跷的矮子。在博物馆里还有一个天生的畸形动物——一只长着四条腿的鸡。很奇怪,在数不清的中国鸟类动物中,只有大约15种是天生的歌唱家。很不幸,几个世纪以来被中国人称作音乐的嘈杂声音一直在鸟族中传播,而一旦当这些小鸟完全被悲惨地暴露在这些杂音的影响之下,本来甜美迷人的音韵就可能变成粗鲁而不和谐的叽喳声。

在昆虫部,大约有不少于180种的色彩斑斓的蝴蝶、150种各类颜色的飞蛾,还有大量的甲虫和蜻蜓。

在爬虫类动物部,有12条巨蟒、3条眼镜蛇以及23种小型的蛇类和蝎子等等。

在矿石部,大量的展品都来自国外,包括火山岩和维苏威火山的火山渣。

这里还有很多不同种类的珊瑚标本,它们都是珊瑚虫的杰作。另外还能看到许多漂亮的硅酸海绵动物的标本。贝壳、一些鱼类以及其他动物的标本也有展出。那些热衷于研究蜂巢构造的人会在博物馆里发现一个巨大的马蜂窝,它是从福州一个离地有20英尺高的屋檐下摘下来的。任何人都不要错过天王——著名的太平军叛乱时的领袖——坐过的宝座。

如前所述,我们已经详尽描述了这座出色的博物馆的所有重要特点,由于有动物标本收藏,它存在的价值得到了进一步的体现。虽然现在这部分收藏还不多,不过毫无疑问,在这方面,博物馆会赢得中国人的支持和喜爱。

江苏制酸厂、化工厂和肥皂厂

这个由国外企业投资的工厂位于苏州河的北岸,离上游的船坞不远,正对着南岸的怡和洋行缫丝厂。厂区建筑占地很广。企业投入了很大一笔资金用于建设与硫酸生产和精炼银相关的流水线,而后者则首先要用到酸。硫酸的生产需要大量的蒸馏水,每天大约可以生产8000~9000磅硫酸。生产夜以继日地进行,如果引用柯珀[①]的诗句,我们可以说这些工厂"对哪怕一秒钟的停顿都感到恐惧,只有不停地运转,才能使它们感到生命的存在"。只有在过中国新年时,工人和机器才会有八到九天的休息时间。全国各地的银行机构都把要精炼的银子压成鞋子一样的形

① 柯珀(William Cowper, 1731~1800),英国诗人。——译者

状,然后运送到工厂,每天大约有 1000 磅或者 50000 两的银子会被精炼。每个月会从英国运来大约 100 吨制酸时要用的硫矿石或者硫化铁矿石。肥皂在工厂的另一幢独立的大楼中生产。每星期会生产大约 5 ~ 6 吨肥皂,主要销往欧洲和中国市场,这玩意儿的销路很好。对于上等品的需求每天都在增长,工厂正打算推出特供品。工厂用的是当代最好的可用于大量生产优质肥皂的机器。制酸工厂、精炼工厂和肥皂工厂一共雇用了大约 200 个本地工人,他们都在能干的经理——来自英国的曼恩(F. Mann)先生的管理之下,在我们看来,他有无穷的精力。

现在我们将竭尽所能地对江苏工厂中的硫酸生产、精炼银和肥皂制作的不同过程进行清楚明白的描述。当然,亲爱的读者,请记住我们并不擅长实验室的工作,因此解释的内容也有可能出错。

在矿石部,硫矿石或者硫化铁矿石首先会被击碎,以便放进熔炉冶炼,在那里硫黄被提炼出来。用于这一目的的熔炉有 8 座,大约两小时就要添加一次原料,每天要烧掉 4 吨硫化铁矿石。锅炉里面产生的烟雾会通过冷媒管进入一个铁柱,在那里,它和硝酸混合在一起,然后进入一系列的铅室,在里面被液化为硫酸。一共有 8 座这样的铅室,它每平方英尺的重量是 10 磅。其中有 6 间大一些,有 25 英尺宽、17 英尺高、120 英尺长,另外两间要小一些。

那些在锅炉里升腾起来的烟雾依次通过每一个铅室,在那里它们和硝酸、水蒸气和氧气等结合在一起,形成硫酸,凝结成液体的硫酸像雨水一样滴在铅室的地上,大约会有 5 ~ 6 英寸深。在通过几个铅室后,这些烟雾还要经过压气机的压缩,之后剩余的气体才会被排出,而这些被排出的气体已经不可能再用于生产硫酸了。现在,这些烟气从低到高地分别通过一至八号铅室,由于重力的作用,那些在这一过程中形成的液体则会回流至一号铅室,再通过一个管道被收集起来。这些液体最终都会汇聚到一个铂金容器中。由于酸性物质刚刚流经铅室,后者受到了一定的侵蚀,不适于马上再使用,所以需要进一步的提炼,这种提炼是在铅锅里面进行的。一共有 4 个铅锅,每个铅锅有 20 英尺长、7 英尺宽、1 英尺高,它们从高到低互相联通,提炼过程中的硫酸会依次经过 4 个铅锅。在最低处的铅锅附近就是熔炉,酸性液体从铅锅的底部流入熔炉。熔炉下的火非常旺,酸性物质在炉子中慢慢地凝聚,直到它最后作为成品流入铂金容器。工厂里有两个铂金容器。其中一个有 6 英尺长、2 英尺宽、5 英寸高,而另一个圆形容器直径是 2 英尺、高度也是 2 英尺,四周都用砖砌了起来。这些酸性液体从第一个容器流到第二个容器,发生着最后的化学反应,此时多余的水分通过管子被排出,留下达到一定浓度的硫酸。现在,这些硫酸只需要从第二个铂金容器中转移到罐头里面,然后就可以被使用和出售。但是由于它的温度非常高,因此只能通过一根很长的铂金管道导入到罐头里面,出于安全起见,管道内经常会用冷水冲刷,以保证其内部温度不至过高。仅这两个铂金容器就花去了近5000个银元:第一个是1700个银元,第二个是3000个银元。铅室附近有两个水池,每个水池的蓄水能力是2000加仑,可以用来预防火灾。如果有哪位当地的工人不小心打破了硫酸罐头,里面的液体溅在衣服上,他可以马上跳进水槽,以阻止这种腐蚀性的液体继续产生反应。在铂金容器附近也有一个蓄水能力达到20000加仑的水槽,起着同样的作用;在大楼的顶上还有一个蓄水能力达8000加仑的高压水箱,主要供日常生产时使用。锅炉里的矿石经过燃烧后,含有2%的铜,为了把铜提炼出来,这些矿石被碾碎后进行深加工。

现在,我们来讲述银子的精炼,这是一个非常有趣的过程。在这一过程中,首先要使用我们刚刚谈到的硫酸。鞋子形状的银子和硫酸一起被放进容器中,熊熊烈火使容器内保持着很高的温度。硫酸溶解了银子,使它成为硫酸银。这时黄金可能会被放进容器里面,它不会和硫酸产生反应,却能够弥补银子精炼过程中产生的损耗。化成溶液的银子接着和铜片一起被放进一个小一点的容器中。硫酸和铜有很强的亲和力,它们之间会发生反应,产生硫酸铜,而银子又被分离出来。这样,在锅底就会有作为金属的银子和化为液体的硫酸铜,同时还会有一些用来弥补损耗的其他金属。接着,提高了纯度的精炼过的银子就会被取出来,再次被压制成鞋子的形状。下面一件事情就是把精炼银过程中已经溶化的铜还原出来。通过把废铁投入到液体中,金属铜就会被分离出来,只留下液体的硫酸铁或者硫酸亚铁。接着铜也被取出来,压缩成块,之后重新投入熔炉,炼成铜板,就可以继续在精炼银的过程中发挥作用了。根据市场需求,一部分的铜会被做成铜线用以出售,主要用于电话通信领域。现在只剩下等待处理的硫酸铁液体了。这些液体被运到大楼内的另一个部门,在那里它们被放在很大的铅锅中冷却结晶。之后就变成了硫酸亚铁,或者绿矾。这些东西被卖给中国人,后者将它们用于给布料染色。根据订单的数量,绿矾每个礼拜的产量大约是200~300担。

工厂中一些区域的烟雾严重影响到了我们的呼吸系统,以至于大家都想马上清洁一下喉咙。然而,经理却告诉我们让喉咙被布满厂区的水蒸气挠一下痒是很有好处的,他还向我们保证不会找到比在他工厂里工作的工人更健康的本地人,而他们经常吸进这些烟雾。从表面上看,他们的身体确实不错,不过,对我们来说,健康是什么东西也换不来的。

现在我们要讲的是肥皂生产。生产要用到的原料包括棕榈油、牛脂、花生油以及其他植物油。这些油和牛脂首先会在净化部门通过高温蒸汽的提纯。接着,它们会被放进一个深15英尺、直径15英尺的大铁锅中,再加入碱,经过蒸煮,所有这些东西都会成为肥皂的一部分。这个程序完成后,液体的肥皂通过一根管道被输送至一些大铁盒,在接下来的四五天时间中,它会继续冷却凝固,然后被取出来,用机器切成很大的条。现在,它们被称作棕榈油卫生皂。接着,它们会被堆进装有蒸汽管道的干燥室中进行干燥。干燥完了以后,再用很大的花岗石辊碾碎,加入香料,然后再压成条块;紧接着再通过压缩机器的压缩,使它们的大小适合在上面盖印,然后再被做成各种不同的形状。最后,在加入一些香料后,这些肥皂会被送到另一间房间里进行干燥处理。在这里,你可以看到各种不同的肥皂——药皂、杏仁皂以及其他各类香皂。与英国的药皂不同,这里的药皂几乎没有味道,它的生产原料用的是很纯的石炭酸。工厂里生产的肥皂分别含有10%、5%或者2%的石炭。在我们看来,这些肥皂的质量都非常好,纯度很高,我们毫不怀疑,一旦当这篇在工厂里写出的文章广为人知后,这些肥皂的销量会有很大的提升。

最后我们还要补充的一点是,包括正对着制酸工厂的苏州河对岸的火柴厂在内,这些工厂都是由美查兄弟(Messrs. Major Brothers)投资引入到中国的,他们的精神和在事业上的进取心应该获得成功的回报。

火　柴　厂

就像我们在关于江苏制酸厂的那篇文章中提及的,这个本地的火柴厂同样属于美查兄弟的企业集团。工厂位于苏州河的南岸,差不多就在硫酸厂的对面。整个工厂的大楼是四边形的,中间是一个很大的蓄水池,用来预防火灾。建筑的三面都是工厂不同的生产部门,而办公室、买办的房间等则位于另一面。这座工厂大约雇用了300个本地的工人,其中大约有200个是妇女、年轻的女孩和儿童。另外还有很多被雇用的中国家庭在他们自己家里做火柴盒,在新闸周边的村落和新闸路上都可以看到有很多放在门口晾晒的盒子。每做1000个火柴盒,他们就能得到170块钱的报酬,工厂提供盒子的原料,他们只要自备胶水就可以了。工厂每个星期的火柴产量大约是560箱,接近7000盒,火柴在全中国的销量很好。每盒火柴的出厂价是2.5元。上海中国商店里的零售价是3.2元,我们听说有时候价格还会涨到5元。

一个用蒸汽作动力的圆锯把用来做火柴的木头切割成长宽相同的木块,大约有6英寸见方。这些木块再被用蒸汽作动力的刀子快速地劈成规定形状和厚度的很薄的木条。接着,木条被捆扎起来放进干燥间进行干燥处理。这一程序完成后,木条的两端被浸染上易燃物质。然后,妇女们把这些木条放进一个带槽的框架中,现在它们要进行最后的浸蘸,但是在此之前还必须经过平整机的整理和平整。随后,它们被排成圆弧形,就像一个"幸运转盘"似的,被一个男人拿到旁边的房间里,他会把木头的顶端浸在一种化学物质中,后者只要经过摩擦就会产生火焰。紧接着又要经过干燥程序。如果天气正好很潮湿,装有木条的框架会被放在保持100华氏度恒温的房间中进行干燥。然后中国人会把两边都染上化学物质的木条劈成两半。火柴就这样成形了,下面就准备装盒、打包和装箱。工厂内不同的房间都用防火墙隔开——在易燃物质如此密集的区域,这是一个必要的安全措施。

观察妇女们用灵巧的双手把火柴装盒打包是一件很有趣的事情。经过长时间的练习,那些妇女和女孩们一下子就可以精确地抓起每个盒子应该装的火柴数量。每10个装满了火柴的盒子作为一组,然后就被放进锌做的箱子里面,加以密封,以防受潮。有个年轻女孩打包装箱的速度快如闪电,令我们感到十分惊讶。我们确信,如果她从事魔术师这份职业,一定会变得非常有名。根据完成的工作数量,她一天大约能赚10文钱。

在几个女工车间,年轻的和年老的、漂亮的和丑陋的女工都混在一起。在这边你可以看到韶华逝去的老妪,那边又可以发现处于花季的妙龄少女,柔嫩的脸颊上泛着玫瑰般的红色。所有的人都在为一个目标工作,所有人都像沉闷的鸽子一样安静,很少听到有人在讲话。"亚当的孩子们必须工作,夏娃的孩子们必须受苦。"尼罗斯(Nilus)写道。这就是芸芸众生,谁也无法超脱于外。

有人可能会认为火柴这个东西很不起眼,一个英国的财政大臣曾经在他的财政预算案中这样描述火柴:"它是最好的福利之一,虽然看起来很微不足道,然而科学正因此而来。"

(译者:王健,上海社会科学院历史研究所副研究员)

德国记者笔下的1937～1938年的上海*

[德]沈　克　著　王维江　译

1914年4月6日，沈克生于阿恩施塔特(Arnstadt)。1931年，他加入冲锋队(SA)。1932年，他加入国家社会主义工人党和希特勒青年团。1933，年他前往柏林的政治高等学校读书，并成为纳粹党所设立的资助天才的朗格马克(Langemarck)基金的获得者。1934～1935年他成为希特勒青年团下属的杂志《意志与权力》的编辑，不久被提拔为发行人和主编。1936年，他成为希特勒青年团大区领导人(Bannführer)，同时也是青年团外国新闻部的负责人。

1935年，21岁的沈克首次作为记者被派往中国，同时成为德国希特勒青年团和国民党三青团之间的联络人。1937年，沈克再次来到中国，作为希特勒青年会机关报《人民观察家》(*Völkischer Beobachter*)的记者。据沈克晚年撰写的回忆录称，他之所以放弃青年团的领导职务而前往中国，是因为与亲日派的希特勒青年团领导巴尔杜尔·冯·席拉赫(Baldur von Schirach, 1907～1974)发生争执。在中国期间，他秘密为德国国防部工作，将在中国所采写的有关抗日战争的报道递交给国防部。这一时期，作为记者的他以反对帝国主义的面目示人。

第二次世界大战结束后，沈克在上海被美国人俘获。1946年在"上海审判"中被起诉，次年被判无罪释放并回到德国。1950年，沈克在汉堡成立"第三阵线"(Die Dritte Front)，主张中立主义，呼吁德国既不要倒向美国，也不要倒向苏联，警告核战

---

* 因其国际记者的身份，本文作者的部分观点与现行历史表述略有出入，为译介历史研究资料之目的，兹予以保留。——编者

争将会毁掉德国。1956年,又创办《新政治》(*Neue Politik*)杂志,影响甚巨。

无论战前还是战后,沈克著述丰富。战前,作为年轻记者,他著有《东亚的决战之地:黄海之滨的政治与士兵》(*Kampfplatz Ostasien: Politik und Soldaten an den Ufern des Gelbe Meers*, Berlin: Stollberg, 1937)、《在黄色前线的旅行:一位德国战地记者在中国的观察》(*Reise an der gelben Front, Beobachtungen eines deutschen Kriegsbeichterstatters in China*, Oldenburg: Stalling, 1940);战后作为著名时评家和民间组织的领导人,著有《风暴中的中国》(*China im Sturm*, Hamburg: Noelke, 1949)、《亚洲时刻》(*Die Stunde Asiens*, Hamburg: Holsten-Verlag, 1955)、《中国:新的超级大国》(*Neue Weltmacht China*, 1957)和《与中国单独相处》(*Mit China allein*, Hamburg: Holsten-Verlag, 1971)。

沈克出生于第一次世界大战爆发那一年,其不算复杂的人生经历具有那一代人的共同特征:青少年时代生活在《凡尔赛条约》的压力和阴影下,从中学起就接受了纳粹的意识形态,积极参与政治,并迅速出人头地。所幸他中途退出了希特勒青年团领导层,并一直生活在中国,否则,他很难说能逃脱作为战犯被审判的命运——其曾经的同僚席拉赫被判入狱20年!

这或许正是沈克不同于纳粹党棍之处,他更热衷于战地记者这样富有冒险性同时又需要客观理性思维的职业。尽管他有早期的纳粹党务经历,尽管他对共产主义持有坚定的反对态度,但他对中国的观察和报道仍然不失客观公正,对从上海淞沪抗战直到汉口陷落的历史进行了极为详细的描述。作为23岁的年轻战地记者,他与在华德语报刊机构、在华德国外交机构(包括大使陶德曼)、在华德国公司(包括拉贝)都保持着密切联系,显示了他过人的沟通能力,而他在战争的关键年头得以成功采访了蒋介石、孔祥熙、李宗仁和白崇禧,为我们展示了政治领袖和军事将领当时对日的心态和想法。这也是译者不因人废言,从其1940年出版的《在黄色前线的旅行》中节译了五万多字的主要原因。

第一章　上海

四个星期内走过半个地球,这就是我刚刚过去的经历:短暂停留伦敦,迅速渡过北大西洋,从普尔曼(Pullman)穿过加拿大的草原,经落基山脉风雨兼程地通过北太平洋,并在阿留申群岛(Aleuten)遭遇台风,一切都像放电影一般。然后在日本稍事逗留,那里的变化巨大。人们已经发觉,这个国家处于战争状态,但真正的战争,我现在才遇到。

快船“上海丸”(Shanghai Maru)[①]以 21 英里的时速通过黄海的潮水。上海便是此行的目的地。

上海,对西方的百万民众而言,这个名字听起来确实有些特别。狭窄的弄堂,屋顶飞翘的房子,忙忙碌碌的黄皮肤、眯缝眼、陌生而难以信赖的人群,悄然无声驶过的、形状怪异的篷船和张着褐色风帆的帆船,难道这种气氛还不够神秘吗? 成百上千的花花绿绿的灯笼,上面涂着神秘莫测的文字,难道不会让人想到海盗和鸦片贩子吗? 对那些在此已久住的人来说,他们首先考虑的是大买卖,是欧洲人赚取的快钱。他们身处现代摩天大楼的宾馆里,这令人想起纽约,各种各样的远洋轮船扎堆停泊在这个世界第五大港内,漂亮的汽车汇成车河,堵塞着高楼间的窄小街道。

然而上海远远超出这种想象,它进入了世界公众的视野。在长达 3 个月的时间里,有关上海及周边的新闻占据着大标题,吸引着热衷八卦的报纸读者的阅读兴趣,“远在土耳其,民族间在厮杀”。[②] 只不过在歌德时代是对西方而言的土耳其,现在则换成了中国。“上海丸”载着我开始了它的又一次航行,从日本出发,驶往上海,它从距离中国沿海 100 公里处的由日本的两艘驱逐舰护卫的巨大航空母舰旁驶过,而正是在这几天里,让世界屏住呼吸达 3 个月之久的上海抵抗前线已经崩溃。最好的中国军队已无法抵御占据优势的日本战争机器的猛攻,其过快的撤退,已经在酝酿着后来的南京大溃退。

当我们驶入宽阔的扬子江口,并逆黄浦江而上驶往上海时,战争画面就已映入眼帘。吃水线远远高出水面的空载的日本补给舰向我们开过来。它们无一例外地涂抹着黑灰色的船体上的编号,证明日本拥有大批的补给舰,可为上海前线的作战军队提供后勤保证。靠近吴淞港时,环顾四周都是船,日本运输船队就在面前,再统计船只数量就失去意义了。我们行驶途中所遇的船只,来来往往,不计其数。距离我们一二百米处,就是一望无际的扬子江的入口处,浑浊的江水翻腾入海,在黄浦江汇入处,补给舰一艘接着一艘,它们是被征用的贸易船队,被涂成了黑灰色。

---

① 日本邮船株式会社所属船只,1923 年由英国船厂制造,1943 年被撞沉于东海。为长崎—上海航线所使用的两艘快速轮船之一,后该航线延伸至神户、大阪。此船乃 20 世纪上半叶中国人最常乘坐的轮船,孙中山、蒋介石等都曾搭乘该船。——译者

② 引文出自歌德《浮士德》。——译者

为了防御空袭,到处都是鱼雷艇以及炮口对空的驱逐舰,还有一艘陈旧的小型巡洋舰。在转入黄浦江之前,我看了一眼扬子江的南岸,在那块腹地后面很近的地方,应该就是处在胶着状态的前线了。对了,眺望远处的背景,看得见沿着地平线的灰烟在向上升起,飞机正在盘旋。

我平生第一次冒出一种奇怪的感觉,这种感觉一直到下一年还常常浮现。站在相对安全的地方,看着盘旋的飞机机关枪扫射地面和抛掷炸弹,我想到的是那些笼罩在死亡和毁灭之下的人们!

我徒劳地捕捉着吴淞的景象,它是上海的库克斯港(Cuxhafen)①。吴淞现在只是一片灰色的废墟,只有很少的几栋坚实的建筑还剩些断垣残壁。废墟中却呈现出一片忙碌,见不到一个中国人,只有一大群穿着黄褐色制服的日本士兵。几艘补给舰停泊在岸边,士兵们川流不息地来回穿行,搬着箱子和大包,把弹药和给养从舰上卸下来。临时仓库要么是露天的,要么是快速在岸边搭起的竹棚,箱子放在里面,有些已经堆放得和房子一样高了。一辆接一辆的褐色货车开过来,装上货物,然后开往上海。如果沿着岸边的这条路走下去的话,就能看见源源不断的满载的汽车的长河,一辆紧跟另一辆,而空车是驶往吴淞方向的。一艘运载着士兵的轮船驶近,我们船上的乘客开始摇动日本小旗、挥手并喊着"万岁"(Banzai),对面的士兵挥舞着帽子,也喊着"万岁"。在前往上海的路上,这样的场景多次出现。

现在我们已置身于战争之中!岸上有一群忙碌的士兵、堆得高高的弹药箱和来回飞驰的海军汽艇,源源不断的军用货车消失在前往上海的方向。空中有飞机,地上有一排架起的大炮,步兵队伍走在前面,紧随其后的马队传来典型的咔嚓咔嚓声,那是行进队伍发出的声音。再后面是吴淞被打得千疮百孔的荒凉废墟,乌云压顶,整个画面充满了死亡的气息。

两百米宽的黄浦江的右岸,是所谓的浦东,它又是什么模样呢?那里根本没有生命,农舍毫发未损,房屋之间是树木、灌木林和绿油油的农田。但与以前相反,极目所及,已见不到一个人。日本人的手掌尚未伸到这片中国土地,而江左岸的沿线刚刚进行过现代化的战争,几个月来,重型炮弹和飞机炸弹夷平了地上的建筑,并

① 位于易北河流入北海的入海口,1937年前从属于汉堡。作者到达上海之时,库克斯港脱离汉堡不久,或许是缘于这一变故,作者才作此比拟。——译者

把街道炸了个底朝天。

“上海丸”上的乘客渐渐地进入极度兴奋之中。每一艘经过的小船、每一小队岸上的士兵，现在都被“万岁”声相致意，这种招呼声渐渐就升级为真正的喊叫声了。中国人在上海的抵抗被击溃，船上的很多日本乘客原本就长期住在上海，因为后来的敌对状况才被赶走。针对只有海军陆战队守卫的虹口区（这里主要是日本人的居住区），中国人正在发起首次最强大的进攻，很多乘客不清楚他们的房子和财物是否受损。不少人推测，其所有的家什都已被毁。再过两小时，一切都将明了。但是眼下在打了胜仗的刺激下，他们全都声嘶力竭地高喊着“万岁”。

最大的变化是黄浦江本身。我想起上一次的黄浦江之行[①]，江上川流不息的大大小小的船只，有的逆流而上，有的顺流而下，江面上都是数不清的拖轮、小艇、摩托艇，还有数不清的极为古老的中国水上交通工具——帆船和舢板，褐色的竹制帆船静静地驶过或者用桨划过。而现在江面空无一人。除了几艘日本驱逐舰和补给舰，根本看不见其他的轮船，水面上只有箭一般急速驶过的海军舰艇，翻起浪花，舰艇上的人朝我们船上的乘客挥手致意。

驶过上海电厂，我们抵达黄浦江的转角处。我们从这里进入位于苏州河以北的公共租界城区，它应当是日本防卫的主要区域。从这里可以眺望上海，滨江的高楼和摩天大厦，总是让刚到上海的人心驰神往。这里有国际大银行的巨型建筑、华懋饭店、百老汇大厦，其后是外形雷同的直插云霄的都城饭店、汉弥尔登大楼和建设大楼的三个尖顶塔楼，再远处的背景是永安公司的高塔——这是最大的中国百货公司，另外还有国际饭店。

上海！持续三个月的战争之后，它会以什么模样来迎接我？以前的优雅和舒适生活会不会改变？看着那些高楼的剪影，我的脑海里浮现出这样的念头，但这个念头很快又被如何继续前行的担忧所取代。因为这次只是经过上海，南京是我的目的地，我必须在上海陷落之前抵达南京。现在上海的前线——它本来处于上海和南京之间——已经垮了，从上海出发前往南京，还有可能吗？或者说，我是否真的必须绕道几千公里外的香港？带着这样的担心，我所乘坐的“上海丸”驶入上海，这种心情也很符合我们周遭的气氛。

在驶往轮船靠岸处的杨树浦码头的路上，两边作为战争见证的被焚毁的房屋，

---

① 作者首次来华在1935年，时年21岁。——译者

正在警示着我们。

从对面的浦东和城区一边的黄浦江上游,还传来日本人的大炮声,这些炮弹打向在法租界已经被攻破的中国人的上海防线。

大批的人聚集在码头边,从制服上我能辨认出他们中间有海军、陆军,但走近一看,发现很多是日本平民,甚至其中还有几个女人,他们在中国人撤退后立即回到上海。我徒劳地寻找一位熟悉的德国人的面孔(即来接我们的人),却一无所获。难道我今晨从船上发给总领事馆的电报没有抵达?我从东京带来一个大信封,里面装满邮件。在这个野蛮的战争时期,邮寄是糟糕透顶的事情。最终我在人群中发现了我的老朋友——上海德国学校的老师兼中国希特勒青年团的导师,我和他一起曾在希特勒青年团青岛营地、上海、埃尔兰根以及纽伦堡度过美好的时光。他站在那儿,以一贯的亲切姿态向老友致意,他身边站着的是上海总领事馆的副领事贝茨(Betz)先生。

但此次旅途也并非一切顺利,按我们在青岛营地时的说法,乃节外生枝。作为战区,虹口禁止平民尤其是外国人通行。假如有轮船从日本来——这是从外部进入上海的唯一路径,只有名称为国际导览(International Guides)的公司被准许开着大巴到码头,把外国乘客接送到苏州河另一边的公共租界,即英美区。"上海丸"上的几个外国乘客、我太太和贝茨先生已坐上车,而我和费尔格拉夫(Fuellgraf)还在张罗行李的事情,因为行李装在另一辆车上。当我们放好行李转身回来时,却看见那辆大巴车正从转弯处消失。我们只好冒着倾盆大雨,步行半个小时。其实我们俩身上都未带护照和战区禁地的许可证。还有一个原因让我很不安,尽管它本身并不算什么:作为中立的战地记者,有时候我处在战线的这一边,有时候置身于另一边,必须力争与交战双方保持良好的关系。所以,我上衣左胸口袋里有中国驻德国大使[①]给南京政府的介绍信,右胸口袋里则装着东京参谋总部写给当时的军事随员、后来的日军驻华政治特课课长原田(Harada)[②]少将的介绍信。一切都做了充分准备,但是,我们永远都不知道一个小官、军官或者士兵面对这些信件会做出如何反应。

回过头来看,我很高兴那辆大巴车先开走了。坐在汽车里的话,五分钟就走完

---

① 应是蒋廷黻(1895~1965),1936~1938年在任。——译者

② 应是出生在天津日本商人家庭的原田直三,为中国通。——译者

了这段路，而在大雨中徒步而行，全身湿透，就对这场战争，即所谓的“中国事件”所造成的破坏，有了完全不同的感受和印象。这是进入被战争裹挟的上海的正确方式。从码头出来，踏入街道，我们随即进入炮兵部队的行列。交通堵塞，汽车和其他军用车辆从后面挤上来，有些人试图从轮船公司的地界穿过已堵死的街道，却仍然陷在大炮之间。马匹受惊，我们几乎被挤到一架火炮上，司机试图挤到大炮之间，以便喘口气。作为平民的我们被如此挤兑，显得特别另类和多余。挤出来的时候，我们感到很高兴。我们开始在街上走，四周的气氛跟之前所经历的一样，阴沉至极。从前的滨江大道可是人流熙熙攘攘的啊！而现在，从低沉的乌云里，大雨倾盆而下，浇到空无一人的街上，只有日本军车疾驰而过，街角站着穿着雨衣的日本哨兵，手里握着上了刺刀的枪。被炸弹或手榴弹爆炸造成的气流撕断的电话线挂在空中，有的荡下来碰到我们的脑袋，有的甚至拖到了地上。大多数房子只剩下残垣断壁，如果是钢结构的房子，那就只有墙里的钢筋还在，别的都塌了，不怎么结实的房子已成为乱石组成的废墟。还有些房子已被烧毁，边上一圈焦黑的、空空的窗框直瞪瞪地对着我们。铁丝网和沙包组成的防御工事，部分被毁、部分还在。我们最终必须经过这类防御工事，走到吴淞江上的桥边。两个日本哨兵惊异地看着我们，我们一直往前走，什么话都没说，也并未被阻拦，就这样过了桥。距百老汇大厦很近的外白渡桥横跨苏州河之上，中间是日本和英美公共租界的分界线。大巴突然回来了，我们上了车，过了外白渡桥，先经过日本哨兵把守的一个日本街垒，然后经过一个英国的街垒，再经过一个岗亭，一张年轻的、满不在乎的、锡福斯（Seaforth）高地军团的脸，从压得低低的钢盔里向外望着。我们经过外滩北京路拐角的德国总领事馆，其大门看上去很符合那时上海的风格，门口同样垒着沙包、拉着铁丝网。

我在上海只短暂逗留，几天时间，转瞬即逝，即使只拜访少数几个从前的朋友，也根本不可能。即便如此，我们还是获得了很多新鲜的印象，这些印象是四周变化了的情形所带来的。上海之前是无拘无束的自由之城，现在则处在被围困的境地，英国人以及其他外国人称之为“宵禁”。从晚上11点30分到早上6点，没有特殊通行证的话，公共租界和法租界不允许任何人出现在街上。这是公共租界和法租界当局所采取的谨慎措施，因为在上海的这两个区域里居住着远超100万的中国人。正是在上海，尽管处于外国人的管理之下，但人们特别容易滋生民族主义倾向，很容易受到公开号召的影响。这里有沙包街垒、铁丝网、铁栅栏以及西班牙骑兵，每隔几步就有背着刺刀的哨兵，重要岗哨还布置着机枪。驻守在这里的不是英国轻炮兵团的英国兵,就是苏格兰锡福斯高地军团的士兵,或者是上海万国商团穿着英国军装的俄罗斯人,还有一部分则由美国海军的穿着随便的健壮小伙驻守,这支美国海军陆战队一直驻扎在上海。苏州河的上游就完全是另一幅画面了,那里的岗哨由意大利萨瓦步兵(Savoy Grenadiere)把守,因为意大利人于和平时期在上海并无卫戍部队,直到战争爆发,萨瓦步兵才被火速从阿比西尼亚(Abessinien)派遣到上海,驻扎在公共租界意大利所属的防卫区域。有些人认为这一军团是阿比西尼亚特别优秀的步兵,他们是来上海休息的。但是在上海战事的最初几个月以及眼下,当然就谈不上休息了。在法租界的边界上,法国殖民地陆军的四棱刺刀闪闪发光,这支军队由法国人和法属印度支那的安南人组成。过去的几天是公共租界和法租界的国际军队最吃重的日子。很多中国士兵在大部队从上海撤退时或单个或小群掉了队,他们来到租界,被缴械并拘禁起来。中国优秀的88师全部来到英国人防卫区(它位于公共租界边缘的一座大仓库里),在过去的几天里,他们被日本人从三面包围,但一直坚持战斗,直到弹尽粮绝,才不得不撤退。在最后几天里,一个16岁的中国姑娘作为带路人,把中国国旗绑在身上,游过苏州河,把国旗交给士兵,让中国国旗在四周日本兵的"丛林"中飘扬在仓库的顶上。部队放下了武器,进入拘禁营,由万国商团监管。公共租界当局最担心的是:成百上千的中国士兵会趁隙扮作平民,携带枪支弹药进入租界。他们中只有少数人变成了强盗,因为抢劫案件并未出现令人恐怖的增长。但是大多数人进来了,甚至是在军官的命令下进来的,为的是在公共租界和法租界短暂休息之后,在日本人背后进行破坏活动和小型袭击活动。我到的时候,法国人正忙得不可开交,因为原来只是个县城的上海——即中国人管辖的紧靠着法租界的老城厢南市——一开始就被中国人清空了。很多士兵进入耶稣会神父饶家驹(Jaquinot)创办的难民区,从那里进入法租界。南市区里白天浓烟滚滚,夜里南边的天空被火光映得通红。

这是非常特殊的情况,这种情况只有在这种设有公共租界的城市才会出现。在公共租界还有一个南京中国外交部设立的外侨部办事处,我必须立刻前往该处,以获得向德国发送电报文稿的许可,因为电报局和电台也由公共租界和南京政府共同管辖。杨先生是外侨部办事处的领导,后来成为中国驻莫斯科大使馆的负责人①,他非常友好地接待了我,立即为我办妥了所有的事。然而,可以感觉到,其位

① 应是杨杰(1889~1949),1938~1940年任驻苏联大使。——译者

于地丰(Tifeng)路的这所漂亮的花园洋房里已没有业务可做了,到处都是即将撤离的气氛。

在我到达这里的第二天,中国的新闻发布会结束,我也就无法造访了。几个月之后,公共租界内又有了交战双方——即日本和中国——的新闻发布会。在这块中立的地方,双方都可行动,因为公共租界里中国人的关系,哪怕是日本军官也只能穿便服、乘坐不引人注意的车来参加都城饭店的新闻发布会。在上海的短暂停留中,我经常前往日本的新闻发布会。两年多之后,想起那时的翻译崛口(Horiguchi)对我的介绍和人们向我的致意,我还忍不住要发笑。其实那会儿我私底下已经笑了,因为我正确预计到战争的进展。针对有人提及我为战争之事刚刚从德国来,崛口答道:"他来得有点晚。"我当时的想法是,眼下战争才刚刚开始,当然我是对的。日本的新闻发布会上充满着令人不快的敌对气氛,这是免费的啤酒、威士忌、苏打水、咖啡、茶、橙汁以及其他诱人的饮料所无法改变的。两位日本的发言人——一位海军军官和一位陆军军官——用日语发布最新的前线进展情况,由崛口翻译成毫无瑕疵的英语(或者更准确地说,是美语)。然后就是提问,美国记者所提的问题把日本人逼到墙角,并以此为乐,形成了紧张和充满敌意的问答。这里坐着世界顶级新闻机构的30个代表,他们要获取有关战争进展的新闻。自从中国人撤走之后,我们根本无法核实日本发言人的说法,或者听到另一方的声音。新闻发布会后,每个人根据自己的思考,从日方的报道里选出自认为对的东西,可能再用自己的想象加进去点什么,就写好了电报稿——关于日本和中国战事的世界新闻报道。

毫无用处的新闻发布会更加坚定了我的决心,我决定自己实地考察,一探事情的究竟。当然,在刚到的那天,我就完全明白这场战争是危险的。在我到达前一天,伦敦《每日电讯报》的雇员斯蒂芬司①在法租界旁边的铁质水塔上观察中国人撤离南市,被日本机枪子弹射中身亡。上海尚在中国人手里之时,驱车前往南京也是件艰难的事情,因为必须不断躲避日本飞机,每隔几百米就要停车下车,到路边的田地里寻找地方躲藏。

---

① 斯蒂芬司(Philip Pembroke Stephens, 1903～1937)毕业于英国剑桥大学,起初是英国《每日快报》(*Daily Express*)驻外记者,1933年任驻柏林记者,因其文章同情犹太人并批评纳粹而两次被捕,并于次年被驱逐。回国后,他继续撰文批评纳粹,最终引起报社的不快。他随即转入《每日电讯报》(*Daily Telegraph*),1937年被派往上海,同年遇难。——译者

现在该如何前往南京呢？眼下交战的前线就在上海和南京之间，还有没有可能从战线的一边到另一边去呢？现在必须解答这个问题，否则我就要绕道很远，经过香港，而且还很难说能否在南京陷落之前赶到。看起来的确如此，中国人在南京和上海之间的防线无法坚持很久，哪怕是一条防线。连所谓的“兴登堡防线”①——从嘉兴到苏州的防线——也很快就要垮掉。没有其他理由解释日本人进攻速度之快：在上海的长时间防守使得中国最好的军队消耗太多，撤军时无法协同一致，在很多地点真是溃不成军。

一天晚上，我在德国新闻社格里姆普夫(Glimpf)先生那里，突然他在南京的代表拉佛伦茨(Laverrentz)先生发来电报。我们第一次听说：政府决定放弃作为首都的南京，将宣布扬子江上游的重庆为新的首都。几天之后，政府部门就开始撤退，但政治和军事指挥部门并非立即转到重庆，而是先迁往汉口。

我决定立即选择最快的线路前往南京。路线也已找到，这是一条绕行的线路，却是眼下最快的同时实际也是唯一前往南京的路。以前不乘火车的话，前往南京也很简单，乘扬子江轮船沿江而上即可。为了阻止像1932年那样日本人的战舰突然光临南京，他们在上海和南京之间差不多一半距离的地方——江阴——用沉船和水雷建起了一道阻塞线。在这道阻塞线之上，还有很多外国商船被挡在上游，但他们现在仍然像以前一样，在靖江、南京、芜湖、九江、汉口和重庆之间运行。即便如此，还有两家英国轮船公司怡和和太古的船只从上海开到南通(Tungchow)②——位于“阻塞线”(这里大家都是这么称呼封锁线下面的一座小城)上。我的问题是到了“阻塞线”以后怎么办，这就用得着中国古老的运河系统了。江苏省在扬子江以北的部分有成百上千条的运河，互相连接，杭州到北京的大运河也在此地经过。从南通出来前往江北岸的一个地方(它位于“阻塞线”的上面)，两家轮船公司提供两艘各有10人操纵的摩托艇。从该地前往南京，又可以乘坐大一些的江轮。

---

① 该防线由蒋介石的德国顾问法肯豪森(Alexander von Falkenhausen，1878～1966)在1936年提出修建，目的是仿照德国的同名防线，建造钢筋水泥碉堡组成的防御工事，形成保卫南京的第一道屏障。该防线也是法肯豪森提出的国防战略建设计划的组成部分。——译者

② 这里指南通，作者这里使用了民国之前对南通的称谓。为避免误会，这里一律改为南通。——译者

第二章　从秘密路径前往南京

与上海的朋友道别比以往要庄重得多。这一次道一声“再见”，不再是呆板空洞的形式，而是真的希望能够再见一次。

法租界的外滩即怡和轮船公司江轮的出发地点，挤满了人，几乎无法穿行。五六艘江轮依次停泊。一个苦力拎着我的箱子，走在前面，给我开道，码头上到处都是人。

跟我来的时候一样，这里不停地下着雨。这么多的人，他们要去哪儿？战争期间可不是旅行的最佳时机。苦力们背着大包、箱子，包上堆着包，箱子上叠着箱子，发出吼吼的声音，将行李扛上了船。人们挤来挤去，这么多人都想挤进这么一艘小轮船，看上去很不现实。安顿好箱子，我才得闲打量这艘小船。船已塞满，在三等舱、上下甲板之间、前部货舱口和甲板上，人们或坐或蹲或站，没有空隙。占据货舱口位置的人把舱口油乎乎的帐篷当成躲雨的顶棚，他们在整个行程里一直如此占用。另一些人——从白发老人到最小的还趴在母亲胸口的婴儿——则站在外面，一动不动地淋着瓢泼大雨，只有几个人打着雨伞。

这些人是难民，他们是从周边村庄跑出来的。他们的家园已被战争夷为平地，他们从上海的中国人聚居区逃出来，进入安全的公共租界和法租界。他们现在身无分文、失去了生活来源，想返回村庄——他们或者他们父母原来生活的村庄。中国的难民潮大多是这么开始的，他们只好投靠亲戚，亲戚相互照顾是理所当然的，而这种感情是我们自己早已失去了的。我们所乘船上的这些难民想要回到江苏省扬子江以北的地区，以及更远的战争尚未触及的扬子江低地。

离我们启航地点几百米远处，矗立着几根烟囱和桅杆，它们来自一艘轮船，其驾驶桥楼还露出了水面。这是一艘战争初始被中国人沉入水下的日本船。中国人把停在港口的日本商船统统没收，装满石头和水泥，然后沉入水中，为的是在黄浦江上游的法租界处设置一道障碍，阻止日本军舰通过。否则日本军舰就会进入中国防线的侧翼或背后。现在这道“阻塞线”的中间还是出现了一个空隙，在我到达上海的那天，就有一艘日本炮艇首次从这个空隙沿着黄浦江向上游驶去。

上海给人以战时港口的印象。启航之后，我们紧挨着意大利巡洋舰“曼特库库里号”（Montecuculi）边上驶过。对面浦东一侧，停着一艘新型的法国巡洋舰，它是其东亚舰队的旗舰。然后是一艘英国万吨级的巡洋舰“多塞特席尔号”(Dorsetshire),它是驻扎在香港的东亚巡洋舰队中的一艘。紧接其后的是一片灰色的钢铁之躯,它是美国“奥古斯塔号”(Augusta)的船身。从外形上看,它是上海港最了不起的大船了。所有这些船舰在战争期间未放过一枪一弹。在白人强劲地展示实力之后,看来它们只不过是一个外在的恫吓物,因为外国人缺少动武的意愿,除了法国人,他们根本没有任何行动。从外表上看,日本船显得十分寒酸。

但事实上,三个月来,日本人的枪弹从这些船舰上尽其所能地射出。在日本人幸运的上海战事中,它们起到了决定性的作用。首先,它们阻止了中国人在黄浦江岸边驻守。那边是日本的旗舰“出云号”(Idzumo),这是一艘老掉牙的小船,谁会相信它还能远洋出海?它于1900年前建造于英国,经历了日俄战争。我不清楚在世界大战中它是否有所表现。但在1932年和最近一个月的对华战争中,它又起到了决定性的作用。[①] 除了鱼雷艇、驱逐舰和航空母舰,在中国水域里找不到现代化的日本舰队。而中国根本就没有海军力量,所以也就没必要动用现代船只,这些老的船舰就足够了。人们说,1932年上海战事之后,为了应对上海的战局,“出云号”进行了特殊的改建,强化的装甲使之成为真正在水上漂浮的堡垒。现在它又停回原地,即靠近日本总领事馆的地方。直到今天,人们还为中国空军未能炸沉“出云号”而叹息不已。中国空军在值得纪念的8月14日的登场极为可悲,这是它在国际战争中的首次亮相,当时进攻的唯一成果是在公共租界投了一颗炸弹,在法租界投了两颗,让几千个同胞丧命,却未伤及任何日本人。强大的防空火力使得飞行员紧张异常。

沿着黄浦江而下,没什么新鲜事,跟我们来时看到的情形一样。不过,当时我并没有看见以前靠近浸会学院(Baptist College)的高尔夫球场上的数不清的光芒耀眼的飞机。这个日本人的军用机场还有一段特别的故事:机场刚建好投入使用时,它尚在驻守浦东的中国炮兵的射程之内。现在人们会说:他们一开始就有机会袭击停在一起的飞机群,一场迅猛的大火就可以烧毁它们。难道还有比这个更容易的吗?敌人的机场就在自己的大炮射程之内!然而什么也没有发生。日本的炮弹

① 该舰为装甲巡洋舰,并非如作者所称的“小船”,排水量近万吨,由英国阿姆斯特朗船厂建造,为日本政府利用中国甲午赔款购置。第一次世界大战期间,该舰被改装。在侵华战争中屡遭中国海陆空三军攻击而未沉,后受重创而被拖回,成为日本海军学校练习舰。1945年被美军炸沉。——译者

日复一日从天上落下,中国防线、火车站和后方的军队集中地充斥着死亡。终于中国人想到了轰炸机场,而他们所取得的成果更是对他们以前行为的宣判。中国的炮兵绝对就是一笔“负资产”。看来他们是根据以下句子行动的:“士兵首先不是开枪的人,而是被枪击的人。”①中国炮兵根本就没想到利用自己有利的位置从浦东向日本战舰开火,他们没有把日本的火力和空袭引向自己。中国最好的炮兵团即完全机械化的第 13 重炮兵团,在整个上海战事期间损失还不到 10 人,这无疑说明其投入是多么微乎其微。

我们从一大群船只中间穿过,在吴淞,我们从日本运输舰队旁驶过,沿着浑浊的黄色扬子江浪潮向上行驶,我的头脑一片空白,外界没有什么能牵制我的注意力了。

除了我之外,“平和号”(Pingwo)上还有南京来的骑师劳伦茨(Lorenz)以及上海德文报纸《远东新闻报》(*Ostaiatischer Lloyd*)的主要撰稿人胡尔德曼(Huldermann)先生。

劳伦茨有一份非常出色的地图,我们根据从上海出发时的情况,首先审视一下战争的态势:苏州已经陷落;上海和南京之间最后一道防御线,同时也是南京自身的防御线——江阴—无锡,现在成为日本人的目标;保护阻塞线、水雷封锁线的江阴要塞尚未遭到舰队的攻击,但几天之前,日本人成功地在 Peimoku② 登陆;该地位于南岸,其后是我们今天预计抵达的地方天生港(Tiensenkang),它位于北岸,今天下午我们必须从这里通过。

我们预计在该地的上方会遭遇岸上中国陆军与日本舰队的炮火交锋,然而一切都很平静。这一地区有几艘驱逐舰和运输舰。南岸太远,我们无法看清。4 点左右,我们快要抵达今天的目的地天生港,正在靠岸下锚之际,我们又真切感觉到仍身处战争之中。在我们下锚地点的下面一点,有一艘日本的驱逐舰,现在我们还能清楚地看见它,就在我们的后面。它并非无所事事,因为天生港下方的栈桥已被它击毁,几乎沉入水里。

本来说好第二天早上继续前行,从天生港乘汽车前往南通,然后从那里坐两轮

---

① 引文出处不详。——译者
② 地名不详。——译者

车,经过运河,前往Kowan[①],即扬子江边“阻塞线”之所在。但是,我们很想尝试一下,看看能否快一点抵达南京,为此我们与天生港的警察取得联系,劳伦茨在从南京到上海的路上已经与他们打过交道。我们乘坐一艘驳边船驶向对岸,沿着岸边,天生港村就坐落在港湾。河岸后面就是公路,我们沿着这条路前行,或者不如说我们是在这条泥浆路上趟水。上个星期连绵不断的雨天把路变成了这样,坏天气里,中国的乡村公路就是如此。房屋和商店都是面朝公路而开,路上有很多前往商店购物和到点心店用餐的人,还有用扁担挑着篮子贩卖水和蔬菜的人。所有的人都忙着自己的事情,没人顾得上围观我们这些外国人。不过,这条公路跟我以前见过的乡村道路有一点不同。右边临水的那边,每隔30~50米都有一个防空洞和一个机关枪掩体,伪装得很好。人们已经做好了日本人从北岸登陆的准备。实际上要到半年以后,日本人在徐州战役期间才从这里登陆。

我们跟管事的警察交涉了两个钟头之久,这期间,警署的院子里有20来个士兵正忙着挖防空洞。他很想帮我们,却无能为力。通往南京对面扬子江北岸浦口的公路已经无法通行。如果情况紧急,他可以给我们弄到一辆汽车,但是我们肯定会被卡在半路上。

不管愿不愿意,我们只能在船上过夜了。次日一早,我们“按时刻表”向南京继续行进。从天生港到南通,我们计划乘坐汽车,我们在天生港的一个类似交易市场的广场上看到几辆私人轿车,车子不仅很破旧,还明显保留着上一次旅行的痕迹,因为从上到下都是污泥。箱子和乘客被塞进车里,我们就这样出发了。在整个欧洲,可能都找不出天生港到南通这种状况的公路。20厘米厚的泥浆,还有一个接一个的好几米宽的水坑。我们的车从公路一边跌滑到另一边,弯弯绕绕左右蛇行,一会儿要撞上大树,一会儿滑到路边缘,几乎要掉下去,我们已经看到过翻在路边田里的汽车,好几次汽车后轮陷在很深的水坑里,左右两边泥浆高高溅起,糊到车窗上,而我们的脑袋则不断地撞到车顶。路边迎面而来的农民,看到我们的车子像扫雪机一样向两边喷出几米远的泥浆,连忙逃往田里。车子现在千万不能停下,否则发动不起来可怎么办!我们的司机因此开得飞快,看来他是这类公路上的老手。汽车幸运地抵达南通,当然车身上又糊上了一层新的泥浆。

我们预计等在南通的小汽艇有两艘,但实际上是三艘,两艘小一些,还有一艘

① 地名不详。——译者

相当大。大的那艘我们称之为“海军上将号”（Admiralsbarkasse），因为确实有一位海军上将带着他的司令部成员坐在上面。在“平和号”上的乘客里也有一位英国舰队的新任司令——海军少将豪尔特（Holt）——和他司令部里的两位军官，他的同行人员中还有英国驻中国的军事随员罗维特-佛拉策（Lovat-Frazer）中校以及英国驻南京大使馆的一位参赞。整个英国舰队都处于“严密封锁”（bottled up）状态，英语的这一表述真是太贴切了，因为不可能在“阻塞线”之上的扬子江流域出去。这位新任总司令不得不从这条特殊的路径前往他的舰队，要是在从前，他可以在上海让自己的舰艇前来迎接。我们有点羡慕“海军上将号”的漂亮装饰和明亮宽敞，因为我们与全部行李一起，每 11 个人挤进一艘小汽艇，而这艘汽艇实际上最多只容 10 人。好几个钟头，我们紧紧挤在一起，无法动弹。但我们对“海军上将号”的羡慕很快就消失了，因为它开得比我们慢得多。我们的小艇甚至还拖着一艘帆船，它拴在我们的船尾，从那儿可以上我们的小艇。后来我们还发现，帆船上还可做饭和装载行李。

当我们的三艘船顶和船尾画着米字旗的船只从运河启程之时，差不多半个南通的人都来到了码头。尽管南通、上海近在咫尺，除了传教士外，却鲜有外国人来，现在它一下子成为前往南京的临时交通枢纽。当地居民带着满足的笑容目送着汽艇，并坚信他们为自己、也为城市的“脸面”增添了光彩。

这会儿我才有了空闲，看看一同前来的人。除了劳伦茨、胡尔德曼和我，船上都是中国人。我们隔壁船上的外国人多一些，主要是美国人。谁在这个时候还去南京呢？船上有一个说英文的年轻中国人及其年轻的妻子——她是船上唯一的女性。他是中国航空委员会采购部的，为中国购买战斗机和炸弹。另一位中国人就职于怡和轮船公司，他算是一整条航线的运输总管，无所不管。还有几位中国人，我没打听他们是做什么的。但还有一件很有意思的事是，我们船上坐着一个人，我从上海到天生港的一路上就看见他在“平和号”船上闲逛，像个普通老百姓，而今他突然穿起了军装，给人以沉静而坚毅的印象。他会说几句英语，却既不参与我们的谈话，也不与他的中国同胞聊天。最令人惊讶的是，我在后来的半年里，在中国遥远的相距几千公里的地方碰到过他三次。眼下是在从上海到南京的船上；而 12 月，从汉口前往广州途中，我在汉口到长沙间的火车上碰到他；最后一次是 1938 年 4 月在华北，我在即将被日本占领的徐州府又见到他。

要想完全切断上海到南京之间的交通，日本人肯定还要付出很多。日本人控制之外的法租界外滩,就有很多起航的轮船。英国轮船公司和法租界警察对什么感兴趣呢?船上的中国人都是干什么的?是啊,在这个时期,人们很高兴能有机会,对日本人哪怕只做一件恶作剧的事情。当然这条航线是主航线,中国情报人员以及公共租界和法租界的间谍,都利用这条线路在日本人的后方搜寻情报,交给中国方面。仅仅是沿黄浦江而下、逆扬子江而上直至天生港本身,就足以让中国人搜集到日本兵力配置的情况,包括日军机场上飞机大概的数量、日本战舰及运输舰的数量和编号、所停泊的位置、所装卸的货物以及其他军事上的重要情报。

我们才从南通行驶出来不久,两边是堤坝,中间是运河,所以基本看不见周边的环境。突然身后传来汽车马达声,环顾四周,我们真真切切地看到沿着堤坝开过来一辆汽车,冲到了我们的前面!我们暗暗咒骂天生港的警长,他告诉我们,乘汽车前往浦口是不可能的。结果我们不得不紧紧挤坐在这里,极不舒服,又那么慢,需要两天时间才到——不是南京——而是Kowan!但是还没过五分钟,我们就暗暗地请求警长的原谅了,因为我们又超到汽车前面了。我们看见堤坝上面的汽车停了下来,除了司机,乘客们都下了车,帮着推车子呢。司机拼命踩油门,除了后面喷出雾一样的废气,一点用也没有,后轮在泥浆中空转,车子却纹丝不动。

运河上交通很繁忙。我们超过了很多帆船,迎面也有很多船开来,风很小,但是大部分船都张开了帆,慢如蜗牛般地行进。时间?它在中国有什么意义?这段距离是两天还是两个月抵达有什么关系呢?在西方,一艘大运输船在很短时间内就跑一趟,在中国,则是几千艘帆船在行驶。单个的船只抵达并不重要,重要的是定期的货物流量。因此,这里古老的、几百年前就有的船,与西方的蒸汽船和摩托艇所达到的效果是一样的。

很多帆船由两三个在岸上的纤夫拉着走,这些人都是父子搭档,而母亲和其他女性家庭成员坐在船上。这是一幅令人着迷的奇怪画面,看着这些男人,身体向地面倾斜,一步又一步,缓慢而均匀地前行,以拉动沉重的货物。表达这种氛围,没有比俄罗斯的伏尔加河纤夫曲更适合的了。所有人——包括年龄最小的——都与船工协同劳作,常见的景象是母亲、大女儿,还有幼小的孩子们站在后甲板摇着撸,或者直接划着长长的桨。生活和工作是艰辛的,艰难过活,出生、结婚和死亡是能让人感觉到的暂时的停顿。但是你从不会发现这些人的不满足,他们的脸上永远挂着微笑。

经过好些村庄,村民站在岸边,观察着突然降临到这条偏僻运河的一批外国人。从极为漂亮的拱桥下穿过，拱桥在天空中形成美妙至极的剪影，尤其是桥上有人的时候，人的肩上挑着担子，一摇一晃，走进宽敞古老的城门。有一次，我们看见一条舢板，里面有一个中国老人，他戴着一顶大草帽，坐在那儿，尽情享受着他的烟袋。他前面一艘船的两边站着大约六只黑色的鸟儿——这是渔夫和他的鸬鹚。鸬鹚的脚用链子拴在船上，它们看见水里有鱼，就扎进水里把鱼叼上来。大鱼被渔夫拿走，小鱼由鸬鹚自己享用。还有任何一个其他民族会想出如此精妙的办法来抓鱼吗？这里面隐藏了很多中国特性，从中我们可以认识到这一古老民族沉潜厚重的文化。

到处都是深度的平和，让人长久地感受到战争还很遥远。村庄里挂在木头架子上的大钟敲出的飞机警报在提醒我们：这是战争——一场血腥的中日之间的战争。

天黑下来很久，我们才抵达海安，在挤满人的客店的餐厅里支起行军床，度过了一夜。幸运的是这里有吃的和喝的。

第二天的情况与头一天差不多，我们很高兴，晚上6点刚过就到了Kowan，从运河上岸，宽阔的扬子江又出现在眼前。我们的船最早到达。第二艘船落在我们后面一大截，最后到的是"海军上将号"。我们面前的扬子江里出现了三艘大江轮和一艘英国炮艇，可能是来接豪尔特上将的。那三艘江轮里的哪一艘最先开往南京呢？像固定的时刻表之类的东西早已就没有了。没有别的办法，只好到第一艘最好的船上碰碰运气。总算又走过一段前往南京的路程，看起来目标已经近在咫尺了。

扬子江上的江轮，不是从船上面的舱口装卸货物，而是从边上的开口处把货物和行李塞进船的"肚子"里。这个开口处经常敞开着，有时关上了它厚重的铁门。我们的小船就靠在这个开口处，这里是最方便、最快捷的登船的地方——我把船名给忘了。我和胡尔德曼挤过难民的人群（他们把每层甲板都塞满了），进到上面，找到乘务长。

"您什么时候启程前往南京？"我们急切地问。"我要是知道就好了！"他答道，"我们还在等无线电的通知。要么今天晚上走，要么就是两天以后了！"哎呀，这样可就讨厌啦！"如果你们一定要尽快前往南京的话，那就到对面的'黄浦号'去"，乘务长看了看手表说，"您可得要抓紧，它7点钟启程，现在6点30分。"

我们赶紧下来，上了小艇，开足马力前往对面的"黄浦号"。这会儿天已经黑了,我们只看见船上的灯光,照在水面上。船上也只有很少几盏灯,因为有空袭危险,所以都不开灯。我们给另一艘船上的人留了话,让他们赶快乘小艇也去“黄浦号”。如果我们上了“黄浦号”,而另一艘小艇来不及过来,怎么办?我们一半的行李还在那上面呢。我们靠上一艘拖船,它就在“黄浦号”边上。劳伦茨还在下面行李那儿,胡尔德曼和我挤过难民,上去进了一等舱。乘务长说这艘船可以把我们带到靖江,但是如何继续前往南京,他也不清楚,他说:“十分钟后开船。”

我们只有一个念头:“手里的一只麻雀,好于屋顶的烤鸽子!”我急速跑下拖轮,呼叫劳伦茨,没有应答。“劳伦茨!”我提高嗓门对着黑夜喊叫。“这里没有劳伦茨”,传来一句美国口音的英语。第二艘小艇终于来了,感谢上帝,至少有我们一部分的箱子了!但是第一艘小艇呢?它消失了,消失在黑夜里宽阔的河流里,这时能见度最多10米远,我们的箱子啊,里面还有我的信件。

几分钟后江轮就要开了,为了找点事干,我从第二艘小艇上把行李搬到拖轮上,这时我发现地上有个深色的东西。是什么?是装着信件的箱子!劳伦茨已经把所有的东西放上了拖轮,因为第一艘小艇要重新开走。他已爬上“黄浦号”,我们在挤过难民群的时候没看见他。与胡尔德曼一起,我把箱子运上那个大舱门,它比拖轮高出很多。胡尔德曼又爬上一条很窄的梯子,把箱子运上去,那里有一大群或站或躺的人。当我最后把一只相当重的箱子往上递时,它滑落了,砸向一个抱着婴儿的女人——她正躺在梯子的下面。在最后一刻,即在孩子被砸扁之前,我重新抓住了箱子。给胡尔德曼递上去最后一个箱子之后,我自己也爬了上去。我刚爬到上面,大黑铁门就在身后关上了,那艘一直在江轮下面的拖船也突然消失在了黑暗之中。现在铁锚嘎啦嘎啦地升到了高处,我们向上游驶去。

这一夜我们一会儿睡行军床,一会儿又睡在餐厅里,因为这艘超载的轮船上没有空舱位了。我们无所谓,睡哪儿都行,我们只对一点感兴趣——赶快去南京。第二天早上,从上海出发以来,我们第一次见到太阳。天气完全变了,万里无云的蓝天,阳光灿烂,其实这个季节本该如此。夜里船行得不远,还在靖江之下约两小时路程处。

我们应该在靖江下船。从这里我们比较容易找到机会前往南京,每天都有小轮船,也可以乘火车,甚至可以乘汽车。

扬子江的这一段比下游更加多姿多彩。这儿的江岸不再是一马平川,不时出现耸起的丘陵。靖江城就在我们前面的河湾里,丘陵环绕。城前的河里有两艘中国的炮艇。大约8点30分，我们在距离岸边500米的栈桥边抛下了锚链，那里有很多帆船和舢板，一艘船的顶上插着一面巨大的英国国旗。

这是幻觉还是真的听到了？整个早上我都想着飞机、倾听着飞机声。因为前几天大雨不停，飞机停在机场不出来。我似乎听到城里传来空袭警报声。警报？那位乘务长抽着烟斗，确认道：“不管我们到哪里，都有空袭警报，我们也懒得辨别真假了。”

怕什么来什么！舢板和帆船一眨眼就都不见了。我们把行李拿下来，正好有两艘帆船还在。船老大要价高得离谱，是平时去城里的价格的四五倍。大概他吃准了我们别无选择，因为另一艘帆船已经装满了中国老百姓和军人。

但是我们最后还真在另外一艘船上找到了空位。船开了，一个不好的念头飘过：飞机可能向这里飞来，炸中国的炮艇，说不定还会向我们的船扫射，因为这上面还真有好多军人啊。躲是没处躲的，唯一的机会就是跳到水里。那箱子怎么办？我们极力捕捉着上游的声音，每前进10米，如果飞机没出现在地平线，我们就高兴不已。现在我却一直在想着我的香肠。从上海出发的时候，我为保险起见带上了口粮，所以我的箱子里除了两根长萨拉米香肠外，还绑了一块猪肝香肠（Leberwurst）。一根绳子已经断了，就是说那些香肠只有一头还绑着，另一头从箱子里掉出来一半，可怜巴巴地摇晃着，我很可能马上就要失去它们了，我想，得把它们重新绑好。我这辈子都不会忘记，在遭遇第一次空袭警报的时候，我坐在帆船上，想着箱子里的香肠。

现实总是严峻的，船前进方向的右边，水面之上，在蔚蓝的天空下，突然出现了白色的云团，一个接一个，然后是飞机俯射的机关枪声，但我们看不清楚飞机。气氛一下子变了，直到目前，在运河航行还是相对安全的。从现在起，死亡威胁着我们，就像对随处可见的任何一个中国士兵或中国老百姓一样。

到了岸上，我们终于确信找不到人力车了，空袭警报把他们都吓跑了吧！但我们还是找到了几个苦力来背箱子。我们在弯弯曲曲的小巷里穿行，巷子里没人，人们都站在两边的房子下，惊讶地盯着我们三个外国人，看着我们在这个不适宜的时候穿过小巷子。我们来到一条沿着河岸伸展的宽大马路，它跟中国这一地区所有这类受了点西方影响的马路一样，都叫外滩。在那儿我们还真的找到几辆愿意载我们的人力车，尽管有空袭警报。

我们的下一个目标，是中国旅行社或其任何的一个办事处，从那里我们可以打电话。我们首先要确认是否有以及什么时间有开往南京的火车。中国旅行社倒是就在附近,但它没法确认火车的消息,去南京的火车有时候会有,但具体什么时候有,就只有上帝知道了。我们突然听说正好就有一列火车前往南京,马上就要开车,不知是否能赶上——旅行社知道的就是这些。

尽管我们很不愿意,但只有这一个办法:快去火车站!因为我们很清楚:空袭警报来临的时候,火车站绝不是躲避的好地方。尽管如此,我们还是必须前往火车站,因为我们必须尽快去南京。是否有火车以及什么时候有火车,大概也只能到了火车站问站长才能知道。现在我们已经了解到:汽车是没有了。人力车夫卖力地拉着我们,在空空的道路上跑了半个钟头才到火车站,途中我们一次又一次地被巡逻的军警拦住。劳伦茨出示了他的证件,并解释我们必须尽快赶往南京。有趣的是,人家没完全听懂他的中文,他就用德语继续解释,他自己并没有意识到,而且还骂骂咧咧的。一路穿过窄小的街道,我们不时向天空张望,看看是否有日本飞机突然出现。经历了后来的空袭,我才知道,最令人忐忑不安的是在街上走的时候,因为只能看见头顶上的一线天,等看到飞机时,就已经太晚了。

火车站被围在150米的圈子里,由警察层层防守。我们费时费力地说着德语、汉语、英语这样的谈判语言,直到被放行。执勤的警察摇着头,他肯定在想:“如果这几个外国人真的要找死的话,我们也没办法阻止。无论如何,不值得在这儿再争来争去。”

站前广场一片死寂,候车厅也空无一人,售票厅也关闭了。在候车厅和站台之间有一道铁栅栏,但没有完全关闭,还留了一道口子。人力车夫把我们的箱子放下,赶紧收钱走人。我们扛着箱子挤过那道门缝,上了站台。

车站位于一座丘陵上,与城市的大部分隔开,路轨沿着丘陵一直向前伸展,150米开外就是隧道。在丘陵朝东,即日本人来的方向,隧道挡住了视线,飞机每时每刻都可能从后面出现,轰炸靖江车站。我们踏上站台,首先寻找可以躲避飞机的地方,对面还有一个站台,其后则是大片的农田。我想象着飞机飞来时,我跨过路轨,越过第二个站台,躲到农田的一条沟里。“撤退”的路已想好,现在可以看看别的了。

这时我们才发现,左边的整个站台躺满了伤员。人挨人躺着,让人无法插足。这群可怜人的状况不容乐观:他们无床可躺,只好躺在铺着竹席的冰冷的地上。所有伤员的伤口几乎没有包扎,身上还穿着打仗时的肮脏的军服。大部分人把大衣当被子盖着,血从绷带里渗出来,有几个人看上去忍受着巨大的疼痛,但没有抱怨,他们脸色苍白,最多发出一点痛苦的呻吟。大多数人眼神空洞,还有些人试图入睡。根本找不到护理人员,难道原本就没有吗?要是飞机真的光临火车站,怎么办?没有人想到把伤员运走,让他们自生自灭。也许炸弹会让他们早一点结束痛苦。从来没有过一支军队像在中国这样,未做任何卫生救护准备就投入战斗。几十万本可以由医生挽救的生命、本可以重新走上战场的战士,就这样悲惨地死去,或者无助地瘫痪了。

我们的注意力还在伤员身上,突然从远处传来一声巨大的"嗡嗡"声。见鬼!不知哪里又落下了炸弹!现在我们进入了状态!伤员在这儿,在无人的车站,还有难听的恐吓性的"嗡嗡"声!又来了!听上去很近了吗?至少我们应该知道方位!我们无法知道几分钟后会发生什么,真让人发疯!但我们很幸运,炸弹扔在了别处。但飞机会不会再来车站?这里的每一分钟,都让人觉得像一个钟头。

除了伤员,我们在火车站找到的唯一一个人,是站长。他坚守岗位到最后一刻,每时每刻都会有电话来。我们向他解释我们必须去南京,并问他什么时候有火车。他说:"这我也不知道,下午2点左右可能有火车。"我们把行李放在他的房间,电话响了,他在电话里说了很久。我们听出来他一直在说"日本的飞机",尽管我们集中精力听,也没能跟上谈话的内容。挂断之后,他给我们解释说,他刚跟下一个火车站通了电话,是10公里外前往上海方向的车站。车站刚刚被炸,客车还在下一站和丹阳之间。他说:"在丹阳段情况没有好转之前,不可能再有火车过来,但我还是认为,下午2点之前,火车会到。"

除了在车站等候,我们没有别的办法。从丹阳来的报告说,日本飞机又向东飞去,这边暂时平安无事。虽然还没听见解除警报的信号,但看来在靖江不会再响起空袭警报了。火车站慢慢地挤满了人,主要是士兵。

一列长长的货车进了站,空袭警报响起的时候,它大概躲在隧道里。车上几乎都是军人,从军服的肮脏程度来判断,他们是从前线撤下来的。他们携带着很多反坦克炮,撤退极为迅速。其实反坦克炮主要殿后,以阻止敌人的机械化部队太快地跟进。如果反坦克炮都撤下来的话,说明蒋介石确实要实行已公开的计划,即把完好的物资及军队撤往内地。

几个苦力的背后出现了红十字的标志,红十字在中国的含义跟我们那儿的一样。但是这些卫生员很奇怪,每人拎起一个伤员,就像拎一袋面粉似的,扛到背上,跨到对面站台,装到运送部队的火车上。靖江人似乎已完成对伤员应尽的义务,接下来就看南京如何对待他们了。

临近中午的时候,站长前来告诉我们,火车到晚上6点才能开。我们想着无论如何能在今晚抵达南京。我们应该相信这个消息吗?反正要等到6点,我们可以试试是否还有别的办法,也许能找到一艘船,也许多花点钱还能找辆汽车。另外,我们也越来越饿,应该进城吃点东西。麻烦的是,我们还得把行李带上,如果找到别的办法去南京,我们不能把行李落下。我们刚把行李从站长办公室取出来,他就追了出来。马上要出发的军用列车的司机同意带我们走,我们都要喊"乌拉"了,正要向对面站台走去,突然警报又叫了起来。人们飞快地消失,火车站空无一人,怎么办?还没等我们行动,对面军车已冒着蒸汽开进了隧道。我们只好拿着箱子走出火车站,正好看见最后一个人从站前广场逃走,几个警察用毛瑟枪驱赶着几个人,进入旁边小街的房子里。在凝重的宁静中,我们拎着箱子,慢慢穿过空荡荡的广场,走入最近的一条街道。没有被飞机追得乱跑,我们显得有些固执。人只要拔腿就跑,就像个胆小鬼,其实还没有什么危险。但我们不想逗留得太久,也不会把自己当成英雄!

我们在下面的小街道找到了人力车夫,他们又把我们拉回到城里。

靖江笼罩在离别的气氛中。随着日本的逼近,上海和南京之间的一个又一个城市都被划入撤离的行列。人们凭直觉捕捉到撤离的时间点,不早不晚,就在城市被占领之前。人们把家具和其他东西装上汽车、小车和人力车,或者只把必需品扎成一捆,装进箱子,就出门了。火车上又涌进来几千人,他们从扬子江下游三角洲往西面走,这是地球上人数最多的迁徙民族了。靖江的街道已呈现出这样的离别画面:很多商店关门,房子贴了封条。部队在迁离的居民之间双向行进。

轮船已找不到,更不用说汽车。我们在一家中国餐馆吃上美味的中国餐和米酒,店主紧张地问我们,日本人什么时候会到这里。三天前,我们跟外界已失去联系,眼下前线在哪里,我们也没法知道,但也不会离得太远。所以我们跟他说,日本人很快就会到这里。他说,那得马上离开。这么漂亮的店,实在太可惜了。

我们必须接受现实,返回车站。那列6点钟要发的车,就是我们唯一的救星。从靖江到南京的路程是60公里,应该两小时就可抵达,我们估计可在南京吃晚饭。然而这是在中国,尤其在战时,情况瞬息万变。

乘着人力车在靖江来来回回多次,我们对中国的后方给养获得了一定的印象。中国军队要实现现代化,还有很多事情要做。这里一点规划都没有,相反可说是毫无组织、一塌糊涂。但作为个体的士兵非常优秀，我从没有——在后来的几年里也没有——看到一个士兵的恶劣行为。与全世界的士兵情况相反，中国士兵不酗酒。但军队毫无组织！中国军队还需要学习，哪怕是很细微的在后方的任何小事比如着装，都对前方具有重大的影响。如果谁把平日的军纪操练视为多余，把军队只当作军队，那么，这样的军队就是酒囊饭袋。那时的中国军队就是这样。如果是德国军队经过一个驻防地或后方城市，不管是内勤还是外勤，士兵肯定身着军装。在街上碰到一支部队，从其着装、外观和装备来推断，差不多就能知道他们要干什么。而这里同样性质的一支部队，一人穿着大衣，另一人则没有；一人扛着枪，另一人则两手空空；有些人未系皮带，却扛着一支长枪；还有人穿着长裤、敞着上衣，脑袋上却扣着一顶钢盔！

重新走近火车站，我们看见一小支军队，也有些散兵游勇，朝着车站奔去。我们又在车站等了整整一个小时，又有三五人的小分队进来，上了车，然后火车终于开动了。按照平时的规矩，要依次排队进站，关闭进站的入口，然后一个紧挨一个慢慢往前挪动，等所有人都聚集齐了，才开始放行。

如今车站则完全是另一幅画面。似乎到处有人说傍晚有车去南京，所以铁栅栏前聚起一大堆人，而且越来越多，这些是要往西去的难民，警察和宪兵还没有放他们进入站台——也就是我们百般无聊地走来走去的地方——而是把他们拦在栅栏后面。这些人一点声音也没有，在外面等了几个钟头，那么有耐性，至少比我们有耐性，到6点还有好几个钟头呢。

6点钟，一列空车真的开了进来，我们真是太惊异、太高兴了。它不是从丹阳来的（那列车没能开过来），而是从南京来的，然后再返回南京。竟然还有非军事用途的列车在运行，这很令人惊讶。我们还真的可以到南京吃晚饭了。

在人流向列车涌来之前，我们还在唯一的二等车厢里找到了位子。警察把铁栅栏打开，人群如潮水般涌出闸门，像是逃命一般，难民扑向车厢，以便在车上占一个好的位置。几秒钟之内，不仅所有座位都被占满，连走廊上也塞满了人和行李。车门已无法进出人，人们从窗户涌入车厢，像潮水一般，所有缝隙都被填满，人潮灌入了列车。我数了一下，从一扇窗户里就进来了七个人和一大堆行李，其他窗户也都差不多。我面前坐着一位老太太，所以我就看不见坐在另一面的胡尔德曼了。车厢的确满了，到处是人，行李顶到天花板。还一直有人从窗户里挤进来！各年龄段的男男女女、小孩子（有些还是婴儿）被从窗户递了进来。但是一切进行如常，没有一句争吵。

又过了一会儿,时至7点钟,天开始黑了,火车终于启动,我们舒了一口气,9点左右就能到南京了。

我后来还有过一些不愉快的乘坐火车、遭遇空袭的经历,但留在记忆中的最糟糕的时刻,还是从靖江到南京的这一路。我们感觉车开得很慢,一小时之后,我们才第一次停站,离开靖江才20公里,我们9点钟到南京吃晚饭的希望破灭了。停站持续了整整一个钟头,一辆军车在黑暗中进了站,我们必须让军车先过。11月底的夜晚非常冷,大多数窗户和两扇门都开着,车厢里挤满了人,根本关不了窗。中国人似乎不怕冷。

一次又一次地停站、等候,看着一列列长长的军车驶过,有的车厢里载着马匹、汽车和武器,都是运往后方的。我们又一次停在半途中,这里离南京肯定很近了。从路轨一边的房子里走出一个人,我们看不见他,他用手电筒向火车打信号。黑夜里,火车旁边突然鬼魂一般伸出几支带刺刀的枪,本来就很暗的灯光完全熄灭了。又有空袭警报!我们估计前方就是南京,探照灯在夜空里来回照射,过了一会儿才熄灭,我们继续行驶。

想要打个盹,但刺骨的寒冷很快把人冻醒。夜里2点,火车又停在一个车站上,借着手电筒的光亮,我们看出了站名——和平门,已经是南京了!和平门是东北段城墙外的车站。从这里去市中心不会比从总站下关远,好想下车啊,但是我们明白,这儿肯定既没有人力车,也没有任何其他的交通工具。而带着箱子,我们不可能步行一个钟头。此外,我们觉得下关已经很近了。在和平门,又让了一辆军车,我们又慢慢上了路。2点30分,火车到达一个岔道口,向右的路轨伸向江边堤坝,也就是前往浦口的铁路渡口。现在还有500米就到下关站了。停车!火车再次停了下来,而且又往回开,回到岔道口。又是让车,继续前行400米,抵达下关。早上6点,我们终于到了站台上,我们又冷又累。靖江到南京60公里的路段,火车竟然开了11个钟头!

环顾车站周围,我们终于释怀。每个站台都有军车、货车和运送伤员的列车,陆军、骑兵、炮兵都被卸下,站厅里还有几百个伤员躺在地上。那位检查行李的军官查了我们的证件,放弃了对我们行李的检查。他还安排一个下士帮我们在外面找了辆人力车,因为车子紧俏,大部分车子都离开南京了。

此时正处在黑暗和黎明的分界点,这是我们离开上海第五天的早晨,我们走入南京下关站的站前广场。两天前,政府已离开了首都南京,它落入敌手的命运已经注定。

第三章　南京的最后几天

……

南京仍然是军事中心。蒋介石从委员长位置上退了下来，把政治领导权交给了孔（祥熙）博士，为的是集中精力指挥战争，所以他的参谋总部还在南京。从四川来的大部队向前线方向行进了好几天，其装备极差，在这个又冷又湿的冬季来临之际，他们脚上穿的还是草鞋。武器既老又差，机关枪很少，大炮更无从谈起，连钢盔都没有，他们就这样到了南京，向着现代装备的日本人进军。这是当时蒋介石的策略：为避免在上海与日本交战的中央军完全垮掉，用各省的军队往上顶，让中央军撤退。在中国，以前每个省都有自己的军队，有些超过了10万人，他们其实是各省总督个人的工具。现在蒋介石建成了直属于南京的受过现代训练和拥有现代装备的中央军，其他省的军队也逐渐被强制一体化，也归属于南京指挥。这些军队的装备和训练在开战时仍没有什么变化，他们与中央军简直无法相比。唯一与中央军水准接近的，是李宗仁和白崇禧将军的广西军。

当各省的部队向前线进发之时，从前线下来的中央军及其武器弹药在下关被卸下，然后被装上从下关溯江而上前往汉口的轮船，这是我们在靖江到南京的夜车里亲眼所见的。野战医院躺满了伤员，现在空出来的政府办公楼变成了临时野战医院。那里也已开始准备转移，因为总共只有几个野战医院，至少要在撤退时一起走。

外国人已经离开南京。只有很少几个——七位德国人和几位美国传教士——留了下来。德国社区曾是南京影响最大的外国人社区，而现在他们乘坐德国大使馆包租的怡和江轮“库特沃号”（Kutwo），一起离开南京。在大空袭之前，大多数妇女和儿童就已经撤离了。

由德国大使馆和国家社会主义工人党（NSDAP）的地方支部组成了一个委员会，该委员会在支部书记、公使衔参赞劳滕施拉格（Lautenschlage）的领导下准备撤离。这项工作并不轻松，要考虑到所有可能出现的情况，建立一个搜集消息和预警的系统。转运很困难，但也很重要：如果出现不可预料的警报，如何尽快将德国人集合起来？如何把他们的行李运到扬子江边的轮船上去？领事馆秘书许尔特（Huerter）只准备了一艘小摩托艇作为摆渡船，出于谨慎和干练，他把其他船都提前撤离了。怡和洋行的一艘小艇有事也在,但不能保证随时待命或不被军事部门征用。整个的气氛就是没有任何安全感,在这种气氛中,要做好一切准备。每个人都有自己的问题,有些确实是鸡毛蒜皮的小事,组织撤离的领导并不能解答所有的问题。对大多数德国人来说,撤离南京并非易事,因为几乎所有德国人都在南京置有房产,他们不得不舍弃大部分的财产,只被允许带很少的东西到"库特沃号"上。

我发现,留下来的人中有我到达时还没有走的三位使馆成员,他们要坚守岗位。此外,还有西门子公司的代表拉贝(John H. D. Rabe)也留下了,他是我的老朋友。以前我来南京,总是被好客的他邀往家里居住。还有礼和洋行(Carlowitz & Co.)的克鲁格(Kroeger)先生和司拜灵(Sperling)先生也坚守在南京,但我没碰到过他们。

……

拿不到中国外交部的新闻证,我就不可能从南京发出新闻电报,写文章也就失去意义了。在目前的状况下,邮件走邮路需要六至八星期才能到家。而且,我应该待在前线的中国一边,如果我留在南京,就又处于日本一边了。尽管如此,我还是很想留下,经历这座城市被占的过程。但与大使馆的留守人员商量多时,深思熟虑之后,我决定还是继续前往汉口。

去汉口尚有两种可能性。芜湖位于南京和汉口之间,其在扬子江的港口正停泊着"库特沃号"江轮,但问题是我不知道自己能够赶上。另外,今天应该还有一艘美国炮艇开往扬子江上游,我们只想在最紧急的情况下才搭乘。我们与芜湖通了电话,为的是了解"库特沃号"在芜湖还会停留多久。这个问题尚未得到答案,我们又有了新的疑虑。许尔特听到传闻,日本人已经从南面——即太湖地区——向芜湖附近推进,目的是绕过南京并从三面实施进攻。那样的话,我们能不能过去就成了问题。尽管如此,许尔特还是决定,只要"库特沃号"还在芜湖,他就用自己的汽车把胡尔德曼和我送过去。芜湖的电话接通了,怡和的代理告诉我们,"库特沃号"将于凌晨2点启程开往汉口。"2点?"许尔特看了看手表,"现在是10点。通常开到芜湖需要两个钟头,但不知道现在路况怎样,几天前听说完全被部队和汽车长龙堵住了,或许需要三倍的时间。"也有可能等我们抵达时,日本人已经到了芜湖,或者路已经被切断了。于是我们决定坐许尔特的汽车去芜湖。

时间紧迫,我们无法带上全部的行李,胡尔德曼不得不马上重新装箱。我有点遗憾地把系在箱子上的保存完好的香肠留给了健康部长,箱子里装满了我从上海带出来的药品。他拿到香肠和箱子会怎么说?我后来得知,他早就走了,我留在南京的箱子他根本没拿到。也许后来让日本人享用了。沙芬伯格(Scharffenberg)先生迅速浏览了我带来的信件,把其中重要的部分装进一个新信封里,我们得把这些信带到芜湖,德国大使陶德曼(Trautmann)博士此刻就在"库特沃号"上。

尽管时间紧急,我还是要去跟拉贝先生道别①。胡尔德曼把车开下主路,前往"西门子城"——南京的德国人这样称呼西门子中国公司的所在地,那里还有一所小小的德国学校,学校主要也是由拉贝先生出力建起来的。拉贝正坐在办公室的打字机前写日记,他不是由于工作原因留在南京,而是为了给留在南京的20万平民建立一个难民区——类似于上海的饶家驹神父所做的那样。我对他的计划持怀疑态度,因为他们缺乏保障稳定和秩序所需要的权力,不然如何阻止先是中国士兵后是日本士兵踏入难民区?拉贝说:"在这里工作了30多年,差不多过了一辈子,为此赌一下命是值得的。"②在简短的交谈里,他仍显示了自己固有的幽默,但在我看来,这已是强装欢颜了。尽管我有充足的理由离开南京,可面对拉贝和许尔特,总觉得自己选择了安全,而让别人赴死。

……

南京这一页翻过去了。日本人还没来,但是在很短时间里,太阳旗就会在城门上飘扬了。政府放弃了南京,新的首都是重庆,然而实际上新的行动中心是汉口。这个扬子江边的城市,正在我们面前出现。

第五章 逃亡的部长

如今在汉口要找中国元素很难,哪怕在那些从前不是租界的地方,也找不到中国文化的蛛丝马迹。没有寺庙,没有城墙。一般来说,中国城市有围着的城墙,还有巨大的城门和城楼建筑。今天的汉口是一座年轻的城市。它位于汉江和扬子江的交汇处,得益于19世纪后半期扬子江对外国贸易的开放,汉口才在短时间内有如此巨大的发展。这个百万人口的大城市里的中国城也未受到古老中国文化的影响,城市设施以及街边的不漂亮的新房子都显得很不自然。在接近原英租界的城区,中国大银行建起了巨型的宫殿,有些高楼是最现代的建筑风格。

从外表上我们感觉不到汉口成了新的首都,这里现在是中国军事指挥系统的

① 拉贝在日记中记录道:"一路平安!要快,孩子们,不然你们就赶不上了!"日期为1937年11月23日。
② 参见《拉贝日记》,周娅、谭蕾译,北京:新世界出版社,2009年,第101页。——译者

所在地。

这里到处都令人惊异。小部队沿街走过,衣衫褴褛。所有人都有轻伤,手上、胳膊上或腿上有伤,因此拄着竹棍。也有个别的人头上有子弹的擦伤,在街上每走50米,就一定会遇上一队伤员。他们夜里就躺在有卫兵把守的房子里,没有人照管伤员。在靖江,我已见识过重伤员的情况。重伤员被运走,轻伤者要交出武器,然后他们的名字就从名单上被划掉,自生自灭。在汉口,我们离前线有600公里,部队从前线撤回到内地,他们成群结队在这里来回游荡。中国军队没有足够的卫生队参战,因此受到了苦涩的报复。伤员成了瘟疫,他们结成团伙,偷盗抢劫。在中国汉口的城区,他们像蝗虫似的一群群地飞到妓院,在里面安营扎寨,让姑娘们伺候,让姑娘们养活。我偶尔看见一辆有红十字标志的汽车在街上疾驰而过,但从未在这种车上见过一个伤员,这种车子总是被人开着兜风。很多人在私家车上画上红十字,以防止车子被征用。虽然目前看到的红十字车根本就不是用来救助伤员的,但马路上有了这样的车,这也总算是个开头吧。

日本人已经到了南京边上,每天都在逼近。看起来中国军队不再战斗,那些好的师团和好的物资从前线撤了下来,撤退就像是溃散。到处充斥着强烈的失败主义情绪。在终于能够搭上第一个关系户之时,我感受到了这一点。听说外交部的新闻处在从前英租界的行政大楼里,我终于从后楼梯上去,找到新闻处主任李博士(Dr. T. T. Li)。他的房间没什么家具,看上去乱七八糟。这一切给人以临时的印象。李博士向我道歉,说那么多的政府机构和军事单位来到汉口,根本没办法给大家都找到房子,即使住在这么可怜的房间里,也应该感到满足。李博士问我住哪儿,我告诉他,还住在"库特沃号"船上,但正在准备找房子。李博士很吃惊地说:"找房子?我们都不知道还在这儿待多久,可能马上就要去重庆。"从上海撤出后,一切都显示出日本就要占领南京,然后就是攻打汉口,中国没法进行有效的抵抗。可以想象当时的那种混乱,因为一个四亿人口的国家的政府突然装箱打包搬到新的地方,而且是在短短几周之内,没有准备时间。在新的环境里的不确定性、临时布置的办公室、不断到来的溃退部队的伤病员,以及每日逼近的日本人,所有这一切都引发了最强烈的不确定感。不管怎样,有一点是肯定的:中国政府在汉口不会待得很久。

我最想知道的,是政府最高层如何看待形势,他们是否被笼罩在失败主义的氛围中?人们是否随时可以获取他们的意见?李博士要为我约见外交部长王宠惠,而德国大使馆——其办公室设在总领事馆里——的王先生,为我约了前行政院院长、现任中央政治委员会主席汪精卫。而两个约会碰巧放在了同一个下午。王宠惠约我下午4点在德明饭店(Terminus Hotel)见面,他住在那里,一大批重要人物包括国防部长都住在那里。我从大使馆得到一张纸条:“汪精卫将于下午5点在武昌的湖北省政府主席大楼接见您。”

4点钟,我坐在法租界的德明饭店与外交部长喝茶。王宠惠博士给人以极为亲切友好的印象。他大约60岁,看上去至少要比实际年龄年轻10岁,宽边眼镜后面是一双极为聪明的眼睛。我们用英语交谈,他的英语极好。他说,他的德语不够流利,已不足以用来交谈。他肯定以前德语说得很好,因为把德国民法典译成英语的,不是英国人,也不是德国人,而是王宠惠博士。这位外交部长更像学者、法学家,而不是政治家。在被任命为外交部长之前,他是海牙国际法庭的法官,享有国际声誉。中国对外政策的重大决定,都是由蒋介石本人做出的。但王宠惠站在他的身边,执行他的决策,维持日常工作,如同所有的外交部一样,这占据了他大量的时间。如果王宠惠博士不“干”政治的话,他肯定是很多事件过程的最佳叙述者。与他的谈话充满趣味,他尖锐批评了国联,这使我有些吃惊,从意识形态上讲,他可就是这个日内瓦圈子里出来的,而且一直都在极力维护它。如果说现在我们要找一个能为国联唱赞歌的国家的话,那这个国家就是中国。中国人民不想要这个战争、中国本来并不反日,这位外交部长对我反复强调这些并不新鲜的看法。交谈中真正值得玩味的是那些并未直接说出来的东西,那些句子背后的含义。我有这么一种感觉,即有一件尚未公开的事情正在幕后紧锣密鼓地进行。我很清楚,这件事只可能涉及和平磋商。这位外交部长不断地把谈话引到结束战争的问题上来,但是他没告诉我应该如何结束战争。我提出这个问题,他只是说,可以清楚地预计到日本人到底想要什么。我确信,有些事情正悬在空中,因为王宠惠在告别时说:“抱歉,眼下我还无法给您明确的答复。当事情进展到一定程度时,我会在第一时间通知您。”

我乘着人力车,沿着外滩向法、俄、英租界驶去,我脑子里一直在想,也许战争不久就会结束吧。德国与中、日两国一直都保持着良好关系,这场战争绝对不是我们希望看到的。我期盼着自己的报道对和平的到来有所贡献,我将为此而努力。

我来到渡口,已是4点55分。我要在5点整赶到汪精卫所在的省政府大楼!我想,我们很快就到江对岸,然后赶快叫一辆汽车。但在中国,要是在路上的话,千万别想着按计划而行。首先,在一般情况下,要预留比实际所用多一倍的时间。并非像我这样一个中部欧洲人的脑袋所想的那样,正好过江到对岸就是渡口,不是的,武昌的靠岸点在上游离汉口大约1.5公里处。我们的小轮船挤满了平民和军人,先沿着岸边开,然后驶过汉江汇入扬子江处。汉阳铁厂和军械库的大高炉以及很多烟囱矗立在对岸,汉口的标志物——海关大楼的高塔——就在渡船出发的地方,现在我们离它越来越远,当我们一刻钟后到达武昌时,离它已经更为遥远了。我赶紧跑上台阶,对面广场上有一个停车点,旁边还有两个。但我没有想到,这是战时,没有出租车。两个停车点没有一辆车。我无计可施,只好叫人力车。而此时已经是5点10分了。

当然省政府坐落在城边上,人力车整整走了20分钟,我只能暗暗诅咒。然而,乘车经过城里还是很有趣的。武昌和汉口的差别真如白天和黑夜,这里才是中国,武昌从来没有外国人的租界。这里的房子是中国式的,现在为了不被飞机发现,都刷成了灰色。这里的街上看不到一个外国人。这里中国军队的一些情况,也是在对面的汉口看不见的。大约每五个行人中,就有一个士兵或军官,人们都围着他。几乎每个大建筑前面都有岗哨,部分士兵持枪并上了刺刀,部分手握毛瑟枪。军用汽车飞驰而过。房子墙面上到处贴着标语或画着宣传画,号召人民与日本人抵抗到底。每栋房子面前都有一道泥墙,这里是防空洞的顶,防空洞都在人行道下面。

在城边上,我经过一道大门,进入很多院子和房子围着的湖北省政府。

我走进大墙内的一道大门,墙挡住了外面街上的噪音,里面是省长的居所。我走过一条宽宽的路,迎面走来一位身穿黑色中山装的官员。经过一个新的门道旁的两个岗哨,我才到了内院。士兵们大喊一声“立正”,两人都敬了礼。他们似乎不知道我是谁,但这里通行的老的士兵规则是:搞不清楚来者身份的时候,就多敬一次礼,总比少一次好。这个鲜花、草地、树木装点的院子不仅安静,而且还整洁得出奇。我进入一座很现代的房子,被那位官员引入一个房间,这里的陈设既不中式也不洋派,但很有品位。一位年轻的先生以德语自我介绍,他是汪精卫的秘书。他提到主席已经等候多时,我很是尴尬。我赶紧解释:我不了解当地情况,比如没有出租车。我们聊起了柏林,几分钟后汪精卫进来了。

与王宠惠一样,汪精卫也属于那种看上去比实际年龄年轻10~15岁的中国人。他以富有弹性的步子向我走来,看上去最多38岁。因为汪精卫除了母语,只说日语,他的秘书就当起了翻译。要经过第三者才能交谈,这很不舒服。

汪精卫是排在蒋介石之后的中国最重要的政治人物，有着丰富的从政经历。只有了解这些，你才能知道他话里的潜台词。在中国，几乎一万个人里找不出一人会直接说事的，所以我必须弄明白他话语后面的意思。汪在第一次世界大战前就是中国反清革命者中的一员，他暗杀摄政王未果。后来他在广州成为孙中山的密友之一。孙中山在辞世之际，自认为可将自己的遗产交给两个人——蒋介石和汪精卫，而这两人却日益不和、走向对立。汪精卫作为孙中山政治遗嘱的执行人，具有很强大的道德力量，蒋介石则在后来掌握了实权，即手里握有国民党军队，与一直占据政府高位的汪精卫无法相处。

1935 年，发生了这样的事情：汪精卫在南京出席中央特委会会议后，正在离场之际，遭到枪击，当时所有著名的领导人、将军和各省省长都在场。

被击毙的暗杀者被描述为共产党人，有人却认为此乃蒋介石背后的一个民族主义恐怖小组所为，但这也并不能证明蒋介石对此知情。很快汪精卫就前往德国休养，在此期间，政府进行了调整，汪的人全都在部长职务上消失。不管怎么说，这是极为罕见的局面。

当蒋介石在西安被擒时，汪精卫正在从德国巴特瑙海姆（Bad Nauheim）返国的途中，他一到中国就发表声明，尖锐批评对共产党的妥协。汪精卫与共产党是死敌，蒋介石在困境中能与共产党做短暂的同路人，汪精卫则永远不会。

汪精卫给我做了一个简短的报告，这期间我根本没有时间提问。无所谓，我也没做记录。反正我也不想把这样的采访发回去，如同与王宠惠的谈话一样。对我来说，通过中国领导人的观点获取对他们的个人印象才是重要的。就像王宠惠和汪精卫所说的老话：日本侵犯了中国的和平，这不是赢得朋友的正确方式。

终于轮到我提问，我问了汪精卫这样一个问题："您对中国政府越来越多地受到共产党影响的这种说法，怎么看？"这位前行政院院长反应激烈："这种说法根本不值一提。容共的前提是，他们不许进行政治宣传。在一致对外抵抗日本之时，我们承受不起对内的战争。共产党对政府没有一点影响力。"我问："但是他们的支持者在增加？"汪精卫答道："是的，如果战争长期打下去的话，共产党可能会重新成为威胁。这是日本人自己惹的祸。"我又问："有和平的任何希望吗？"他回答："中国愿意随时接受公正的和平。这意味着保持中国的主权，日本军队完全撤出中国。不然的话，我们只能选择战斗到底。"

汪精卫的最后表态是考虑到以下事实,即日本人已经到了南京城门口并随时可以拿下该城。由此也引起我的深思:毫无疑问,汪精卫会首先考虑和平,但他似乎不属于无论付出什么代价都要和平的人。在中国有这类人吗? 除了在上海和其他港口城市的一些自私的商人之外,几乎没有这样的人。这次谈话之后,我更加清楚,如果不是马上实现和平的话,战争会无限期地长久持续下去。如我所见所闻,日本人所希望的南京陷落之后蒋介石政府垮台的局面,是不可能出现的,哪怕眼下有一些混乱。

黑暗中我又渡过扬子江,来到灯火闪耀的汉口。我感到自己完全沉浸在另一种心情中,已经不再是混乱的撤退带给我的那种感受了。不管钟摆摆向哪一边,我知道,我在这里,是世界历史进程的见证人。在武汉,在国际化的汉口及其汉阳武器制造厂,在四亿中国人的政治、军事中心武昌,还会发生一些很重要的事情。眼下我还不知道明天早晨我会得到什么样的消息,战争大戏的新的一幕已经开始,德国会在其中一个片段起到重要的作用。

第二天早上,我坐在法肯豪森将军的副官克鲁马赫(Krummacher)上尉的办公室里,我向他打听怎样才能回到南京。常规的轮船已经停业了。克鲁马赫打听到,我可以乘坐英国的炮艇“凯奈特号”(Cannet),但只能到芜湖,从芜湖到南京只能步行。现在扬子江下游的车辆——从轮船到人力车再到轿子——只向一个方向移动,即向西移动。克鲁马赫问我:“您怎么没跟大使一起走?”我惊奇地问他:“跟大使一起? 哪个大使?”他说:“当然是德国大使陶德曼博士。”真的,早上陶德曼博士极其秘密地与公使衔参赞劳滕施拉格一起前往南京,他们将与蒋介石接洽。为此中国政府准备了一艘非常漂亮的汽艇、一艘带有黄色烟囱的白色轮船,以及一艘游艇。前几天,孔院长就是坐着它抵达汉口的,它实际属于中国海关,悬挂着中国国旗,船员是中国人,但官员是英国人,船舱里坐着德国大使,挂着德国的公务旗帜,这位大使将给蒋介石带去一个重要的消息。现在,在英国人的指挥下,这艘舰艇向着扬子江的下游驶去。

外国报纸上已经多次透露,德国在进行和平调解。当然,陶德曼的这次旅程由此也被与和平调解联系在一起。路透社和合众国际社(United Press)向全世界发布了有关和平建议内容的最大胆的推测,这些新闻当然都是推测而已,因为德国方面并未公开过任何消息。官方说法是:大使前往南京,是为了了解留在南京的德国人和德国财产的情况。没有人相信这些,至少之前全然不知情的我们这些德国新闻记者不相信。过了几天,陶德曼博士回来后,觉得有必要向我们做些解释,就把所有德国记者都邀请去喝茶。

当日到场人数众多,因为当时在汉口的德国记者人数很多,相当于其他国家记者的总和。拉佛伦茨(Laverentz)先生是德国新闻社的代表,他比我稍早取同样路线到达南京,因为要与中国政府同步,他又不得不离开南京。他在当时发给上海总部的电报中,说中国政府要离开南京,使我下决心立即从上海启程。跨太平洋新闻社的代表是艾格纳(Eigner)先生。《法兰克福报》(*Frankfurter Zeitung*)的莉莉・阿贝格(Lily Abegg)①一直试图前往上海,却被困在靖江,后来乘难民船来到汉口,比我晚到两天。胡尔德曼先生是上海《德文远东新闻报》的主笔,同时也代表《德意志汇报》(*Deutsche Allgemeine Zeitung*),还有就是我。

大使租住的是一个汉口的德国人的房子,那人回德国休假了,房子位于城外。从德国人聚居区出发,我们要坐 20 分钟的人力车,经过跑马场,进入一片空旷地,路上偶尔会看见几座房子。从很远处,就可看见在风中飘扬的德国国旗,红色的房顶上画着一个巨大的黑色万字符(纳粹标志),是提供给飞机辨认的醒目标志。中国军用机场就在不远处。从这里可看见外面的飞机,我第一次来访时,就看见两架俄国轰炸机在低空盘旋。

我们都围坐在一张小桌子旁,很期待地看着陶德曼博士和公使衔参赞劳滕施拉格。但是,我们很想知道的事情,大使没有说,因为他的职务不允许。"我去南京,是为了处理德国的事情,碰巧与蒋介石先生晤了面。"他微笑着说。看着我们怀疑的神情,他说:"我不能告诉你们更多的了。"但后来的谈话热烈起来,尽管我们没有听到任何一个字涉及他与蒋介石谈话的内容,但他明确了德国在战争这一阶段所采取的立场,就我们自己而言,还没有采取这一立场。我们的兴趣在于尽快达成和平协议,为此就要把对立双方拉近。通过近几天的采访和交谈,我已经明白:只要国家主权不被触犯和出卖,大多数中国人都想要和平。中国能够接受日本的建议吗?陶德曼博士肯定知道,但是他不能说。

---

① 莉莉・阿贝格(1901 ~1974),瑞士记者。生于汉堡,在横滨长大,曾在那里的德国学校上学,中学时期返回苏黎世,在日内瓦大学和汉堡大学攻读国民经济学和国家行政学,1926 年在汉堡大学获博士学位。自 1936 年起,她在日本和中国逗留,为《法兰克福报》和多家瑞士报纸写稿。战后被作为战犯关押在巢鸭监狱,后被无罪释放。著有《中国的革新:作为武器的空间》(*Chinas Erneuerung: der Raum als Waffe*, Frankfurt: Societät-Verlag, 1940),1949 年后著有多部有关日本和中国的书。——译者

后来我们还常常去他那儿,他固定地每星期举行一次新闻发布会,除此之外,他还常常邀请我们参加一些重要活动。另外,哪怕他总是急务在身,我们个人也可以单独找他。我们与陶德曼和公使衔参赞劳滕施拉格的合作很愉快,简直不可能还有比这更好的合作了。

战争还是和平?对我来说,这个问题太重要了,它不仅笼罩在当前所有事务之上,而且长期影响着未来的决策,因此我决定拜访一位重要人物,以尽可能多地了解情况。孔祥熙博士是位高权重的财政部长,自从政府从南京撤出,他也成为行政院院长。孔祥熙博士也许能给我提供一些信息。他在中央银行办公,也是央行行长,同时还担任很多其他职务。央行设在从前的华俄道胜银行大楼里,俄国革命之后,这家银行就解散了。绕过一个花园,汉口外滩的最前面,就是俄国人居住区。

进门踏上楼梯,我发现在大楼旁的花园里,一群苦力正挖出一个大坑。挖出的土堆得很高,说明他们已经挖得很深了。看来,他们在给这里的行政院院长建造防空洞。这肯定要花五位数以上的银元,因为在汉口,挖不了多深就会碰到地下水,一个很深的防空洞必须全部要用水泥,如果不想穿着救生服进去的话。当然,对孔祥熙博士来说,钱不是问题。

过了一会儿,我就和这位中国最富有的、肯定也是全世界首屈一指的富翁面对面坐在一起,抽着烟、喝着茶。孔祥熙博士不像大多数照片上显得那样高和胖,他的脸上一直挂着友好的笑容,看上去简直有点狡猾。尽管接受的是美国教育,他仍像大多数中国人一样,常常穿长衫。不过今天他穿的是无可挑剔的西装,很可能是伦敦裁缝的手艺,他夏天参加了英国国王加冕庆典,在伦敦待了一段时间。孔祥熙博士是中国亲英美外交政策的代表。

作为开场白,院长向我讲述了他参加伦敦的加冕典礼之后,途经德国,并前往上萨尔茨堡(Obersalzberg)拜访了领袖①。他说:“短暂逗留,我对德国印象极佳。我尽力理解德国人民的问题和困难,对德国工业界与建设中的中国之间的经济合作充满期待。可惜战争将这美好前景化为乌有。但和平终将来临,我把这种期待寄托在未来。”

我问孔博士:“您相信眼下争取结束敌对的努力会很快取得成果吗?”

微笑从他的脸上瞬间消失,他说:“现在谈结果还为时过早。”

---

① 指希特勒。——译者

我又问:“您相信如果不能很快获得和平的话,中国能将战争继续打下去吗?”

笑容又回到他的脸上,孔博士不假思索地说:“至少能打两年!”

我常常想这样一个问题:中国从哪里获得那么多用于现代战争所必需的金钱?中国的财政巨人应当能够向我解释清楚。我问他:“失去上海和华北后,一部分重要的国家收入来源没有了,特别是关税,财政上还能继续支持战争吗?”

孔博士非常肯定地说:“中国是一个自给自足的国家,政府完全有可能仅仅依靠内地省份的支持,就获得支持战争的必要物资。我们肯定可以至少坚持两年,而我认为,日本现在这种打法最多还能持续三到六个月。此外,战场转移到内地之后,日本人的行动就会越来越困难。就算他们可能打到扬子江边的汉口,中国仍然可以坚守在扬子江两岸的后方。”

我对日本持续战争的能力要估计得乐观一些,孔博士所估计的三到六个月,显然是宣传鼓动,我对其效用表示怀疑。这类论断常常也出现在中国的报纸上,我认为这绝对是一种错误的策略,让民众陷于没有根据的盲目乐观之中,以为日本经济很快就会崩溃。从另一方面来说,我并不怀疑孔博士的有关中国还能继续战斗两年的说法。我问他:“就算战争财政长时间里可以得到保障,香港可能被隔断,这会不会带来严重的困境?”

他的答复让我很惊讶:“那些大国,尤其是英国在香港和中国南方的利益不会允许日本人把香港完全阻隔、把外国与中国的贸易完全中断。”

我之所以感到惊异,是因为这种乐观基于迄今为止英美在远东危机中的软弱立场,我禁不住默想:中国和英国之间是否就香港和广州达成了什么具体协议。趁着孔博士又给我递来一支香烟,我提出了今天前来主要想提的问题:“我承认,中国还能战斗很长时间,但是中国难道不倾向于尽快实现和平吗?”

他回答:“当然,但是这取决于日本。它要战争,那就战争;它要和平,我们随时准备和平。我们进行的只是一场防御性的战争。”

我又问:“那中国和日本实现永久和平的基本条件是什么?”

孔博士的脸一下子变得严肃异常,他说:“日本人一直在解释,说他们不再有领土要求。如果他们信守承诺,不再触碰中国领土和干涉中国内政,那就有了和平的基础。”

在我看来,日本在上海也付出了很大的代价,不会不获取利益就收手的。我很好奇孔博士对此会如何应答,我问:“如果中国不能对日本在华北自治和其他明显的企图表示满足,那么,日本还有什么战利品可以带回家?”

他回答:“中国和日本之间有一系列问题需要澄清,比如经济合作问题。如果日本要中国的友谊,他们能够得到,但是不能通过战争来强取。如果我想跟某人一起生活,当然不能用要置人于死地的恐吓来达到目的。日本要获得中国的支持,不可能用继续进行战争的方式来获得,战争唤起了持续的抵抗并最终将一个民族逼到绝望的边缘,这是日本自己也不愿意看到的结果。”

院长显然是在暗示:如果长期战争会把中国推向更绝望的边缘,中国就会倒向共产主义。

我提出最后一个问题:“如果日本在占领南京后组建一个新政府,并正式承认(该政府),那怎么办?”

他回答:“中国政府不会遇到这种事,一个政府首先要被外国承认,其次要被中国人民承认。一个被日本扶植的傀儡政府根本不会得到中国人民的支持。您更清楚德国的过去,如果一个民族被外部打压到绝望时,它会走上什么道路。外部压力会使内部更为团结,并对外部产生越来越大的反作用力。如果日本如自己所宣称的,其作战目的不是针对中国,而是针对其他强权的话,那么,继续对中国进行战争,不站到中国一边,就令人无法理解。对日本来说,唯一可能的政策,就是与中国合作的友好政策,只有这样,它才能达到自己的目的。倘若它不想那么做,我们也做好了准备,继续战斗。”

他毅然决然说出了最后一句,这句话说到一半的时候,孔博士站了起来,示意他已说出了最后的意思,采访就此结束。

与行政院院长兼财政部长的谈话,使我几天前所获得的画面更完整了。这是对之前的采访和谈话资料的最后补充。这些不得不从原先的首都逃亡的部长们想要和平,但是,如果由于触及中国主权而不能获得和平的话,看来他们会选择继续战斗。孔博士的谈话让我获得了这样的印象:中国可以在经济和政治上向日本让步。通过德国的调停,中国已经向和平谈判的方向走近了一步,现在一切都取决于日本。我决定借助于与部长们谈话所获得的印象再写一个报告。德国只对和平有兴趣。

在离开中央银行时,我发现了几乎不起眼的站在花园里的人,他们身着军装,腰间别着毛瑟手枪,随时准备拔出。孔博士显然是一个获得很好保护的人,他不想同汪精卫那样,成为暗杀的牺牲品。

和平还是继续战斗？这个问题仍然悬而未决，看来未来14天里也不会产生决策。圣诞节快到了，为了能够完全放心地离开此地，我又一次拜访了大使，告诉他我要前往上海，并在圣诞节后赶回中国总司令部的计划。“您尽管放心去”，他认为“按照人之常情，圣诞节之前不会有任何的决定做出”。

第六章　绕路3000公里

“我圣诞节乘车回家。”在德国，如果有人说这样的话，他大概是从柏林前往慕尼黑，再远一点，就是从法兰克福前往柯尼斯堡，或者从维也纳前往汉堡。我只是从汉口前往上海。在和平时期，这不过就是1000公里而已。只需从汉口上船，几天以后，在上海下船就行了。但是现在我必须先去很远的南方，经过香港，绕路3000公里，相当于从柏林到乌拉尔，或到中非。

要从汉口离开，就是一件非常困难的事。广州到汉口的铁路运行很不正常，铁路一直遭到轰炸，所以能不能到达广州就很成问题。最好是乘欧亚航空公司①的飞机直飞香港，但我们从汉口的欧亚航空得知，所有去香港的舱位已经在四周前被全部订完，而且大部分为中国人所订。可能有钱的中国商人急于离开这里，或许他们也是这个看法，即汉口作为政府所在地不会持续太长时间。眼见日本军队已到城门口，他们把英国殖民地香港看成合适的居留地。在那里，他们可以继续过所习惯的生活，而成千上万的士兵每天在前线战死，几百万小人物——他们多是在扬子江下游的农民和手艺人——失去了家园和一切。中国政府至今都没有针对资本和人的逃亡采取措施。

还有别的办法，绕更远的路，经西安、成都、昆明、河内，然后到香港。这就要飞6000公里了。上海在汉口东面，飞行距离约700公里。首先向西北方向飞700公里左右到西安，再向西南方向飞600公里到成都，向南再飞700公里到昆明，这样就到达上海以西2000公里的地方。向东南方向再飞600公里到河内，接着从河内乘两天海船前往香港、从香港乘两天半到四天的海船到上海。已经有人这么乘过，如果不是去昆明的所有座位早就被订完了，我也会这么乘的。

但最后我还是获得机会前往广州，从那里去香港，再到上海。这是一列粤汉铁

① 1931年，中国政府与德国汉莎航空公司合资成立，总公司设于上海，抗战时期迁往昆明。——译者

路上的所谓难民火车,一直开到香港在大陆半岛的九龙。汉口的外国人也开始紧张了,妇女和儿童要坐这趟车去安全的香港,还有从上海、南京地区来的很多美国和英国的传教士,战争爆发时他们在庐山牯岭,现在也要乘这趟车。

对面的武昌笼罩在一片混乱之中,它是国际列车的始发站。火车原本定在早上10点出发,但直到晚上7点才启程。武昌、汉口两个火车站之间间隔9公里,在此期间,两个车站都充斥着难民和军人,来回涌动。人在此火车站,行李却在彼火车站,而火车却不见踪影。找不到站务人员,民用的、军用的站务人员都无影无踪,无从得知是否有火车。人们守口如瓶,因为他们担心难民会冲击列车,忠于职守的工作人员也不能向难民透露列车的消息。我终于确信列车已进入火车站的时候,我正在绕路经过汉口——在河的另一边——的路上,徐家棚这段路极为难走,那是另外一个火车站。我又乘人力车返回,这又是9公里,列车确实停在那里,我跑过最后一段路,因为担心列车在我眼皮底下开走。下午3点,即在我早晨来此的7个小时后,我深感幸运地坐在自己的位子上。

火车应该是"国际列车",事先已通知日本官方,因此不会被轰炸。最后,中国人却坚持在四节国际列车后面再挂上一节其他的车厢。日本人只是被告知,最前面四节是国际车厢,已在车顶上用英国、美国和德国国旗做了标识。当火车开动之时,车厢变成了如下的顺序:最前面四节是中国车厢,第五节本该是中国车厢(也就是列车可以被炸的部分),现在成了国际车厢,然后是餐车,其后又是一节中国车厢,最后是其余的三节国际车厢。

令人沮丧的是,第二天早上我才发现,列车才行驶了150公里,还没开到洞庭湖入口处的永州。从永州到长沙的150公里,我们又几乎花费了一整天。列车穿过湖南省的北部地区,路轨左右两边的村庄和水稻田随处可见,这个省份是多么富饶啊!这里的房子不是中国北方农民那种可怜的泥糊的棚子,或者扬子江边上竹子编的棚屋,而全部都是漂亮的白墙青瓦的石头房子,谷仓和牲口棚建造得不仅实用,而且美观。田间有小墓园,还有很多家庙——别的地区只有富家才能拥有,这证明湖南农民的富足。土地肥沃、气候温和,火车越向南开,越常见到的是把芭蕉树作为房子的装饰。水稻田里是湿泥一直浸到膝盖、赶着水牛耕地的农民。这块土地上的人难道不知道外面已经在打仗,而且是一场几百年来所未遇到的对外战争?

……

第七章 秘密会社的恐怖

1937 年冬,上海没有丝毫的圣诞节气氛。尽管德国快船"波茨坦号"已经把圣诞树从日本拉到了上海,但自 8 月以来聚集在上海空中的乌云还远远没有消散。当一年半后于 11 月再一次来到上海的时候,我得到的直接印象是:该城市的周边依然处于前线之中,像梦魇一样无法摆脱。在中国人居住的南市区,不时传来沉闷的枪弹声,还有空中密集的黑色浓烟,夜色中燃烧的火光把天空染成了红色。现在我要确认一下:去南京之前的几天的喘息是否只是一个短暂的现象。大量的实例已经显示,以前被认为是安全的租界,偶尔也会遭到炸弹和榴弹袭击,居民由此产生的持续压力和恐惧,看来也不过是一次愉快的间歇。这些都只是过眼烟云,现在笼罩一切的又是压抑沉闷的气氛,只不过其形式有所改变而已。

这座城市处在高度不安之中。大多数的外国商人也前所未有地感到不安,不知将来经济情况如何,也不知将来租界的政治处境怎样。已没有可怕的炸弹和炮弹声了,取而代之的是周围匪帮高级手枪里的子弹。对有些中国人来说,这些精准射出的子弹是中国秘密组织判决的表达。在公共租界的路上,日本人也受到中国人的炸弹和手榴弹的恐吓。

我们不能被看似安静的外表所蒙蔽。对于公共租界和法租界里到处设置的沙袋路障、固定铁丝网和到处碰到的移动铁丝网,人们很快就习以为常,由此也很快就视而不见了。当局未在上海战役结束之后立即撤除路障,是有理由的。应小心为上,因为很难预测明天会发生什么。

在远东,没有一个城市像上海这样,欧洲人与本地居民的接触如此之少。每天在街上,他们根本就注意不到忙忙碌碌的百万中国居民。他们唯一接触的中国人是仆人和办公室里的雇员,然后就是几个商业伙伴,这些人却属于受过欧洲教育或至少受欧洲影响的少数中国人。但什么东西推动着中国的大众,他们中间涌动着什么潮流、内部有些什么派别、由谁来领导,所有这一切,他们一概不知,这些"上海人"(Shanghai lander)也根本不愿费力去了解。当然他们也没能力去了解,因为相对于内地的白人来说,上海的白人 99% 不懂当地语言,他们跟仆人说洋泾浜英语。但语言知识是首要前提条件,至少可以借此对无从下手的陌生的东亚思维方式进行探究。

那种从中国人灵魂深处突然爆发出来不可抗拒的暴力——这种暴力(尤其是在上海不期而至的诸多事件和运动)有其长期的萌生和发展过程——让置身事外的欧洲人犹如面对一件奇观,无人知晓其中的玄机。了解最多的是警察局,但即便是最好的公共租界工部局以及并不逊色的法租界警察,也对政治恐怖袭击束手无策,而目前上海的政治恐怖无所不在。很少有抓不到抢劫犯或抢劫谋杀犯的事情,但他们似乎对秘密政治组织毫无办法,眼下每天都发生着亲日本的中国人被杀、甚至日本人也被恐吓的事情。

自从中国军队撤退之后,上海就隐身在公共租界,并被秘密组织所利用。秘密政治帮派的头子、中国的民族主义者、共产党人、正规军的军官也被派来执行任务,他们把士兵召集起来,通过各种渠道把弄来的武器带进公共租界或法租界。它们身负双重使命:一是与被日本人松散占领的郊外小分队取得联系,发动武装行动,破坏日本人的交通线;二是把进入城内的军人组织成恐怖活动小组,消灭以任何形式与日本人合作的所有中国人,进而在敌占区建立新的行政管理部门。

这一系列恐怖事件的序幕,是针对一位在上海的外国人社会中具有声望的中国富商的恐怖事件。就在圣诞节和元旦之间的某一天,一辆宽大而尊贵的轿车停在了法租界的一幢漂亮的欧式建筑前,轿车的主人是陆伯鸿先生,他是上海滩最有名的人物之一。他的名声不只是出于富有,还在于其慈善活动以及他的天主教徒的身份。最近几天来,陆伯鸿先生的名声与日俱增,这得益于一个组织的诞生,他们自称“上海市民组织”,这是一个确实不具政治色彩、对任何一方均没有损害的名称,其创建者们保证,该组织是“完全非政治性的”和“纯慈善性的”,一批富有的中国人共同努力建立了这个组织,陆伯鸿先生是他们的领袖。他们想在日本的庇护下,在上海的日占区建立一个新的管理机构。就像一些大慈善家所做的那样,该组织恰好也是把“资助贫穷难民的回归”和“恢复秩序”作为目标,顺便也为的是重振业已毁坏的慈善业。

就在陆伯鸿的轿车还停在朋友的门前期间,出现了两个卖橘子的小贩,这样的小贩在上海随处可见。肯定是这两个卖橘子的小贩与陆伯鸿先生的慈善目标不一致,就在陆先生从房子里出来,跨上轿车之际,这两个卖橘子的小贩突然从橘子的下面取出两支毛瑟手枪,将这位富豪击毙。随即他们就消失了,作为卖橘子的小贩,他们没有留下任何痕迹。警察徒劳地寻找着蛛丝马迹,而他们在光天化日之下,消失得无影无踪。

元旦这一天,80 名日本士兵走在租界的大街上,在一个街角,他们遇到了一大堆人,就在这群人即将走过之际,突然从他们中间扔出了两颗手榴弹,最后一排的四名日本士兵被炸成轻伤,一名被炸成重伤。作案者无迹可寻。赶到现场的警察只看到一张小纸条。在这之前,他们已散发了很多张这种纸条,上面只有两个中文单词:“死”“汉奸”。

就在同一天,在意大利人保护区岗哨的一名意大利士兵看见一个中国人翻过附近一家日本人棉纺厂的院墙,紧接着是巨大的爆炸声,这位士兵的子弹未能击中逃跑者。就在同一时间,日本人的其他工厂也发生了类似的情况。

凶讯一个接着另一个,第二天,英国警察在极司菲尔德路的一块空置的场地上,发现头部中了三枪的中国人的尸体。子弹似乎不是从附近射出的,警察尚摸不着头脑。

就在同一时间,几家中文报纸收到了一封信,该信是印刷件,其说辞甚为特别:“以前的新闻记者张亚欣(Zhang Yarshin,音译)在卡德路上被捕,我们判处他以死刑,因为他为日本人效劳并出卖军事秘密。”警察逐渐知道了真相。这是怎样的一个秘密组织,在租界的中心地带“逮捕”人并“判处以死刑”,最后竟然将之公布于众?这些作案者难道不害怕由于最后的这一大意行为而被人发现?他们似乎对自己的冒险行为信心满满,而实际上警察的所有措施都无功而返。到处都张贴着中、英文的通告,每个拥有枪支的中国人,必须立即将之上交工部局,即便是欧洲人,也必须对其武器进行登记。没过多久,好几个城区的通告被新的中文标语“铲除汉奸!”所覆盖。

恐怖行动看上去达到了自己的第一个目标,那些与被谋杀的陆先生的“上海市民组织”有这样那样关联的中国人被吓住了,米业行会会长的家里被扔进去一个炸弹,市民组织的另一个会员赶紧订了船票,举家迁往香港。其余的人发表声明,不再与该组织发生任何的关系。整个计划随之流产。

租界的警察夜以继日地搜查武器,街道被封锁,他们挨家挨户进行搜查,但成效甚微。即使找到一点东西,也不过是一个寻常强盗的一把手枪。中国人的房子有后院、小巷、入口、出口,布局错综复杂,实在很难发现点儿什么。

秘密组织肯定得到了民众的坚决支持,否则作案者怎么可能在光天化日之下,在熙熙攘攘的大街上开枪杀人并随之消失得无影无踪?警察在盘问证人时,碰到的是一堵无法翻越的墙,“不知道”,这是不动声色的黄种人通常的回答。他们既不同情那些作案的人,也毫无惧色,但如果他们给警察提供了蛛丝马迹的话,那个强势的秘密组织在第二天会找上门来。

警察和工部局几乎陷于绝望。日本人渐渐对警察的低效失去了耐心,提出要让更多的日本人进入警察局,并担任领导职务。英国人和美国人担心,如果不能在短时间内对恐怖浪潮有所遏制的话,日本人最后会接手整个公共租界的管理。人们只好寄希望于新的措施能够对恐怖分子形成威慑。新的告示张贴了出来:如果有谁胆敢在上海租界对外国的武装人员行刺,将被立即引渡到相关国家的权力机构。不言而喻,如果作案者被抓住并落到日本人手里的话,结果将可想而知。也许这种威慑会起到作用。

然而这种威慑还是毫无效果。即便是在日占区,现在也能感受到恐怖分子的存在,在被占的南市区发生了一场严重的爆炸,到处都能发现作案者经常使用的手榴弹。所有的中国报纸和团体都收到了传单,"抗日救国会"向他们发出了人民起义的呼吁。

上海看起来是在火山口上跳舞。残酷的微型战争在秘密地进行。

这一微型战争的进展如何?在1937年的最后几天,我在发给《人民观察家》的电报文稿中写道:"1937年即将过去,中日的敌对状况未见转机。松井将军(Matsui)的最新声明表示日本在中国不会有领土要求,这给时而露出苗头但又消失的和平希望再一次带来新的推动力,然而南京事件以后的军事形势尚且胜负未定。如果战争继续下去的话,那极有可能打到1938年年底。

眼下有三个不同的前线:北方前线——从内蒙古的绥远向南,大约越过山西省中部向太原府方向,然后向东到京汉铁路,再向南约200公里,直至黄河,沿津浦铁路向南直至济南府;中部地区的战场从扬子江畔芜湖的东南方向南掠过太湖直抵钱塘江30公里处的杭州;南方战场似乎正在广州南部和东部铺展开来,到目前为止,为了建立航空和给养基地,日本人已占领了那里的几个岛屿。

自拿下南京之后,其局势相对安定,拿下杭州后,中国人撤走,这些中部地区的最重要的前线未出现大规模的抵抗活动。关于已经跨过扬子江北岸的日本人的情况,则至今未有新的消息。由于中国人的强烈抵抗,他们似乎无法跨过杭州。与几个星期前的占领相反,日本军队暂时集中精力于进攻广州,而一直不见动静的北方前线的东部又开始向济南府和青岛进行攻击。由此可以推测,到达陇海铁路之后,他们将立即向北方五省的南部边境进军。中国人的注意力在杭州的西南,为的是抵御日本可能从南昌方向来的进攻以及山西南部日本人的再一次的攻击。

在接下来的时间里，进攻汉口还不太可能，尽管那里的人已开始防备空袭。

如果和平谈判最终宣告失败的话，那么很清楚，战争将会进行很久。汉口就正是需要我去的地方。我也收到从柏林发来的电报，让我重新回到中国一方的前线。

这样，在上海的日子也就不多了。我订了意大利快船前往香港的舱位。在上海得到一个报告，令我深感兴味，同时也让我对将要面对的汉口有些担忧。首先有消息说，汉口出版了一份共产党的报纸《新华日报》，这是否意味着共产主义的影响正在不断扩大？在此之前政府禁止共产主义思想的公开传播，现在竟然允许在政府所在地创办一份日报了。假如对此还有这样那样的怀疑的话，几天后一切就清楚了。那天我正在吃午饭，从广播里听到了令人开心的消息——史沫特莱在汉口出现。史沫特莱！这就有意思了！几年以来，她一直在为中国共产党工作。蒋介石在西安被抓的时候，她在西安的广播电台发表德语和英语演讲，宣传共产主义和抗日言论。我觉得汉口的红色因素正在迅猛壮大。

我 1 月 14 日登上意大利快船，离开上海，当时我真没想到，要到 10 个月之后，我才能重新踏入这座城市。

第十章　总司令——遇见蒋介石

他处在今天的东亚的中心。有人把他当作自己的领袖，也有人将他看作必欲去之而后快的敌人。不管对蒋介石怎么看，必须承认，他是东亚棋局的中心棋子，是受到威胁的国王，不与他对弈，棋局就赢不了。哪怕在日本拒绝继续与他谈判之后，我见到很多日本人（其中有很多重要人物），他们尽管把他当成敌人，但也不得不敬重他的人格。

我回到汉口之后，宣传部副部长董显光就问我，是否有什么特别的计划、希望见哪些机构和哪些人。我便对他一一道来，说很想见见蒋介石总司令。我并未刻意强调希望做一次采访。只是说如果碰巧有机会的话，我很想见总司令。我知道蒋介石日理万机，很少接见外国记者，即便接见记者的话，也是集体接见。

因此，令我感到非常惊讶的是，我才到汉口一星期，董显光办公室的季先生来找我，并通知说：“明天总司令要接见您，但请不要对外泄露消息。我今天来通知您，明天下午不要做别的安排。”第二天季先生来电话：“事情升级了。请您 4 点 30

分到我们办公室来!”他没说会见在哪里举行,他们从不提及蒋介石的所在地。如果他正在旅途中的话,报纸上会登出一个编造的消息,说他正为某事到了某地。一般来说,新闻中所提的地方相距真实的所在地有上千公里的距离。如果一个外国记者在给报纸的电讯稿中提到蒋介石的所在地,这句话肯定会被中国新闻检查官划掉。只有在总司令旅行回来之后,才允许报道他去过哪里。中国人之所以采取这样的谨慎措施,是担心日本人会对蒋介石所在地进行猛烈轰炸。确实有过好几次,蒋总司令刚刚离开一个地方,那里就遭到日军的狂轰滥炸。日本人得到他现身某地的消息太晚了一点。

这种对于具体某一个人的战争行为,初看上去甚是奇怪。在现代战争史上,这肯定是一个新的现象。但不可否认的是,历史发展的决定性时刻往往系于一人之身。如果没有蒋介石,简直就无法想象中国会变成什么模样。

按照约定的时间,我来到董显光的办公室。我这才得知要去对面的武昌。当我们乘车沿江边向下前往渡口时,我问董显光,谈话用哪种语言进行。“总司令只说中文和日文,”他对我说,“您跟我说英语,我做翻译。”我不喜欢通过翻译进行访谈,尤其是翻译所讲的不是母语。但我知道,董显光不只是英语极为优秀,更重要的是,他是蒋介石最信赖的追随者之一。

走下渡船,武昌这边已有另一辆轿车等着我们。我们走的还是那条路,即上次我拜访汪精卫坐人力车走过的那条路。武昌和汉口的巨大差异又一次跃入我眼中。与对面以前租界的欧洲印象完全相反,这里才是真正的中国。街上的军官和士兵人数比12月时又增加了许多,街边房子的墙上贴满了标语和大幅的宣传画,画面的内容是中国士兵和农民拿起武器,与日本人战斗,保卫家乡,还有一些画面展示如何应对日本的空袭。现在已经不需要这些画了,在过去几个星期里,武昌已经历了足够多的空袭,已经知道该怎么做了。我很高兴这次来对岸武昌没有碰到空袭警报。汽车停在上次来见汪精卫时的地方,看来蒋介石的办公地点也在湖北省政府里。

蒋介石的军事副官跟我们打招呼,出乎我意料的是,他操着一口无懈可击的德语,他是胡靖安将军。蒋总司令还在忙,在我们等着放进去的间隙,我跟胡靖安将军一起聊起了柏林、德累斯顿和慕尼黑。这位将军最多也就40岁,属于少壮派军官,跟几百个老将军正好相反,他在国外接受了现代军事教育。

一位官员出来,跟董显光说了几句,然后他打开我们面前的门,我们俩一起走进一个房间，透过对面墙上开着的门，能看见另一个房间。我瞥见两只手，其主人尚看不见。左边出现一节穿着黑色制服的手臂，右边则是一只橄榄绿的军装的袖子，这只手显然是总司令的，官员递给他一份文件，这只手就收回了。现在门里出现了蒋总司令的形象，他向我伸出手来，把我引进了房间。

我的第一印象是：这位中国的总司令比我从照片上看见的要矮小许多。但这丝毫未影响到其强大内心的展示，他由此而显得更为高大。

总司令穿着军装，但军装上未戴显示军阶的标牌，他坐在沙发上，审视着我，说话简单清晰。大多数中国人高深莫测，从他们脸上的表情就可以看出来，这种表情难以捉摸。蒋介石脸上的表情很清晰，简直不像中国人。他额头很高，配上他的眼睛，其脸上总是呈现出带有思考状的微笑，他嘴唇紧闭，上唇有一点胡子，所有这些组合在一起，传达出一种坚定不移的宁静。中国的上层人士常常很自以为是，他们总在演戏，以此来掩饰自己的弱点，展示别人所期待的个性。在蒋介石这里感受不到这种自大，只有底气十足、不会被任何事情乱了方寸的自信。他坐在沙发里，身体略向后靠，表情开朗，看起来他是一个不会被人当球踢的人，即便遇到最糟糕的处境，出于内心深处的坚定信心，他也绝不会放弃既定的路线。毫无疑问，他具有某种普鲁士人的特性，在遭受了上海和南京的沉重打击之后，他仍然立场坚定。他没有表现出一点烦躁不安，而且看来他的健康也处在最好的状态。

不再提起和平了。日本的要求和中国人愿意接受的条件之间差距太大。1月中旬以后，和平努力的失败已成定局，战争无疑会继续下去。日本政府宣称，他们不再承认蒋介石政府，要把战争进行到蒋介石及其政府完全垮台为止。所以，在与中国的总司令和国家领袖谈话时，我把政治问题藏到背后，提问主要围绕着军事上如何把战争继续下去。按照中国的观点，这个国家会长期进行抗战。

蒋介石表示，要感谢日本人给了中国人一个喘息的机会。他对上海的战事中幸存的中央军进行了重组，他们已取得令人瞩目的进步。从内地补充的新部队业已到位，正在进行投入实战前的最后训练。总司令的表述充满了信心：

“在不得不把部队派到前线之前，我们肯定还有一两个月时间来重组。”

总的来说，在南京被占之后，整个战争的格局没有变化。如果日本人先攻打汉口，那么，估计他们就不只是沿扬子江而上。这样获得的基地太小，此外，面对几百公里外的目标，其空间战线也太单薄。眼下其行动乃从北到南沿津浦铁路向徐州府移动，而徐州府是该铁路与陇海铁路重要的交叉点。很可能他们先占领徐州府，继而占领陇海线,再占领郑州——这里是与平汉铁路的交叉点。这就是除扬子江三角洲之外的第二个行动基地,以便为进攻汉口做好准备。在我看来,拿下徐州府和郑州以及两者之间陇海线的一部分只是时间的问题——这不久就得到证实,所以我以此作为前提向总司令提问。

我问蒋介石如何预计日本对汉口可能的进攻。

"我们不知道日本人会做什么,"他回答,"但是我们希望他们到汉口和武昌来试一试。我们手里有东西与他们对抗,他们拿不到汉口和武昌。"

我觉得可以通过自己向德国报纸的读者更多地传达总司令的信心。我不相信,但他坚信能把日本人一直挡在很远之外的地方。然后蒋介石对他的继续抵抗政策进行了长篇陈述。战争至今只在边缘进行,故战争现在才真正开始。总司令概述了中国内地省份巨大的物质储备,这是日本军队无法染指的。他还说,目前为坚持战争而动员起来的人力资源,是中国从来不曾有过的。

而对于继续战争所必需的外国进口战争物资的问题,蒋介石没有回答。

在过去一段时间里,对外国人圈子里议论很多却没人给出真正回答的一个问题,我也很感兴趣。如果日本军队的一部分人相信,把中国人一直追至内地而无法真正抓住他们,还有什么意义?如果在到达陇海铁路后,如果日本人只限于对以北平为中心的中国北方和以上海、南京为中心的中国中部地区,以新建立的亲日政权巩固其统治,那又会怎样呢?我问蒋介石元帅是否会在这种状态下停止军事行动,那么战争就结束了。

当董显光把这个问题翻译过去后,最高统帅做出了强烈的反应。

"(即使)如此战争,也远远没有结束。即便是现在,日本人也很难守住他们如此长的战线,根本不用说他们真正能控制占领区。如果日本军队停止向我们进攻,那么中国军队就会不断进攻,让他们不能停息。"最后,最高统帅又说,"只有到日本真正尊重中国的领土不可侵犯,不再试图干涉中国内政时,才可以重新就东亚的和平进行谈判。"

我向蒋介石道别,他托我向德国政府和德国人民转达他的谢意,因为德国政府努力通过他们的调停来终止战争。而我则带着他坚定表达信心的印象离开,这印象还将长久留在我的记忆中。我现在清楚了,战争还将持续好多个月,甚至好多年。

第二天早晨,董显光办公室的一位信使给我带来一个大信封。我打开一看,里面是一张我所见过的蒋统帅最好的照片。照片上的他穿着将军服,双腿之间夹着一把长长的军刀，胸口挂着一枚“青天白日”徽章。照片边缘是这位中国领袖的亲笔字——“沈克先生”，还有他的签名——“蒋中正”，后者是统帅正式的或者礼节性的名字，整个题词的意思是“蒋介石赠沈克”。

在国外，蒋介石常常被认为是一个军事天才。实际上并非如此，他的长处在其他方面。在他的领导下，北伐战争中的国民党军队取得了光辉成就，他也以此获得了名声和权力，但这成就主要不是建立在军事优势上，而更多来自领袖与军队之间的休戚与共感，这一点与老“军阀”们正相反。蒋介石不仅是最高司令，而且是政治领袖，他在为理想奋斗，他和他的士兵愿意为此而献身。对日本人的长期军事抵抗——我在写下这几行字时，战争已经进行了九个月——并非一个军事天才的丰功伟绩。如果可以全权指挥整个军队的话，一个德国准将也会取得至少同样的成就。能够如此长时间地与日本人对抗，并非来自表面所显示出的工作能力，似乎更是获益于中国人所具有的巨大空间优势。

蒋介石的雄才大略在政治领域，在这方面，无人可与他比。对外，中国按照孙中山的三民主义治理国家，这位中国革命之父的模糊表述，将美国和其他西方国家民主的宪法合为一体，他认为，中国人民可以在这个主义下生存。在孙中山领导下，中国开始了革命。他死后几乎被尊奉为圣人，但他的后继者蒋介石却超越了他。蒋介石是一个知行合一的人，与那位咬文嚼字的理论家孙中山相比，他早就认识到孙中山的理想制度对中国全然不适用。他发展出了一套威权式的国家管理制度，只是尚未从理论上得到论证。对外来说，孙中山的话是神圣教条。相当一部分年轻知识分子在美国和英国接受了教育，相信民主与议会制度，甚至倾向于加入反对威权国家的大合唱，但他们并没有意识到，他们自己正是生活在一个如同德国和意大利那样的威权国家制度里。从外表上和纸面上来看，中国的国家组织由一系列议会委员会组成，绝对不是某个人说了算。没有一个地方像中国这样，有那么多的表决和决议，有那么多没有实际用途的、浪费时间的讨论——连国联的黄金时代也相形见绌，但实际发生的只有一个结果：按照蒋介石的意愿行事。

他完成了这件艺术大师之作，在他的领导下，最异类的力量走到一起，同舟共济，他所面对的是中国现代史上最不可思议的沉重遗产：迷信，腐败，家族利益至上，一大批从众多内战中存留的“军阀”（他们只关注自身的利益，部分人还拥有自己的军队），庞大的国民党官僚阶层、党棍和大财阀。所有这些人都聚集在他的旗帜下，一致对外，这是作为政治领袖的蒋介石对中国的最大贡献。

最有兴味的是他与共产党的关系。自1927年以来,蒋介石竭尽全力打击他们,把铲除共产党作为国内政治的首要任务。在他的领导下,被杀的共产党人的头颅可以堆积成一座巨大的金字塔。毫无疑义,他对共产党人的憎恨至今未改,恨不得把他们斩尽杀绝。当然,外界永远不可能知道,当年在西安到底发生了什么,在杨虎城和共产党的帮助下,蒋介石被少帅张学良擒获。值得注意的是,蒋介石被释放之后,对日本采取了坚定的立场,最终在卢沟桥事件后对日本宣战。毋庸置疑,承诺对日本采取坚定不妥协的立场是蒋介石在西安被释放的先决条件,但也不能下结论,他由此买到了自由。

或早或晚,大冲突总会到来。蒋介石其实也清楚,他只是要等待一个时间节点,等到中国能拥有较好的装备。在此之前,他对日本在中国北方的要求采取了暂时妥协的策略。

但是就在战争期间,蒋介石还是讲,要把共产党人限制在其界线之内。共产党试图就国内政治进行宣传,但不成功,比如对前几个星期武昌被袭击的宣传。双方相互不信任。

我们来看看蒋介石的弱点。孙中山是个理论家,而蒋介石太过于注重行动了。作为领袖,他以身作则、品行高洁,但他尚未能给予中国人民一个新的理念,而这种理念正是年轻的民族主义力量所寻求的。中国的统治尚有秩序,但该秩序建立在蒋介石个人之上。新的国家观念未被表述出来,取而代之的是继承于孙中山时代的西方民主的苍白翻版。

蒋介石还没有能力给予新的民族主义以内在的形式,这需要他付出一生的心血。他试图实践孙中山的西化理想,开展“新生活运动”,却没有在民众中产生持续的影响。今天的中国依然缺乏总的国家理念,这种理念也是新的民族主义建立国内秩序所需要的。如果蒋介石不能给予民众这种理念,那么就有这样的危险,即精神上的积极的力量就会求助于国内政治上的新秩序,即共产党那一边,后者的国内政治理念被认为是公正的,因为他们一方面要铲除引起极大民怨的陈旧的不公正,另一方面想去除由西化的资产阶级带来的现代剥削。

蒋介石如何掌控受到共产党威胁的国内政治,这是一个关系到未来的问题。他已经在内政问题上快速出手。有一点是肯定的,即他要冒很大的风险。

他踏上的并非康庄大道,而是悬崖边的羊肠小道。但大事业从来就不是系于小市民式的、小商小贩式的斤斤计较和举棋不定,而是在于孤注一掷。有些人更愿意称之为“危险的游戏”。有一个口号叫作“不成功,便成仁”!最终的判词要由其成果给出,而这个判词是要载入历史的。

第十一章　重组

战争已经使中国人付出了极大的生命代价。在上海作战的那部分军队,被重型大炮和空袭炸弹几乎全部炸毁,他们尽了全力坚守岗位。大错误也时有发生,但是如果说中国军队经受了本可避免的失败,那么其错误不在普通士兵身上,也不在那些南京的受过现代军事教育的下级军官身上,而几乎都源于高层领导的失误。坐在司令官位置上的差不多都是旧中国遗留下来的所谓“军阀”,这些老军阀不是根据军事能力安排军官,而是将亲戚安插到重要位置上,而根本不问他们是否有能力。那些从未当过兵的人,一下子成了少校、上校、将军!

蒋介石很机智地领悟到:应该在几年里把各省这种状况下的军队一一置于中央军的指挥之下,要去除旧的存留,把各类军队以欧洲标准的中央军为统领融合在一起,但这项工作尚未完成,中国就进入了战争。

……

别人只是说说和写写(民主派都是如此),而蒋介石和年轻军官们就不同。他们在行动,行动迅速且目标明确、充满力量,这是至今在中国都不曾有过的。在汉口周边30个重组的师是实实在在全新的军队,每天的训练都能取得进展。武昌有一个训练班,培训几百个高级军官。每天从粤汉铁路运来的现代战争物资在武昌卸下。重组的军队比六个月前上海战事中的部队装备得更好。在汉口和武昌所在的扬子江北岸和南岸周边半径150公里至200公里的山峦围成的区域里,仔细选出的阵地建起了碉堡和机枪壕沟,扬子江两边加固了防御工事,由沉船和水雷组成的新的“栏杆”已经设置,汉口周围的防御带建成了。

比起南京周边的现代防御装置,这里的防御是否更有效呢?

第十三章　徐州府——津浦线的总司令部

怀着紧张而期待的心情,我看见了这座眼下在战争中起着决定性作用的城市。日本人就在其北边45公里处,东北方还有其第二个兵团进逼。没有人认为徐州还能长久坚持。

我在郑州看到其三分之二的居民已经逃亡,估计徐州也会变成没有居民的城市,街道将空空如也,最多有个别部队或者没来得及逃走的难民。我们从火车站上了人力车,一路走在灯火通明的街上。开着门的商店里站着店主和店员,他们在招揽顾客,街上的小贩唱歌似地叫卖着。我们的人力车夫只能大声喊着才能穿过人群。唯一不同寻常的是行人中穿军装的人很多,引人瞩目,看来这里不仅过着日常的生活。特别的活动——如集市、开会等——让日常的景象更为活跃了。

我们前往花园饭店——这里唯一一家接近欧洲标准的旅馆——找房间,这才感觉到这座城市人员之多。接着我们又去其他旅馆,在街上挤来挤去,仍找不到房间。最后,我们总算在"中国旅行服务社旅馆"(China Travel Service Hotel)落脚。一开始根本没想到去那里,因为我们在开封已得知,它已关门歇业。可等我们到了这里,发现旅馆是空的,但经理和服务生都在,他们说,我们可以得到房间。但幸好我们没问,为什么别家旅馆都爆满,只有这里空无一人。如果当时我们知道了原因,也许根本就不会入住,那样的话,我们就没地方可住了。

第二天早上,刚过6点30分,我就被服务生从睡梦深处叫醒:"沈先生,警报!"紧接着我就听到了熟悉的警报声。我赶紧穿上衣服,比在汉口时穿得快,因为这里到底离前线更近,飞机很快就到。我们大家都迅速准备好了,一个服务生告诉我们,旅馆的防空洞在隔壁地下。从楼下出门时,眼前的画面令人无法理解。空袭警报来临时,人们往外跑、找掩体,是很正常的,但是怎么解释所有人都朝一个方向跑呢？所有居民的防空洞不会都在一个方向吧？我不明白。

我们的防空洞已挤满了人。后来我们从出来的人那里得知,里面的小空间里挤进了无数人,我们情愿在外面的院子站着。我推测这是一架侦察机,后来得到证实。小口径炮射出的炮弹太弱,飞机在城市上空盘旋两次就离开了。这次有惊无险,但是我们知道,下次会有真正的危险。

这个早晨的徐州府,正是处在和平安宁与血腥战争之间,我们少有地穿行其间,来回奔波。头天晚上,我们已经通过中央通讯社的代表约定今天下午拜访李宗仁。在早晨的日本侦察机消失不久之后,李将军让人电话通知我们,采访推迟到明天。他认为,今天上午自己的总司令部仍然是空袭的目标。所以我们决定,上午先去逛逛这座城市。

在街上,我们不断被防空警卫和警察拦住,因为空袭警报还未解除。有个别居民既害怕又好奇地从防空洞向外张望。政府大楼所在的街上混乱至极。房子已经倒塌，街道上堆满瓦砾，断掉的电话线从电线杆上挂下来。防空警卫在收拾路上的瓦砾，警察和卫生员搬运着伤员。有几个被炸死的人横七竖八地在露天躺着，警察局大楼里也有不少人员死亡。过了一会儿，在我们离开死亡与毁灭场景之时，我看见电话局的人在修整线路。所有人都默默不语，坚毅沉稳地工作着，这种情形是我在中国至今没有见过的。李宗仁的猜测——今天早晨通过电话告诉我们的——果然没有错。轰炸火车站之后，飞机确实在寻找司令总部。显然他们不知道其确切的位置，于是把炸弹扔到贯穿全城主路的所有大型建筑上。

下午5点，我坐在旅馆房间里，想把这两天的印象写下来。瞥了一眼窗外，我看见旅馆前经过的伤员队伍长得看不到尾，他们有的被担架抬着，有的坐在人力车上。竹子编的担架随着抬担架人的脚步晃动得厉害，对伤员来说，在这么晃动的担架上应该是很痛苦的。两小时后，天色已暗，伤员仍然不断经过。一位旅馆职员向我解释道，他们从火车站来，不是我们来时所到的陇海线火车站，而是津浦线的车站。我决定去火车站看看，以便亲眼看看今天早晨轰炸的后果。在看过城里被炸情形之后，还要去看看两个火车站，当时距离陇海线车站还有50米处，却恰好遇上新的警报，就赶紧跑到附近安全地方。此刻我迎着伤员来的方向走去，这样应该能够抵达津浦线车站。那条街就在我们旅馆后面的拐弯处，令人吃惊的是，我走了不到200米，就已经站在火车站前了。这就是为什么我们的旅馆没人住的原因，也是为什么警报一响，居民们都顺着街道往一个方向跑的原因！空袭警报响起时，整个火车站周围都没人了。我这才明白，我们中了头彩啊！

我现在踏入的火车站是津浦前线的心脏。人流和物流都在这里汇聚，为了守住这里，伤员也都陆续返回。夜色中的火车站，被遮住的灯光下，人们在紧张地装卸货物。所有的站台都停着列车，开出去一列，不一会儿就有别的列车进来填补空位。迎着伤员来的方向，我首先来到一列货车边，伤员就是从这列车上被运下来的。他们大多数上了人力车，被运往城里一家野战医院，在那儿简单包扎之后，再送往后方的大医院。一位年轻的下士刚上了人力车，我问他伤得如何，他强忍疼痛的脸上勉强挤出一点微笑，然后吃力地指指他的下身——骨盆中枪。这位伤员还得在徐州府的石头路上颠簸半个钟头，我知道这对健康人都是一种折磨。我不得不再一次对中国士兵表示叹服，他们忍受了那么大的痛苦，却毫无怨言。在已经撤空的列车边走着，我从敞开的车门里看见，在地上还有几个弯曲的人形，他们是被人遗忘了？再靠近看时，才发现他们已经死了，他们未能经受住运输所造成的痛苦。我想,很多重伤者,连这趟列车也没能上来,就躺在战场上,死在了外面。

一方面,伤员被送下来;另一方面,从陇海线又有火车运来新的部队。中国炮兵中大部分的大炮和山地炮由骡子拉来转运。一列车上装着坦克,一个步兵团装备着很多小型的最现代的反坦克炮。跟上次上海到南京之间的情况不同,这一次不是撤下来,而是往前线运。所有这一切意味着中国人在这里——津浦线的北段——真正投入战斗了。

我问伤员是从哪里来的,听到一个陌生的地名,此后几天一再听到这个地名,最后它成了著名的地名——台儿庄,这是徐州府西北面津浦线一段支线上的一个不知名的地方。从徐州府北面进攻的日本人在韩庄遭遇到大运河以南中国人的强劲抵抗——这个防御工事早在战争爆发前就已修建。日本人无法从这里跨过大运河,就沿着支路向东南方进攻,到达同样位于大运河边的台儿庄,他们想从这里侧面进攻徐州府,由此在这里展开了激烈的战斗。

与郑州溃逃的居民相比,这儿民众的勇气是有原因的。在司令官李宗仁治下,这里头一次呈现出新型的军民关系。具有抵抗思想的民众成立了民间组织,我看见妇女在为伤员缝补衣服。我们亲眼看见妇女代表来到野战医院,慰问伤员或帮助他们给亲属写信。学校里的孩子还特别被组织起来学唱爱国歌曲。有职业的年轻人担任防空警卫,他们随身携带制服和大刀,一有警报,便立即集合。空袭时,他们不在防空洞里,而是在大街上。报纸上是宣传部门组织撰写的文章,也有给前线战壕里的战士看的报纸。难民的住宿和运输也有组织地进行。我们自然乐于看见这样的行动,对中国来说,其意义怎么高估都不过分。在与日本的战争之前,根本就没有机构来关心相关的问题。谁要是遇到灾难,不管是由自己的还是别人的错误所造成的,都只能由自己承担。

对于不识字的大众,这个组织还举办演剧活动。我参加过一个这样的露天戏剧表演活动,演员是北京来的大学生。这出戏讲的是日本人占领了一个村庄。大家屏住呼吸,看占领者如何残酷对待农民。演到一个中国老农把放了毒药的饭递给日本兵吃,观众中同时爆发出叫好声。在演戏的过程中,不断有"打倒日本人""杀了日本人"等喊声。这个剧团主要在文盲占大多数的村庄里演出。我后来才知道,这个剧是共产党那边来的,一开始在陕北的红都延安演出。由此可见中国共产党宣传的精细,整出戏丝毫不见共产主义的倾向,由此他们就达到了自己的第一目的——引发大众的民族主义热情和对日本人的深仇大恨。在当下,共产党不是要实行中国的布尔什维克化，而首先是要连续不断地实施中国人民反对日本的民族斗争。

大型的民间组织也在做着中国军队可能撤退而该地被日本占领后的准备。一天上午，我和组织的领导人一起访问了游击队学校——一个引人瞩目的机构。我们坐着一辆老掉牙的轿车出城，在破旧不堪的道路上摇晃了五公里，来到一座小山下面的几栋房子前，山上的宝塔把风景装扮得美丽如画。当我们进入一幢有围墙的院子时，站岗的人持枪致意。"他是北平来的学生。"宣传部门的头儿指了指他，对我说。到目前为止，我无法掩饰对所见过的学生的状况的惊叹。一年多以来，面对全面抵抗战争，他们总是在呐喊呼吁，这里自愿来学习的180个学生将接受游击战争的教育和训练，而且这已经是第二期培训班了。

这时朝我们走过来一队人，他们看上去不超过35岁，都穿着军装，其肩章显示出他们都是军官，但肩章未显示军衔。一个矮小的人走过来，他未系武装带，也没有肩章，但穿着类似于军装的绿色上衣和裤子，他被称为平先生，是学校的领导，看上去不会超过28岁。其余穿制服的是教员以及从军队抽调来的少尉和上尉，有人介绍："这位是上校×××，从苏联回来的留学生，他是我们的游击战专家。"这位上校戴着手套，显得与众不同。

一位低级军官下令开始上课，这情形就如同在我们自己国家一样。这位低级军官长相英俊，就像是德国军队的复制品。学员站姿不错，只是还缺少一些组织纪律，明明是"向右看齐"的命令，却有好几个人偷偷摸摸地向左边的我们瞥过来。接着是实战练习，"游击队员"进攻一个村庄，行动在一片空地上进行。按照德国的概念，这些军事训练当然存在着各种各样的不足之处，但是鉴于他们此前没有受到过任何的军事培训，在校时间只有短短的八个星期，今天的表演还是达到了目的。值得一提的是，政治教育占据了很大一部分（甚至可以说占据了绝大部分）的训练时间。

在中国的战略战术里——如果这可以称作战略战术的话，游击战占据着很重要的位置。在那些热心提倡者的头脑里和文章里，游击战几乎成为日本敌后的传奇。军事上的门外汉把游击战当成国家的救星。内战时期的共产党人以游击战为手段抵抗中央军的围追堵截，变不利为有利。鉴于自身糟糕的装备和训练，无法与日军进行阵地战，早期红军所组成的八路军在山西与日本人展开了游击战。共产党强势宣传的结果是：在很短的时间里，中国整个知识界——除了知道内情的军官们——鹦鹉学舌,把游击战看作解决中国问题的法宝。有的人恨不得把正规军拆散成小股部队,任其在农村乱窜,但这样只会引起混乱。但蒋介石和他的将军们不想接受这种愚蠢的建议,而正在徐州府的战斗显示,中国的领袖现在每天投入越来越多的军队,从未放弃与日本人进行正面的大规模交战。当然眼下的战斗也显示出良好的迹象,即用游击战对付后方的敌人,也具有很大的价值。要理解游击战,要量力而行,而不是把它作为唯一的军事行为方式。游击战不是为游击而游击,而是作为对大军团行动的补充。

津浦前线的总司令是李宗仁将军,在他简陋的徐州府司令部里,他凭记忆给我画了一张地形图,向我解释,我获得的印象是:目前的这个战役是前所未有的,将会成为特殊条件下的这场战争的典范。

……

李宗仁预计,今后几天之内将消灭包围圈里的日本人。

将军头脑清晰,我很欣赏。尽管他对眼下的行动十分有把握,但他未提及徐州府以后的命运。他肯定很清楚,要一直守护下去将会多么困难。他说:“眼下我们在北面和南面两面受敌,但是很有可能,我们有一天会四面受敌。”这个聪明智慧、长着一副农民面孔、个子矮小的将军并未宣称日本永远不会占领徐州府,或者他与城市共存亡之类——就像那个倒霉的防守南京的人所承诺的那样。他说:“尽管已经有了很大的伤亡,而且肯定还会继续有伤亡,我还能在很长时间里守住这座城市。到日本人打进来,还会有很长时间。”

广西将军李宗仁的军事能力给予人们这样的希望:他的军队能够抵挡住日本军队对这座北方城市的强劲进攻。他真正的军事首脑是其广西同事白崇禧——中国最好的将军。

从名义上看,白崇禧只不过是中国军队的副参谋总长,因为另一个无法与他相提并论的高官阶的人,由于某种无法解释的“面子”问题,还占据着主要位子。早在他们的家乡广西,这两位将军就组成了双驾马车——李宗仁是政治领导、白崇禧是军事首脑,广西省的模范形象就是他们工作成就的证明。两年前两位将军还站在蒋介石的对立面,到最后关口才避免了一场内战。现在他们两人及其军队都在津浦前线,为了给蒋介石在汉口争取尽可能多的时间。

空袭、调运部队、望不到头的涌出车站的伤员、参观访谈,在徐州的时间就这样很快过去了。当然不缺乏中国美食和山东美酒,但是我们想要上真正的前线。

第十四章　与白崇禧一起夜行到前线

李宗仁的副官来电话，邀请我们晚上 6 点吃饭，会送请柬来。请柬还没到，副官又来电话。问我们去前线的计划放弃了没有。我们怎么会放弃呢？那我们就被告知 4 点钟去，因为可以乘上前线的专列。

听到这个消息我的心猛跳。上午采访李宗仁时，他似乎不愿意放我们去前线。危险是他的借口，他说："如果您遇到什么事情，我要承担责任的。"而现在，他还真的放行了。在前线后面的城市生活最终还是要中断一下，我需要寻找一点刺激，后方持续不断的空袭其实也并不安全，但作为战地记者，我却不能满足于此。我们抵达黄河边的第一道战壕，没有听到一声枪响，希望现在会不一样。当然，理智地考虑我的处境的话，我正身处危险之中，可能正好被日本手雷或空袭炸弹炸成碎片或者被机关枪扫射击中。我根本就不该想这种理智的问题！

在李宗仁那里，用餐很快就结束，这不像通常中国人的请客，因为我们去火车站不能迟到。李将军非常热情友好，席间谈笑风生。我们没有谈及战争，谈话的主题是中西风俗习惯的比较。只是到了告别之际，李将军才涉及严肃的主题，他说："今天夜里我们开始反击，您将与白崇禧将军乘同一列火车，他指挥作战。"

我们 6 点到达津浦线火车站，没看见火车。我们在站台上徘徊了半个钟头。士兵和军官们投来疑惑的目光，他们奇怪这里怎么会有欧洲人。手里拿着或肩上背着双肩包，我们漫无目的地在站台上闲逛。有时候我也觉得奇怪：眼下到处笼罩着间谍的怀疑气氛，我却一次也没有因受怀疑而被抓起来过。

我们估计，大概在我们到来前，火车刚刚开走。终于来了一位铁路公务员，请我们走到另一个站台。那里正有一列短短的——只有三节公务车厢和两节货车车厢——火车进站，站台立即被拦了起来，从车站大楼里走出一队高级军官，上了公务车厢。小个子的广西兵拿着毛瑟手枪，站在所有入口处。军官队伍里的一个人向我们走来，请我们上车。这是以前在沪宁线上使用的一节车厢，一位说英语的卧铺车乘务员按照军官的吩咐，把我们带进一等车的包间，随后又端来了茶。我们很惊讶地相互张望，没想到我们会这样上前线，这可是中国参谋总长白崇禧的专列。

这趟列车秘密出发了。大概日本的新闻机构不知道将军还在徐州，他是随蒋介石一起来的,但未随蒋介石回汉口。当列车离开车站的时候,正好天开始暗了下来。刚才那个军官又来到我们包厢,自我介绍是江中尉。他是白崇禧的副官,他请我们拉下窗帘,他说:“我们现在要遮住全部灯光,因为已经靠近前线了。”火车开得很慢,大灯也未打开。江中尉很年轻,简朴而干练,现在的中央军里常常能见到这样的人。他英语极好,而且还没忘记德语,他在南京的军校里学过。他遗憾地说,可惜学得时间不够长。他向我们索要名片,以便交给白将军。火车在黑夜里慢行,我们激动地等待着体验那种日常生活里没有的经历。我们轻靠在皮座椅上,抽着烟,享受了10分钟的这种气氛,直到中尉再次出现,把我们带到白崇禧处。途中还经过其他车厢,从敞开的包厢门里,我们看见到处都是军官和士兵。在车厢连接处也站着小个子广西兵。他们是白崇禧的警卫员们,手里拿着毛瑟手枪。

我们现在知道,三节公务车厢最前面的一节是餐车。我们在一张桌子旁坐下,一个服务生立即端来了热茶,我们又一次惊异于这次前线旅行的舒适。几分钟后,两个军官进入餐车,他们都是高个子,我们猜想,又高又壮的那位应该是参谋总长。副官给我们介绍说,他们是白崇禧和作战部主任刘中将。

白崇禧给人的印象,与其说是军人,不如说是一位学者。精致的金属镜架后面是聪慧的眼睛,使得脸上表情很生动,甚至看上去很温柔。他的微笑让人可以把他当成优雅的佛教长老。很多中国人身上的物欲一眼就能看出来,而白崇禧身上完全没有。将军微笑着说中文,姚先生译成英文,这使得那种非军人的印象更深了,我一直觉得像是在聆听一位大学教授讲课。从某些方面来说,这个印象不仅基于其外表,还可以从白崇禧的过去找到原因。对中国将军而言,他的经历是很特殊的。中国的将军们要么属于老军阀,大多不懂现代军事知识,也根本不管事,要么是年轻的军官,前些年在外国留学,或者是南京军校培养出来的。白崇禧是从军阀混战中成长起来的,但不像老军阀那样掌握军队权力,也没有离开其位置赴外国留学,而是在繁重的工作之余自学军事知识,当然没有天才是做不到的。白崇禧是一个书里走出来的军人,是一个好军人。

我们是与将军交谈的第一批记者,他向我们解释:“我至今没跟记者打过交道,并不是因为我不喜欢记者,而是因为一直忙于打仗。现在正是时候,我们都在这列火车上,我可以利用现在的休息时间,给你们讲点什么。如果说我至今未与记者打交道,那么请您记住,有的时候,枪杆子比笔杆子重要。”这些话是我从一个中国人嘴里听到过的最不中国的表达。在战时，在这个整个民族还处在生死存亡的关头之时，大多数人还是认为书籍比大炮重要。

刘将军审视地看着我们，像是在检查他的上司的话所引起的效果，而小个子广西兵拿着大毛瑟枪，紧盯着我们。火车继续在黑夜里行驶，向着前线的方向，将军继续在演讲。他对中国战争的前景非常肯定，向我们展现了人民战争的新设想以及日益好转的士气——现在军队与人民已经有了崭新的合为一体的感觉。在转入纯粹的军事话题之后，他向我们解释，现在的各个部队不再是独自乱跑，而是统一听从一个最高指令，如今蒋介石元帅的最高指令必须严格服从。一位军官拿着地图走进车厢，白崇禧让刘将军与他交谈。两位年轻的军官弯腰看着地图，用手指点着。参谋总长继续说："上海、南京战役之后开始的战争第二阶段，在向着有利于中国的方向发展。这个事实主要基于从阵地战向运动战的转变。在上海的阵地战，日本人可以利用他们占优势的炮兵和空中武力。自从开始运动战后，中国的伤亡损失越来越少。另一方面，日本人伤亡加大，还要加上消耗的弹药和提供给养的整体费用。我们再也不会回到阵地战了。"将军最后加强了语气："我们现在努力绕开日本人正面的强大进攻，从侧面迂回。"白崇禧说："要让日本每向内地前进一公里，都会越来越困难，消耗也会越来越大。"

如同所有我认识的中国人一样，白崇禧也坚信最后的胜利。我问："您预计如何战胜日本军队？您相信通过拉长战争的时间将对手拖垮，或者您还是希望用一个决定性的军事打击来取得最后的胜利？"

"日本为这场战争准备了 50 年，"将军又说，"而中国在六七年前才开始准备。我们不能期待马上就能把装备如此好的对手消灭掉。我们没有武装盟友的支持，只能把希望放在打疲劳战上。但是这场战争只能用一个词来主导——以进攻为防守！进攻必须在最好的条件下，出其不意地在各个前线实施。在军事力量对比悬殊的情况下，目前的战役不会是决定性战役的大胜利，但拖延战争不仅是军事上的，而且也是在经济上消耗对手。"白将军慢慢转向我："比如德国在世界大战中，军事上得胜了，整体上却因为经济垮掉而最终战败。"

中国的参谋总长只要在军事领域里发表见解，听上去都很令人受启发。但如果进入政治领域的话，这一印象就有些减弱。他不时会讲到政治，我从他的话里，也听出在很多中国人中间流传的日本经济很快垮掉的话。

但在我看来，有件事是肯定的：如果日本军队不能真正灭掉中国军队的话，绝对不可能获得这场中国战争的胜利。而若要达到此目的,目前占领中国的日本军队是根本不够的。我问参谋总长:“您相信日本还会向中国投入更多的军队吗?”

他回答:“日本人原本预备在中国战场投入15个师,如今他们已投入26个师,不久还要进来四个师,这些师已在日本整装待发。要问日本可以往中国投入多少军队,不能只看需要多少才能对付我们,而且还要看苏联目前对日本的威胁,日本要保住满洲,还要多少军队。中国不必害怕日本军队的增加。”

列车停靠在一个车站。上来一个军官,要见白崇禧。他叫孙连仲,是集团军总司令,也是今天晚上大反攻的一个重要组成部分。参谋总长向我们道别,与孙坐在一张地图前。刘中将陪着我们继续聊天。

……

战斗没有像中国人计划的那样进行。为了达到今天这样的效果,他们用了整整一个星期。他们不断投入更多的军队,最终有11个师的7万人投入战斗。而日本人是3万,几乎完全被包围,三分之二被消灭。一个团绝望地向东突围,损失惨重。剩余的六七千人却还能从北面逃出去,是因为不知什么原因中国人在那里开了口子。因此日本第四次在徐州府的全面进攻停了下来。

但这并没把这座城市从它的命运中挽救出来,只是时间推后了。

……

第十五章　幻想与真实

……

汉口的共产党领导是周恩来,他是共产党和国民党中央政府的联络人。在与蒋介石分道扬镳之前,他曾是蒋手下的广州黄埔军校政治上的领导。与艾格尼丝·史沫特莱密切合作的周恩来在政治上敏锐而务实。他外表简朴,精力充沛。只有很少的几个中国政治家才具备这些优秀品质。

史沫特莱是汉口名副其实的共产主义宣传家。作为美国公民,她享有完全的行动自由。她不仅异常活跃,而且也取得了很大成就。

最引人瞩目的是史沫特莱在汉口外国人当中所做的宣传,这些人很多都是记者,他们可以影响各自所代表的媒体,有助于中国共产党在外国的公众中获得超常的影响力。

还在不久之前,外国在华传教士和共产党之间还是死对头,共产党袭击、烧毁传教点,抓捕传教士及其妇孺的事件也不断发生。史沫特莱却是大手笔,让人既往不咎。由此,她不仅成功跻身汉口的社交圈,而且成为美国传教团主教鲁兹(Roots)①的座上宾,她还将周恩来带了进去。这位共产党领袖和美国主教成为好朋友。

他们共同具有的情怀,就是人道主义情怀,在这方面,盎格鲁-撒克逊人总是很容易动情。在他们的帮助下,史沫特莱从汉口的美国人和英国人身上募得很多钱财,支援了八路军。他们举办“西北受难平民援救募捐”活动和为“军事目的”的募捐活动,响应者众多。这一活动的高潮,发生在他们的募款活动上,我亲身经历了那个晚上,也更多地领教了盎格鲁-撒克逊人的冲动。

美国主教的女儿鲁兹小姐——史沫特莱就住在她处——举办了一场钢琴音乐会,为西北受难平民筹款。在汉口,音乐会是极为罕见的事情,而鲁兹小姐也以琴技高超而闻名。因此,所有的人都来了,包括美国大使约翰逊(Johnson)②,敏感的中国人至今未原谅他,因为日本人 9 月份第一次猛烈轰炸南京的时候,他是南京仓皇出逃的唯一一个外交官。具有嘲讽意义的是,这场音乐会在俄国总会举行,该总会是以前汉口白俄辉煌时期留下的唯一财产,可怜的白俄肯定对每一份微薄的收入都感到高兴,当然愿意把大厅租出去,可谁会想到,美国主教千金音乐会的收入会流向共产党那边呢?

我一走进大厅,就发现远处的几个人腰间别着枪,来回走动,走近一看,发现其胳膊上戴着八路军的标记,他们是共产党领袖周恩来的贴身护卫。我看见前面第一排,在所有穿着盛装的女士和先生中间,周恩来也坐在那里!

鲁兹小姐在演奏,这是汉口绝无仅有的享受,掌声如雷。演奏刚一结束,就有七束鲜花献了上来,这是演出获得成功的标志。鲁兹小姐表示感谢,然后说:“今天

---

① 中文名吴德施。美国人。1896 年由美国圣公会派遣来华。1904 ~ 1938 年,任华中教区主教,长期居住在汉口,1938 年退休回国。自辛亥革命时期起,他就是中国革命的同情者,与国共两党高层都有密切来往,抗战时期积极资助中国共产党。“文革”期间,鲁兹小姐还应周恩来邀请访华,并演奏钢琴。吴国桢小说《永定巷》的传教士霍尔特(Dr. Holt)即以吴德施为原型。参见吴国桢著,吴修垣译:《夜来临》,香港:香港中文大学出版社,2009,第 67 页。——译者

② 纳尔逊 · 约翰逊(Nelson T. Johnson),1929 ~ 1941 年任驻华大使。——译者

晚上,我们已经收获了很多,但是我觉得,对于我们所追求的目标而言,钱总是不嫌多。所以我想把你们送给我的美丽的花朵进行拍卖。"

接下来,英美大使馆的成员和汉口德高望重的商人们争相竞价,每束花最低价也卖到了25元,就在美国大使馆的一位工作人员拍下了一束花的时候,那位扮演着拍卖师的年轻英国人再一次确定了价格,他宣布:"这位刚刚买下花束的先生自愿把价格翻了一倍,因为他刚刚才获悉,这束花是一位著名的中国将军赠送的。"台下激动的观众爆发出热烈的掌声。

……

我是在夜里很晚才得到郑州受到威胁的消息,听说中国军队已经将城市居民疏散,那么,估计明早郑州就会陷落。然而我又一次明白中国的事情不可预测,完全出乎意料的事情发生了。

中国人炸开了郑州和开封之间的黄河堤坝。几百米宽的黄褐色的河水汹涌而出,大片土地变成了巨大的湖泊,将大批日本战争装备淹没,而相比之下,人员的损失还是很少的。大水不可阻挡地蔓延,黄河以及下面淮河之间的约300公里平原都淹没了,形成与淮河相并的黄河新河道。从西北往东南,华北平原上宽阔的新黄河将中国人和日本人分割开来。

从军事上看,这是中国人的极大胜利。如果郑州像原先预计的那样陷落,那么日本人就会占据重要的平汉线和陇海线的铁路枢纽。作为西北重镇的洛阳、西安与汉口的联系将被完全切断,日本人就会获得极好的据点,进攻汉口。中国人采取了如此悲壮的手段,使大片国土成为荒野,让几万可怜的农民丧失家园,但由此取得了军事上的好处。其他任何国家都会在紧急状态下采取同样的措施,比如比利时人在世界大战中或者荷兰人在与西班牙的战争中,历史上,这样的例子比比皆是。

(摘译自 Wolf Schenke:*Reise an der gelben Front — Beobachtungen eines deutschen Kriegsberichterstatters in China*, Oldenburg/Berlin: Gerhard Stalling Verlagsbuchhandlung, 1940, pp. 7 ~75; p. 113; pp. 125 ~134; pp. 173 ~186; pp. 189 ~203; pp. 225 ~253; pp. 259 ~271.)

[作者:沈克(Wolf Schenke),德国著名新闻记者和时评家;译者:王维江,复旦大学历史系教授]